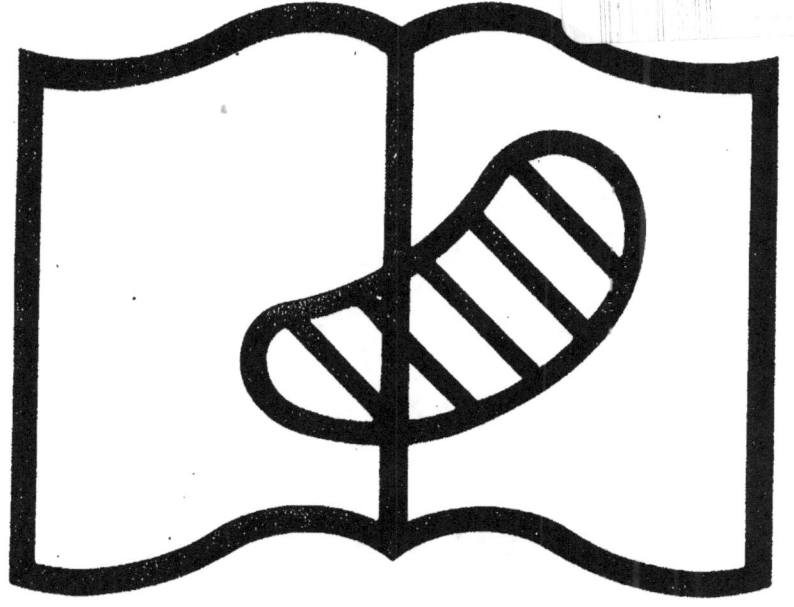

Original illisible

NF Z 43-120-10

"VALABLE POUR TOUT OU PARTIE
DU DOCUMENT REPRODUIT".

A TRAVERS

LE

CONTINENT MYSTÉRIEUX

[21 778]. — TYPOGRAPHIE LAHURE
Rue de Fleurus, 9, à Paris

HENRI M. STANLEY (A L'ÉPOQUE DE SON DÉPART)

HENRI M. STANLEY

A TRAVERS
LE
CONTINENT MYSTÉRIEUX

DÉCOUVERTE DES SOURCES MÉRIDIONALES DU NIL
CIRCUMNAVIGATION DU LAC VICTORIA ET DU LAC TANGANIKA
DESCENTE DU FLEUVE LIVINGSTONE OU CONGO JUSQU'A L'ATLANTIQUE

DURÉE DE L'EXPÉDITION : 999 JOURS
DISTANCE PARCOURUE : 7,158 MILLES OU 11,517 KILOMÈTRES

OUVRAGE
TRADUIT DE L'ANGLAIS AVEC L'AUTORISATION DE L'AUTEUR
PAR Mme H. LOREAU

ET CONTENANT 9 CARTES ET 150 GRAVURES

TOME PREMIER

PARIS
LIBRAIRIE HACHETTE ET Cie
79, BOULEVARD SAINT-GERMAIN, 79

1879
Tous droits réservés

DÉDICACE

LE CHALEUREUX ENCOURAGEMENT QUI M'A ÉTÉ DONNÉ
ET LA LIBÉRALITÉ AVEC LAQUELLE
M'ONT ÉTÉ FOURNIS LES MOYENS D'EXPLORER LE CENTRE MYSTÉRIEUX
DE L'AFRIQUE,
DE RÉSOUDRE D'INTÉRESSANTS PROBLÈMES
ET DE RÉCOMPENSER CONVENABLEMENT LES FIDÈLES SURVIVANTS
DE L'EXPÉDITION, ME FONT UN DEVOIR
D'EXPRIMER PUBLIQUEMENT MA PROFONDE RECONNAISSANCE,
EN DÉDIANT
CES VOLUMES AUX PROMOTEURS DE L'ENTREPRISE :

MM. J. M. LÉVY, EDWARD L. LAWSON,
PROPRIÉTAIRES DU « DAILY TELEGRAPH »

ET

JAMES GORDON BENNETT,
PROPRIÉTAIRE DU « NEW YORK HERALD »;

ET, EN RAISON DU VIF INTÉRÊT PRIS AU SUCCÈS DU VOYAGE
ET TÉMOIGNÉ CONSTAMMENT PAR

M. EDWIN ARNOLD,
MEMBRE DE LA SOCIÉTÉ ROYALE DE GÉOGRAPHIE,

QU'IL ME SOIT PERMIS D'AJOUTER ICI SON NOM.
SANS LE PATRONAGE, L'ENTIÈRE CONFIANCE ET LA CORDIALE SYMPATHIE
DE CES GENTLEMEN, J'AURAIS ÉTÉ INCAPABLE D'ACCOMPLIR
LA TACHE QUI S'EST ACHEVÉE HEUREUSEMENT.

H. M. STANLEY.

AVERTISSEMENT DE L'ÉDITION ANGLAISE

Par suite du développement qu'ont pris ces deux volumes, il a été jugé nécessaire d'omettre une grande quantité de matières déjà composées. Les chapitres supprimés concernent l'hydrographie, l'ethnologie, l'histoire naturelle des régions parcourues, et comprennent des généralités sur les lacs, les pays et les habitants de l'Afrique équatoriale, sur l'hydrographie et la géographie physique de la moitié occidentale du continent africain, spécialement en ce qui a trait au bassin du Livingstone, et une étude de la formation volcanique du défilé à travers lequel tombe le fleuve pour gagner l'Atlantique.

Ces chapitres, y compris le rapport de l'exploration du Roufidji inférieur, rapport qui devait être publié à la fin du second tome, formeront un volume supplémentaire, accompagné d'illustrations et de cartes nouvelles, et qui sera publié dans le courant de l'automne prochain.

Londres, 20 mai 1878.

NOTE DU TRADUCTEUR

La rapidité de publication de ces deux volumes exigée par l'impatience du public, avide de connaître les détails de ce magnifique voyage, rapidité qui a forcé l'auteur d'ajourner la partie scientifique de l'œuvre, nous a été également imposée et par le même motif.

Craignant de ne pouvoir satisfaire, en temps voulu, à cette légitime exigence, nous avons demandé qu'on nous aidât. M. Hippolyte Vattemare a bien voulu nous prêter son concours et l'a fait avec un zèle dont nous le remercions cordialement.

H. L.

PRÉFACE

Avant que ces volumes ne sortent irrévocablement de mes mains, je saisis cette dernière occasion de m'adresser à mes lecteurs. J'ai d'abord à offrir mes humbles actions de grâces à la divine Providence pour la clémente protection qu'elle a daigné nous accorder, à moi et à mes compagnons survivants, pendant nos périlleux travaux en Afrique.

J'ai ensuite à envoyer mes sincères remerciements à de nombreux amis pour les importants services qu'ils m'ont rendus et les gracieuses félicitations qu'ils m'ont adressées; notamment à MM. da Motta Veiga et J. W. Harrison, les gentlemen de Boma, qui, par la promptitude de leur secours, ont rappelé à la vie l'Expédition tout entière. A la société charitable de Loanda qui, avec une attention touchante, a cherché les gâteries qui pouvaient nous flatter. A l'aimable et généreuse société du Cap, qui a traité si royalement les voyageurs revenant chez eux. A MM. W. Mackinnon, H. Bailey et Thomas H. Black, des compagnies Peninsulo-orientale et indo-britannique de navigation à vapeur. A l'Amirauté anglaise et, personnellement, au capitaine Purvis, commandant la station de la côte occidentale, pour avoir mis à ma disposition l'*Industry*, vaisseau de Sa Majesté. Au commodore Sullivan, pour m'avoir continué cette grande faveur jusqu'à Zanzibar. A tous les officiers, à tous les matelots de l'*Industry*,

PRÉFACE.

qui ont eu, pour mes Africains épuisés, tant de patience et de douceur. A mes amis de Zanzibar, principalement à M. A. Sparhawk, pour leur chaleureux accueil, leur cordiale assistance.

Aux personnages illustres, aux Sociétés savantes, qui m'ont fait connaître leur appréciation des services que j'ai été à même de rendre à la science, j'envoie la très-respectueuse expression du sentiment de l'honneur qu'ils m'ont fait. A S. M. Humbert, roi d'Italie, pour son portrait[1], accompagné d'une flatteuse approbation de mes travaux, portrait qui, joint à la médaille d'or que j'ai reçue du roi Victor Emmanuel, sera à jamais conservé par moi avec orgueil. A Son Altesse royale, le prince de Galles, pour l'honneur qu'il m'a fait par l'expression personnelle de son estime de mon œuvre.

A Sa Hautesse le Khédive, pour la haute distinction qu'elle m'a accordée en m'envoyant le collier et l'étoile de Grand Commandeur de l'ordre du Medjidié.

A la Société royale de géographie de Londres, pour la cordiale réception qu'elle m'a faite publiquement, à mon retour, et pour le diplôme, grandement apprécié, de membre correspondant que j'ai reçu d'elle ensuite.

Aux Sociétés de géographie et aux chambres de commerce de Paris, d'Italie et de Marseille, pour le grand honneur qu'elles m'ont fait en me récompensant de leurs médailles d'or[2].

Aux Sociétés Géographiques d'Anvers, de Berlin, de Bordeaux, de Marseille, de Brême, de Hambourg, de Lyon, de Montpellier et de Vienne, à la Société des Arts de Londres, qui, en me donnant le privilège d'être un de leurs membres honoraires, m'ont adjoint aux hommes très-distingués qui prêtent leur autorité au monde des sciences et des lettres. Au public dont la faveur s'est répandue si libéralement sur moi. A tous, j'adresse l'expression de ma gratitude pour les honneurs vivement appréciés dont je suis l'objet.

1. On lit, au-dessous du portrait :

« All' intrepido viaggiatore
« Enrico Stanley,
« UMBERTO RE. »

2. J'ai, en outre, eu l'honneur d'être nommé, en France, officier de l'Instruction publique, et de recevoir, de la municipalité de Marseille, une médaille d'argent.

Il me reste encore à remercier pour un autre de ces honneurs que l'on me pardonnera peut-être, de regarder comme le plus précieux de tous. Le gouvernement des États-Unis a couronné mes succès par son approbation officielle; et les remerciements, votés à l'unanimité par les deux chambres législatives, m'ont rendu pour toujours fier de l'Expédition et de ses résultats.

Hélas! dire que pas un de ces braves jeunes gens qui ont quitté ce pays avec moi pour traverser l'Afrique, où ils m'étaient devenus chers par leur fidélité et leur affection, dire que pas un ne m'a été laissé pour partager cet orgueil et ces honneurs! Hélas! penser que, pour jouir de l'extrême bonheur de se reposer au milieu d'amis, après des mois de combats et de luttes contre les cannibales et les cataractes, il reste si peu de ces vaillants Africains, au cœur fidèle, aux bras dévoués, à qui le succès est dû en si grande partie!

J'ai su, et d'une façon amère, que la règle de conduite que j'ai suivie pendant ce voyage n'a pas été comprise par tout le monde; mais ma conscience est à l'aise, et le simple récit de mes actions quotidiennes, maintenant publié, parlera pour moi. Ce malentendu de la part de quelques-uns n'est pour moi qu'une épreuve de plus, et ceux qui liront ce livre sauront que j'ai une longue expérience des épreuves de toute sorte.

Quant aux qualités et aux défauts de cet ouvrage, ce n'est pas à moi d'en parler. La note des éditeurs, qui se trouve en tête, explique tout ce que j'ai dû omettre dans ces deux volumes; mais il me reste à dire que cette omission est due aussi bien au manque d'espace et de temps qu'à ce fait que des réflexions et des renseignements scientifiques — produits de pensées et de recherches ultérieures — auraient interrompu la chronique du voyage, et d'une manière fastidieuse.

A l'égard des illustrations, je dirai que j'avais emporté un appareil photographique; et, tant que mes plaques ont pu servir, je n'ai pas perdu l'occasion de prendre une vue importante; lorsqu'elles ont été hors d'usage, j'ai trouvé, dans la réflexion des scènes sur la glace de ma chambre noire, une aide inappréciable pour mon crayon inexpérimenté.

Je termine en remerciant M. Phil. Robinson, l'auteur de : *In my Indian Garden*, du concours qu'il a bien voulu me prêter pour la révision de l'ouvrage. Je remercie également M. S. Schofield Sugden, lieutenant de vaisseau, de la persévérance et de l'ardeur qu'il a mises à recalculer toutes mes observations, se faisant même un plaisir de la fastidieuse compilation des cartes.

Par leurs dessins, leurs gravures et la fidèle reproduction de mes photographies et de mes esquisses, MM. E. Waller, E. Stanford et J. D. Cooper se sont acquis mes remerciements. J'en dis autant de MM. William Cloves et fils, pour le soin et la promptitude avec laquelle ces volumes ont été préparés.

27 mai 1878.

H. M. S.

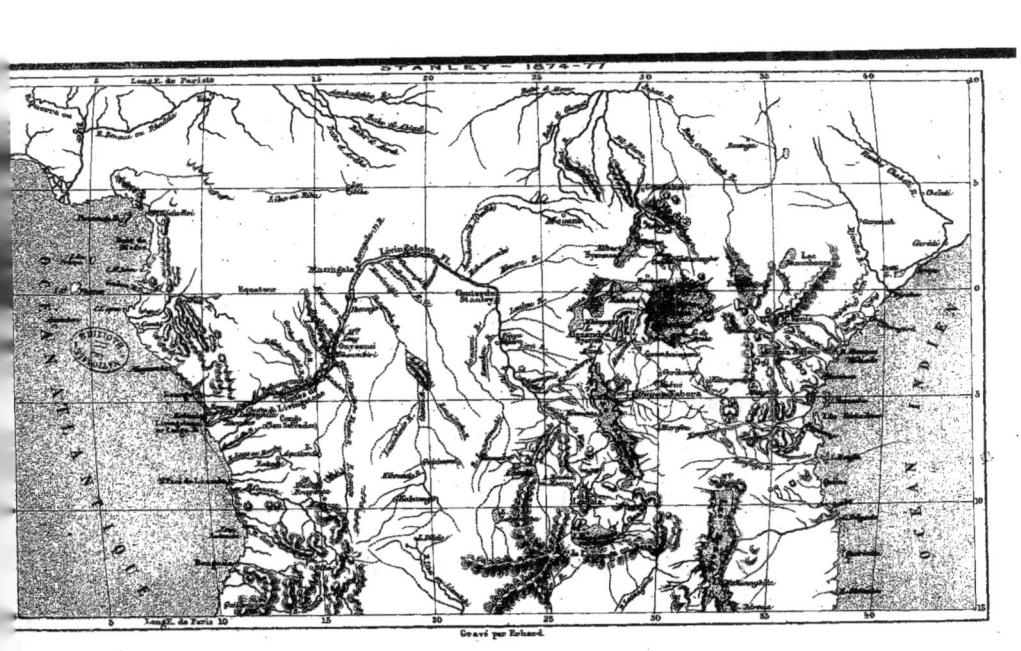

A TRAVERS LE CONTINENT MYSTÉRIEUX

EXPLICATION

PREMIÈRE PARTIE

Comme je revenais à Londres, en avril 1874, arrivant de la guerre des Achantis, j'appris qu'on rapportait en Angleterre la dépouille de Livingstone.

Ainsi il était mort! tombé sur les rives du lac Bemmba, au seuil de la région mystérieuse qu'il voulait explorer. La tâche qu'il m'avait promis d'accomplir n'était que commencée quand la mort l'avait surpris!

Remis du premier choc produit sur moi par cette nouvelle, je résolus de continuer l'œuvre du grand voyageur, de devenir, si telle était la volonté de Dieu, le prochain martyr de la géographie, ou bien, non-seulement de révéler le cours du grand fleuve, mais encore de compléter les découvertes de Burton et de Speke, ainsi que celles de Speke et de Grant.

Arriva le jour des funérailles de mon illustre ami. Je fus l'un de ceux qui portaient les coins du poêle, je vis descendre le cercueil dans le caveau, j'entendis tomber la première poignée de terre et je m'éloignai navré du sort de David Livingstone.

Dans l'impatience fébrile où j'étais de commencer l'œuvre à laquelle j'avais fait vœu de me consacrer, je travaillai nuit et jour à mon livre de « Coumassie et Magdala ». En moins de trois semaines, l'ouvrage fut terminé ; j'étais libre.

Peu de temps après je vis, en passant devant une vieille librairie, un volume portant le singulier titre de *How to observe*[1]. Je m'aperçus, en l'ouvrant, qu'il renfermait des instructions assez précises sur ce qu'il fallait observer et sur la manière de le faire. Cette lecture, fort intéressante, aiguisa mon désir d'en savoir davantage, et me fit acheter toute une bibliothèque de livres sur l'Afrique, sur sa géographie, sa géologie, sa flore, son ethnologie.

Je fus ainsi en possession de cent trente volumes que j'étudiai avec le zèle d'un homme qui avait à cela un intérêt vital, et avec la compréhension d'un individu qui, déjà, était allé quatre fois dans cette partie du monde. Ma tête devint un véritable compendium de géographie africaine. J'appris tout ce qui avait été découvert par les explorateurs de l'Afrique, et je sus combien il restait encore à découvrir du centre mystérieux.

Je veillais jusqu'à une heure avancée, imaginant, projetant, discutant avec moi-même, traçant des routes, couchant sur la carte de grandes lignes d'explorations possibles, notant les nombreuses idées que me suggérait cette étude continuelle. Je faisais des listes de tous les objets, instruments et autres, qui pouvaient m'être nécessaires pour relever la position des lieux, dessiner et décrire les pays nouveaux que j'aurais à traverser.

Un jour, je me rendis en flânant, plein de mon sujet, dans les bureaux du *Daily Telegraph*. Tandis que je causais de diverses entreprises faites par les journaux, le rédacteur en chef arriva. Nous parlâmes de Livingstone et de la tâche inachevée qu'il laissait derrière lui. En réponse à une remarque que je fis avec chaleur :

« Pourriez-vous compléter l'œuvre et le voudriez-vous ? » me demanda le rédacteur en chef ; puis il ajouta : « Que reste-t-il à faire ?

— Le débouché du lac Tanganika est encore à trouver, répondis-je. Nous n'avons du lac Victoria que le tracé de Speke, et de certitude, à cet égard, que pour les points découverts par celui-ci. On ignore s'il y a en cet endroit une seule nappe d'eau, ou s'il en existe plusieurs ; d'où il résulte que les sources du Nil sont toujours inconnues.

[1]. Comment il faut observer.

— Si nous vous chargions de résoudre ces différents problèmes, pensez-vous pouvoir y arriver ?

— Avant ma mort, il y aurait quelque chose de fait ; et si je vivais le temps nécessaire pour remplir ma mission, tout serait fini. »

M. James Gordon Bennett, du *New-York Herald*, ayant à mes services des droits antérieurs, la question fut suspendue, et la dépêche suivante fut expédiée à New-York :

« M. Bennett voudrait-il se joindre au *Daily Telegraph* pour envoyer Stanley en Afrique compléter les découvertes de Speke, Burton et Livingstone ? »

Moins de vingt-quatre heures après, mon voyage était décidé par cette courte réponse lancée sous l'Atlantique :

« Oui. — Bennett. »

Quinze jours me furent accordés pour me procurer des ba-

Le *Lady-Alice* non-assemblé.

teaux : une yole, une guigue, une barge ; pour commander des pontons, acheter l'équipement nécessaire : fusils, munitions, cordes, selles, médicaments, provisions de bouche, instruments scientifiques, papeterie, présents pour les chefs indigènes, etc.

La barge était une de mes inventions ; faite en bois de cèdre d'Espagne de 3/8" de pouce d'épaisseur[1], elle devait avoir quarante pieds de long, six de large, deux et demi de profondeur. Quand elle serait finie, on la diviserait en six fragments : quatre de six pieds, et deux — l'avant et l'arrière — de huit pieds chacun. Si les fragments étaient trop lourds, on les couperait par la moitié, afin de les rendre portatifs.

La construction de ce bateau nouveau modèle fut entreprise

1. Pas tout à fait un centimètre : 9 millimètres 1/4.

par M. James Messenger, constructeur naval à Teddington, près de Londres.

Ce fut Cording qui fit les pontons ; mais bien que d'une excellente facture, ces derniers ne furent pas un succès ; l'efficacité supérieure de la barge, pour toute chose, les rendit inutiles. Ils nous servirent néanmoins ; les circonstances nous les firent employer à différents usages auxquels, dans le principe, ils n'étaient pas destinés.

Quelques jours avant mon départ, le *Daily Telegraph* annonça dans un premier-Londres que ses propriétaires s'étaient joints à M. James Gordon Bennett pour envoyer en Afrique une expédition de découverte, placée sous les ordres de M. Henry Stanley. « Le but de l'entreprise, disait l'article, est de continuer l'œuvre interrompue par la mort du regretté Livingstone, de résoudre, s'il est possible, les problèmes que présente la géographie du centre africain, d'explorer les lieux que fréquentent les marchands d'esclaves et de faire connaître ce qui s'y passe. Le commandant de l'expédition représentera les deux pays, dont le commun intérêt au salut de l'Afrique a été si bien démontré lors de la recherche du grand explorateur anglais par l'énergique correspondant américain. Dans cette recherche mémorable, M. Stanley a déployé les qualités les plus éminentes du voyageur ; et des ressources considérables, mises à sa disposition, venant se joindre à sa complète expérience des conditions d'un voyage en Afrique, on peut espérer que cette entreprise aura de très-importants résultats pour la science et pour la cause de l'humanité et de la civilisation. »

Vivait alors, à l'hôtel Langham, un commis du nom de Frederick Barker, qui, possédé du désir d'aller en Afrique, ne put être découragé par tous les rapports qu'on lui fit de l'insalubrité du climat, des fièvres dangereuses qui en résultent, des fatigues, des misères de la vie de l'explorateur. « Il voulait me suivre, il y était décidé ; rien ne l'arrêterait, » disait-il.

J'allais partir pour les États-Unis ; avant de répondre aux ardentes prières de ce jeune homme, j'exigeai qu'il attendît mon retour.

D'autre part, M. Edwin Arnold, du *Daily Telegraph*, me fit comprendre que je devais être accompagné d'un ou deux jeunes mariniers, de bonne réputation, dont l'expérience de la navigation fluviale me rendrait les plus grands services. Il parla de mon désir et du sien à un très-estimable pêcheur de Lower Upnor (comté de Kent). Ce digne homme, propriétaire de son yacht, et appelé Henry Pocock, avait deux fils, deux garçons forts et vaillants, en qui je pourrais avoir toute confiance, et qui voulurent aussi m'accompagner.

A maintes reprises, M. Arnold et moi, nous avertîmes la famille Pocock de la façon cruelle dont le brusque passage du confort journalier de la vie anglaise aux privations rigoureuses de celles de l'explorateur, éprouverait la constitution la plus robuste, changement qui pouvait être fatal à celui qui n'était pas acclimaté. Mais je me laissai vaincre par le courage et le dévouement de ces deux esprits aventureux. En conséquence, Francis et Edouard Pocock, deux jeunes gens d'un extérieur très-agréable, furent engagés et devinrent mes auxiliaires.

Je m'embarquai en qualité d'hôte de M. Ismay, de la ligne du *White Star*, et je passai en Amérique pour dire adieu à mes amis; cinq jours après, je revenais à Londres sur un paquebot de la même ligne.

Depuis l'annonce de la *nouvelle mission* qui m'était confiée, les demandes d'emploi arrivaient par vingtaines dans les bureaux du *Daily Telegraph* et du *New-York Herald*. Avant que je misse à la voile, plus de douze cents lettres avaient été reçues; lettres de généraux, de colonels, de capitaines, de lieutenants, de midshipmen[1], d'ingénieurs, de commissionnaires, d'artisans, de garçons d'hôtel, de cuisiniers, de magnétiseurs, de médiums, etc., etc. Tous connaissaient l'Afrique, étaient parfaitement acclimatés, avaient la certitude de me convenir. Ils me rendraient les plus grands services; leur ingéniosité, leurs ressources me sauveraient d'une foule de mauvais pas; ils m'enlèveraient en ballon, ou me feraient monter dans des célérifères. Par leur art magique, nous deviendrions invisibles, ou, par leur « science du magnétisme », ils endormiraient les sauvages, et nous passerions partout sans nulle difficulté.

Assurément, si j'avais eu l'argent nécessaire, j'aurais pu emmener cinq mille Anglais, cinq mille Américains, deux mille Français, deux mille Allemands, cinq cents Italiens, deux cent cinquante Suisses, deux cents Belges, cinquante Espagnols et cinq Grecs : un peu plus de quinze mille hommes. Mais le moment n'était pas venu de dépeupler l'Europe et de coloniser l'Afrique sur une aussi grande échelle. J'en fus donc réduit à

---

1. Littéralement : hommes du milieu du vaisseau, aspirants de marine.

décliner respectueusement les offres de services inestimables qui m'étaient faites, et à me contenter de Francis et d'Edouard Pocock, ainsi que de Frédéric Barker, dont la mère avait appuyé l'instante requête à mon retour d'Amérique.

Je fus également surpris et d'une manière agréable du grand nombre d'amis que j'avais en Angleterre, et qui, avant mon départ me prouvèrent substantiellement leur amitié en m'adressant d'utiles témoignages « de leur considération » sous forme de montres, de bidons, d'alcarazas, de pipes, de couteaux, de pistolets, de nécessaires de poche, d'écritoires, de cigares, de médicaments, de Bibles, de *Prayer books*[1] et d'*English tracts*[2] pour la dissémination de la science religieuse chez les noirs païens ; puis des poëmes, de petits drapeaux de soie, des anneaux d'or, etc., etc. Une dame, pour laquelle j'ai un profond respect, m'offrit un magnifique mâtin, du nom de Castor, qui avait été primé dans une exposition ; un officier anglais m'en donna un autre ; et j'achetai, à Battersea, au *Dogs' Home*[3], un bouleterrier et un bouledogue ; les Pocock appelèrent ces trois chiens *Néro, Djack* et *Bull*.

J'acceptai seulement deux petits dîners d'adieu. L'un chez le rédacteur en chef du *Daily Telegraph*, où je rencontrai, avec quelques autres amis, le capitaine Frédérick Burnaby, qui me promit à moitié de me rejoindre aux sources du Nil.

L'autre dîner me fut offert par le représentant du *New-York Herald*. MM. George Augustus Sala, Georges Wilkes, du *Spirit of the Times*[2], W. G. Stillman, John Russell Young, George W. Smalley et trois ou quatre autres journalistes en renom étaient parmi les invités. Ce fut un bienveillant et doux adieu, et le dernier repas que je pris à Londres.

Enfin, le 15 août 1874, ayant embarqué les Européens, les bateaux, les chiens, tout ce qui appartenait à l'Expédition, et qui devait à la bonté de M. Henry Bayley de la compagnie orientale et péninsulaire, et à celle de M. William Mackinson de la compagnie Indo-britannique de navigation à vapeur, d'être transporté à moitié prix à l'île de Zanzibar, je quittai l'Angleterre pour la côte orientale d'Afrique où j'allais commencer mes explorations.

1. *L'équivalent du paroissien des catholiques.*
2. *Traité religieux*, petits livres de piété.
3. Littéralement domicile des chiens.
4. *L'Esprit de l'époque.*

DEUXIÈME PARTIE

LES SOURCES DU NIL

Dans le cinquième siècle avant l'ère chrétienne, le premier des grand voyageurs en Afrique, Hérodote, écrivait, à propos du Nil et de ses sources, les lignes suivantes :

« Sur la nature de ce fleuve, je n'ai rien pu apprendre ni des prêtres, ni d'autres personnes. Je désirais bien cependant savoir d'eux pourquoi le Nil, commençant à se remplir au solstice d'été, grandit pendant cent jours, et pourquoi, ce nombre de jours accompli, il descend et se retire, puis reste bas pendant tout l'hiver, jusqu'au retour du solstice. Mais il m'a été impossible de rien recueillir sur ce sujet des Égyptiens à qui j'ai demandé quelle qualité particulière pouvait avoir le Nil pour différer autant des autres fleuves. Curieux d'apprendre ce que l'on savait à cet égard, je m'en suis enquis, et j'ai demandé en même temps pourquoi le Nil est, de toutes les rivières, la seule d'où ne s'élève pas de brise.

« Quelques Grecs, ambitieux de se signaler par leur savoir, ont expliqué ce mouvement des eaux de trois manières, dont deux ne mériteraient pas que j'en fisse mention, si je voulais faire plus que les indiquer. L'un de ces Grecs dit que les vents étésiens sont la cause du gonflement du fleuve, en empêchant les eaux de s'écouler dans la mer. Mais fréquemment les étésiens n'ont pas soufflé, et le Nil n'en débordait pas moins. D'ailleurs, si les étésiens avaient cette puissance, les autres fleuves contre lesquels ils soufflent, devraient en éprouver les mêmes effets, avec d'autant plus de raison qu'ils sont moindres et ont un courant plus faible. Cependant il y a beaucoup de rivières en Syrie et beaucoup en Libye qui ne se comportent nullement comme le Nil.

« La seconde solution témoigne de plus d'ignorance que la précédente, mais elle est, si je puis dire, plus merveilleuse encore. D'après elle, l'Océan coule autour de la terre, et le Nil sort de l'Océan, d'où résulte qu'il déborde.

« La troisième explication est de beaucoup la plus spécieuse, mais aussi la moins vraie ; car en déclarant que le Nil provient de la fonte des neiges[1], elle ne dit rien de soutenable. Ce fleuve descend de la Libye, traverse l'Éthiopie et débouche en Égypte ; comment dès lors proviendrait-il des neiges, puisque, des contrées les plus ardentes, il passe en un pays moins chaud. Pour un homme d'un jugement sain, beaucoup de raisons démontrent qu'il est impossible que le Nil soit formé par les neiges. La première et la plus forte est que, de ces régions, les vents arrivent brûlants ; la seconde est qu'il ne gèle et ne pleut jamais dans ces contrées ; or partout où il neige, il pleut dans les cinq jours qui suivent ; si donc il neigeait dans ces régions elles ne seraient pas sans pluie. La troisième preuve est que, par l'effet de l'extrême chaleur, les hommes de ce pays sont noirs, que les milans et les hirondelles ne le quittent pas de l'année, et que les grues y viennent passer l'hiver, pour éviter les froids de Scythie. Or, s'il neigeait, si peu que ce fût, dans la région que traverse le Nil et dans le pays où il prend sa source, nulle de ces choses n'arriverait, c'est de toute évidence.

« Celui qui a parlé de l'Océan, prenant pour base de son explication une fable obscure, ne mérite pas qu'on le réfute ; car je ne sache pas qu'il y ait aucun fleuve appelé Océan. Je pense qu'en ayant inventé le nom, Homère, ou quelqu'ancien poète, l'a introduit dans la poésie. »

« Ptolémée, » dit le capitaine Burton dans son *Bassin du Nil*[2], ouvrage qui renferme d'excellents paragraphes : « Ptolémée parle d'un lac Nilus qu'il met à 10° environ au sud de l'Equateur, et à 5° au levant d'Alexandrie, c'est-à-dire par 34 ou 35° de longitude est (méridien de Greenwich). La manière dont cet ancien géographe comprenait la situation de différents points du littoral l'induisit en erreur à l'égard de ces parties de l'intérieur du continent. Ainsi, il pose le cap Aromatum (cap Assez ou Guardafui) par 6° de latitude nord, 6° plus bas que sa véritable situation, laquelle est sous 11° 48′ 50″. Tenant compte de ce fait, observons que Ptolémée place le lac d'où il fait sortir la branche occidentale du Nil, à 1° au nord et à 8° à l'ouest de celui d'où il prend la branche orientale. De nouvelles découvertes pourraient bien fournir la preuve que cette indication des grands traits du bassin nilotique est assez juste.

« Nous ne pouvons pas discuter ici les contradictions que pré-

---

1. Opinion d'Anaxagoras.
2. The Nile Basin.

sent les très-anciens auteurs relativement à la région qui nous occupe; nous ne parlerons que des données les plus importantes et qui offrent de l'intérêt au point de vue de la priorité des découvertes et de l'histoire des connaissances géographiques.

« Le fait le plus ancien dont il nous soit parlé, concernant l'Éthiopie est la prise de la capitale de cette contrée par Moïse, 1400 cents avant l'ère chrétienne, 90 ou 100 ans avant la sortie d'Égypte[1]. Josèphe nomme cette capitale Saba; il dit que c'était une ville très-forte, située au bord de l'Astosabos et que Cambyse, appela Méroé du nom de la sœur de ce prince.

« Trois grands tributaires éthiopiens du Nil étaient connus des anciens : l'Astaboras (*Atbara*), l'Astosabos (*Bahr el Azrek* ou *Fleuve Bleu*), l'Astapus[2] (*Bahr el Abiad* ou *Fleuve Blanc*). Hérodote met la source de l'Astosabos à vingt jours de marche au sud de Méroé, ce qui la rapporte au lac Dembéa ou Tzana. Suivant Ptolémée, la position de Méroé serait par 16° 25′ de latitude nord; mais l'astronome Hipparque l'a placée par 16° 51′, et cela paraît être plus exact; les vastes ruines trouvées par Caillaud ont pour latitude 16° 56′.

« Sous Psammétique, le premier des Pharaons qui régna après la complète expulsion des rois éthiopiens, deux cent quarante mille Égyptiens allèrent s'établir dans une île située au sud de l'île de Méroé, c'est-à-dire au delà de Khartoum, entre le Nil Bleu et le Nil Blanc, à huit jours de marche à l'est des Nubœ ou Nubatœ. Plus tard, les armées des Romains pénétrèrent jusque-là. Pétronius, l'un des généraux d'Auguste, trente ans avant l'ère chrétienne, prit et détruisit Napata, l'ancienne capitale du Tirhaka, ville bâtie sur la rive nord de la grande courbe que forme le Nil au mont Barkhall; il existe encore en cet endroit des ruines très-étendues.

« Méroé, qui fut certainement la capitale de la reine Candace, dont il est question dans les Actes des apôtres (ch. VIII, v. 27), tomba également sous le joug des Romains.

« Dans les premières années de son règne, l'empereur Néron envoya un parti remarquable, sous la conduite de deux centurions pour explorer le pays situé à l'ouest de l'Astapus ou Fleuve

---

1. Nous donnons la date du texte; mais nous rappellerons que la tradition, telle qu'on la présente en France, fait naître Moïse en 1571 av. J.-C., et le fait mourir en 1451, plus d'un demi-siècle avant l'époque où, d'après Burton, il aurait chassé le roi d'Éthiopie de sa capitale. (*H. L.*)

2. Jusqu'ici nous avions toujours vu le nom d'*Astapus* appliqué au Nil Bleu. (*H. L.*)

Blanc, déjà considéré comme étant le vrai Nil, et pour découvrir les sources du fleuve. Aidée par le souverain d'Éthiopie — la reine Candace, sans aucun doute — l'Expédition traversa la contrée que nous appelons Haute-Nubie, et pénétra jusqu'à huit cent quatre-vingt-dix milles romains de la ville de Méroé[1]. Dans la dernière partie du voyage, elle rencontra d'immenses marais dont la fin semblait être inconnue, et dans lesquels on ne pouvait entrer que par des canaux si étroits que les barques employées pour les parcourir suffisaient, tout au plus, à transporter un homme.

« Les centurions n'en continuèrent pas moins leur course vers le Sud, jusqu'à un endroit où ils virent le fleuve sortir d'entre des rochers et former des rapides; ils revinrent alors, rapportant la carte des régions qu'ils avaient traversées.

« Nous ferons observer que la dernière partie du voyage est exactement aujourd'hui ce qu'elle était à cette époque. Les dames Tinné nous disaient, l'année dernière, qu'elles avaient trouvé les passes des marais du Nil Blanc tellement resserrées que les embarcations les plus légères, les plus minces, des batelets faits de roseaux, et ne pouvant contenir qu'une personne, ne parvenaient pas à les franchir.

« Strabon, Pline et d'autres Romains se sont également occupés de cette partie de l'Afrique; mais ils n'ont rien dit d'important, rien de neuf à ce sujet. »

L'énigme restait tout entière, éveillant le même intérêt passionné. Lucain fait dire par Jules César à Cléopâtre : « Nul objet n'a plus excité mon ardeur que l'exploration des sources les plus reculées du Nil. Dites-moi quelle fontaine alimente le fleuve célèbre et l'oblige à ses crues revenant à époque fixe. Montrez-moi les lieux d'où sortent, depuis l'origine des temps, la longue suite de ses ondes. Faites-les moi connaître, et mes travaux cesseront; l'épée rentrera dans le fourreau et le monde jouira des bienfaits de la paix. »

« Edris le Nubien », je cite toujours Burton, « Edris qui habitait l'Égypte vers 1400 de notre ère, écrivait à cette époque :

« Dans cette partie de l'Éthiopie qui est au sud et au sud-ouest
« de la Nubie, on voit d'abord la séparation des deux Nils. L'un
« vient du Sud et va au Nord, se rendant en Égypte; l'autre coule
« de l'Est à l'Ouest. Sur les rives de ce dernier, se trouvent sinon

---

1. On sait que le mille romain valait près de 1482 mètres. (*H. L.*)

« tous les royaumes des nègres, au moins les plus célèbres. »

« Le Nil égyptien, dit Scheadeddin, prend sa source dans les montagnes de la Lune; il coupe l'Équateur en fuyant vers le Nord. Beaucoup de rivières descendent de ces montagnes et se réunissent dans un grand lac, d'où sort le Nil, le plus grand, le plus beau de tous les fleuves de la terre. De nombreux cours d'eau dérivent de ce grand fleuve et arrosent la Nubie[1].

« Des Arabes passant aux Portugais, nous voyons les premiers découvreurs de cette nationalité recueillir une quantité considérable d'informations relativement à l'intérieur de l'Afrique, surtout concernant deux lacs situés près de l'Équateur; le Nil, disait-on, sortait du moins méridional de ces deux lacs. D'Anville, ainsi que les géographes hollandais, a largement usé de ce renseignement. Plus tard, Bruce et d'autres voyageurs ont mentionné l'énorme disparité que présentent, comme étendue, le Bahr el Azrek et le Bahr el Abiad. Ce dernier, assuraient-ils, prenait sa source très-loin dans le Sud, aux environs de l'Équateur, parmi des montagnes couvertes de neiges éternelles.

« En 1839, Méhémet Ali, le chef clairvoyant et énergique de l'Égypte, envoya une expédition composée de plusieurs barques, bien pourvues de toutes les choses nécessaires et commandées par des hommes capables, pour explorer le Nil Blanc et le remonter, s'il était possible, jusqu'à sa première source.

L'Expédition accomplit sa tâche avec succès jusqu'au 26 janvier 1840, où, par 3° 22' de latitude nord, ne trouvant plus assez d'eau pour ses barques, elle fut obligée de revenir. Chaque jour elle avait relevé la largeur et la profondeur du fleuve, sa température, la vitesse du courant et le nombre de milles géographiques parcourus pendant le marche. Sous 3° 30' de latitude, ses mesures lui avaient donné pour la rivière treize cent soixante-dix pieds de large et environ six pieds d'eau. »

Les citations qu'on vient de lire nous ont conduits jusqu'à notre époque. Quelques-uns des agents dont le concours a permis de résoudre le problème des sources du Nil existent encore. L'ancienne Association pour les découvertes en Afrique, établie en Angleterre, est devenue, en 1831, la Société royale de Géogra-

---

1. *Many rivers derived from this.* Ces nombreux cours d'eau ne sortent pas du fleuve, ce sont des affluents. Nous avons ici la confirmation de ce passage de Schweinfurth : « Les Arabes et les Nubiens décrivent le confluent de deux rivières comme étant la séparation du cours principal en deux branches. C'était de la même façon que les Romains parlaient du point de rencontre des deux Nil : *Ubi Nilus iterum bifurcus.* » *Au cœur de l'Afrique*, Paris, Hachette, 1875, vol. II, p. 141. (*H. L.*)

phie de Londres. Ce changement de titre paraît avoir rendu les associés plus forts, plus actifs ; et les publications de la nouvelle société, la position, l'influence, le savoir et le tact de son Président attirèrent bientôt l'attention générale.

Sur ces entrefaites, MM. Krapf, Rebmann et Erhardt, missionnaires établis à Mombaz, sur la côte orientale d'Afrique, annoncèrent que des traitants arabes, ainsi que des indigènes connaissant l'intérieur, avaient dit qu'il se trouvait au loin, dans les terres, un très-grand lac, ou plusieurs lacs désignés par quelques-uns sous un nom générique. Cette information était accompagnée d'une carte esquissée par M. Erhardt, et qui fut publiée en 1856 dans les Comptes rendus de la Société royale. Le trait le plus frappant de la carte du missionnaire était un lac de forme curieuse, lac immense qui s'étendait sur douze degrés de latitude.

DÉCOUVERTE DU TANGANIKA

La Société royale de Géographie décida qu'elle enverrait dans l'Est de l'Afrique une expédition chargée d'explorer cette région lacustre, et en donna le commandement aux lieutenants Richard Francis Burton et John Hanning Speke, officiers de l'armée des Indes.

Le lieutenant Burton s'était déjà révélé comme voyageur entreprenant par sa relation du séjour qu'il avait fait en Arabie, relation intitulée : Pélerinage à la Mecque et à Médine [1].

Speke, à cette époque, n'avait encore qu'une réputation locale; mais on le représentait comme un officier de beaucoup d'avenir, un aimable gentleman, ayant un goût très-vif pour l'histoire naturelle; il était, en outre, chasseur intrépide et marcheur infatigable.

Burton et Speke atteignirent Zanzibar le 20 décembre 1856. Le 13 février 1858, après une marche de neuf cent cinquante milles, et à cinq cent quarante milles géographiques, en ligne directe, du point de départ [2], ils découvrirent le lac Tanganika.

1. Pilgrimage to Mekka and Medina.
2. Mille kilomètres.

Ce qu'ils explorèrent du lac est démontré par la carte de leur voyage, que nous avons jointe au présent volume.

Speke est le premier qui ait traversé le Tanganika; il en atteignit la côte occidentale à l'île de Kassennghé, voisine de la terre ferme, et revint par la même route à Kahouélé, endroit de l'Oudjidji, occupé par les Arabes dont les habitations formaient alors un grand village aux cases éparses.

Dans une seconde exploration, Burton et Speke arrivèrent jusqu'à une anse de l'Ouvira, située à environ treize milles de l'extrémité nord du lac. Ne pouvant pas aller plus loin, ils retournèrent dans l'Oudjidji. Speke aurait vivement désiré faire un troisième tour, mais il dut se soumettre à son chef qui ne crut pas devoir accéder à ce désir. Le 26 mai, l'expédition quittait les bords du lac; et le 20 juin elle arrivait dans l'Ounyanyemmbé.

DÉCOUVERTE DU LAC VICTORIA

Tandis que Burton recueillait, des Arabes et des indigènes, de nombreux renseignements sur la région des lacs de cette partie de l'Afrique, renseignements qu'il nous a transmis d'une façon magistrale, Speke, dont la nature était plus active, s'organisa une petite escorte, et, avec l'autorisation de Burton, partit le 9 juillet 1858. Il se dirigea vers le Nord; et le 30 du même mois, il gagna la côte méridionale d'une nappe d'eau que les Vouanyamouési appelaient N'yannza, ce qui veut dire *Lac*, et les Arabes Oukéréhoué.

A Mouannza, localité de l'Oussoukouma, il releva de ce lac toute la partie que pouvait embrasser le regard d'une hauteur de deux cents pieds au-dessus de l'eau.

En réfléchissant à l'énormité du bassin qu'il avait sous les yeux, il écrivit: « Je ne doute pas que le lac qui est à mes pieds ne donne naissance au fleuve dont la source a été le sujet de tant de systèmes et l'objet de tant de recherches. »

Puis, il ajoute : « C'est un lac bien autrement vaste que le Tanganika : il est si large qu'on n'en voit pas l'autre bord, si long que personne n'en connaît la fin. » A ce lac immense, son découvreur donna le nom de *Victoria N'yannza*.

Après ce simple coup d'œil jeté sur le Victoria, Speke revint dans l'Ounyanyemmbé et annonça à Burton qu'il avait découvert la source du Nil Blanc. Burton ne partagea pas l'idée de son compagnon sur l'importance de la découverte; et dans son Voyage aux grands lacs, dans son Bassin du Nil, dans ses conférences, ses discours, ses articles, ses conversations particulières, il combattit vigoureusement la théorie de Speke.

Le 30 février 1859, la tâche des deux voyageurs, qui leur avait pris vingt-cinq mois, se terminait par l'arrivée de l'Expédition au petit village de Kondoutchi, sur l'Océan Indien.

En ouvrant le journal du second voyage de Speke dans la région des lacs [1], nous y voyons tout d'abord l'aveu que « cette expédition a eu pour but de prouver que le Victoria N'yannza, découvert le 30 juillet 1858, était bien, comme l'avait dit l'auteur, la source du Nil Blanc »; et nous trouvons ces lignes : « L'entreprise actuelle date du 9 mai 1859; jour même de mon retour en Angleterre, où, sur la demande de Sir Impey Murchison, je me suis rendu chez ce dernier pour lui montrer la carte que j'avais faite à l'intention de la Société royale de géographie. »

Voulant envoyer une expédition qui vérifiât la théorie dont elle recevait l'exposé, la Société royale en donna le commandement à M. Speke, qui avait maintenant le grade de capitaine, et qui, cette fois, eut pour compagnon un ancien frère d'armes, le capitaine James Grant, officier de l'armée des Indes.

L'Expédition partit de Zanzibar le 25 septembre 1860; elle arriva dans l'Ounyanyemmbé, à Kazeh ou Taborah, le 23 janvier 1861, après avoir suivi presque entièrement la route de Burton.

Au milieu du mois de mai, les voyageurs se remirent en marche; ils firent chez Roumanika, roi du Karagoué, un séjour fort intéressant, et prirent ensuite un chemin qui ne leur permit pas même d'entrevoir le Victoria, dont ils n'aperçurent les eaux que près de Mérouka, le 31 janvier 1862.

De cet endroit, jusqu'à son arrivée à la cour de Mtéça, empereur d'Ougannda, l'Expédition doit avoir eu plusieurs fois la vue lointaine du lac, bien qu'elle ne voyageât pas sur les bords de

---

[1] Ouvrage traduit par M. E. D. Forgues, sous ce titre : *Les Sources du Nil, Journal de voyage du capitaine John Hanning Speke*. Paris, librairie Hachette, 1864. (*H. L.*)

celui-ci. Dans une petite excursion, faite de la capitale de l'empereur, il fut découvert sur la côte nord, un large bras du Victoria qui fut appelé baie de Murchison.

Les deux voyageurs, repartis le 7 juillet, s'éloignèrent du lac en marchant au Nord-est. Le 21, Speke avait gagné Ouronndogani ; de là, il remonta la rive gauche du fleuve, et arriva, le 28 juillet, aux chutes que forme la rivière, en s'échappant du lac. Son journal porte à cette date les lignes suivantes :

« L'Expédition avait désormais atteint son but. Je voyais le vieux Nil sortir du Victoria ; je [m'assurais que, selon toutes mes prévisions, ce grand lac est la source du fleuve sacré sur lequel flotta le berceau du premier révélateur de nos croyances religieuses. Son extrémité méridionale, située au sud de l'Équateur, près du troisième degré de latitude, est le point de départ, la véritable tête du Nil, ce qui donne au vieux fleuve, mesuré en ligne droite, l'étonnante longueur de plus de trente-quatre degrés, c'est-à-dire plus de 2300 milles, plus de la onzième partie de la circonférence du globe. »

« Si maintenant, de cette extrémité sud, prenant à l'ouest, vous côtoyez le lac jusqu'à la sortie du Nil, vous ne trouvez qu'un affluent de quelque importance, c'est le Kitanngoulé. De cette même pointe méridionale, si on tourne à l'est, on ne rencontre que des rivières insignifiantes. »

Speke donna à la partie de l'émissaire du lac qui tombe de celui-ci dans le Nil Victoria, le nom de *Chutes Ripon*, en l'honneur du comte de Ripon, qui était président de la Société géographique de Londres quand l'expédition fut organisée ; et il nomma le bras du lac d'où sort le Nil : *Canal Napoléon*, en témoignage de son respect pour la Société géographique de Paris, qui l'avait honoré de sa médaille d'or à l'occasion de la découverte du Victoria.

Après avoir écrit ce paragraphe, le capitaine Speke fait une déclaration importante, que je recommande à l'attention du lecteur. « Un fait, tout d'abord, me parut embarrassant : le Kitanngoulé me semblait être aussi considérable que le Nil ; mais cette rivière coule avec lenteur ; l'autre est rapide ; ce qui m'empêchait de juger exactement de leur importance relative. »

Le 4 juin 1863 les capitaines Speke et Grant s'embarquaient à Alexandrie pour l'Angleterre, où ils arrivaient après une absence de onze cent quarante six jours.

Bien qu'on pût supposer que l'explorateur avait des motifs

suffisants pour croire que le lac Victoria couvrait une aire immense, quelque vingt neuf mille milles carrés, étendue que lui donna hardiment le capitaine Speke dans le tracé qu'il en fit sur sa carte, il se trouva beaucoup d'hommes de talent qui contestèrent chaque point de ses assertions. L'un de ceux qui opposa aux théories du voyageur la critique la plus ardente fut, ainsi que nous l'avons dit plus haut, le capitaine Burton; et il fut soutenu par beaucoup d'autres, pour des raisons très-plausibles que nous ne pouvons pas rappeler ici.

Pendant son dernier voyage, le docteur Livingstone recueillit, auprès des Arabes qu'il rencontra dans l'intérieur, une quantité d'informations qui fragmentèrent la grande nappe de Speke en cinq petits lacs; et au milieu des assauts constants qu'il recevait des géographes et des cartographes, on put croire qu'avant peu le lac Victoria serait effacé de la carte, ou n'y représenterait plus qu'un petit bassin de drainage, un étang couvert de roseaux comme les capitaines Speke et Grant en avaient beaucoup vu dans cette région. Il était donc évident qu'une exploration complète du lac Victoria pouvait seule résoudre d'une manière définitive le problème qui était pour les géographes d'Europe et d'Amérique une pareille source de trouble et de dissentiment.

ENCORE LE TANGANIKA

Le premier Européen qui, après Burton et Speke, atteignit le bord du Tanganika est le Docteur Livingstone. Ce fut de la rive du plateau dont l'escarpement sort du lac même, à la pointe sud-ouest de celui-ci, que le grand voyageur vit le Tanganika pour la première fois, le 2 avril 1867. Le 14 mars 1869, après avoir longé presque toute la partie de la côte occidentale qui se déploie entre l'extrémité sud du lac et l'île de Kassennghé que visita Speke en 1858, Livingstone traversa le lac et arriva dans l'Oudjidji, sur la côte orientale.

Le 21 juillet suivant, de retour à Kassennghé d'où il allait prendre la route du Manyéma; il écrivait dans son journal les lignes suivantes :

« A la hauteur de l'Ouvira ou Vira, le Tanganika se rétrécit et s'enfonce à perte de vue entre des montagnes. Il paraîtrait ensuite former une cascade dans le lac de Kouanndo qui a été vu par les Vouanyamouési[1]. »

Dans des lettres qu'il envoya en Angleterre, Livingstone parle constamment de deux lacs qu'il appelle *Tanganika supérieur*, (celui de Burton) et *Tanganika inférieur* (l'Albert Nyannza de Baker). Ce dernier formait, disait-il, la seconde ligne de drainage s'inclinant vers le Nil et y déchargeant ses eaux.

Plus tard, il inscrivait les motifs qui, peu de jours après mon arrivée dans l'Oudjidji[2], le déterminèrent à vérifier cette théorie par une investigation personnelle de l'extrémité nord du lac; il s'exprimait ainsi :

« 16 *novembre*, 1871. — Sir Roderick Murchison prenant un vif intérêt à l'exploration du Tanganika, me dit M. Stanley, nous partons pour le Nord, aux frais de celui-ci, et avec ses hommes.

« 24 *novembre*. — Pointe Kissaka dans le pays de Makammbé. Un Mgouana établi chez ce dernier nous a fait une visite; il nous a assuré de la façon la plus formelle que l'eau du Tanganika tout entière s'écoule par le Loussizé, et va rejoindre l'Oukéréhoué de Mtéça. Rien de plus clair, de plus positif que son assertion.

« 25 *novembre*. — Le chef, un homme encore jeune et d'une figure agréable, vint nous souhaiter la bien-venue. Le Mgouana l'accompagnait; celui-ci déclara avec assurance que le Loussizé *débouche* dans le Tanganika, et n'en sort pas, contrairement à ce qu'il affirmait hier. Le Tanganika se ferme à nos regards, excepté en un point situé au N. N. O. de celui où nous nous trouvons.

« 26 *novembre*. — Le fond du Tanganika, de l'Est à l'Ouest, mesure environ quatre milles géographiques[3]. »

Trois jours après, Livingstone et moi, conduits par des rameurs vigoureux, nous entrâmes en canot dans le Loussizé ou Roussizi; et nous découvrîmes que cette rivière débouche dans le Tanganika par trois branches d'un courant impétueux.

L'exploration de l'extrémité nord du Tanganika par Livingstone et moi, en novembre 1871, résolut cette partie du problème, mais

---

1. *Dernier Journal du docteur Livingstone*, Paris, Hachette, 1876, vol. II, p. 18. (H. L.)
2. Je suis le quatrième explorateur qui soit allé au Tanganika.
3. *Dernier journal* vol. II, p. 189

elle ne décrivit que treize milles de côte non-visités par Burton et par Speke. Toutefois, lors de notre retour dans l'Ounyanyemmbé, nous ajoutâmes à ce que l'on connaissait du Tanganika, le relèvement de la côte orientale, depuis la pointe de Kabogo, jusqu'à Ourimmba[1], situé à une vingtaine de milles au sud du dernier endroit vu par le capitaine Speke.

Le 25 août 1872, cinq mois après mon départ, Livingstone se remit en marche pour sa dernière exploration. Le 8 octobre, il revit le Tanganika et l'atteignit à soixante milles environ au midi du point où nous l'avions quitté ensemble, huit mois auparavant. Il en suivit à pied la côte orientale jusqu'à l'extrémité sud.

Après cela, il ne restait plus d'autre partie non visitée que la côte occidentale qui s'étend, de Kassennghé, à la pointe nord de l'île que Burton et Speke nomment Oubouari, et que, Livingstone et moi, nous avons appelée Mouzimou.

Qu'il y ait dans la route suivie par le Docteur, au bord du lac des points nombreux qui rendent la ligne de la côte assez vague, et que dans la marche rapide qu'il fit, en 1869, du Manyéma vers l'Oudjidji, une partie du littoral de l'Ougouha n'ait pas été vue, cela ne fait aucun doute. Mais ce fut Livingstone qui, le premier, traça la carte de la région méridionale du Tanganika, et en donna la configuration d'une manière assez correcte, depuis Ourimmba jusqu'à l'île de Kassennghé; de même que Burton et Speke tracèrent la première carte de la région du lac qui s'étend de l'Oudjidji à un point de la côte orientale situé presque en face de l'île d'Oubouari, et de la partie nord-ouest qui, du nord de cette île, va jusqu'à l'Ouvira.

En février 1874, Verney Lovett Cameron, lieutenant de marine, arriva au village de l'Oudjidji que Burton et Speke atteignirent en 1858, et où j'ai découvert Livingstone en 1871. Il avait suivi une route que le *Voyage aux grands lacs de l'Afrique orientale*, *les Sources du Nil*, et *Comment j'ai retrouvé Livingstone* ont rendue familière à des milliers de lecteurs, et qui traverse des contrées soigneusement relevées et décrites. Mais la région qui s'étendait devant lui, du côté de l'Ouest, n'avait été vue que par Livingstone, vue au commencement, et au delà du dernier point qu'avait gagné le docteur, il restait de vastes champs d'exploration d'une extrême importance.

---

1. Village qui se trouve par 5° 54′ de latitude méridionale. (H. L.)

Le lieutenant Cameron se procura deux canots, prit au midi, longea la côte orientale du Tanganika, traversa le lac près de son extrémité sud, remonta vers le Nord et découvrit un étroit canal qui s'ouvrait entre deux langues de sable d'un blanc pur : c'était la Loukouga. Entrant dans cette crique, il la remonta jusqu'à ce qu'il fût arrêté par une barrière de papyrus, barrière impénétrable. Cameron écrivit que ce canal était l'émissaire du Tanganika. Convaincu de sa découverte, il se retira de la crique, poursuivit sa course le long du littoral jusqu'à l'île de Kassennghé, où Speke et Livingstone avaient campé, et revint directement dans l'Oudjidji, sans avoir tenté de nouvel effort.

Après le départ du lieutenant Cameron, le pourtour du lac Tanganika avait donc été décrit dans son entier, à l'exception de la falaise qui le termine au sud, de l'embouchure du Loufouvou et de la partie de la côte qui s'étend de l'île de Kassennghé à la pointe septentrionale d'Oubouari, sur une longueur d'environ cent milles.

LA GRANDE RIVIÈRE DE LIVINGSTONE

Ce qu'on savait de précis à l'égard de cette rivière datait du dernier voyage du docteur, des lettres qu'il avait écrites d'Oudjidji en 1869, et où il répétait ce qu'il avait dit, en 1867, dans une dépêche adressée de la ville de Cazemmbé à Lord Clarendon.

Rappelons que ce dernier voyage avait commencé à Zanzibar, le 28 janvier 1866. Le 19 mars, après avoir invoqué la bénédiction du Très-Haut sur les relations qu'il se proposait d'établir avec les païens, Livingstone montait à bord du *Penguin*, vaisseau de la marine anglaise, et se dirigeait vers l'embouchure de la Rovouma. Il prit terre dans la baie de Mikinndani, marcha dans la direction du Sud-ouest, et fut en vue du lac Nyassa, le 13 septembre 1866.

Le 16 juin de l'année suivante, ayant traversé les montagnes dont les eaux s'écoulent à l'Est dans la Loanngoua, il atteignait les tributaires les plus méridionaux du Chambèze et décrivait en ces termes le versant nord des monts où les affluents de la nouvelle rivière prennent leur source : « Il est inutile de répéter que sur les pentes septentrionales de ces montagnes ce n'est que forêt : une clairière, et le bois pendant des milles. Tout le pays, maintenant est bourbeux ; les marais sont pleins et débordent, on a toujours les pieds dans l'eau. Les petites rivières coulent avec force, et, bien que débordées, ont une eau limpide ; on peut deviner quels sont les cours d'eau permanents et ceux qui, purement torrentiels, tarissent pendant la sécheresse ; ils vont au Nord et à l'Ouest pour s'unir au Chambèze. »

Huit jours plus tard, sous 10° 34' de latitude, le Chambèze lui-même fut gagné par le docteur : « Rivière débordée, écrit Livingstone, mais n'ayant pas là, entre ses bords, plus de trente-six mètres, montrant beaucoup de vie animale sur ses bords et dans ses eaux, qui, malgré l'inondation, restent limpides ; elle fuit vers le couchant. »

De nombreux cours d'eau descendant des pentes occidentales des hautes terres du Mammboué, et arrivant du Nord, de l'Est et du Midi, sont recueillis par le Chambèze. Celui-ci est alors une très-grande rivière, reçue par le lac Bemmba ou Banngouéolo, ainsi que le démontrèrent des explorations subséquentes.

A la date du 8 novembre 1867, Livingstone, arrivé au lac Moéro, inscrit dans son journal cette note substantielle : « Le lac paraît être de belle grandeur ; il est flanqué de montagnes à l'est et à l'ouest. Son rivage est formé d'un sable grossier et gagne l'eau par une pente graduelle. En dehors de la rive, est une épaisse ceinture de végétation des tropiques, où sont bâties les huttes des pêcheurs. Le Roua est à l'Ouest, et apparaît sous la forme d'une chaîne de hautes montagnes de couleur sombre. A droite, la chaîne a moins d'élévation mais elle est plus brisée.... La rive septentrionale du Moéro décrit une belle courbe pareille à celle d'un arc détendu. C'est à l'extrémité occidentale de cette courbe que s'échappe le Loualaba, qui, avant d'entrer dans le Moéro se nommait Louapoula, et qui, s'il faut en croire les rapports les plus intelligents, serait le Chambèze, sortant du lac Banngouéolo. »

Dans sa dépêche à lord Clarendon[1], Livingstone résume ainsi les connaissances qu'il a pu acquérir sur la région explorée par lui en 1867 :

» Le Chambèze prend sa source dans le Mammboué, au Nord-

---

1. Voy. *Dernier journal de Livingstone*, Paris, Hachette, 1876, vol. I, p. 254.

est du Molemmba; il coule d'abord au Sud-ouest, puis à l'Ouest, jusque par 11° de latitude méridionale et 29° de longitude est (méridien de Greenwich), où il alimente le lac Bemmba ou Banngouéolo. Il émerge de ce premier lac sous le nom de Louapoula, et va déboucher dans le lac Moéro. A la sortie de ce dernier, il se nomme Loualaba, et coule au Nord-ouest dans le Roua, où il forme un autre lac qui porte le nom d'Ourennghé ou d'Oulennghé et qui renferme des îles nombreuses. Au delà de ce point, les renseignements n'ont plus rien de positif; les uns font entrer la rivière dans le Tanganika, les autres dans un quatrième lac, situé au nord de celui-ci. »

Le 18 juillet 1868, Livingstone découvrit le lac Bemmba ou Banngouéolo. Nous avons eu plus tard l'explication des causes qui l'égarèrent et lui firent concevoir les hypothèses que ses lettres répandirent, les théories qu'il développa dans ses notes.

On lit, page 68 du second volume de son Dernier Journal :

« *Bammbaré*, 25 *août* 1870. — L'un des rêves que je fais tout éveillé est que la légende qui représente Moïse allant avec Merr, sa mère et nourrice, dans l'Ethiopie intérieure et y fondant la ville de Méroé, en l'honneur de cette vénérable femme, repose sur un fait réel. . . . .

« Je rêve de découvrir quelque débris monumental de Méroé; et s'il reste le moindre vestige confirmatif de la Sainte-Ecriture, je prie Dieu de m'y conduire. Si la chronologie sacrée peut en recevoir une affirmation, je ne plaindrai pas la fatigue, la maladie, la faim, la souffrance que j'ai endurées : mes plaies n'auront été pour moi qu'un moyen de dominer la chair. »

Grand spectacle ! le vieil explorateur, dans les derniers temps de sa vie, exemple du plus noble courage, marche, marche toujours; mais sans arriver plus près de la solution du problème qui le tourmente, qu'à Nyanngoué, établissement arabe situé à quelques milles du quatrième degré Sud, et un peu à l'Est du vingt-quatrième de longitude orientale [1].

De cet endroit, où il laissa la grande rivière coulant toujours au Nord, et où il ne devait pas revenir, Livingstone retourna dans l'Oudjidji; puis il explora la partie septentrionale du Tanganika, regagna de nouveau l'Oudjidji, se rendit dans l'Ounyanyemmbé, reprit le chemin du Tanganika dont il longea la côte

---

1. La longitude, marquée dans le texte d'après le méridien de Greenwich, est ici réduite au méridien de Paris, et le sera jusqu'à la fin du voyage. (H. L.)

sud, alla directement au lac Banngouéolo, en atteignit la rive méridionale, et y mourut le 1er mai 1873.

Au mois d'août 1874, le lieutenant Cameron, que nous avons quitté après son relèvement du Tanganika au sud de l'Oudjidji, se rendit dans le Manyéma, coupa la route de Livingstone au village de Kassonngo, s'embarqua sur le Loualaba, fit environ trente-cinq milles en pirogue et arriva à Nyanngoué, point de retour de son prédécesseur.

Il traversa la rivière, se dirigea vers le Sud, accompagné de traitants arabes, fit avec eux quelques journées de marche, prit des guides, et suivant toujours la même direction, gagna l'établissement que Djouma Méricani a chez un autre Kassonngo, souverain de tout le Roua. Il y passa près de neuf mois, s'en éloigna en compagnie de traitants portugais, fit route avec eux jusqu'à Bihé, puis arriva à Benguéla, sur l'Atlantique, après avoir traversé l'Afrique de l'Est à l'Ouest, au Sud du quatrième degré de latitude méridionale.

Bien qu'il n'ait pas entrepris la solution du problème et ne soit pas allé au nord de Nyanngoué, le lieutenant Cameron n'en présente pas moins l'hypothèse suivante :

« Le Loualaba doit être l'une des sources du Congo ; sans lui, où ce géant, qui ne le cède en énormité qu'à l'Amazone, peut-être au Yang-tsé-Kiang, trouverait-il les cent quatre-vingt mille mètres cubes d'eau qu'à chaque seconde il verse dans l'Atlantique?

« Les grands affluents du Nord expliquent comment le régime du Congo offre relativement si peu de variation. Dès que l'immense bassin du fleuve s'étend de chaque côté de l'Equateur, il y a toujours une de ses régions dans la zone des pluies ; d'où il résulte que la principale artère reçoit à peu près le même tribut toute l'année, au lieu de subir les alternatives de crue et de baisse que présentent les rivières tropicales, dont tous les affluents se trouvent d'un seul côté de l'Equateur. »

Cette esquisse rapide, appuyée des petites cartes qui sont jointes à ce volume, fera comprendre les différents problèmes géographiques laissés en suspens par mes prédécesseurs. Je vais dire maintenant comment ces problèmes ont été résolus, comment les découvertes de Burton, de Speke et de Grant, de Cameron, de Livingstone ont été complétées, et ce qui fut ajouté à celle de Baker, par une exploration faite d'une mer à l'autre, exploration dont la durée a été de deux ans, huit mois et vingt jours

CHAPITRE I

Arrivée à Zanzibar. — La ville. — Sa rade, ses édifices. — Mnazi-Moya ou Le Cocotier. — Les rochers rouges. — Choix et achats des articles d'échange. — Palais du Sultan. — Occupation du jour. — Promenades et repos du soir.

Vingt-huit mois s'étaient écoulés depuis que j'avais quitté Zanzibar, après avoir retrouvé Livingstone, lorsque j'arrivai de nouveau dans cette île, le 21 septembre 1874.

Les hauteurs ondulées gravées dans ma mémoire, les pentes douces, revêtues de palmiers et de manguiers, baignées d'une chaude vapeur, semblaient plongées dans cet état de somnolence que présente, au premier aspect, en toute saison, n'importe qu'elle partie de l'Afrique tropicale. Un ciel d'un bleu pâle s'étendait au-dessus de la mer endormie et de la terre voilée d'une brume lumineuse, tandis que nous suivions le détroit qui sépare l'île du continent.

A la première vue de ce rivage, il n'est pas d'étranger qui n'éprouve du plaisir et ne l'exprime. La verdure splendide, les crêtes bleu foncé de l'horizon, la mer tranquille, l'atmosphère, léger tissus de gaze vibrante, le silence à moitié mystérieux, qui enveloppe toute la nature, éveillent son admiration ; car, sans doute, il a traversé l'étouffant golfe arabique, entre les monts tourmentés et sourcilleux de Nubie, et les mornes chaînes ocreuses de la péninsule arabe, qui, avec les rochers volcaniques et altérés d'Aden, les bruns escarpements arides du Guardafui, sont présents à sa mémoire.

Un grand changement s'est opéré. En longeant les bords luxuriants de Zanzibar, l'arrivant voit la nature drapée du plus beau vert, parée d'un feuillage d'une délicieuse fraîcheur, et reçoit les parfums qu'elle lui adresse. Fatigué du bleu profond de l'Océan, il aspire à une variante quelconque ; il se rappelle l'incurable aridité des hauteurs qu'il a vues, leurs roches calcinées et blanchies, et quelle métamorphose ! Répondant à ses vœux à demi formés, la terre lui apparaît de nouveau, terre féconde, d'une richesse exubérante. Des palmiers dressent leurs têtes légères ; des manguiers montrent leurs cimes globuleuses d'un vert foncé. Puis des bananeraies à l'ombre impénétrable, des bois d'orangers, de canelliers, de girofliers. Couronnés d'une ramure et d'une feuillée massives, des jacquiers s'aperçoivent ; et entre les arbres, dans les parties inoccupées, des herbes, des plantes grasses, couvrent le sol d'un riche manteau de verdure.

La scène n'a rien de grandiose ; aucun trait spécial n'attire le regard ; les vapeurs qui montent du sein gonflé et chaud de l'île estompent le paysage et lui enlèvent ce qu'il aurait de frappant. Mais par cela même, l'imagination est saisie et trouve à s'exercer ; l'esprit de l'arrivant perd son inquiète activité et se repose sous l'influence de ce printemps éternel.

Bientôt à l'horizon, s'esquisse, droite et mince, la silhouette de quelques mâts de vaisseaux. A gauche, se voit une masse d'un blanc pâle ; c'est la ville de Zanzibar. Naviguant toujours au Sud, à portée de carabine de la côte basse et verte, nous commençons à pouvoir définir la cité. Elle consiste en un grand nombre de bâtiments carrés et massifs, variant peu de hauteur, tous blanchis à la chaux, s'élevant sur une pointe de terre basse, où une large bande de sable les sépare de la mer. Celle-ci forme une baie dont la courbe s'enfonce uniment dans les terres, à gauche de la pointe qui porte la capitale et qui s'avance vers nous.

Moins de deux heures après le moment où la ville a été aperçue pour la première fois, nous avons jeté l'ancre à trois cent cinquante brasses environ de la grève, et ajouté notre steamer à la demi-douzaine de navires dont les mâts avaient été vus de loin.

L'arrivée du paquebot fait sensation : c'est le courrier mensuel d'Aden et d'Europe. Un certain nombre de barques se détachent de la plage et se dirigent vers le vaisseau. Des Européens sont assis à l'arrière ; les rameurs sont des Vouangouana[1] vêtus de blanc et coiffés de bonnets rouges. Les premiers sont impatients d'apprendre les nouvelles, d'obtenir, par faveur du capitaine, les journaux, les lettres qui leur sont

---

1. Esclaves libérés.

adressés, de recevoir les menus paquets envoyés par des amis.

L'étranger, cela va de soi, prend un vif intérêt à ce mouvement qui le frappe tout d'abord; gens et paroles, ce qu'il voit ce qu'il entend s'imprime pour la première fois dans sa mémoire.

Les corps et les figures sont assez pittoresques. Des hommes noirs, jaunes, bruns, à l'air joyeux, habillés de longues robes de cotonnade blanche, vont et viennent d'un pas rapide, en criant en arabe ou en kisouahili ce qu'ils ont à dire ou à demander. Le camarade, ou l'aide, sans plus d'égard pour l'ordre public, répond à voix également haute, avec des gestes

Vue d'une portion du quai de Zanzibar, depuis la batterie jusqu'à la pointe de Channgani. (D'après une photographie de M. Buchanan de Natal.)

également vifs; et les arrivées continuant toujours, il en résulte une Babel où la langue du Souahil, l'arabe, l'anglais, le français se mêlent à l'hindi et peut-être au persan.

C'est au milieu d'une pareille scène que je montai en bateau pour me rendre chez M. Augustus Sparhawk de l'agence Bertram, dont la maison était voisine de la pointe de Channgani; maison basse et massive, où je reçus un accueil non moins amical, non moins hospitalier qu'à l'époque où, trois ans et demi avant, j'arrivais avec la mission de retrouver Livingstone.

Aidé de M. Sparhawk, je réussi à faire débarquer et à loger confortablement mes trois jeunes Anglais, mes cinq chiens, la yole que M. Edwin Arnold m'avait achetée à Yarmouth, ma guigue et les tonnes de marchandises et de provisions qui nous appartenaient.

La vie que mène à Zanzibar celui qui se dispose à explorer l'Afrique est une vie très-active. Le temps fuit rapidement ; et du matin au soir, chaque minute doit être employée à l'achat de différents genres d'étoffe, de grains de verre, de fil métallique, objets demandés par les indigènes des pays où l'on veut aller, et qu'il a d'abord fallu choisir.

De vigoureux portefaix, à demi-nus, arrivent chargés de grandes balles de calicot, de tissus de couleur, rayés, frangés, quadrillés ; de mouchoirs et de calottes rouges. Des sacs de perles bleues, rouges, vertes, blanches, jaune d'ambre, petites et grosses, rondes et ovales ; des rouleaux de gros fil de laiton, rouleaux sur rouleaux entrent continuellement. Il faut examiner, assortir, dénombrer, ranger séparément tous ces articles ; les faire mettre en sac, en paquet, en ballot, en caisse, suivant leur nature et leur valeur respective. Des tas d'enveloppes, de couvercles, de toile d'emballage, de zinc, de planches brisées, de papier en lambeaux, de sciure de bois et d'autres débris couvrent les planchers de la maison. Portefaix, domestiques et maîtres, employés et employeurs vont et viennent au milieu de cette litière, roulant des balles ou culbutant des caisses. Un déchirement de papier ou d'étoffe, un bruit de marteaux, la demande du pot à couleur pour marquer les paquets, celle du nombre des ballots ou des sacs, demandes faites d'une voix précipitée, des cris, des soupirs, le halètement des poitrines s'entendent depuis l'aube jusqu'à la nuit. La sueur ruisselle des corps, le mouchoir est sorti précipitamment, passé sur la figure et remis dans la poche ; les mains, les bras, les manches de chemise des employés font le même service, avec la même hâte.

La chaleur a été brûlante, le soleil éclatant ; vers le soir, vient la fatigue. On gagne son fauteuil ; et la pipe ou le cigare, une tasse de thé complètent cette journée si remplie.

Parfois le travail finissait plus tôt ; et après le dîner, à quatre heures et demie, nous montions à cheval pour aller faire une promenade dans l'intérieur ; le retour avait lieu à la brève clarté du crépuscule. Ou bien nous prenions le chemin si connu de Mnazi-Moya, dont l'unique cocotier, de la place qu'il occupe au sommet d'un ancien rivage, derrière la pointe de Channgani, semble être le gardien fantastique des humbles tombes qu'il domine

Ou bien encore, dernière ressource laissée à des esprits studieux et contemplatifs, nous portions nos fauteuils sur le toit plat où le marchand empoisonne et fait sécher ses peaux de vache; et, les pieds appuyés plus haut que la tête, nous regardions arriver la nuit.

Si nous sortions à cheval, nous pouvions en quelques minutes observer, à l'heure la plus agréable du jour, ces traits de la ville qui, par 35° de chaleur, peuvent facilement devenir dangereux ou tout au moins déplaisants. Prenant une ruelle étroite et tortueuse, où retentissait bruyamment le pas de nos montures, nous passions à côté de hautes maisons blanchies à la chaux, maisons massives qui s'élevaient à deux ou trois étages au-

Église neuve bâtie sur la place de l'ancien marché à esclaves.

dessus de notre tête. Ici, les demeures des Européens et celles des fonctionnaires sont contiguës. A l'entrée de chacune de ces résidences, le portier est assis d'une manière aussi confortable que ses moyens le lui permettent. De temps à autre, nous jetions un regard sur la baie; et nous replongeant dans la ruelle, nous arrivions près du vieux fort, qui tombe rapidement en ruines. J'ai vu il y a quelques années, derrière cet édifice, un marché où l'on vendait des esclaves; ce marché, heureusement n'existe plus. Une église y a été construite.

Bientôt, nous voyions la porte de la forteresse, où étaient assis les hommes de la garnison : quelques Béloutches indolents et quelques Arabes de couleur foncée. Sur la droite, est la batterie de salut, qui est fréquemment de service pour l'ignition de la poudre, et qui en brûle beaucoup; antique façon d'échanger des compliments avec des vaisseaux de guerre, et de rendre hommage aux gouvernements étrangers. A côté, sont les bâtiments, les hangars de la douane; en face de nous s'élève le palais et harem du prince Bargash. C'est un édifice de respectable apparence et du style d'architecture qui est en faveur à Mascate : trois hauts étages, blanchis à la chaux, comme le sont ici toutes les maisons. Une galerie couverte, placée à une trentaine de pieds au-dessus de notre tête, relie cet édifice à un grand bâtiment, situé de l'autre côté de la ruelle, et qui possède un ambitieux portail que l'on atteint par un large perron hémi-circulaire de quatre ou cinq marches. Dans la salle du rez-de-chaussée, il y a des soldats du même modèle que ceux du fort; chacun d'eux est armé de l'Henry-Martini ou fusil à mèche, et porte sabre et rondache.

Peu d'instants nous suffisent pour gagner une ruelle encore plus étroite; le lait de chaux y est moins blanc qu'à Channgani, le quartier aristocratique. Nous sommes maintenant près de Mélinndi, où l'Européen qui n'est pas assez riche pour habiter Channgani, est obligé de supporter le voisinage de gens de race arabe ou hindoue.

Après Mélinndi, c'est un fouillis de hautes maisons blanches et de bouges où la richesse et la misère se coudoient et se heurtent; et nous arrivons au pont qui traverse le Malagache. Celui-ci est une lagune qui s'étend depuis la baie jusqu'à Mnazi-Moya. En passant, nous voyons sur les deux rives, un amas d'appentis et de pauvres bâtisses, groupés au milieu de tas d'ordures, de monceaux de curée d'abattoir. Des nègres à demi-nus et des gens vêtus de cotonnade blanche donnent à l'ensemble quelque chose de l'aspect du village de Boulak, près du Caire, village encore plus sale.

Quand on a traversé le pont, on est dans ce qu'on appelle très-justement *Ngammbou*, c'est-à-dire l'Autre Côté. La rue est large, mais le quartier de plus en plus squalide. C'est ici qu'on trouve les Voua-ngouana, dont l'explorateur formera son escorte. Ils y vivent heureux avec des Vouassouahili faisant bien leurs affaires, de pauvres Banians, des Hindis, des Persans, des Arabes, des Béloutches, de petits boutiquiers et des esclaves artisans, gens respectables.

Quand cette population a revêtu ses habits de fête, Ngammbou devient pittoresque, et même riant; la joie s'y épanche en toute liberté et devient folle. Les jours ouvrables, bien que les couleurs soient toujours variées et donnent du relief aux murailles d'argile, aux toits de feuilles de palmier flétries, ce quartier du pauvre a une teinte que les peaux brunes non lavées, les figures noires, les corps à moitié-nus rendent très-sombre.

Toutefois la longueur du faubourg n'est que d'un mille et demi; et pressant le pas, nous avons bientôt devant nous des maisons et des cases éparses, des bouquets de cocotiers, et de vieux manguiers couronnés d'énormes coupoles de feuillage d'un vert intense. On peut alors, pendant trois milles, faire un

Rochers rouges situés derrière la Mission des Universités.

temps de galop sur un chemin rougeâtre, d'une largeur respectable, et bordé de haies. Derrière ces haies, la canne à sucre, le bananier, le palmier, l'oranger, le cannellier, le giroflier, l'arbre à pain, le ricin, le manioc sont cultivés; plantations que diversifient des champs de sorgho et de maïs, des carrés de patates, d'aubergines, de presque toutes les plantes potagères qui croissent sous les tropiques. Doucement agitées par la brise, les cultures, en ondulant, montrent la variété de leur végétation, où la lumière et l'ombre se jouent, plus pâles ou plus vives, selon que le soleil couchant se voile de nuages, ou révèle les charmes de la verdure.

Nous arrivons enfin au sommet de la colline de Vouirezou, et nous retournant pour regarder la rade, nous sommes frappés de la scène qui se déroule à nos yeux. Sur la pente qui s'incline graduellement vers la ville, les arbres des plantations dont nous avons parlé plus haut semblent être groupés en une forêt peu épaisse, où l'on distingue clairement la ramée et les cases qui s'abritent à son ombre. Tout ce qu'il y a de beauté dans ce paysage est l'œuvre de la nature ; l'homme a fait peu de chose ; il a seulement, et avec négligence, planté une racine, un jeune scion, une graine ; la nature a nourri la racine, la graine, le jeune brin jusqu'à en faire des géants s'élevant les uns au-dessus des autres en monceaux de verdure, auxquels elle a donné cette diversité de nuances qu'elle ne déploie que sous les tropiques.

La promenade du soir à Mnazi-Moya porte l'esprit aux réflexions philosophiques ; elle force le voyageur à méditer. Le dépérissement, la ruine, la fin lugubre l'assiégent de toute part ; et du moment où il arrive jusqu'à celui du retour, il a constamment l'idée de la mort. Car après avoir suivi nonchalamment deux ou trois ruelles, il a rencontré un cimetière populeux, où l'herbe sauvage règne sans contrôle, et qui, à travers les tiges de cette herbe folle, montre les pâles chevets tachetés de mousse et délabrés de ses tombes. Au milieu du vaste champ accordé aux victimes des tristes années du choléra, le sultan de Zanzibar s'est taillé la place d'un jardin qu'il a fait entourer de murs. Ici, un crâne grimaçant ; là un fémur blanchi, ou bien un tombeau effondré, exposant son horrible contenu, attirent votre attention. De temps immémorial, cet ancien rivage a été le lieu de dépôt des morts ; et à moins que le prince n'exécute la bonne œuvre qu'il a commencée pour la réforme de ce Golgotha, œuvre à laquelle le poussent vivement les consuls, la coutume aura encore une longue durée.

Au delà du cimetière, on voit le fond boueux de la crique du Malagache, qui n'est séparée de la mer, au sud de Channgani, que par cette ancienne barre sableuse, d'environ deux cents pas de large. Sur la crête de la barre, s'élève l'Unique Cocotier, le *mnazi-moya* duquel l'endroit tire son nom. Quelquefois aussi on appelle cette localité *Fiddler's Grave*, (Tombeau du Violonniste). C'est là que tous les jours, l'Européen accablé va respirer la brise ; là, qu'ayant pour siège l'une des tombes voisines du Seul Cocotier, ne donnant, de temps à autre, qu'un regard furtif à ces humbles couches funéraires, il repaît ses yeux de la vue de l'Océan, voit le soleil descendre à son repos quotidien et guette le moment où le jour va disparaître.

Si, recourant à notre dernière ressource, nous allions nous asseoir sur le toit de la maison, nous avions le spectacle de la rade et celui de la baie. Il y a là généralement deux ou trois vaisseaux de guerre, de la marine anglaise, revenant de donner la chasse aux Arabes entêtés qui persistent, malgré la défense de leur prince, à transporter des esclaves en haute mer. Un vaisseau,

Consulat britannique, à Zanzibar.

est échoué à côté de l'Ile du Français et rappelle la flotte indigène que détruisit l'ouragan de 1872. Plus près du rivage, se voyaient une quantité de daous, de bateaux, d'allèges, de caïques à vapeur, et deux steamers, dont l'un était le fameux *Derrhound*. Un jour, par curiosité, j'ai compté les embarcations petites et grandes qu'il y avait dans la rade et dans le port, j'en ai trouvé cent trente-cinq.

De notre fauteuil, nous découvrions les bâtiments qu'a occupés autrefois la Mission des Universités, et qui forment aujourd'hui la demeure du consul et résident politique d'Angleterre, le capitaine Prideaux que j'ai vu pour la première fois en 1868, peu de temps après sa libération par la prise de Magdala. Ces bâtiments, de construction massive, s'élèvent à l'extrémité de la pointe de Channgani; et la ligne de maisons qui bordent la baie, en décrivant une courbe élégante, s'étend vers le Nord jusqu'à peu de distance de la demeure qui fut donnée à Livingstone en 1866, demeure qui est de l'autre côté de la crique de Malagache.

Pendant le jour, la plage est animée dans toute sa longueur par les allées et venues des hamals : portefaix chargés d'ivoire, de peaux de vache, de sacs de girofle, de cannelle, de copal et autres gommes qu'attendent les allèges faisant le service du port. Des matelots des navires en rade se mêlent à ce mouvement; de noirs bateliers déchargent sur la grève les articles d'importation.

Dans la soirée, le rivage est couvert de gens déshabillés, hommes de peine et garçons de magasins, qui se préparent à laver dans le ressac la poussière dont le copal et les peaux de vache les ont revêtus. Des marchands arabes se sont fait porter des chaises sur le môle, pour causer entre eux jusqu'au coucher du soleil et attendre ainsi l'heure de la prière. Des chaloupes se hâtent de ramener patrons et matelots à leurs navires respectifs. Des daous passent lentement, hissant, tout en marchant, les vergues craquantes de leurs voiles latines, et se dirigent vers les portes de la côte. Des canots et des *matépés* arrivent chargés de bois et de provisions ; et d'autres barques indigènes, de même forme, de même facture, déploient leurs voiles de natte pour quitter la rade.

Le soleil se couche ; le silence ne tarde pas à se faire : Zanzibar n'a pas de voitures, pas de véhicules roulants dont le commerce fasse entendre le bruit éternel ; avec la fin du jour, viennent le calme et le repos.

Toutefois, l'explorateur à destination du continent dont il aperçoit la rive du côté de l'Ouest, a, en ce moment, des pensées que le résident ne saurait avoir. Si peu distincte que lui apparaisse cette ligne nébuleuse, il ne lui serait pas plus facile de dire ce qui l'attend — succès ou malheur — que de décrire les détails de ce vague horizon. Tout devant lui est obscur, enveloppé d'un mystère sur lequel il médite, sans être certain d'autre chose que de la fragilité de la vie humaine.

Sombre en effet est la tombée de la nuit sur ce rivage, où elle

Le toit de la maison de M. Auguste Sparkaw, à Zanzibar.
Frank Pocock. Frederick Barker. Un jeune Zanzibarite. Ed. Pocock. Kaloulou.
Djack (boule-terrier). Bull (bouledogue). Nôro (retriever). Capitaine (mâtin). Castor (mâtin prime).

arrive si promptement. Mais n'y a-t-il pas quelques traits lumineux dans cette obscurité, des lignes roses, des teintes de pourpre qui l'empêchent d'être universelle? Le voyageur, dès lors, ne peut-il se dire : de même que ces lignes brillantes éclairent le couchant assombri, de même mes espérances illuminent mon ténébreux avenir.

CHAPITRE II

Saïd Bargash. — Son caractère, ses réformes. — Traité conclu par sir Bartle Frère au nom du gouvernement britannique. — Nécessité des tramways en Afrique. — Arabes de l'intérieur. — Arabes de Zanzibar. — Mtouma ou Mgouana. — Les Voua-ngouana, leurs vices, leurs vertus. — Ambition la plus haute d'un Mgouana — Les Vouanyamouési, race qui s'élève.

La note qui est au bas de cette page dira tout ce que la généralité des lecteurs a besoin de connaître sur la géographie de l'île de Zanzibar [1].

Quiconque désire faire de cette île une étude spéciale trouvera chez tous les grands libraires des ouvrages traitant ce sujet de la manière la plus complète. C'est pourquoi, sans répéter ce que j'ai dit ailleurs [2] et sans entrer dans plus de détails, je consacrerai ce chapitre au sultan de Zanzibar, aux Arabes, aux Vouangouana, aux Vouanyamouési dont le concours a permis à l'Expédition anglo-américaine d'atteindre ses différents buts.

Il est impossible de ne pas éprouver un bienveillant intérêt pour le prince Bargash et de ne pas lui souhaiter plein succès dans les réformes qu'il s'efforce d'accomplir. Voilà un sultan arabe, élevé dans les principes les plus stricts de l'islamisme, habitué à considérer les nègres comme la proie légitime de la force ou de la lubricité, à les regarder comme des objets de trafic, et d'un trafic honnête, qui tout à coup, à la requête d'Européens philanthropes, change de manière de voir et devient l'un des adversaires les plus actifs du commerce d'esclaves. Ce spectacle doit nécessairement créer à celui qui le donne un grand nombre de sympathies.

---

1. Le fort de Zanzibar est situé par 6° 9′ 36″ de latitude méridionale et 39° 14′ 33″ de longitude, à l'est de Greenwich (37°, en chiffres ronds, à l'est du méridien de Paris).

2. Dans *How I found Livingstone*, 1 vol., traduit en français sous le titre de *Comment j'ai retrouvé Livingstone*, Paris, Hachette, 1874. (H I..)

Bien que le prince Bargash m'ait attribué la venue à Zanzibar de l'escadre commandée par l'amiral Cumming, tous ceux qui n'ont pas oublié les événements de cette époque verront, en consultant leurs souvenirs, que les premiers pas décisifs faits par

Le prince Bargash.

l'Angleterre pour la suppression de la traite, sur la côte orientale d'Afrique, sont dus à l'influence et aux constants appels de Livingstone. Ils se rappelleront l'effet produit par les lettres du grand voyageur, celles que j'ai rapportées. La sensation fut telle que le gouvernement britannique se vit contraint d'envoyer à Zanzibar un délégué spécial, sir Bartle Frere, pour conclure un traité avec le prince Bargash. Quand la répugnance de celui-ci à consentir au traité fut connue, les vaisseaux commandés par l'amiral Cumming vinrent croiser devant l'île; et au moyen d'une douce pression, ou plutôt d'une démonstration toute pacifique, on obtint la signature du prince.

Une chose cependant restait à faire avant que le traité pût recevoir son plein effet; c'était de détruire chez Bargash le mécontentement qu'avait pu lui causer l'arrivée de l'escadre, d'effacer jusqu'aux dernières traces de sa mauvaise humeur. Cela fut effectué, je suis heureux de le dire, par le bon accueil qu'il reçut à Londres en 1875. Entre ses manières de 1877, époque de mon retour, et celles que je lui avais vues en 1874, il y avait une différence que je ne pouvais attribuer qu'à l'impression faite sur lui par la grandeur de la puissance qu'il avait failli provoquer. Je crois que nous pouvons maintenant considérer le prince Bargash comme un allié fidèle, résolu à faire tous ses efforts pour supprimer le commerce d'esclaves. Son pouvoir, il est vrai, a peu d'étendue; mais l'influence que finira par exercer sur ses sujets une ligne de conduite fermement suivie, dans le sens de ses promesses, sera tout aussi efficace que pourrait l'être l'emploi d'une force matérielle dix fois plus grande que celle dont il dispose. Je sais bien que les Arabes disséminés dans l'intérieur pourront toujours braver ses menaces, mais je sais aussi qu'ils le respectent, comme étant leur saïd et leur père, et qu'une fois qu'ils seront convaincus de la sincérité de sa détermination, ils écouteront ses conseils et ses ordres; c'est pourquoi j'envisage la question sous un jour favorable.

La philanthropie ayant obtenu un pareil succès, il est temps pour le commerce d'essayer quelque chose.

Le prince Bargash doit être considéré comme souverain indépendant. Outre les îles de Zanzibar, de Pemmba et de Mafia, ses États comprennent environ seize cents kilomètres de la côte, et s'étendent probablement sur une aire de plus de cinquante mille kilomètres carrés, ayant une population de quelque cinq cent mille âmes. Beaucoup de marchands européens se sont enrichis par le trafic des produits de cette région. Il y a des années que le girofle, la cannelle, le poivre, l'ivoire, l'écaille, l'orseille, le caoutchouc, le copal, les peaux s'exportent du point qui nous occupe; mais ce catalogue ne renferme pas le dixième de ce

qu'on pourrait obtenir au moyen de capitaux bien employés[1].
Le cocotier prospère à Zanzibar et sur la côte; l'élaïs de Guinée croît à Pemmba d'une manière luxuriante, la canne à sucre vient partout. Le caoutchouc est à peine recueilli dans les lisières boisées de la zone maritime, et l'on a peu touché aux forêts d'acacias, où la gomme est à profusion. Le riz est cultivé sur les bords du Roufidji; il y donne abondamment; le coton réussirait à merveille dans toutes les parties basses des vallées fluviales; et, bien que sur une faible échelle, les indigènes récoltent du sorgho, du maïs, beaucoup d'autres plantes alimentaires dont ils entendent la culture, et dont le rendement est souvent énorme. Dans l'intérieur, l'élève du bétail et la production du café attendent également le concours du capital et du commerce.

La première chose à faire, est de créer des moyens de transport; autrement pas de succès possible. Le petit marchand, si énergique qu'il puisse être, ne peut rien d'efficace pour le bien d'un pays qui n'a pas de chemins, pas de rivières navigables, et dont le climat n'est pas moins fatal aux portefaix affamés qu'aux bêtes de somme.

Ouvrir des routes à travers les jungles et se servir de chariots n'aurait qu'un avantage provisoire; il n'y faut pas songer. Cela demanderait un déboursé considérable, beaucoup de patience et un labeur incessant. A peine est-il défriché, que le sol, tant cette terre est féconde, se recouvre de grandes herbes de la grosseur d'une canne, et il suffirait d'une saison pour détruire ce qu'aurait fait le pionnier par des mois de travail. En outre, en beaucoup d'endroits, les bœufs sont tourmentés par les mouches jusqu'à en mourir, ou empoisonnés par certaines plantes.

Ce qu'il faut en Afrique, c'est le tramway; tous les avantages qui peuvent résulter du contact avec la civilisation arriveront par ce chemin, qui formera entre la terre des noirs et les pays les plus favorisés, un lien indestructible.

Le chemin de fer devrait d'abord traverser la zone maritime, et envoyer un embranchement au centre des rizières du Roufidji, pour assurer aux voyageurs une nourriture abondante et d'un prix peu élevé. Toutefois une compagnie qui pourrait disposer de la somme nécessaire à l'établissement d'une voie ferrée, trouverait dans l'est de l'Afrique des avantages spéciaux. Le

---

1. Ceux qui veulent se livrer à des entreprises commerciales dans ce pays feront bien d'étudier les ouvrages qui ont été faits sur l'île Maurice, le Natal et les possessions portugaises; ils verront ce que l'on pourrait tirer de ces terres fécondes.

prince Bargash offre cinq lacks de dollars (deux millions cinq cent mille francs) pour cet objet; et il y a à Zanzibar de riches Hindis, qui, sans aucun doute, mettraient de fortes sommes dans l'affaire, ce qui donnerait à la compagnie le transit de ses propres marchandises.

Quant à la main-d'œuvre, le sultan ne manque pas de sujets pauvres qui seraient trop heureux d'avoir cette occasion de travailler pour un prix raisonnable. On trouverait ensuite chez les tribus de l'intérieur des gens qui, entraînés par l'exemple, ne tarderaient pas à prendre part aux travaux.

Mais revenons à notre sujet. Les Arabes de Zanzibar sont des natifs de Mascate venus là pour y chercher fortune, ou les descendants de ceux qui ont fait la conquête de l'île. De même que leur souverain actuel se nomme Bargash-fils-de-Séïd-fils-de-Sultan-fils-d'Hamed, tous ces Arabes, du plus élevé au plus humble, ajoutent à leur nom, Achmet, Abdallah ou Khamis, la qualité de fils de Massoud, de Moustapha ou de Mohamed. Quelques-uns d'entre eux se vantent d'avoir des généalogies d'une longueur exceptionnelle, et un ou deux de ma connaissance se prétendent de plus noble origine que le prince Bargash luimême.

Les Arabes de la conquête, ceux qui vinrent avec le Saïd Sultan, grand-père du Saïd actuel, prirent, selon la coutume des polygames, autant d'épouses que le leur permettait leur fortune; ensuite presque tous achetèrent de noires concubines, ce dont on peut suivre le résultat dans les diverses complexions de Zanzibarites, qui se donnent à eux-mêmes le nom d'Arabes. Par ce procédé de métissage, les fils des premiers émigrants sont dégénérés au point que, sur la côte, on ne les distingue plus guère des aborigènes.

Tandis qu'un grand nombre des descendants de ceux qui accompagnèrent Saïd Sultan restent dans leurs domaines, et trouvent dans la culture de leurs plantations des ressources suffisantes, beaucoup d'autres se rendent dans l'intérieur, où ils finissent par s'établir. Hamed Ibrahim est depuis dix-huit ans dans le Karagoué; il y en a trente que Mouéni Khéri habite l'Oudjidji; vingt-cinq que Sultan ben Ali est dans l'Ounyanyemmbé. Mouéni Dagoummbi a déjà passé huit ans à Nyanngoué, et Djouma Méricani sept ans dans le Roua. Je pourrais en citer beaucoup d'autres, également notables, qui, bien que persuadés qu'ils reviendront un jour à Zanzibar, l'ont quitté pour jamais : trop de motifs empêchent de croire qu'il en soit autrement. En allant dans l'intérieur, pas un d'eux n'avait le projet d'y résider. L'espérance de promptement s'enrichir, en achetant de l'ivoire et des esclaves, leur a fait faire le voyage. Quelques-uns se sont aperçus qu'il y avait sur terre de plus mauvais endroits que tel ou tel point de l'Afrique, et ont mieux aimé y rester que de courir le risque de ne pas réussir ailleurs. D'autres avaient emprunté de fortes sommes à de crédules Banians ou à des Hindis; et leur affaire ayant manqué, ils préfèrent l'exil à un retour qui les ferait arrêter pour dettes. D'autres encore ne sont pas seulement des banqueroutiers, mais des gens qui ont fui les atteintes de la loi pour crime politique et même de droit commun.

Beaucoup de ces traitants ont là-bas une position bien meilleure que celle qu'ils auraient dans leur pays. Il en est qui sont à la tête de centaines d'esclaves; celui qui n'en aurait que dix serait regardé comme très-pauvre. Ces esclaves, dirigés par leurs maîtres, ont construit, pour ces derniers, des maisons à toit plat, maisons spacieuses et confortables; ou bien de grandes cases élevées et fraîches, qui, dans les endroits où la guerre est à craindre, sont entourées de hautes estacades. Ainsi dans l'Ounyanyemmbé, il y a soixante ou soixante-dix de ces fortes clôtures appartenant chacune à un traitant, qui, dans cette vaste enceinte, a sa demeure, ses magasins et les huttes de ses nombreux esclaves. On peut dire de la côte de l'Oudjidji que c'est un long village composé des temmbés épars des Arabes. L'établissement de Nyanngoué est pareil à celui d'Oudjidji.

Les traitants qui sont établis dans les contrées pastorales possèdent, pour la plupart, de grands troupeaux de bêtes bovines et ont des champs étendus où le froment, le riz, le sorgho, le maïs, le millet, la canne à sucre sont cultivés; des jardins où, parmi d'autres légumes, on trouve des oignons, et où les arbres à fruit du pays natal, l'oranger, le citronnier, le papayer, le manguier, le grenadier sont graduellement introduits.

Par suite de leurs relations plus fréquentes avec les Européens, ou par toute autre cause, les Arabes de Zanzibar, sans nul doute, constituent la meilleure partie de leur race. En affaires, il est vrai, ce sont des gens habiles et qui naturellement rançonnent l'Européen naïf, autant que celui-ci veut bien le permettre. Leur haine est implacable; pour eux le sang ne se rachète que par le sang, à moins qu'on n'y supplée par des sacrifices extraordinaires. Mais leur amitié est solide; ils entendent plus facilelement raison que leurs frères d'Égypte, ou les sombres fanatiques d'Arabie. Non-seulement le voyageur n'éprouve de leur part nul obstacle, mais il trouve en eux des gens sociables, francs, hospitaliers et obligeants.

Le savoir-vivre d'un gentleman arabe est parfait; jamais, chez lui, un sujet inconvenant n'est abordé devant le visiteur; une impertinence est immédiatement réprimée, et l'incivilité n'est pas permise. Il a certainement les vices de son éducation, de sa nature et de sa race; mais l'excellence traditionnelle de ses manières permet rarement à l'étranger de voir ses défauts.

Des Arabes, passons aux Voua-ngouana. Il sera beaucoup parlé de ceux-ci dans les pages suivantes; et ce qui sera dit à leur égard est le fruit d'une étude attentive, et d'une longue expérience de leur caractère.

L'origine du nom qu'ils portent peut se dire en peu de mots. Quand les Arabes s'emparèrent de Zanzibar, ils trouvèrent les noirs sujets des Portugais divisés en deux catégories : les vouatouma, ou esclaves, et les voua-ngouana ou hommes libres. Ces derniers, de la même race que les autres, s'étaient probablement rachetés par leur travail, ou avaient été affranchis à la mort de leurs maîtres. Ils eurent des enfants qui, étant nés hors de la servitude, furent également libres. Physiquement, il y avait peu de différence entre les gens des deux classes, sortis les uns et les autres des mêmes tribus; les Arabes n'en voyaient pas; et quand, à propos de quelque délit, un indigène comparaissait devant l'autorité, on lui demandait d'abord : « Êtes-vous un *mtouma* ou un *mgouana ?* (un esclave ou un homme libre?)

Cette question souvent reproduite et pendant des années, donna l'habitude d'appliquer aux nègres de Zanzibar les noms de *Vouatouma* ou de *Voua-ngouana*[1], suivant la classe à laquelle ils appartenaient. Plus tard, il se produisit une nouvelle distinction. Le commerce avec les provinces de l'intérieur augmentant de jour en jour, et attirant dans l'île un nombre croissant d'indigènes de ces provinces, les Arabes pour désigner les arrivants, et par courtoisie pour leurs esclaves, demandèrent aux noirs qu'ils ne connaissaient pas : » Êtes-vous *Mgouana* ou *Mchennsi?* (homme de Zanzibar ou païen de la terre ferme). Dès lors, le nom de Vouatouma tomba en désuétude; il n'est plus guère employé que dans certaines circonstances, et comme terme local. Par con-

1. Pluriel de Mtouma et de Mgouana.

tre, celui de Voua-ngouana a pris de l'extension et désigne maintenant tous les gens de couleur, natifs de Zanzibar. C'est ainsi qu'il est employé dans cet ouvrage, où il comprend tous les Zanzibarites de souche africaine, esclaves ou hommes libres.

Peu d'explorateurs ont rendu justice à la race noire. L'un d'eux écrivait dernièrement que le nègre ne connaît ni le dévouement ni l'affection. Un autre, qu'il tient le milieu entre le singe et l'Européen. Un troisième, qu'il déploie dans la désobéissance, dans l'opposition qu'il fait à son maître, dans le tort qu'il lui cause, la perversité qu'il y apporte, une fécondité d'esprit qui, bien employée, le rendrait inestimable.

La critique n'a pas été moins rude pour le nègre de Zanzibar que pour ses congénères. Après sept ans de relations avec les Voua-ngouana, j'ai vu qu'ils représentaient en effet, par beaucoup de points, les noires tribus du continent. Ils en ont le caractère, les penchants, la nature; et je les ai trouvés capables d'un très-grand dévouement, d'une très-grande affection. Ils possèdent le sentiment de la reconnaissance et d'autres facultés des plus nobles. J'affirme qu'on peut en faire de bons serviteurs, des auxiliaires obéissants; que beaucoup d'entre eux sont adroits, honnêtes, laborieux, dociles, entreprenants, courageux et moraux; qu'en somme, dans toutes les qualités qui sont les attributs de l'espèce humaine, ils égalent les gens de n'importe quelle race, n'importe quelle couleur.

Mais pour les estimer ce qu'ils valent, il faut que le voyageur ait l'esprit complétement libre, le jugement clair et net, dégagé de toute idée préconçue; qu'il oublie le degré de civilisation qui fait son orgueil, et d'où il compare avec mépris ceux qui l'entourent. Qu'il se rappelle les commencements de sa propre race, l'état du Breton avant l'arrivée de Saint-Augustin, la sauvagerie calédonienne, la condition et le milieu de l'homme primitif.

Étant, je l'espère, libre de tout préjugé de caste, de couleur, de race ou de nationalité, et m'efforçant de juger d'une manière que je crois équitable les nègres de Zanzibar, je vois un peuple, venant à peine d'entrer dans l'âge du fer, livré tout à coup au jugement de nations qui possèdent sur lui une avance de plus de quatre mille ans. Ce peuple, sans aucun doute, a tous les vices de l'homme à l'état de barbarie; mais il comprend l'infériorité d'une pareille condition, il en sent la bassesse. Nous devons donc l'aider à sortir de cet état déplorable; notre religion no en fait un devoir ; le commandement sacré du Fils de Dieu nous l'impose.

Dans tous les cas, avant d'entreprendre l'éducation d'une race plongée depuis si longtemps dans les ténèbres, cessons de nous confondre en lamentations inutiles sur ses vices ; cherchons au contraire les qualités qu'elle peut avoir ; car c'est à l'aide de ses vertus que les missionnaires de la civilisation peuvent espérer de l'élever.

En racontant ce qui m'est arrivé en Afrique, j'aurai souvent l'occasion de m'étendre sur les défauts et sur les qualités des Voua-ngouana, aussi bien que des natifs de l'intérieur ; mais ce ne sera pas avec l'intention de nourrir les absurdes préjugés, créés par la jouissance d'avantages séculaires, ni pour égarer les esprits disposés à voir les choses sous un trop beau jour. Je le ferai simplement avec le vif désir de mettre ceux qui s'intéressent à la race noire, à même de se former une idée juste de ses facultés intellectuelles et morales.

Le Mgouana, l'indigène de Zanzibar qui habite Ngammbou, est d'humeur joyeuse. Il aime passionnément la compagnie ; c'est donc un être sociable. Sa vanité lui donne l'ambition de posséder plusieurs tuniques blanches, plusieurs fez d'un rouge éclatant ; et comme il a remarqué que ses supérieurs avaient des cannes, s'il est assez riche pour revêtir la robe blanche et la calotte rouge, on peut être certain de le voir jouer avec une badine.

Les plus pauvres de cette classe se louent eux-mêmes, ou sont loués par leurs maîtres, pour porter les ballots, les caisses, les sacs de marchandises de la douane au bateau, au magasin, ou *vice versa* ; enfin comme bête de somme, car les chameaux sont peu nombreux et les voitures n'existent pas.

Ceux qui préfèrent une besogne moins pénible, et qui ont de bonnes références, peuvent devenir portiers, se placer comme domestiques, ou laver le copal et faire sécher les peaux. D'autres ont appris un état, et gagnent leur vie en réparant des mousquets, en faisant des couteaux, des ceintures, des accoutrements, ou bien sont charpentiers et travaillent à la construction des navires.

Mais il y a Ngammbou, dans l'intérieur de l'île et sur la côte, des Voua-ngouana qui aiment mieux accepter les offres des traitants et des explorateurs que de subir les caprices et la tyrannie des maîtres, ou la vilenie des propriétaires de petits domaines. Ils disent que les Arabes sont fiers, durs, exigeants ;

qu'ils les insultent et les paient mal; que s'ils portent leur plainte au cadi, le jugement leur est toujours contraire. Tandis que s'ils accompagnent les expéditions commerciales ou autres, ils sont bien payés, bien nourris et ont, relativement, peu de travail.

La plus grande ambition d'un Mgouana est de pouvoir acquérir une maison et un *chammba*, c'est-à-dire un jardin. Celui-ci pourra n'avoir que l'étendue nécessaire pour contenir une douzaine de cocotiers, une douzaine de rangs de manioc d'une longueur de trente pas, cinq ou six de patates, deux ou trois d'arachides et une demi-douzaine de bananiers; mais ce sera *son* jardin, *son* domaine, et dès lors une chose inestimable. A l'un des coins de cette plantation, toute petite mais complète, il bâtira une maison, y adjoindra une petite cour où il mettra six poulets et une chèvre pour laquelle, soyez en sûr, il aura toute sorte de gâteries.

La maison, le jardin, la chèvre, les poulets, le mobilier, les outils et le reste auront une valeur totale qui, probablement, n'excédera pas trois cents dollars; et avec cette fortune, il sera époux de deux femmes, père de quatre ou cinq enfants et possesseur d'un ou deux esclaves.

Si telle est sa position, il fait claquer ses doigts, nargue le sort et s'estime aussi riche, aussi heureux que n'importe quel magnat de Zanzibar. Toutefois il est rare que cette haute fortune le gâte: il reste sociable, d'humeur obligeante, et sa nature franche et cordiale lui attire une foule d'amis. La bière de sorgho ou de maïs, le lait de coco, le vin de palme, ou l'eau-de-vie achetée aux Goanais de la ville, servent à étendre et à cimenter ces amitiés nombreuses.

Pour arriver à cette position enviable, il se loue aux voyageurs. C'est aux Voua-ngouana que Burton, Speke, Grant, Livingstone ont dû, en grande partie, l'accomplissement de leurs projets; ainsi employée, cette race a rendu de grands services à la géographie. D'une distance considérable au nord de l'Équateur jusqu'au Zambèse, et à travers l'Afrique, de Zanzibar jusqu'à Benguéla et à l'embouchure du Congo, les explorateurs ont rendu leurs noms familiers à de nombreuses tribus, qui, sans les Voua-ngouana, ignoreraient encore tout ce qui est au delà des limites de leur propre parcours.

Ils ont beaucoup de faiblesses et beaucoup de qualités. Leur superstition est profonde, ils se découragent facilement, ont l'oreille toujours ouverte aux paroles alarmantes et, sur les récits les plus vagues, se livrent à de folles terreurs. Mais par une conduite judicieuse, on les amène à rire de leur crédulité, à prendre courage, à supporter la fatigue, la faim, le péril en stoïques, à se battre comme des héros : la prédominance de leurs défauts ou de leurs vertus dépend de celui qui les dirige.

Il nous reste à parler d'Africains de l'intérieur qui, bien que d'une nature plus rude, seront, j'en suis persuadé, mis au-dessus des Voua-ngouana lorsqu'on les connaîtra mieux; ce sont les Vouanyamouési et les Vouassoukouma. Plus éloignés de la civilisation que les Zanzibarites, ils sont moins disciplinables que ces derniers.

Comme gens d'escorte, on préfère actuellement les Voua-ngouana; mais pour le portage, les Vouanyamouési sont bien supérieurs. Leur immunité des maladies, leur vigueur, leur force de résistance, l'orgueil que leur inspire leur profession, prouvent qu'ils sont nés voyageurs et les rendent d'une extrême utilité pour l'Afrique, qui peut tirer de leurs services un profit incalculable.

Bien traités, ce sont les êtres les plus dociles, les plus obligeants que je connaisse. Mais il ne faut pas tout d'abord leur imposer de règle impérieuse; il faut attendre qu'ils se soient familiarisés avec le caractère de celui qui les mène, et qu'ils aient compris que la discipline n'est pas de la tyrannie. Ils ont à maintes reprises montré leur courage sous les ordres de Mirammbo, leur chef napoléonien, et lutté bravement contre les Arabes et les Voua-ngouana. Leur adresse guerrière, leur fermeté, leur persévérance à défendre le chef qu'ils ont choisi, ont fourni aux bardes de l'Afrique centrale de nombreux thèmes pour leurs chants. Tibou-Tib a conduit cinq cents d'entre eux jusqu'aux plaines du Rouà. Djouma Méricani a pénétré avec eux au centre de cette dernière province. C'est à la tête d'une de leurs bandes que Khamis ben Abdallah a été chercher de l'ivoire entre les lacs. Burton, dans sa découverte du Tanganika, les a eus pour auxiliaires; et dans mes deux expéditions, je leur ai été également redevable.

Leur nombre, leurs excellentes qualités me font penser qu'un jour on les tiendra pour quelque chose de mieux que pour les meilleurs des pagazis. Dignes sujets d'un gouvernement éclairé, qui en fera le noyau d'une grande nation africaine, ils seront alors aussi puissants pour le bien du pays que, dans les conditions présentes, ils menacent de l'être pour sa perte.

CHAPITRE III

Organisation de l'Expédition. — Le *chaouri*. — Poli-poli. — Brebis galeuses. — Remaniement du *Lady-Alice*. — Confection d'un drapeau. — Tarya Topan, le millionnaire. — Signature du contrat. — Sur la parole d'un homme blanc. — Adieux. — Chargement des daous. — *Vale*.

Organiser une expédition africaine est tout ce qu'il y a de plus prosaïque et de plus absorbant. Vous êtes constamment occupé d'esprit et de corps, tantôt à faire des comptes, tantôt à courir çà et là pour recevoir des commissionnaires, inspecter des achats, batailler avec d'impitoyables Hindis, prendre des notes, débattre des prix extravagants, emballer une foule de menues utilités. Vous arrêtez-vous, c'est pour réfléchir sur la liste de vos acquisitions faites et à faire, pour fouiller dans les coins d'une imagination hautement surexcitée, y cherchant ce qui vous manque et vous est indispensable; puis surveillant, arrangeant, triant, empaquetant, encaissant; et tout cela par 35 degrés de chaleur.

Au milieu de ce travail à haute pression, m'arriva la première fournée de ceux qui demandaient de l'emploi; car le bruit courait que j'étais prêt à enrôler tous les hommes valides, disposés à porter un ballot, qu'ils fussent Voua-ngouana ou Vouanyamouési, Gallas, Somalis, Vouahiao, Vouadjinndo, Vouagogo, Vouassaramo ou Vouassagara.

Depuis l'instant de mon arrivée, on parlait de moi à Zanzibar, et en bons termes. J'étais bien vu des Arabes et des Vouangouana; les uns n'avaient pas oublié que c'était moi qui avais retrouvé, dans l'Oudjidji, l'homme à barbe grise; les autres, que la bienveillance et la libéralité à l'égard de mes gens sont les traits spéciaux de mon caractère; et avec l'exagération orientale, mes anciens compagnons proclamaient que leur absence n'avait duré que quelques mois; qu'après ce petit voyage, qui leur avait fait plutôt du bien que du mal, ils étaient revenus au pays recevoir la forte somme qui leur avait été promise.

Cette réputation, que je n'avais pas cherchée, m'imposait la tâche laborieuse de choisir des gens convenables dans un nombre extraordinaire de postulants. Presque tous les boiteux, les infirmes, les poitrinaires, les portefaix surannés que renfermait Zanzibar vinrent demander qu'on les enrôlât; un rapide examen les fit remercier. Derrière eux arrivèrent les vagabonds, les filous, tous les vauriens, tous les chenapans de l'île; ceux-là, stylés par leurs camarades, furent moins faciles à démasquer. Les esclaves furent également refusés, comme étant beaucoup trop sous l'influence de leurs maîtres et de l'instruction qu'ils en avaient reçue. Je n'en voulais à aucun titre; beaucoup cependant furent acceptés, sans que je me doutasse de leur condition, jusqu'à l'époque où, des mois après, je découvris par leurs querelles avec les autres combien les rusés coquins m'avaient trompé.

Tous ceux de mes anciens compagnons dont la conduite m'avait satisfait et que j'avais envoyés à Livingstone en 1872, furent engagés sur le champ. Ce fut parmi eux que je pris mes chefs d'escouade : Manoua Séra, Tchoupéreh, Vouadi Réhani, Katchétché, Zaïdi, Tchakandja, Fardjalla, Vouadi Saféni, Boukhett, Mabrouki Manyapara, Mabrouki Ounyanyemmbé, Mouini Pemmbé, Férahane, Bouana Mouri, Khamsine, Mabrouki Speke, Simmba, Gardner, Hamoïdah, Zaïdi Mgannda et Oulimenngo.

Mais avant de parler réellement d'affaires, les présents d'usage devaient être distribués.

Oulimenngo ou *Le Monde*, le chasseur et le loustic de l'Expédition à la recherche de Livingstone, reçut, pour un de ses gros doigts noirs, une bague en or, et, pour lui être suspendue au cou, une chaîne d'argent qui, l'une et l'autre, lui firent déployer sa large bouche avec reconnaissance.

Rodjab, auquel fut rappelé l'aventure des papiers du docteur dans les eaux fangeuses de la Moukonndokoua[1], fut gratifié d'un cadeau d'une munificence qui rendit sa fidélité à l'épreuve de toute séduction.

Manoua Séra, l'ambassadeur de Speke et de Grant, près de son homonyme, le royal fugitif poursuivi par les Arabes, Manoua Séra, le chef de ma seconde caravane en 1871, puis chef de la

---

1. Voyez *Comment j'ai retrouvé Livingstone*, Paris, Hachette, 1873, p. 522 (H. L.)

Manoua Séra premier capitaine, et Oulédi le sauveteur.

bande envoyée à Livingstone en 1872, et maintenant capitaine de la présente Expédition, resta muet de gratitude lorsque je lui passai au cou un splendide collier de jais, et lui mis au doigt une grosse bague chevalière.

L'historique Mabrouki, celui que Burton a qualifié de *Bullheaded* (à tête de taureau), l'un des fidèles de Speke, l'un des miens et qui s'est toujours montré d'une honnêteté sans seconde, se distinguant par son ardeur à veiller sur les biens du maître et à prendre les intérêts de celui-ci, Mabrouki fut plongé dans l'extase par la récompense accordée à ses bons services. Tandis que le robuste, le fidèle, le vaillant Tchoupéreh, l'homme aux vertus nombreuses eut un poignard à manche d'argent, un bracelet d'or et des boucles d'oreilles. Sa femme reçut également un cadeau qui fit son bonheur, et l'héritier du domaine de Choupéreh fut vacciné, à la requête de son père, afin que pendant notre absence il pût être à l'abri de la petite vérole.

Toute grande entreprise donne lieu à une conférence préliminaire, à une *palabre* que les Voua-ngouana appellent *chaouri*. Dans l'est de l'Afrique, particulièrement, les chaouris sont très en vogue. On y redoute l'action prompte, énergique: *poli, poli* ! — doucement! est le mot qu'on vous répète.

Le jour du chaouri, mes chefs se rangèrent en demi-cercle, et je m'assis, *à la turque*, en face d'eux:

« Qu'y a-t-il mes amis? Dites ce que vous avez sur le cœur. »

Ils hésitèrent, se regardèrent les uns les autres, comme s'ils pouvaient découvrir sur la figure de leurs voisins le but de la réunion; pas un ne voulait parler le premier. Finalement, ils éclatèrent de rire.

Manoua Séra toujours grave, à moins qu'on ne le touchât d'un bon mot adroitement lancé, feignit la colère, et d'une voix forte: « Parle, toi, fils de Saféni, dit-il; nous agissons comme des enfants! Est-ce que le maître veut nous manger? »

Ainsi encouragé à prendre la parole, Vouadi, fils de Saféni, hésita juste deux secondes, puis commença son discours du ton posé et gracieux d'un diplomate : « Nous sommes venus, maître, la bouche pleine de paroles. Écoutez. Il est bien qu'avant de sauter on connaisse chacun des pas qu'il y a à faire. Le voyageur ne se met pas en route sans savoir où il va. Nous sommes venus pour nous assurer du pays auquel vous devez aller. »

Imitant la suavité du fils de Saféni, et, de même que lui, parlant à voix basse, comme si l'information qui allait être donnée au groupe avide de l'entendre était trop grave pour être énoncée tout haut, je fis brièvement, en mauvais Kissouahili, l'exposé de notre itinéraire. A mesure que je citais des contrées dont ils n'avaient qu'une idée vague, que je nommais les lacs et les rivières, qu'avec leur aide, je comptais explorer soigneusement, des exclamations où la surprise et la joie se mêlaient à un peu d'alarme, s'échappaient de leurs lèvres ; mais quand j'eus terminé, chacun reprit longuement haleine, et tous s'écrièrent avec admiration : « Hein ! camarades, en voilà un voyage qui peut être appelé un voyage !

— Mais, bouana[1], dirent-ils après avoir repris possession d'eux-mêmes : pour faire tout ce chemin-là, il faudra des années — six, neuf ou dix ans.

— Six, neuf ou dix ans ! à quoi pensez-vous, répondis-je? Les Arabes mettent, il est vrai, près de trois ans pour gagner l'Oudjidji ; mais combien m'a-t-il fallu pour y aller et pour en revenir? Seize mois ; n'est-ce pas?

— Oui, maître ; c'est vrai.

— Très-bien. Je vous assure que je ne suis pas venu pour habiter l'Afrique ; je veux seulement voir les rivières et les lacs dont je vous ai parlé ; puis retourner dans mon pays.

— Ah ! vous savez, répliqua Hamoïdah, qui avait suivi Livinstone de 1865 à 1873, le vieux maître disait : je ne pars que pour deux ans, et il n'est pas revenu ; il est mort là-bas, après beaucoup d'années.

— C'est encore vrai ; mais si j'ai été vite dans notre premier voyage, est-il probable qu'aujourd'hui j'irai lentement? Suis-je beaucoup plus vieux, ai-je moins de force qu'à cette époque? Ne sais-je pas mieux ce que c'est que de voyager? N'étais-je pas alors comme un enfant, et ne suis-je pas maintenant un homme? Vous rappelez-vous qu'en allant au lac, je laissais le guide nous conduire ; mais au retour, qu'est-ce qui montrait le chemin? N'était-ce pas moi, avec cette petite boussole, qui ne mentait pas comme le guide?

— Ah ! c'est vrai, maître : vrai d'un bout à l'autre.

— Dans ce cas terminons le chaouri. Demain nous passerons l'acte devant le consul. »

Et, suivant les paroles de l'Écriture : « Ils se levèrent et firent ce qui leur était commandé. »

---

1. Mot qui veut dire maître.

En apprenant qu'il y avait sur la côte un nombre considérable d'hommes qui m'attendaient, j'apportai plus de rigueur dans mes choix. Mais en dépit de l'examen scrupuleux auquel je les soumis, j'eus plus tard la mortification de découvrir que beaucoup de renseignements et de figures m'avaient trompé, et que les hommes les plus dépravés, les plus tarés de l'île se comptaient par vingtaines dans la bande que j'avais formée avec tant de soin. Un appelé Msenna m'avait bien été signalé comme gibier de potence ; mais quand je lui dis qu'il avait une trop mauvaise réputation pour que je pusse l'employer, il montra un si profond repentir, versa des larmes si copieuses que mon bon naturel s'y laissa prendre.

« Bouana, me dit-il, vous voyez ces cicatrices sur mon cou et sur ma tête : ce sont les coups de sabre des soldats du Saïd Demandez à qui vous voudrez, Arabe ou Mgouana, pourquoi je les ai reçus : ils vous diront que c'est pour avoir pris part à la révolte contre le prince Médjid, à Mélinda. Les Arabes m'en veulent parce que je me suis mis avec les autres contre leur autorité. Quelqu'un peut-il m'accuser de faits plus graves? » — Il s'adressait à mes Voua-ngouana. Tous gardèrent le silence. « Je suis un libre enfant de la côte ; et jamais homme ou femme qui ne m'a rien fait n'a reçu de moi la plus petite injure. Allah soit loué ! Je suis fort, bien portant, facile à contenter ; emmenez-moi, vous n'aurez pas à vous en repentir. Si vous craignez que je déserte, ne me donnez rien d'avance ; quand nous serons revenus, vous me paierez selon mes mérites. »

L'accent passionné avec lequel furent débitées ces paroles, les gestes véhéments qui les accompagnèrent produisirent un grand effet sur l'auditoire ; et je tirai des visages qui m'entouraient, plus que de ma propre conviction, l'idée que Msenna, ce pauvre balafré, était une espèce de réfugié politique, indignement calomnié, tout au moins incompris. Enfin je l'engageai ; et comme il paraissait être un homme influent, je lui donnai le grade de capitaine en second, avec espoir d'avancement et d'augmentation de paye.

Il fut toutefois bien entendu que si, en Afrique, il cédait à ses instincts de révolte, je le renverrais enchaîné à Zanzibar pour y être jugé par le Sultan.

Au bord du Victoria, j'appris que mon réfugié était un bandit de la pire espèce, qu'il avait tué huit personnes et que les traitants de Zanzibar avaient été fort soulagés quand ils avaient su que le fameux Msenna allait dire adieu au théâtre de ses nombreux exploits, au moins pour une saison.

La bande en comptait beaucoup du même genre ; et si j'ai décrit cet engagement par le menu, c'est pour bien faire comprendre quelle était ma position.|

Peu de temps après mon retour du delta du Roufidji[1], le vapeur *l'Euphrates* avait apporté à Zanzibar mon bateau le *Lady Alice*. Très-inquiet à l'égard du portage de cette barque, je fis immédiatement peser chacune des sections ; et à ma grande surprise, surtout à ma grande douleur, il se trouva que le poids de quatre d'entre elles était de 280 livres ; celui d'une autre de 310 !

Rien de plus parfait comme travail ; un bateau modèle, une merveille dont peu de constructeurs, soit en Angleterre soit en Amérique, auraient été capables ; mais qui pour être portée à travers les jungles, telle qu'elle était alors, aurait nécessité l'emploi de cent pionniers travaillant sans relâche à lui ouvrir un passage.

Au milieu de mon désespoir, j'appris qu'un très-habile charpentier, un Anglais du nom de Ferris, allait s'embarquer pour l'Angleterre, à bord de *l'Euphrates*. Je lui fis connaître sur le champ dans quel embarras je me trouvais ; et après avoir examiné le bateau il consentit, moyennant une gratification, à retarder son départ d'un mois.

Je lui expliquai tout d'abord qu'en Afrique le sentier n'avait souvent que dix-huit pouces de large, qu'il était bordé de chaque côté d'une jungle épaisse, que par conséquent un objet de six pieds de diamètre ne pouvait pas y être porté. Il était donc indispensable de partager les quatre sections du bateau, de manière à en faire huit n'ayant que trois pieds de largeur. Une serait faite aisément au bord du *Victoria*.

M. Ferris comprit parfaitement ces instructions ; et, avec l'aide de Frank et d'Edouard Pocock, il me rendit au bout de quinze jours une barque portative. Mais je ne saurais trop dire que le succès du *Lady Alice*, comme bateau d'exploration, est dû aux soins consciencieux que son honnête et habile constructeur de Teddington lui a prodigués.

L'ardeur que les jeunes Pocock et Frédérick Barker mettaient à remplir leur devoir, l'enthousiasme que leur inspirait la carrière aventureuse qui s'ouvrait devant eux, n'affaiblissaient pas

---

1. Cette excursion sera prochainement racontée.

chez eux cet amour de la patrie que montrent tous les Anglais sur la terre étrangère, et qu'ils sont bien résolus de témoigner le plus qu'ils peuvent. Leurs causeries avec M. Ferris qui, sans nul doute, avait souvent assisté à la pose du pavillon britannique aux mâts de navires allant prendre la mer pour la première fois, rappelèrent à mes jeunes compagnons que ce serait une belle chose s'ils pouvaient avoir l'emblème de leur nationalité, dans le camp, au sommet de leurs tentes, et sur les lacs et les rivières d'Afrique, à la proue de leurs canots.

Quelques jours avant notre départ, ils vinrent donc me trouver tous les trois ; et Francis Pocock, l'orateur du groupe, m'adressa la requête suivante :

« Monsieur, Frédérick Barker, mon frère et moi, nous nous sommes enhardis à solliciter de vous une faveur, dont la demande vous paraîtra certainement singulière, peut-être déplacée. Mais en quelque lieu que nous soyons, nous ne pouvons pas oublier notre qualité d'Anglais, et nous serions heureux d'obtenir la permission d'emporter avec nous quelque chose qui nous rappelât ce que nous sommes. Ce serait pour nous une consolation dans les heures les plus sombres, les plus douloureuses ; un encouragement à mieux remplir nos devoirs. C'est pourquoi, Monsieur, nous sommes venus vous demander s'il peut nous être permis de faire un petit drapeau britannique, que nous hisserions sur notre tente ou que nous mettrions à notre canot.

— Mon cher ami, répondis-je, vous m'étonnez beaucoup en supposant que je puisse blâmer votre désir. Ce n'est pas ici une expédition du gouvernement américain ou du gouvernement anglais ; je n'ai pas le pouvoir, encore moins la volonté de refuser ma sanction à votre requête. Faites à cet égard comme il vous plaira. Tout ce que je peux vous demander, c'est de rendre à l'Expédition le plus de services possibles ; et si vous faites preuve de tout ce que vous valez, si vous vous montrez toujours les très-louables garçons que vous êtes, je ne m'opposerai à aucun des innocents plaisirs dont vous aurez envie. Sur ce point, vous êtes parfaitement libres. Si un drapeau ne vous suffit pas, prenez-en mille ; en ce qui me concerne, je n'ai rien à y voir.

— Merci beaucoup, Monsieur, répondit Frank. Vous pouvez être sûr que nous sommes entrés à votre service avec la ferme intention de ne pas oublier ce que nos vieux parents et nos amis nous ont tant recommandé de faire, qui est de vous suivre fidèlement, à travers tous les dangers. »

On vit bientôt mes trois Anglais coudre activement un petit drapeau de dix-huit pouces carrés, taillé dans un morceau d'étamine, sur le patron que leur avait procuré M. Ferris. Si, dans leur complication, le rouge, le bleu, le blanc étaient disposés d'une manière convenable, si les croix étaient selon l'ordonnance, je l'ignore ; mais je sais que les braves garçons s'intéressaient vivement à leur travail, et que quand le pavillon fut achevé, bien qu'il ne fût pas plus grand que le mouchoir de poche d'une lady, ses auteurs furent dans le ravissement.

Zanzibar possède aussi ses millionnaires. L'un des plus riches négociants de la ville est Tarya Topan, un Hindou, fils de ses œuvres et singulièrement honnête ; musulman sincère et cependant d'un esprit libéral ; commerçant habile et néanmoins charitable. J'avais fait la connaissance de Tarya en 1871 ; et la droiture qu'il avait mise dans tous ses rapports avec moi, me fit de nouveau m'adresser à lui pour mes acquisitions ; il me livra ses marchandises à des prix raisonnables et accepta mes traites sur M. Joseph M. Levy, du *Daily Telegraph*.

L'honnête Djetta fut, comme autrefois, chargé de l'achat des diverses étoffes de couleur, destinées aux chefs de tribus ou de villages et à leurs femmes. Il devait, en outre, me procurer un large assortiment de perles de toutes les nuances, de toutes les formes, de toutes les dimensions, et une quantité considérable de fil de laiton d'une épaisseur d'un huitième de pouce (trois millimètres.)

Tout cela, étoffes, grains de verre, fil métallique, joint à ce que nous avions apporté d'Europe, literie, médicaments, provisions de bouche, effets, tentes, munitions, bateaux, rames, gouvernail, bancs de rameurs, instruments, papeterie, appareil photographique, et autres objets trop nombreux pour être mentionnés, forma une cargaison d'un peu plus de dix-huit mille livres qui, divisée aussi également que possible en charges de soixante livres chacune, exigeait trois cents porteurs. Les fardeaux avaient été faits moins lourds qu'à l'ordinaire, afin qu'on pût marcher rapidement, sans fatiguer les hommes.

Pour assurer le transport contre la maladie et la faiblesse, quarante porteurs de réserve furent recrutés dans le delta du Roufidji, à Konndoutchi et à Bagamoyo, avec ordre de se réunir aux environs de ce dernier village.

Deux cent trente hommes, Voua-ngouana, Vouanyamouési, gens de Monbaz, de Saadani et de Tanuga, apposèrent leurs marques vis-à-vis de leurs noms, en présence du consul américain, sur le contrat qui leur assurait un salaire variant de deux à dix dollars par mois, plus des rations en rapport avec leur force,

Tarya Topan, riche négociant de Zanzibar.

leur capacité, leur intelligence, moyennant quelles conditions ils s'engageaient à servir pendant deux ans, ou jusqu'à l'époque où l'on n'aurait plus besoin d'eux, et à remplir leurs devoirs avec courage et activité.

Après la signature de l'acte, chaque adulte reçut une avance de cent francs, représentant les gages de quatre mois ; les autres, cinquante francs chacun, pour le même laps de temps. Le prix des rations fut également soldé à partir du jour de l'enrôlement, sur le pied de cinq francs par semaine, et devait être payé jusqu'à notre départ de la côte.

La ratification du contrat ne pouvait se faire sans avoir pour sanction la présence de la famille, sinon des amis de chaque enrôlé. Donc, le jour de la signature, les pères, les oncles, les cousins, les parents à n'importe quel degré, leurs femmes et leurs enfants, encombrèrent toutes les pièces du consulat, y compris la cour. La somme distribuée ce jour-là, tant pour les rations que pour les gages, s'éleva à six mille deux cent soixante dollars, près de trente-deux mille francs.

Toutes les obligations n'étaient pas du côté de mes hommes. Outre le paiement de leurs gages, qui devait être fait sur leur demande jusqu'à concurrence de la somme échue, la cession des étoffes qu'ils réclameraient pour s'habiller, et qu'ils devaient obtenir à un prix raisonnable, légèrement plus élevé que celui d'achat, j'étais requis de m'engager sur « mon honneur d'homme blanc » :

« 1° A les traiter avec bonté, à être patient avec eux.

« 2° A leur administrer, en cas de maladie, les médicaments convenables ; à veiller sur leur nourriture, et à leur faire avoir les meilleurs vivres que le pays pourrait fournir. A ne pas abandonner à la merci des indigènes, les malades qui ne pourraient pas continuer la route ; mais à les faire porter en un lieu sûr où leurs personnes et leur liberté n'auraient rien à craindre, et d'où, après leur guérison, ils pourraient revenir dans leur pays. A donner aux malades que je laisserais derrière moi, la quantité d'étoffe ou de verroterie suffisante pour payer le docteur qui les soignerait, et pour acheter leurs aliments.

« 3° En cas de dispute entre mes hommes, je m'engageais à rendre un jugement impartial, honnête et équitable. Je promettais de faire tout mon possible pour empêcher le fort de maltraiter le faible ; et de ne jamais autoriser l'oppression de qui ne pouvait pas se défendre.

« 4° Je prenais l'engagement d'agir envers tous comme un père et une mère, et de m'opposer de toutes mes forces aux violences que pourraient tenter contre eux les peuplades sauvages, ou des bandits errants sans chef et sans lois. »

Mes gens de leur côté, promettaient, si les dites conditions étaient remplies, de faire leur devoir comme des hommes, de respecter mes intructions, de me prêter leur concours, de me servir le mieux possible, de ne pas m'abandonner dans les jours de détresse et d'agir en fidèles serviteurs ; bref d'être pour moi comme de bons et loyaux enfants ; et « puisse la bénédiction de Dieu, s'écrièrent-ils, être sur nous ».

Comment fut rempli cet engagement réciproque d'êtres bons et patients les uns pour les autres, de ne pas nous abandonner dans les jours de détresse, de faire notre devoir, de nous rendre mutuellement les bons offices que l'on se doit, d'homme à homme, de camarade à camarade, de chef à serviteur, de serviteur à maître ; comment nous avons tenu notre parole, exécuté nos promesses, on le verra dans les pages suivantes, où sont racontés les étranges et nombreux événements du voyage.

La flotille — six navires arabes — qui devaient nous transporter à la côte, vint enfin jeter l'ancre à quelques brasses du consulat. Les dernières visites avaient été faites; nous avions pris officiellement congé du consul britannique, le capitaine William F. Prideau, si courtois, si hospitalier, et de sa femme accomplie [1]. Nous avions dit adieu à l'aimable docteur James Robb et à Mme Robb, au docteur Riddle, aux consuls de France et d'Allemagne. J'avais remercié le saïd Bargash Ben Séïd de sa courtoisie à mon égard, de sa constante bienveillance et lui avais exprimé les vœux que je forme pour sa prospérité et son bonheur.

Beaucoup d'Arabes et d'Hindous avaient également reçu mes salaams de départ. Le grave Cheik Hachid m'avait dit qu'il espérait me revoir ici-bas. Le capitaine Bukhet, le pilote, m'avait souhaité de revenir promptement, sain et sauf, des redoutables contrées des païens; et le marchand princier, Tarya Topan, m'avait exprimé son désir sincère du succès de mon entreprise et son espoir de mon heureux retour.

Mes jeunes Anglais, qui par leur bonne tenue, leurs manières charmantes et simples, s'étaient fait de nombreux amis,

---

1. Mme Prideau n'est plus. Il n'y avait pas de femme à Zanzibar qui fût plus universellement respectée ; et pas une mort n'a été plus sincèrement regrettée que la sienne par les résidents européens.

reçurent aussi des adieux pleins de cordialité, accompagnés des meilleurs souhaits.

A la fin du Ramadan, le carême des musulmans, mes Voua-ngouana, qui m'avaient promis d'être prêts à cette époque, arrivèrent avec leurs paquets et leurs nattes et se dirigèrent vers les navires qui les attendaient. Leurs amis s'étant rassemblés pour leur dire un dernier adieu, leur recommander une dernière fois d'être prudents, il fut impossible au milieu de la foule de savoir si tout le monde était là. Mes gens, au moins le plus grand nombre, étaient de fort belle humeur, d'où je conclus qu'ils s'étaient fortifiés par de stimulantes rasades contre les émotions du départ.

Aussitôt qu'on annonçait qu'un navire était plein, le *nakhoda*, ou capitaine, recevait l'ordre d'aller jeter l'ancre plus loin du rivage et d'y attendre le signal qui lui dirait de mettre à la voile. Ce fut ainsi que, le 12 novembre à cinq heures du soir, deux cent vingt-quatre hommes ayant répondu à l'appel, cinq daous chargées du personnel, du bétail et du matériel de l'Expédition attendaient avec impatience l'ordre de partir.

Restée près de la grève, la sixième daou, qui déjà portait nos bagages, allait me recevoir, ainsi que Frédéric Barker, nos serviteurs particuliers et nos chiens.

Me retournant vers M. Augustus Sparhawk, cet ami éprouvé, je lui serrai chaleureusement la main; et le cœur gros, la voix haletante, j'essayai de lui parler de ma gratitude, de lui dire mon vif regret de me séparer de lui, et l'espérance que j'avais de le revoir. Mais j'étais trop ému pour être éloquent, et ma gaieté forcée ne put aller jusqu'au bout. Nous nous quittâmes donc presque en silence; mais je suis sûr que, jugeant de mon émotion d'après la sienne, il n'aura pas été moins touché de mes efforts impuissants à lui exprimer ma reconnaissance qu'il n'aurait pu l'être des remercîments les mieux dits.

Un signe de ma main fit lever les ancres, qui furent remises à bord; on hissa nos voiles latines, et nous cinglâmes vers la côte, d'où nous allions nous livrer à tous les hasards d'une fortune aventureuse.

Des chapeaux, des mouchoirs agités, des gestes d'adieu faits par des mains blanches, un long regard attaché sur d'affectueux visages, les lignes de plus en plus confuses du groupe amical, dont les vœux nous accompagnaient, et la brise du soir nous poussa au large, par de là toute portée de la vue.

Vers le continent mystérieux.

La séparation était complète. Nous avions dit adieu pour des années, peut-être pour toujours à des hommes bienveillants. Le soleil disparut à l'horizon, le jour s'éteignit, l'ombre devint plus épaisse sur la terre lointaine, sur la mer silencieuse et oppressa nos cœurs pleins de regrets, tandis qu'à la lueur mourante du crépuscule, nous glissions vers le continent mystérieux.

CHAPITRE IV

Bagamoyo. — Éducation du frère noir. — Bagamoyo en ébullition. — Soulèvement général. — Les troubles apaisés. — La Mission des Universités, son origine, son histoire, son déclin, sa situation actuelle. — Le Rév. Édouard Steere. — Notre-Dame de Bagamoyo. — En route pour l'Ouest. — En marche. — *Sub Jove fervido* (Avec l'aide de Dieu). — Passage du Kinngani. — Les femmes volées.

Sous de nombreux rapports, Bagamoyo, Vhouinndi et Saadani, villages de l'Est de l'Afrique, offrent des points de départ exceptionnels pour l'exploration de l'intérieur du continent.

1° Le voyageur et les hommes qu'il emmène ne se connaissent pas, et il est nécessaire de s'étudier mutuellement avant de se risquer en pays sauvage.

2° Les habitants de ces bourgades maritimes ont l'habitude de voir leur existence, normalement tranquille, troublée par l'arrivée tumultueuse d'étrangers qui viennent, soit par mer, soit du continent, — trafiquants Arabes se dirigeant vers l'intérieur et longues files d'indigènes venant de l'Ounyamouési.

3° L'expédition qui ne s'est pas complétée à Zanzibar peut, dans ces ports, recruter des volontaires appartenant à des caravanes indigènes et désireux de regagner leurs foyers. Elle trouvera, dispersés sur les routes qui partent de ces villages, des Vouanyamouési retournant dans leur province et pourra, s'il est nécessaire, augmenter son effectif ou réparer les pertes qu'elle aura faites.

C'est par ces divers motifs que j'avais choisi Bagamoyo comme point initial, d'où, après avoir inoculé aux éléments bruts, qui composaient ma troupe, le sentiment de l'ordre et de la discipline, je pourrais me diriger vers les lieux où les découvertes me paraissaient devoir être fructueuses. Mais cette *inoculation* ne pouvait être entreprise qu'après une étude approfondie de la nature, des défauts et des faiblesses de mes engagés. En ce moment, la rigueur eût été nuisible ; je ne devais, tout d'abord, procéder qu'avec patience, par voie de douceur et de persuasion. Il fallait agir de telle sorte que mes gens en apprenant à obéir, chose pour eux toute nouvelle, comprissent sans qu'on le leur montrât, que derrière cette douceur, il y avait une force inflexible qui, des êtres incultes qu'ils étaient maintenant, saurait faire des hommes.

Pendant les premiers mois, l'indulgence est absolument nécessaire. Le frère noir est comme un poulain sauvage, ombrageux, remuant, emporté et sans frein, superstitieusement timide, sujet à des accès de fureur, soupçonneux et dénué de raison ; il faut lui pardonner septante fois sept fois avant l'expiration des mois d'épreuve. Longtemps avant la fin de cette période, on sera alors en possession d'un nombre imposant d'hommes attachés à leur chef par les liens du respect et du bon vouloir, peut-être même par ceux de l'affection et du dévouement, et dont l'influence morale domptera le plus incorrigible *mauvais sujet*[1].

Pendant les premières semaines, l'explorateur aura certainement à gémir, et déplorera plus d'une fois d'avoir entrepris une tâche qui lui semblera impossible de mener à bonne fin. Affolés par les liqueurs fortes, jaloux de leur préséance dans le camp, déplorant, comme nous-même, d'avoir si hâtivement entrepris le voyage, regrettant leur île natale, pensant aux joies du pays dont ils s'éloignent, anxieux de l'avenir, tourmentés par le désir du retour, les gens qui l'accompagnent doivent être traités avec la plus grande bienveillance, la plus extrême réserve ; et, dans ses relations avec eux, le voyageur ne saurait user de trop de circonspection.

D'après la connaissance approfondie que j'avais de telles natures, on croira sans peine que j'étais préparé aux inconvénients que je savais devoir se produire pendant notre séjour sur la côte, et que toutes mes précautions avaient été prises.

En débarquant à Bagamoyo, dans la matinée du 13 novembre, nous nous dirigeâmes vers l'habitation que j'avais occupée lors de mon premier voyage. Quand on eut rangé les ballots et les caisses, attaché les chiens, entravé les ânes, serré les fusils, remisé le *Lady Alice*, je fis distribuer aux hommes le prix des rations de dix jours, je donnai aux Pocock différentes choses à

1. En français dans l'original.

faire, afin de les initier à la vie d'exploration en Afrique ; puis je reçus les porteurs qui se présentaient pour compléter ma bande.

Trois heures après, le village était en ébullition.

« L'homme blanc a amené tous les bandits, les scélérats de Zanzibar pour s'emparer de la ville ! »

Telle était la rumeur qui avec la rapidité du feu mis à une traînée de poudre courait dans les rues, les allées et les bazars.

Un certain nombre de mes hommes la figure convulsée, les yeux injectés de sang, les vêtements souillés, déchirés, se précipitèrent vers notre quartier silencieux, réclamant à grand cris des fusils et des cartouches. Des Arabes, le sabre nu, de vigoureux Béloutchis, portant des mousquets dont la mèche allait être allumée, acccoururent la menace à la bouche, suivis d'une foule bouillonnante d'hommes, de femmes et d'enfants en délire.

« Qu'y a-t-il ? demandai-je, ne sachant guère comment m'y prendre pour calmer cette multitude furieuse.

— Ce qu'il y a ? me répondit un Arabe d'une certaine importance, que la colère faisait écumer et bredouiller ; il y a que vos hommes sont des voleurs et des assassins, qui prennent les marchandises, brisent la vaisselle, tuent les volailles, attaquent les hommes, menacent les femmes du couteau, après les avoir insultées, veulent brûler la ville, exterminer tout le monde.

— Miséricorde ! Mon ami, ceci est épouvantable. Mais veuillez vous asseoir, calmez-vous et causons comme des gens sensés. »

Je proférai ces mots d'une voix douce et insinuante, essayant d'apaiser cet « enfant terrible [1]. »

Si j'avais été un adolescent impressionnable, cet homme avec ses traits, son costume et ses allures, m'aurait représenté le fléau incarné de l'Afrique ; et de fait, à voir ses bras nus, son sabre dégainé, son regard féroce, on l'aurait cru capable d'abattre mon innocente tête sans la moindre provocation.

Toutefois il fit un léger signe affirmatif et vint s'asseoir auprès de moi.

Nous allons avoir un *chaouri* (une délibération) ! Des paroles ! — Ouvrez les oreilles ! — Chut, là-bas ! — Esclaves ! — Imbéciles ! — Taisez-vous donc ! — Ecoutez, Arabes ! —

---

1. En français dans l'original.

Béloutchis, retenez votre langue ! » et bien d'autres cris d'une foule de voix implorant le silence ou l'imposant, dans un singulier mélange d'idiomes.

Le silence enfin établi, j'invitai l'Arabe à s'expliquer et à me désigner, s'il les connaissait, les Voua-ngouana coupables d'avoir provoqué cet étonnant désordre.

Aussitôt, d'une voix indignée, il exposa sa plainte.

Après avoir bu, un de mes gens, appelé Mustapha, s'était présenté dans son magasin, l'avait injurié de la façon la plus basse, s'était emparé d'un ballot de cotonnade et avait pris la fuite. Poursuivi et saisi par le propriétaire de l'étoffe, il avait tiré son couteau et allait en frapper l'Arabe, quand un des amis de ce dernier asséna à mon voleur un coup de bâton qui sauva la vie du traitant.

Cette plainte ayant été confirmée par de nombreux témoignages, je fis arrêter Mustapha, qui fut désarmé et conduit au cachot.

Une bruyante acclamation accueillit la sentence.

« Qu'y a-t-il encore ? » demandai-je.

De nombreux plaignants s'approchèrent, une vingtaine des deux sexes, parlant tous à la fois, jusqu'à ce que désespérant de rien entendre, je menaçai de quitter l'audience ; et le calme se rétablit.

Inutile de détailler les charges qui pesaient sur ma bande. Je dirai seulement qu'au bout de quelques heures la ville était paisible, et que vingt-cinq de mes Voua-ngouana méditaient sur la gravité de leurs fautes dans les chambres de la maison.

Pour éviter le retour de pareille scène, j'adressai au vouali ou gouverneur, le cheik Mansour ben Soliman, la requête de vouloir bien arrêter et punir tous ceux de mes hommes qui le mériteraient par leur conduite. Le gouverneur, je regrette d'avoir à le dire, profita de cette demande pour abuser de son pouvoir. Aux grands maux les grands remèdes, pensa-t-il ; et ses ordres furent donnés en conséquence. Il en résulta que fort peu de mes gens purent sortir sans être appréhendés au corps. Le lendemain, plus de trente de mes hommes avaient été mis aux fers; les autres n'avaient échappé que par la fuite aux soldats de l'implacable Mansour.

J'adressai à celui-ci un nouveau message pour le prier d'avoir toute l'indulgence que permettait la justice, lui expliquant la nature et les causes de la frénésie et de l'emportement des Voua-ngouana. J'essayai de lui définir ce que nous entendions par *bamboches*; je lui dis que tous les hommes qui vont s'éloigner pour longtemps de leur pays, de leurs familles éprouvent le besoin de s'étourdir et s'imaginent, qu'au moment du départ, ils ont droit à une plus grande somme de liberté; que quelques individus à tête faible, et naturellement enclins au vice, abusant de ce privilège, avaient seuls occasionné ces conflits regrettables, et qu'il était juste de ne pas faire souffrir les uns des écarts des autres.

Le chef Mansour n'en fut que plus tyrannique; les arrestations, les bastonnades, les amendes se multiplièrent au point que mes Voua-ngouana réclamèrent un *chaouri*. Le résultat de la conférence, après l'admonestation de rigueur, fut la promesse faite par moi de partir dans deux jours, et, à la première étape, d'accorder un pardon général.

Il existe, à Bagamoyo, une institution que je ne saurais passer sous silence. Mais pour en parler convenablement, il faut d'abord décrire l'institution de même nature et d'égale importance qui a été fondée à Zanzibar, sous le vocable de Mission des Universités. D'ailleurs trois élèves de ce dernier établissement, Robert Feruz, Andrew et Dallington, font partie de l'Expédition.

Robert est un garçon robuste, âgé de dix-huit ans; il a été domestique de l'un des membres de l'escorte du lieutenant Caméron. Arrivé dans l'Ounyanyembé, il a reçu son congé pour des motifs qui n'ont pas été parfaitement tirés au clair. Andrew, qui a dix-neuf ans, est d'une nature concentrée et, je dois le dire, n'a rien de brillant dans l'esprit. Dallington, le plus jeune des trois — une quinzaine d'années — a la figure profondément couturée par la petite vérole; mais il est aussi vif et aussi intelligent que pas un garçon de son âge, blanc ou noir.

La Mission des Universités fut le résultat de la sensation que produisirent en Angleterre les rapports faits par Livingstone, à l'époque de la découverte des lacs Nyassa et Chiroua. Envoyée en 1860 par les Universités d'Oxford et de Cambridge, elle se composait de l'évêque Mackenzie, qui avait été archidiacre du Natal, et des Révérends Proctor, Scudamore, Burrup et Rowley.

Ces hommes dévoués atteignirent le Zambèze en février 1861. Quand ils rencontrèrent Livingstone, alors occupé à explorer le fleuve et les eaux du voisinage, une conférence eut lieu dans le but de déterminer l'endroit où la Mission pourrait commencer son œuvre avec le plus de fruit. Livingstone conseilla à l'évêque et à ses compagnons de remonter la Rovouma et de se diriger ensuite vers quelque point des rives du Nyassa. Mais quand on essaya d'exécuter ce projet, c'était pendant la saison sèche, la rivière n'avait plus assez d'eau pour un vapeur tel que le *Pionnier*; et comme sur le vaisseau la maladie sévissait avec force, la Mission, dont les membres en avaient souffert, se rendit aux Comores pour se rétablir.

En juillet 1861, elle arriva aux cataractes du Chiré ; continuant sa route, elle rencontra une bande d'esclaves qu'elle mit en liberté avec une ardeur beaucoup plus louable que politique. D'autres esclaves furent successivement enlevés à des caravanes.

La Mission des Universités, à Zanzibar.

Le nombre des libérés s'éleva à 148, et c'est avec ces affranchis que les missionnaires résolurent de commencer leur œuvre.

Pendant qu'ils s'établissaient à Magoméro, ils furent attaqués par des Adjaouas; mais, avec l'aide de leurs élèves, ils repoussèrent l'ennemi. Peu de temps après, une divergence d'opinion s'étant produite entre la Mission et Livingstone, au sujet de la meilleure ligne de conduite à suivre, celui-ci la quitta pour continuer ses explorations, et les révérends poursuivirent leurs travaux qui promettaient déjà de bons résultats.

Malheureusement, emportés par leur zèle pour la suppression de la traite, l'évêque et ses compagnons firent alliance avec les Manngainndjas et les soutinrent dans une guerre contre les Adjaouas, .

qui étaient réellement des gens pacifiques ; l'évêque le découvrit plus tard. Le caractère de la Mission fut changé par l'intervention imprévoyante de son chef dans la politique compliquée des indigènes. Vint ensuite la saison pluvieuse et l'insalubrité qu'elle produit. Consumé par la fièvre, usé par les privations, le pauvre évêque Mackenzie expira ; et un mois après, le révérend Burrup le suivait dans la tombe. MM. Scudamore, Dickinson et Rowley transportèrent l'établissement sur les rives du Chiré, où les deux premiers moururent. Les survivants quittèrent le pays ; et il ne resta de la Mission des Universités dans l'Afrique centrale qu'un nom, recueilli par le successeur du défunt évêque, le révérend Tozer, qui l'appliqua à son établissement de Zanzibar.

Dans cette ville, où cependant elle jouit de tout le bien-être désirable, la malheureuse Mission lutte toujours contre la même infortune ; ses annales ne sont ici ni plus brillantes, ni plus rassurantes pour l'avenir qu'elles ne l'étaient à Magoméro, au milieu de terres inondées et de marais pestilentiels. Beaucoup de ses membres dévoués, hommes et femmes des plus nobles ont péri, et l'œuvre est bien loin de se présenter sous un jour favorable. Je me rappelle, en écrivant ces lignes, mes relations avec le vénérable Pennell, avec le jeune West d'une âme si ardente. Ce dernier vivait encore en 1874 ; il était plein de zèle, d'espérance, de dévouement ; à mon retour, il avait suivi dans la tombe les martyrs du Zambèze.

Aujourd'hui, le révérend Edouard Steere est presque seul, fidèle à son poste en qualité d'évêque et de pasteur en chef. Il a visité le lac Nyassa, établi une mission à moitié chemin, ainsi qu'une autre à Linndi, autant que je puis le croire. Il surveille attentivement la succursale établie chez les Chammbalas ; et à la maison-mère de Mbouenni, située à quelques milles au levant de la Pointe de Channgani, où était l'ancienne résidence, il élève des jeunes gens et leur enseigne les métiers d'imprimeur, de charpentier, de forgeron et autres. Son établissement représente une sorte de *compendium* de toutes les industries utiles pouvant être exercées par la classe inférieure ; c'est dans toute l'acception du mot, une école industrielle et religieuse, organisée en vue du bien-être moral et matériel d'infortunés qui méritent au plus haut degré notre sympathie et notre assistance. Cet homme extraordinaire, animé de la piété la plus fervente qu'ait jamais eue un martyr, nous semble d'autant plus grand, que parmi tous ceux qui se sont occupés de cette œuvre, il est le seul qui ait été doué des qualités nécessaires pour la faire entrer dans la voie féconde où elle est aujourd'hui. Je désire de toute mon âme qu'il réussisse ; et, tant qu'il vivra, pourvu que l'on vienne à son aide, il n'est pas à craindre que la Mission retombe dans l'état déplorable dont lui seul paraît l'avoir tirée.

Le consul britannique a fourni aux Missions catholiques françaises de Zanzibar un nombre considérable d'élèves, pris à la même source que ceux de la Mission des Universités, c'est-à-dire parmi les jeunes victimes de la traite. La Mission française, créée dans l'île depuis des années, porte le nom de Saint-Joseph. Celle de Bagamoyo, est placée sous l'invocation de Notre-Dame. La première comprend deux prêtres, quatre religieux et un frère lai, professeur de musique. La seconde, qui est la plus importante, possède quatre prêtres, huit pères, douze sœurs et dix frères lais qui enseignent l'agriculture.

Les Pères français instruisent deux cent cinquante enfants et emploient quatre-vingts adultes. Ils ont reçu cent soixante-dix esclaves pris aux traitants et affranchis par les croiseurs anglais. Ces élèves apprennent à gagner leur vie ; dès qu'ils sont en âge de s'établir on leur fournit une habitation confortable, des vêtements et des ustensiles de ménage.

La Mission de Notre-Dame est bâtie à un mille et demi environ de Bagamoyo, sur une colline située au bord de la mer. Elle se distingue par l'ordre, l'économie, et ce genre spécial de soin et de propreté qui appartient aux Français.

Le cocotier, l'oranger, le manguier prospèrent dans ce pieux établissement. Des légumes variés et des céréales, sont cultivés dans les champs du domaine, que traversent de belles routes parfaitement entretenues.

Lors de son dernier voyage en France, le supérieur a recueilli une somme considérable destinée à soutenir la Mission ; et il vient, tout récemment, d'installer une succursale à Kidoudoué. Il est évident qu'avec l'assistance persévérante de ses amis d'Europe, l'œuvre s'étendra de plus en plus dans l'intérieur ; et l'on peut sans crainte prédire, qu'avec le temps, la route de l'Oudjidji possèdera une chaîne de Missions qui fourniront au négociant et au voyageur, non-seulement de sûres retraites, mais tous les agréments de la vie civilisée.

Il existe deux autres Missions sur la côte orientale d'Afrique, toutes les deux à Mombaz ; celle de la Société des Missions de l'Église, et celle de l'Église méthodiste libre.

La première est fondée depuis plus de trente ans ; elle a une succursale à Rabbaï Mpia, ancienne résidence des missionnaires hollandais Krapf, Rebmann et Erhardt. Mais ces établissements n'ont pas obtenu le succès que méritaient l'abnégation prolongée et le zèle infatigable des hommes dévoués qui les dirigent.

Il est étrange que les philanthropes anglais, cléricaux ou laïques, persistent à croire que les Africains puissent se contenter du simple progrès moral. Ils devraient se pénétrer de ce fait indéniable que l'homme quel qu'il soit, blanc, jaune, rouge ou noir, a des besoins matériels qui demandent impérieusement à être compris et satisfaits.

Le sauvage est un pur matérialiste, affamé de quelque chose qu'il ne peut définir. Il est comme un enfant qui ne sait pas encore parler. Le missionnaire le trouve plongé dans une ignorance de brute, ayant en lui les instincts de l'homme, et vivant encore de la vie de l'animal. Au lieu d'appliquer à développer les qualités de cet être positif, il tente, tout d'abord, de le transformer en lui inculquant les dogmes de la foi chrétienne ; il lui parle de la transubstantiation et d'autres sujets non-moins difficiles à comprendre, avant même que le sauvage ait eu le temps d'articuler ses besoins, et d'expliquer qu'il n'est qu'une frêle créature qu'il faut nourrir de pain et non de pierres.

L'étude que j'ai faite du païen, l'expérience que j'ai acquise à son égard me prouvent que si le missionnaire pouvait lui montrer, qu'à la religion, viennent se joindre des avantages substantiels et son relèvement de l'état de dégradation où il se trouve, la tâche du pieux instituteur serait relativement aisée.

Une fois en contact avec l'Européen, l'Africain devient suffisamment docile : la conscience de son immense infériorité le tient en respect ; et le vague espoir de s'élever, d'atteindre un jour le niveau de l'être supérieur qui le frappe d'admiration, l'encourage à obéir.

C'est l'histoire de Caliban en face de Stéphano[1]. Le sauvage vient vers le missionnaire avec le désir d'apprendre ; saisi par l'ambition d'une existence plus relevée, il arrive soumis et maniable ; mais à sa grande surprise, cet être supérieur lui parle de choses qu'il désespère de comprendre ; il se trouve dupé ; et la tête basse, ayant de son infériorité un sentiment plus vif que jamais, il se retire dans sa caverne ou dans sa hutte, avec

---

1. Personnages de *la Tempête*, de Shakespeare.

la détermination de s'en tenir à l'existence brutale qu'il a toujours menée.

Ce fut le 17 novembre 1874 que nous partîmes décidément pour l'intérieur. Au son du clairon, tous mes gens se réunirent devant nos quartiers, et à chacun d'eux fut donnée une charge proportionnée à ses forces. L'homme vigoureux et bien musclé reçut un ballot d'étoffe, ballot de soixante livres (vingt-sept kilogrammes), lequel, par suite de la consommation journalière, devait être réduit à cinquante livres dans une couple de mois, à quarante au bout de six mois, et à une trentaine à la fin de l'année, si chacun était fidèle à son devoir.

L'homme court et trapu eut un sac de perles de cinquante livres (vingt-deux kilogrammes). Le jeune homme de dix-huit à vingt ans, une caisse de quarante livres, renfermant des conserves, des munitions, des articles divers.

Aux hommes graves et réfléchis, furent distribués les instruments précieux, les objets fragiles : thermomètres, baromètres, montres, sextants, mercure, boussoles, pédomètres, appareils photographiques, livres de science et fourniture de bureau, emballés dans des caisses du poids de quarante livres (dix-huit kilogrammes).

Enfin, au marcheur le plus connu pour la fermeté, la sûreté de son pas, fut confié le transport des trois chronomètres, enveloppés de coton, et enfermés dans une caisse ne pesant pas plus de vingt-cinq livres (un peu plus de onze kilogrammes).

Les douze guides, nos kiranngosis, parés de manteaux écarlates, réclament le privilège de convoyer le fil de laiton. Faisant partie de l'avant-garde, et aussi actifs que braves, ces jeunes gens, parmi lesquels sera choisi plus tard l'équipage du bateau, et que j'estime plus que tous les autres à l'exception des chefs, ont pour armes des fusils rayés de Snider.

Les hommes chargés du *Lady Alice* sont des hercules pour la stature et pour la force. Portefaix de profession, ils ont résigné leur métier de hamal à Zanzibar, afin de convoyer le bateau européen qui, le premier, devait flotter sur les lacs Victoria et Tanganika, et sur les eaux des sources les plus reculées du Nil et du Congo. A chaque section de la barque sont attachés quatre hommes, qui doivent se relayer deux par deux. Leur solde est plus élevée que celle même des chefs, sauf de notre premier capitaine, Manoua Séra; et recevant double ration, ils ont le privilège de pouvoir emmener leurs femmes.

Six ânes, tous sellés font partie de la caravane : un pour chacun de nous, les deux Pocok, Barker et moi ; les deux autres pour les malades. Il y a, en outre, pour ces derniers, trois hamacs en filet de Seydel, avec six porteurs formant une sorte de parti d'ambulance.

Donc le 17 novembre, à neuf heures du matin, cinq jours après notre départ de l'île, bien que toutes mes recrues ne fussent pas arrivées, la nécessité d'éloigner mes gens des buvettes tenues par les Goanais et de les soustraire à l'autorité du gouverneur, qui eût démoralisé toute expédition, me faisait quitter Bagamoyo.

Nous sortîmes de la ville, recueillant sur notre passage quelques paroles d'adieu, et beaucoup d'autres peu flatteuses de la part de la population mâle et femelle, accourue pour voir le défilé.

C'étaient d'abord quatre des chefs, précédant la bande d'une centaine de pas ; puis les douze guides, en manteau flottant de drap rouge ; ensuite deux cent soixante-dix pagazis chargés de fil métallique, d'étoffe, de perles, de caisses et des sections de la barque. Après cela, trente-six femmes et dix petits garçons, suivant leurs mères et portant chacun leur petite charge d'ustensiles ; puis les quatre Européens, leurs serviteurs et les ânes ; enfin l'arrière-garde, composée de seize chefs ayant pour mission de ramener les traînards ; en tout, trois cent cinquante-six individus de race noire, formant sur le sentier une ligne de plus de huit cents mètres de longueur.

Édouard Pocock veut bien nous servir de clairon, une longue pratique, dans les camps militaires de Chatham et d'Aldershot, l'ayant familiarisé avec les diverses sonneries. Il en a fait connaître la signification à Hamadi, notre premier guide, afin que s'il était nécessaire de faire halte, celui-ci en fût immédiatement informé. Hamadi de son côté, porte un cornet d'ivoire d'une longueur énorme, son instrument favori, l'un de ceux qui appartiennent à sa profession ; mais il n'a le droit de le faire entendre qu'à l'approche d'un lieu de campement favorable, ou pour nous avertir de quelque danger.

Devant lui, trottine un petit garçon joufflu chargé d'un tambour indigène qu'il n'a la permission de battre qu'aux environs des villages, afin de prévenir les habitants de l'approche de la caravane. Cette précaution est indispensable ; beaucoup de villages étant situés au milieu d'une jungle épaisse, l'arrivée subite

Portage du *Lady Alice*.

d'une bande nombreuse, arrivée qui ne leur donnerait pas le temps de cacher le peu qu'ils possèdent éveillerait certainement la défiance des villageois et pourrait les rendre hostiles.

Le voyage commence bien, chacun est plein d'espoir. Il y a du bruit et de la gaieté dans les rangs; un bourdonnement de voix joyeuses et des rires passent dans l'air, tandis que nous montons et descendons les plis du sol où serpente le sentier. Le mouvement nous a rendu la bonne humeur. Le chemin est sec, parfait pour la marche; on ne peut rien voir en meilleur ordre que cette longue et mince colonne qui va affronter l'inconnu.

Tout à coup, au moment où nous atteignons la vallée du Kinngani, le soleil, qui est éblouissant, devient d'une ardeur accablante; la file se rompt, le désordre se met dans les rangs, les traînards sont nombreux, les hommes se plaignent, les chiens gémissent. Nous-mêmes, la figure rouge, le front ruisselant sous nos casques préservateurs, à demi étouffés par nos vêtements de laine nous serions heureux de faire halte, si la surface rôtie de ce val inondé de soleil était plus attrayante.

Les vétérans se dirigent toujours vers la rivière, qui est à trois milles de distance et où ils seront à l'ombre; mais les novices se couchent, s'exclament contre la chaleur, demandent de l'eau et déplorent la folie qu'ils ont faite en s'éloignant de Zanzibar.

Nous nous arrêtons pour leur dire de se reposer un instant et de gagner ensuite la rivière. Nous essayons de les calmer, de les remonter: les commencements sont pénibles, tous les débutants ont éprouvé la même souffrance, leur disons-nous; puis on s'habitue peu à peu; et ceux qui tiennent bon sortent de la lutte transformés en héros.

De telles paroles les électrisent; ils se relèvent fortifiés, résolus d'essayer à quel point le courage peut triompher de la fatigue. Quelques-uns réussissent; mais beaucoup sont réellement trop faibles pour soutenir l'effort.

On amène les ânes, les chefs prennent les fardeaux abandonnés; et vers deux heures tout le monde est au Kinngani.

Frank et son frère, que j'ai envoyés tout d'abord avec les porteurs de la barque, ont monté le *Lady Alice*. A trois heures et demie, les hommes, la cargaison, les ânes et les chiens ont passé la rivière; le bateau est démonté, chacun a repris sa charge, et la bande se dirige vers Kikoka, notre première station.

Toutefois, avant d'atteindre le camp, nous savons combien de nos hommes peuvent supporter la chaleur et combien sont trop faibles pour lui résister. Enfin la caravane perd un de ses membres ; Castor, le superbe mâtin primé, expire à deux milles de Kikoka, frappé d'apoplexie. L'autre dogue, Capitaine, paraît devoir bientôt le suivre. Néron, Bull et Djack, bien que fort abattus et respirant avec peine, donnent encore quelques signes de vie.

Nous passons à Kikoka toute la journée du lendemain. Deux hommes tombés sérieusement malades sont déchargés ; nous engageons de nouveaux porteurs qui se sont présentés la veille au soir et dans la matinée.

En dehors des chaleurs tropicales et de l'inexpérience, différentes causes expliquent le prompt affaiblissement d'un grand nombre de nos Voua-ngouana pendant la première marche, explication que confirme la résistance des pagazis de l'intérieur.

Les Voua-ngouana mènent dans leur île une conduite extrêmement dissolue. En outre, depuis l'importation de l'opium par les Hindis et les Banians, ils ont ainsi que les Arabes, adopté le fatal usage de ce narcotique. A cela, ils joignent l'habitude de mâcher la noix de bétel mêlée avec de la chaux, habitude dégoûtante, peu faite pour relever le moral d'un homme ; et plus délétère encore, plus destructive de toute vigueur, est la coutume presqu'universelle chez eux de fumer le *Cannabis sativa*, (chanvre sauvage) et d'en avaler fortement les exhalaisons.

Dans une atmosphère aussi raréfiée que celle des tropiques, où, pendant les journées chaudes, le thermomètre marque au soleil + 61° centigrades [1], les gens dont les poumons et les sources de la vie sont attaqués par ces drogues pernicieuses ne tardent pas à sentir que la force leur fait absolument défaut.

Bientôt accablés par la marche et le portage, ces membres affaiblis de la caravane quittent les rangs les uns après les autres et se laissent distancer de plus en plus, témoignant ainsi de leur épuisement. On trouvera dans l'appendice, sur la liste des morts, le résultat des observations auxquelles je me suis livré à ce sujet ; peut-être ces notes suggéreront-elles au savant méditatif quelque idée utile.

Dans l'après-midi du même jour, au moment où je finissais mon courrier, je fus étrangement surpris par l'arrivée au camp d'un détachement de Béloutchis. Leur chef m'apportait une lettre dans

---

1. L'auteur indique la température d'après le thermomètre de Fareinhet, dont il faisait usage ; nous avons partout réduit le chiffre des degrés à l'échelle centigrade. (H.-L.)

Trois femmes de l'Expédition.

laquelle le gouverneur de Bagamoyo, Mansour ben Soliman, se plaignait de ce que mes Voua-ngouana avaient enlevé quinze femmes à leurs maîtres et me priait de les renvoyer.

Après avoir réuni mes gens et m'être enquis de leurs affaires domestiques, j'appris en effet qu'un certain nombre de femmes avaient rejoint l'Expédition pendant la nuit. Six d'entre elles étaient munies de certificats d'affranchissement, délivrés par le consul anglais, résident politique à Zanzibar; mais les neuf autres, de leur propre aveu, étaient des fugitives.

Le bienveillant accueil que j'avais reçu, à Zanzibar, du Sultan et des Arabes, ne me permettait pas, n'ayant l'autorisation d'aucun gouvernement, d'être un agent même passif de ce nouveau mode de libération des esclaves. En conséquence, je décidai que les fugitives partiraient avec les soldats; mais cet ordre ne cadrant en aucune façon avec les vues des femmes et de ceux qui les avaient enlevées, rencontra une opposition qui menaça bientôt de dégénérer en lutte sanglante. Les hommes saisirent leurs fusils; les cartouches, le plomb, la poudre, les baguettes, les sniders et les mousquets furent maniés d'un air qui ne présageait rien de bon.

Agissant d'après ce principe qu'en ma qualité de maître absolu dans mon propre camp, j'avais le droit d'en exclure les hôtes que je n'avais pas priés d'y venir, j'appelai les fidèles de ma première expédition; leur nombre était de quarante sept. Je les rangeai auprès des soldats du Sultan, montrant par-là aux mutins furieux qu'en tirant sur les Béloutchis ils blesseraient leurs amis, leurs frères et leurs propres chefs. D'autre part, Frank Pocock, à la tête de vingt hommes, passa derrière eux; puis les deux détachements se rapprochèrent. Ayant ainsi enveloppé les mutins, nous les fîmes désarmer; et les fusils, liés en faisceaux, furent remis à Edouard Pocock.

J'ordonnai ensuite à une petite bande de fidèles d'accompagner les Béloutchis jusqu'à une certaine distance du camp, de peur qu'une embuscade n'eût été dressée par quelques mutins vindicatifs entre le bivouac et la rivière.

D'après les détails fournis dans ce chapitre et dans les deux qui précèdent, le voyageur, le trafiquant ou le missionnaire qui se propose de parcourir cette région, pourra se faire une idée assez exacte de la méthode la plus convenable à suivre pour organiser sa caravane, de la qualité et du caractère des hommes qu'il aura à conduire, ainsi que de la préparation et de la quantité des articles dont il devra s'approvisionner. On trouvera dans l'Appendice l'indication de ces articles et leurs différents prix.

Comme en suivant les sept milliers de milles des lignes explorées dans ce voyage (11,260 kilomètres) il me faudra toucher à un nombre considérable de sujets, je passerai brièvement sur la première partie de la route, celle qui va jusqu'à l'Itourou ; les deux tiers du chemin ayant été suffisamment décrits dans le livre intitulé : *Comment j'ai retrouvé Livingstone*[1], et cette description étant complétée dans l'Appendice du présent ouvrage.

1. 1 vol. in-8°, Paris, Hachette, 1873.

CHAPITRE V

En marche. — De Conngorido à Roubouti. — Les terrains de chasse de Kitanngheh. — Chasse au zèbre. — Première prise de Djack. — Visités par des lions. — Géologie du Mpouapoua. — Doudoma. — Déluge. — Tristes réflexions. — La Saline. — Découverte d'une conspiration. — Désertions. — Égarés. — Famine. — Troubles imminents. — Pillage des greniers. — Situation déplorable. — Nombreux malades. — Mort et funérailles d'Édouard Pocock.

La ligne qu'après mûre réflexion j'avais adoptée pour gagner l'intérieur, courait parallèlement aux routes que nous ont fait connaître les précédents voyages, mais passait à trente mille au nord du plus septentrional de ces chemins. A Rossako, notre sentier commença à diverger de celui qui conduit à Msouhoua et à Simmba-Mouenni, et se déroula dans un beau parc, sur un terrain herbu aussi vert qu'une pelouse anglaise, se creusant en vallées charmantes, et se relevant par des côtes en pente douce. De minces filets d'eau, ayant pour lits de simples ornières ou des fossés profonds qui laissaient voir la strate de grès du sous-sol, fuyaient en décrivant des courbes emmêlées autour de bouquets de grands bois, ou à travers les jungles, et serpentaient parmi les collines pour aller rejoindre le Vouami.

Le 23, nous nous arrêtâmes à la base de l'un des trois cônes de Ponngoué, dans un village situé à trois cents yards[1] au-dessus du niveau de la mer. Le moins grand des trois pics domine ce village d'environ huit cents pieds ; le plus élevé, peut être de douze cents. D'après les pédomètres, nous avions fait quarante-six milles, à partir de la côte[2].

Un bourg populeux et fortifié, appelé Conngorido, fut gagné le lendemain ; l'estacade était forte et nouvellement construite.

---

1. Le yard équivaut, en chiffres ronds, à 91 centimètres. Il se compose de trois pieds anglais, qui valent chacun 0,304.
2. Le mille anglais est de 1609 mètres.

De ma hutte, les monts Ponngoué se voyaient distinctement. L'eau était saumâtre ; mais après de longues recherches nous en découvrîmes de plus potable, à peu de distance vers le Sud-est.

Mfouteh, la station suivante, protégée par une enceinte également forte et nouvelle, est du même genre d'architecture que les villages de l'Ounyamouési. A cette hauteur, le baobab commence à prospérer. Dans les fonds, le borassus, l'hyphéné, le latanier étaient en grand nombre. Le terrain, j'en fis la remarque, contenait une grande quantité de soude ; il est probable que cette substance favorise le développement des palmiers. Ici les villageois sont timides et défiants. On rapporte que les lions abondent vers le Nord.

En quittant Mfouteh, ayant pris à l'Ouest, nous suivîmes la rive droite du Vouami pendant quatre milles. De l'autre côté de cette rivière, dont les bords ont une frange d'arbres touffus, s'étend une contrée intéressante. Le pic colossal de Kidoudou élève sa tête altière à une grande hauteur au-dessus des monts du Ngourou, ses voisins, et forme un point de repère frappant à quinze ou vingt milles au nord du Vouami.

De Mfouteh à Roubouti, village situé sur la crique du Lougoumboua, que nous atteignîmes le 29, le gibier est abondant, le paysage diffère peu de celui qui a été décrit plus haut.

Dans une seule étape, nous traversâmes le Vouami trois fois. Chacun des trois gués n'avait pas plus de deux pieds et demi de profondeur (76 centimètres). A l'un d'eux, nous trouvâmes un pont suspendu, fait avec des lianes, et d'une construction fort ingénieuse. Les berges, en cet endroit, s'élevaient à seize pieds au-dessus de l'eau et n'avaient entre elles qu'une distance de trente yards ; il est évident qu'ici, pendant la saison pluvieuse, le Vouami doit être d'un passage dangereux. Des blocs de granit, blocs détachés, s'élevaient au-dessus de la rivière. D'après le point d'ébullition de l'eau obtenu à l'un des gués, l'altitude était considérable.

Longeant ensuite une chaîne de montagnes, la route franchit de nombreux ruisseaux et quelques rivières très-limpides ; entre autres le Mkinndo, que nous avons traversé près de Mvoméro, et qui m'a semblé avoir une eau vivifiante. Le fait est qu'après en avoir bu largement, je me sentis jusqu'au soir en excellente disposition.

Le 3 décembre, nous atteignîmes le Mkoundi, affluent du

Youami qui sépare le Ngourou de l'Oussagara. Simmba-Mouenni ou Mouinyi, le *Seigneur lion*, non pas le fameux Simmba qui habitait plus au sud, a cinq villages dans ce district. Il est généreux et nous envoya un mouton, de la farine et des bananes ; je lui donnai en retour de l'étoffe, qu'il reçut avec plaisir.

Les Voua-Ngourou, les Vouasségouhha, les Vouassagara parlent le même dialecte, ont les mêmes ornements et recherchent avec une égale avidité les grains de verre blancs et noirs, ainsi que le fil de laiton. Ils se percent les oreilles, et introduisent

L'expédition à Rossako.

dans la fente du lobe des chevilles, des becs de gourde, puis des rondelles de bois pour l'agrandir. Un mélange d'objets singuliers, cornes de chèvres minuscules, petites chaînes de cuivre jaune, perles de la grosseur d'un œuf de pigeon, leur entoure le cou. La cotonnade bleue appelée *kaniki* et le *barsati* à raies rouges sont les étoffes qu'ils préfèrent. Ils se teignent la figure avec de l'ocre ; et, à l'exemple des Vouanyamouési, ils divisent leur chevelure en nombreux tortillons, qu'ils ornent de pendeloques de cuivre, de perles blanches ou de grosses perles rouges, dites *samsam*.

Un panorama imposant frappe nos regards le lendemain pendant la marche qui nous conduit à Makoubika, où nous sommes à deux milles six cent soixante-quinze pieds (813 mètres) au-dessus du niveau de la mer. Nous montons le versant oriental de la chaîne du Kagourou, et de tous côtés s'élèvent des collines et des pics. Les sommets de l'Oukammba, dont les pentes sont habitées par une multitude d'éléphants, se voient au nord. Sur la montagne, que désigne le nom caractéristique de *Dos de l'arc*, est une nappe d'eau transparente; et des aiguilles ou des crêtes remarquables se découpent sur le ciel, dans toutes les directions.

Entre Mammboya et Kitanngheh, je suis frappé de la ressemblance que présentent beaucoup de scènes avec différents points des Alléghanys. L'eau est abondante ; elle ruisselle de nombreuses sources, limpides comme du cristal. Aux environs de Kitanngheh, nous trouvons chaque colline parsemée de villages, dont les habitants, si fréquemment inquiétés par les Vouamassaï, toujours en maraude, sont d'une extrême défiance. Pour la première fois depuis notre départ de Bagamoyo, nous rencontrons des bêtes bovines.

Sortant du bassin de Kitanngheh par une montée graduelle, nous atteignons une altitude de quatre mille quatre cent quatre-vingt-dix pieds (1364 mètres), d'où nous voyons une plaine étendue où pâturent des hardes de gibier noble. On dresse le camp au bord de cette plaine, entre un mamelon et quelques éminences rocheuses. Pendant ce temps-là, je pars avec Billali, mon servant d'armes et le fameux Msenna, dans l'espoir d'abattre quelque pièce.

La distance est beaucoup plus grande que je ne l'avais pensé. Ce n'est qu'après avoir marché rapidement sur un grand espace couvert d'herbe roussie, traversé une jungle épineuse, suivi un long sentier, ouvert entre des touffes de cannes, que nous finissons par être en vue d'une petite bande de zèbres.

Ces animaux ont l'oreille et le flair tellement subtils, l'œil si vigilant, qu'en lieu découvert il est extrêmement difficile de les approcher. Cependant, avec beaucoup d'efforts et de précaution, j'arrivai à n'être plus qu'à deux cent cinquante pas de la bande ; et prenant avantage d'un mince bouquet d'herbe, je tirai à peu près à l'aventure. L'un des membres de la troupe bondit, fit quelques pas au galop, chancela tout à coup, s'agenouilla en tremblant, roula et battit l'air des quatre pieds. Ses compagnons l'appelaient d'un hennissement aigu ; puis, hennissant toujours, ils décrivirent avec grâce des cercles de plus en plus étroits qui les rapprochèrent. J'en abattis un autre d'une balle dans la tête, et bien à contre cœur ; car je pense que le zèbre a été créé pour quelque chose de mieux que pour être mangé.

Le reste de la bande disparut, et l'instant d'après, Djack le boule-terrier, débarrassé de sa laisse, se ruait sur les deux zèbres, sa première prise étrangère. Comme il leur déchirait la gorge,

Village de Mammboya.

leur mordait les naseaux! Bientôt, tout couvert de sang, il parut être le véritable chien de meurtre, le type de la férocité furieuse.

Requis d'aller au camp chercher des Voua-ngouana pour transporter le gibier, Billali partit avec bonheur, sachant d'avance avec quels cris de joie, quelles félicitations il serait accueilli. Msenna était déjà en train de dépouiller l'un des animaux à quelques trois cents pas de moi; Djack couché à mes pieds, ne quittait pas du regard le zèbre sur lequel j'étais assis, calculant sans doute quelle part lui en reviendrait pour l'avoir si bravement saisi par le nez. Pour moi, bientôt plongé dans mes réflexions, je cherchais à me représenter ce qu'il pouvait y avoir derrière ces montagnes, qui, au Nord, fermaient la plaine, quand Djack se leva d'un bond en regardant vers le Sud. Tournant la tête de ce côté, je vis un animal de couleur fauve qui s'approchait d'un pas allongé. Je crus reconnaître un lion, et Msenna levant les yeux par hasard en ce moment, je l'appelai d'un signe.

« Qu'est-ce que c'est? lui demandai-je.

— Simmba (un lion), maître, » répondit-il.

Mes soupçons ainsi vérifiés, nous nous couchons tous les deux et nous chargeons nos fusils. Je glissai dans le mien — une carabine à éléphant — deux balles explosibles. Grâce au point d'appui que me donnait le corps du zèbre, j'étais sûr de toucher à cent mètres tout être vivant de la grosseur d'un chat. J'attendis donc avec confiance l'approche du lion.

Arrivé à une distance de trois cents pas, l'animal, comme frappé de surprise, fit un bond et s'arrêta. Il promena autour de lui un regard investigateur, puis tourna brusquement le dos et alla en trottinant se remiser dans une jungle épaisse, éloignée de sept ou huit cents mètres.

Quelques minutes après, une dizaine de bêtes sortirent du même fourré et se dirigèrent vers nous d'un pas majestueux. La nuit approchait, on ne les distinguait pas clairement. Cependant, pour mon compagnon et pour moi, c'étaient des lions, ou bien des animaux qui, à la lueur douteuse du crépuscule, leur ressemblaient tellement, que nous ne pouvions pas les prendre pour autre chose.

Quand le premier ne fut plus qu'à cent pas, je tirai sur lui. Il fit un bond énorme et tomba; les autres s'enfuirent avec une extrême rapidité.

A ce moment, nous entendîmes crier derrière nous; c'étaient les Voua-ngouana. Avec dix d'entre eux, je me mis à la recherche de ma bête; mais je ne trouvai rien.

Le dépècement de nos deux zèbres demanda quelque temps, et le bivouac étant assez éloigné, nous n'y arrivâmes qu'à neuf heures du soir. Naturellement nous fûmes accueillis avec une joie sincère par des gens affamés de viande.

Le lendemain, Manoua Séra se mit en quête de l'animal perdu. Après une longue recherche, il revint doutant très-fort que ce fût un lion, et rapportant quelques poils rougeâtres, afin de prouver que le dit animal avait été mangé par des hyènes.

Je tuai, ce même jour, une petite antilope, de l'espèce à laquelle appartient le springbok[1].

Le 11 décembre, ayant traversé la plaine, nous arrivâmes à Toubougoué. Dans cette plaine, qui n'a que six milles de large, nous vîmes quatorze crânes, tristes débris d'infortunés voyageurs massacrés par des Vouahoumba venus du Nord-Ouest. Il n'est pas douteux pour moi que cette plaine, qui, partant du Nord-Ouest inexploré, s'enfonce comme un fiord dans une déchirure de la montagne, au sud-est de notre route, n'ait été jadis un bras du grand réservoir dont le petit lac d'Ougommbo, situé au sud, est le résidu. Aujourd'hui l'emplacement de cet ancien réservoir constitue les pâturages des Vouahoumba et les vastes plaines de l'Ougogo[2].

Après avoir doublé l'extrémité occidentale d'une chaîne de collines éloignée du théâtre de nos aventures de chasse, nous suivîmes une vallée jusqu'à l'endroit où elle descend en pente douce, forme un bassin, et finit par se rétrécir en une ravine où fuit une eau saumâtre. Sur la rive opposée, nous découvrîmes un lit de sel gemme.

Ayant ensuite fait deux milles, nous rencontrâmes un ravin boisé où l'on trouve de l'eau très-claire et très-douce. Partant du ravin, le sentier gravit le flanc d'une montagne et se termine à trois mille sept cents pieds (onze cent vingt-cinq mètres) au-dessus du niveau de la mer, dans une passe d'où l'on découvre le bassin de Toubougoué, avec ses vingt-cinq villages carrés entourés d'estacades.

Une descente graduelle de quatre cents pieds environ nous conduisit au lieu du bivouac, situé à la rive d'un affluent de la Moukonndokoua.

Le 12 décembre, nous entrions à Mpouapoua, qui est à vingt-cinq jours de marche de Bagamoyo.

La région que nous avions traversée, depuis le versant occidental de la grande chaîne que nous commençâmes à longer après avoir passé le Vouami, région qui s'étend jusqu'à Tchounyou ou Kounyo, à quelques milles au couchant de Mpouapoua, comprend la partie la plus large du massif que j'ai désigné à mon précédent voyage sous le nom de montagnes de l'Oussagara[3]. Sur

1. *Gazelle euchore, gazelle de parade, antilope à bourse.* (H.-L.)
2. Voyez pour le lac Ougommco et pour l'Ougogo, *Comment j'ai retrouvé Livingstone*, Paris, Hachette, 1873, p. 123, 128 et suiv. (H.-L.)
3. Voir, pour ces montagnes et pour toute la contrée dont il a été question jusqu'ici, *Comment j'ai retrouvé Livingstone*. Paris, Hachette, 1873.

toute la ligne que nous avons suivie les roches sont de la plus ancienne formation : des gneiss et des schistes ; dans certaines localités, on voit des affleurements de granit et des coulées saillantes de trapp. Du cours d'eau saumâtre, situé à l'est du Toubougoué, jusqu'à Mpouapoua, on trouve également plusieurs coulées de roches feldspathiques, falaises dont l'une principalement domine le bassin du Toubougoué.

Tandis que le sentier nous faisait passer du haut des monts au fond des gorges, et remonter au sommet, les lits des cours d'eau limpide, qui vont rejoindre la Moukonndokoua, nous montraient des couches de granit, de schiste argileux et de porphyre d'un brun superbe. Des blocs granitiques, blocs roulés à demi couverts de plantes grimpantes, et reposant dans une situation précaire sur une base dénudée, jonchaient les deux rives ; d'autres blocs de même nature gisaient nus dans le lit du ruisseau, exposés à l'action de l'eau courante. Des galets, restés sur les tablettes rocheuses des hautes berges, où les avaient logés les grandes eaux pendant la saison des pluies, témoignaient également de la nature des formations géologiques qui se trouvaient en amont. Parmi ces galets, nous vîmes plusieurs variétés de quartz, de porphyre, de diorite, de schiste argileux d'un gris foncé, de granit, d'hématite, de jaspe rouge et de chalcédoine.

Un gros bloc du sel gemme, que nous avions découvert précédemment, gisait dans l'un de ces cours d'eau. Près de lui, un tuf grisâtre, soumis à l'action du même courant, portait un parasite moussu qui l'enveloppait de ses fils bruns.

Sitôt qu'on a dépassé Kikoka, on voit en abondance de gros bouquets d'arbres, qui, heureusement disposés, donnent à la contrée l'aspect d'un parc ; ce trait caractéristique se prolonge jusqu'à Conngorido.

Chacun des bords du Vouami est frangé d'une étroite lisière de palmiers, tandis que la plaine et les endroits les moins fertiles ne portent que des acacias rabougris et clair semés, ou des broussailles qui, nulle part, ne forment de jungle épaisse.

Au flanc des montagnes, à leur base, et dans les vallées profondes, les grands arbres sont nombreux, parfois réunis en forêt. Les cîmes n'ont pour manteau qu'un tapis d'herbe.

Le Mpouapoua a également de beaux arbres, des figuiers sycomores, des tamariniers, des baobabs, mais pas de forêt.

Ce que l'on désigne sous cette appellation de Mpouapoua est

Camp au Mpouapoua.

une collection de villages qui s'éparpillent de chaque côté de la rivière de ce nom, au pied du versant méridional d'une rangée de montagnes dont la ligne sinueuse s'étend de Tchounyou à l'Ougommbo. Je dis une rangée de montagnes, parce que cette ligne paraît être celle d'un massif indépendant; mais en réalité ce n'est que le flanc nord d'une indentation profonde de la grande chaîne qui part de l'Abyssinie, ou même de Suez et qui va rejoindre le cap de Bonne-Espérance. A la pointe orientale de cette indentation, juste à vingt-quatre milles du Mpouapoua, se trouve le lac Ougommbo.

Les désertions avaient été fréquentes. D'abord Katchetché, mon premier *détective* ou chef de police, qui avait reçu l'ordre de nous suivre à un jour de marche avec ses quatre hommes, m'aida à reprendre seize des déserteurs; mais nos rusés Vouangouana et Vouanymouési eurent bientôt découvert la mesure que j'avais prise à leur égard, et au lieu de s'enfuir du côté de l'Est, ils s'en allèrent au Sud ou au Nord.

Voyant cela, je postai mes détectives, longtemps avant le jour, à quelques centaines de pas du camp, avec ordre de rester cachés dans le bois jusqu'après le départ de la caravane. De cette manière, beaucoup d'hommes furent pris au moment où ils s'esquivaient, et la désertion fut enrayée. Mais cela ne suffit pas; avant que nous fussions arrivés au Mpouapoua, cinquante de mes engagés avaient disparu, emportant, cela va sans dire, la solde qu'ils avaient touchée d'avance, et plus d'un, le fusil d'où pouvait dépendre notre sûreté.

Il devenait de plus en plus évident qu'aucune méthode, si avisée qu'elle fût, ne maintiendrait ces gens-là dans la ligne du devoir. Les bons traitements, l'abondance des vivres distribués chaque jour, rien ne semblait pouvoir induire ces natures déloyales à devenir fidèles.

Nous persistions néanmoins; quand nous avions échoué d'un côté, nous nous tournions résolûment d'un autre. Si tous mes gens avaient été fidèles, personne ne nous aurait attaqués; notre bande se serait fait respecter par le nombre, dans un pays où le droit du plus fort est le seul que l'on connaisse.

En partant du Mpouapoua, le sentier, longeant un bras du désert appelé Marennga Mkali, nous conduisit à Tchounyou, d'où l'on domine la solitude qui sépare l'Oussagara de l'Ougogo. A notre droite, s'élevaient les montagnes de l'Oussagara; à notre gauche, se déployait le désert inhospitalier. Au sud, à quinze ou vingt milles de distance, se dressaient en un vaste groupe les cônes et les pics du Roubého.

A Tchounyou, l'eau est nitreuse et amère.

Ce district a été florissant; mais les attaques incessantes des Vouahoumba venant du Nord, des Vouahéhé arrivant du Sud, lui ont enlevé une partie de ses habitants, et ont forcé les autres à se réfugier dans la montagne.

Le 16 décembre, ayant levé le camp au point du jour, nous descendions de grand matin dans la zone déserte qui s'étendait devant nous. Notre marche était rapide; et à sept heures du soir, l'avant-garde, arrivée dans l'Ougogo, bivouaquait à deux ou trois milles du village frontière de Kikommbo. Le lendemain, nous entrions d'une allure plus tranquille dans la région populeuse, où nous nous arrêtions à l'ombre d'un énorme baobab, à quelques centaines de pas de la résidence du chef.

Sortis du fourré d'acacias nains et de gommiers qui caractérise le Marennga Mkali et ses environs, nous avions eu sous les yeux une vaste plaine aride, dont quelques baobabs solitaires, quelques villages de forme carrée, çà et là un troupeau de chèvres, paissant une herbe rare et sèche, rompaient seuls la monotonie. Au loin, à droite et à gauche, s'élevaient des collines rocailleuses.

Kikommbo ou Tchikombo est à deux mille quatre cent soixante quinze pieds (753 mètres) au dessus du niveau de la mer, et à l'extrémité orientale de la ligne de faîte qui sépare les eaux tributaires du Roufidji de celles qui se dirigent vers le Nord.

Par un soleil dévorant, nous nous rendîmes à Itoumbi, village du chef Mpamira. Le camp fut dressé; sous la double toile de ma tente, le thermomètre indiqua 35° 5/9″. Une heure après, le ciel était couvert; le temps se refroidit tout à coup, les collines se renvoyèrent les éclats précipités de la foudre, accompagnés d'éclairs éblouissants; le thermomètre ne marquait plus que 20° 5/9″. A trois milles environ vers le Sud-Ouest, un épais brouillard annonçait qu'il tombait une averse.

De cette pluie, quelques gouttes seulement nous arrivèrent; mais au bout d'une demi-heure un lit de sable dans lequel nous avions commencé à creuser pour avoir de l'eau, était transformé en une rivière d'un pied et demi de profondeur sur cinquante yards de large, rivière rapide qui se dirigeait au Nord-est. Deux heures ne s'étaient pas écoulées qu'il n'y restait plus que de minces filets d'une eau paisible.

La route qui nous conduisit à Lihoumoua, passe sur un sol calcaire grisâtre. A droite et à gauche s'élèvent des montagnes dénudées, aux cimes pittoresques, dont quelques-unes se composent de masses dressées de feldspath jaune, rouillé par l'oxyde de fer et par les intempéries.

La station suivante, qu'on appelle Doudoma, a pour siège une terrasse située au nord des collines qui forment le point de partage dont nous venons de parler. Du pied de cette terrasse, s'étend vers le Nord inconnu la grande plaine de l'Ouhoumba, région aride et inhospitalière, couverte d'une forêt de broussailles peuplée d'éléphants, de lions, de grands animaux de toute espèce et d'hommes intraitables.

C'est pendant notre halte à Doudoma que, le 23 décembre, commença réellement la saison pluvieuse; et ce fut sous une pluie diluvienne qu'une marche de huit milles nous conduisit le lendemain à Zinngheh, où la plaine était déjà à demi inondée par des cours d'eau torrentiels et jaunes. Retenu dans ce village, j'écrivis le jour de Noël :

« Ma tente est nécessairement établie sur une terre détrempée, dont le va-et-vient de mes gens a fait une pâte criblée d'empreintes d'orteils, de talons, de clous de souliers, de pattes de chien. Les parois ont de grandes plaques de boue; les coins pendent, boiteux et flasques ; tout cela a un air de désolation qui ajoute à ma misère. Assis sur mon lit, élevé d'un pied au-dessus de la bourbe, je réfléchis mélancoliquement à ma situation. Mes hommes partagent évidemment ces tristes pensées; ils ont la mine de gens fortement inclinés au suicide ou pour le moins décidés à attendre dans la plus complète inertie que la mort vienne les délivrer de leurs souffrances.

« Il a plu à verse ces deux derniers jours ; tout à l'heure encore l'eau tombait en nappe.

« La pluie rend la marche très-pénible ; elle défonce le sentier, le rend glissant, augmente le poids des ballots, gâte l'étoffe. Elle nous attriste, nous décourage. Nous avons froid, nous avons faim.

« Dans leur imprévoyance, les indigènes gardent peu de provisions; ils consomment leur récolte du mois de mai au mois de novembre. En décembre, époque des semailles, tous les greniers sont presque vides; pour avoir une poignée de grain nous devons la payer dix fois le prix ordinaire. Quant à la viande, elle manque absolument; moi-même, je n'y ai pas goûté depuis dix jours. Ma nourriture se compose de riz cuit à l'eau, de thé et de café; et avant peu, j'en serai réduit comme mes gens à la bouillie des indigènes.

« Quand j'ai quitté Zanzibar, je pesais cent quatre vingts livres; en trente huit jours, ce régime m'a réduit à cent trente quatre[1]. Mes jeunes Anglais ne sont pas moins appauvris; et, à moins que nous n'atteignions bientôt une contrée plus florissante que l'Ougogo, ce pays de famine, nous ne serons plus que de véritables squelettes.

« A toutes ces souffrances, se joint l'obligation de débattre avec des chefs cupides un tribut dont le chiffre est exorbitant et qu'il faut payer. S'emporter serait dangereux; il faut être prudent; jugez de la somme d'efforts nécessaire pour rester calme et patient en pareilles circonstances.

« Un autre de mes chiens est mort, Néro; hélas! ils mourront tous. »

Notre premier campement à l'ouest de Zinngheh fut établi à Djihouéni ou *Les Pierres*; nous étions alors à trois mille cent cinquante pieds (957 mètres) au dessus du niveau de l'Océan. La route nous avait fait traverser trois cours d'eau allant au Sud pour gagner le Roufidji.

Autrefois il y avait ici un village; mais dans leurs incursions les Vouahoumba l'ont détruit, ne laissant d'autres vestiges de l'occupation de l'homme que des vases brisés et des augettes creusées dans le roc, sans doute par des générations de broyeuses de grains.

Après avoir traversé un fourré de broussailles, dont le terrain fut jadis entièrement cultivé, nous arrivâmes à Kitalalo, où jamais il n'était venu de caravane. Le chef fut si content d'en recevoir une, la première, espérait-il, d'une série de beaucoup d'autres, qu'en témoignage de sa joie, il donna un bœuf gras à mes hommes.

Les abords de Kitalalo sont encombrés d'un fourré d'acacias, de tamaris et de gommiers. Les bouquets de doums (*hyphénés, thébaïques, palmiers coucifères*) y sont nombreux. Plus loin, vers le Couchant, s'étend la vaste plaine aride et complétement nue de Mizannza et de Moukonndokou, avec son mirage trompeur et ses eaux nitreuses.

---

1. La livre anglaise (dite avoir-du-poids) équivaut en chiffres ronds à 453 grammes; les 130 livres font donc 81 kilos. (H. L.)

Un jeune Somali, appelé Mohammed, déserta à l'est de Kitalalo et ne fut jamais revu.

Le 29 décembre, de très-bonne heure, guidés par le fils de Kitalalo, nous sortons du camp pour entrer sous la voûte toujours bruissante des doums. Une course d'un mille nous amène à la grande Saline, presque horizontale, qui du Midi au Nord, s'étend de Mizannza, jusqu'aux monts d'Ounyanngouira. La chaîne de collines, soutènement du plateau que nous avions en face de nous depuis que nous avions quitté Djihouéni, et qui, se déployant au Nord, va d'Oussekké à Matchentché, est la frontière naturelle (frontière adoptée par les indigènes), qui sépare l'Ougogo de l'Oukimmbou, ainsi que l'on commence à nommer l'Ouyannzi.

Bien qu'imperceptible, la pente de la Saline est certainement méridionale, d'où il résulte que cette plaine appartient au bassin du Roufidji. Sa plus grande largeur est de vingt milles, sa longueur peut être estimée à cinquante. La marche y fut extrêmement pénible ; pendant tout le trajet, pas une goutte d'eau ne fut découverte. Heureusement, vers la fin de l'étape, il tomba une averse qui ranima la caravane; mais cette ondée fit de la plaine une fondrière.

En approchant du district de Moukonndokou, district qui renferme une centaine de petits villages, nous vîmes les indigènes s'avancer en brandissant leurs lances et en exécutant de bruyantes manœuvres guerrières. Étrangers au pays, nous n'avions pu fournir aucun prétexte d'hostilité, et cette démonstration belliqueuse ne troubla nullement notre quiétude. En effet, après avoir manifesté leur valeur par une jactance innoffensive et des gestes frénétiques, les indigènes prirent des allures plus paisibles et nous permirent de nous diriger tranquillement vers un énorme baobab, situé près du village royal et sous lequel nous nous établîmes.

Le roi, nommé Tchaloula, était le frère de Massoumami, le chef de Kitalalo. Bien différent de ce dernier, plein de ruse et sans scrupule, Tchaloula impose aux voyageurs un tribut exorbitant et ne daigne jamais leur faire le moindre cadeau. Ses sujets à la fois nombreux, forts et hardis, partageant son orgueil, se montrent souvent d'une extrême insolence et prennent les armes pour la cause la plus futile. Tchaloula, en raison même de sa puissance, est cordialement détesté par ses voisins, les rois de Kihouyeh, de Khonnko et de Mizannza. Nous eûmes, quant à nous, beaucoup de peine à rester en paix avec ses gens qui voulaient affluer dans le bivouac, y fouiller les tentes et les huttes.

Ce même jour un complot fut découvert : cinquante de mes hommes devaient prendre la fuite; ils en furent empêchés par l'arrestation des meneurs. Cinq autres avaient déserté récemment avec armes et bagages. Au Mpouapoua, il avait fallu se séparer d'un certain nombre d'individus trop faibles pour nous suivre. Nous avions vingt malades ; enfin deux hommes presque aveugles furent laissés à Moukonndokou. Si je voulais détailler les ennuis, les pertes, les revers qui à cette époque arrivaient chaque jour, il me faudrait la moitié d'un volume; mais ces quelques lignes donneront une idée suffisante des soucis qui assiègent le chef d'une expédition africaine et des désastres qu'il a à subir.

Frank Pocock, son frère Édouard et Frédéric Barker, me rendaient d'inestimables services, en faisant tous leurs efforts pour ramener l'ordre parmi nos turbulents. Les querelles étaient fréquentes, parfois dangereuses ; mon intervention devenait alors indispensable; et avec mon travail personnel : observations, relèvements à faire, notes à prendre, tribut à débattre, malades à visiter, j'étais occupé du matin au soir. Moi-même, j'avais souvent la fièvre ; et je dépérissais faute d'aliments convenables.

Quand le chef en est réduit à cette extrémité il est facile de croire que les pauvres diables qui dépendent de lui ne souffrent pas moins.

Le 1er janvier 1875, ayant reçu les guides que Tchaloula nous avait promis, nous quittâmes le chemin de l'Ounyanyemmbé, grande route de l'Afrique centrale du côté de l'Est, et nous prîmes au Nord par un sentier qui relie entre eux plusieurs villages de Vouahoumba. Si humbles que paraissent ces bourgades à un homme civilisé, elles n'en possèdent pas moins des troupeaux de bêtes bovines — bêtes à courtes cornes et à bosse —, un grand nombre de chèvres et de moutons, beaucoup d'ânes vigoureux et une quantité de chiens. Quelques-unes des jeunes femmes que l'on y rencontre sont exceptionnellement jolies : des traits réguliers, le nez bien fait, les lèvres fines et bien découpées, les formes gracieuses.

Nous quatre, hommes de race blanche, nous étions d'aussi grandes curiosités pour les habitants que s'ils avaient demeuré à des centaines de milles de l'Ounyanyemmbé. Chaque notable des deux sexes nous pressait de nous arrêter dans son village, et de beaux hommes nous suppliaient de faire avec eux l'échange du sang.

A Mouenna, où le camp fut dressé, le jeune Kiloussou, le fils du chef, vint le soir dans ma tente me prier d'accepter « le petit cadeau d'un ami ». Le cadeau consistait en une jarre de lait, plus de quatre litres fraîchement tirés et qui étaient les bienvenus. Mon jeune ami reçut à son tour un bracelet orné d'un gros morceau de cristal jouant l'émeraude, une pipe en racine de bruyère avec tuyau cerclé d'argent, une chaîne d'or et une brasse d'étoffe à carreaux bleus et blancs et à bordure rouge, présent qui l'émotionna jusqu'aux larmes et lui fit me serrer la main avec ferveur.

Par un procédé divinatoire, au moyen de ses sandales de peau de vache, lancées trois fois en l'air, Kiloussou me prédit le succès de mon entreprise. La chaussure droite, qui toutes les fois était retombée à l'envers me garantissait le bonheur et la santé ; cela ne faisait aucun doute.

La halte suivante eut lieu à Mtihoui, dont le chef s'appelait Maléhoua. Ici, l'anéroïde indiqua une altitude absolue de deux mille huit cent vingt cinq pieds (près de 860 mètres).

Nos guides vouagogo nous ayant abandonnés à peu de distance du point de départ, nous continuâmes à marcher vers le Nord. Peu de temps après nous commençâmes à gravir la rampe qui conduit au plateau dont j'ai déjà parlé, et nous arrivâmes à trois mille huit cent pieds (1155 mètres) au-dessus du niveau de la mer, dominant ainsi d'environ neuf cent cinquante pieds la plaine où sont situés Moukonndokou, Mouenna et Mtihoui.

La nuit que nous passâmes dans ce dernier village fut épouvantable. Les cataractes du ciel, littéralement, semblèrent être ouvertes. Au bout d'une heure, six pouces d'eau couvraient le camp et formaient une rivière se dirigeant vers le Sud. Ma tente renfermait un lac bordé de caisses empilées ; mon lit était une île, qui, pour peu que cela durât, serait emportée dans le Roufidji. Mes chaussures naviguaient à la recherche d'une issue qui leur permît de rejoindre les sombres flots du dehors ; mes fusils, liés à la perche centrale, avaient la crosse profondément immergée; et tableau comique, Bull et Djack, perchés dos à dos sur une caisse où les maintenait une poussée réciproque, témoignaient par leurs grognements du peu de confort de la situation

Le lendemain, une de mes bottes et mon chapeau furent retrouvés flottant dans une direction méridionale. L'harmonium que je destinais à Mtéça, une grande quantité de poudre, de thé, de riz, de sucre était complétement perdus.

A dix heures, le soleil se montra. Vers le milieu du jour on put se mettre en route; et, enchantés de partir, nous nous dirigeâmes vers le plateau d'Ouyannzi, d'où, le 4 janvier, nous jetions un dernier regard sur la région stérile et inhospitalière de l'Ougogo.

Nous étions alors à une altitude qui modifiait profondément le caractère de la végétation. Dans la plaine de l'Ougogo ne poussent que des arbres nains, variétés bâtardes et dégénérées de ceux que l'on trouve dans l'Ouyannzi; les bois y sont des fourrés épineux d'acacia, de gommier aux âcres senteurs et d'euphorbe.

Ici nous rencontrions le majestueux myommbo qui croît sur les hautes montagnes, sur les plateaux élevés. Il aime le sol ferrugineux, a besoin d'une terre meuble, et ne saurait vivre dans les plaines limoneuses, les gras terrains d'alluvion.

Où il atteint son maximum de hauteur et de circonférence, on peut être sûr de rencontrer dans le voisinage, au sein de la forêt, des roches bizarres, blocs de granit, blocs carrés de la dimension d'un cottage, et qui, vus de loin, ressemblent à des châteaux forts en miniature et à d'autres habitations humaines. De grandes nappes rocheuses, affleurements d'hématite et de gneiss caractérisent également ce plateau, dont les ondulations grandissant jusqu'à former des chaînes successives, forment encore l'un des traits distinctifs.

Pendant la marche qui nous conduisait à Mouhalala, nous rencontrâmes des centaines de fugitifs des environs de Kirouroumo. Ils étaient chassés de leurs villages par les attaques incessantes de Nyoungou, fils de Mkasihoua de l'Ounyanyemmbé, qui ne leur pardonnait pas d'avoir exprimé leur sympathie pour Mirammbo, le chef guerrier de l'Ounyamouési occidental.

Mouhalala est un petit village de Vouakimmbou, dont le chef se reconnaît nominalement vassal de Maléhoua de Mtihoui.

Partis, le 6 janvier, avec des guides que nous nous étions procurés chez les Vouakimmbou, nous gravîmes une côte hérissée de rochers galeux, et de blocs de minerai de fer étrangement rongés, remaniés par les eaux torrentielles. Deux heures de route nous amenèrent à Kachonngoua, village situé à la lisière d'une vaste solitude, et peuplé d'un mélange de Vouassoukouma, de Vouanyamouési, et de rénégats de Zanzibar.

D'après ces derniers, nous n'étions pas à plus de deux étapes de l'Ourimi. Comme dans ce village il n'y avait pas de denrées à vendre et que tous mes gens avaient des rations pour deux jours, nous poursuivîmes notre route, guidés par l'un des Zanzibarites qui m'avaient garanti le maximum des deux étapes. Au bout de deux heures, nous fîmes halte au bord d'un étang.

Le lendemain, nous nous engageâmes dans un épais fourré qui s'élevait graduellement, vers le Nord-ouest. Le sentier était peu visible; mais notre guide affirmait qu'il connaissait la route.

Il n'y a pas un seul arbre à haute tige dans ce hallier, immense tapis de broussailles et d'arbrisseaux dont les branches, qu'il nous fallait écarter pour nous ouvrir un passage, formaient un lacis tellement emmêlé qu'au seul souvenir de cette marche j'éprouve comme un sentiment de fatigue écœurante. Les dix milles que nous fîmes ainsi, tête baissée, au grand préjudice de nos vêtements et de nos corps, n'exigèrent pas moins de dix heures de travail. Nous nous arrêtâmes le soir près d'un nouvel étang, situé à quatre mille trois cent cinquante pieds (1322 mètres), au-dessus du niveau de la mer.

Le lendemain, pour être sûrs de gagner l'Ourimi dans la journée, nous partîmes de très-bonne heure. Une marche de quatorze milles nous fit arriver à un troisième étang, où nous étions à deux cents pieds au-dessus de la station précédente.

Rien ne nous faisait entrevoir la limite du hallier : le guide s'était perdu dans la matinée, et fort innocemment nous dirigeait vers l'Est.

Conduire à travers une jungle épaisse des gens épuisés par la faim, sans savoir où l'on va et combien de jours s'écouleront avant qu'on puisse trouver des vivres, était une grande responsabilité. Néanmoins je n'hésitai pas à la prendre, plutôt que de vaguer dans la direction du Levant où il était certain qu'il n'y avait pas de nourriture à espérer. La plupart de mes gens avaient fini leurs rations avant de partir, et le déjeuner avait été bien court.

La caravane cheminait au Nord depuis des heures, quand nous rencontrâmes un arbre à haute tige. J'ordonnai au guide d'en atteindre la cime et de tâcher de reconnaître dans ce morne paysage quelque trait qui lui serait familier. Après un bref examen, il annonça qu'il voyait une côte près de laquelle était un village qu'il appelait Ouvérivéri. Cette nouvelle rendit la marche plus active ; ce fut alors que nous arrivâmes au troisième étang où le bivouac fut établi.

Pendant ce temps-là, Barker et les deux Pocock, assistés de vingt chefs, amenaient l'arrière-garde ; ils n'arrivèrent qu'à sept heures du soir. Quatre hommes, dont un jeune garçon qui conduisait un âne chargé de café, leur manquaient. Ils s'en étaient aperçus et avaient envoyé à la rencontre des absents un nommé Simmba, qui jouissait parmi ses camarades d'une grande réputation de fidélité, de courage et d'expérience de la marche.

Au point du jour, ni Simmba ni les autres n'avaient reparu ; mais chaque minute passée dans le hallier aggravant la détresse d'un nombre d'hommes beaucoup plus grand, nous partîmes pour Ouvériveri.

Ce n'était qu'un misérable hameau : deux familles, et pas une pincée de grain. Nous aurions aussi bien fait de ne pas quitter la jungle.

Toutefois ces pauvres gens nous avaient renseignés. Je fis appeler dix de mes chefs, trente de mes hommes les plus courageux et les expédiai à Souna, village de l'Ourimi, avec ordre d'acheter huit cent livres de grain, et de revenir le plus vite possible ; la vie de leurs femmes et de leurs amis dépendait de leur promptitude.

D'autre part, Manoua Séra fut envoyé à la recherche des absents avec une compagnie de vingt hommes. Il revint dans l'après-midi, ayant vu les cadavres de trois de ceux qu'il cherchait et qu'il avait trouvés sur une piste d'éléphant, où les pauvres égarés étaient morts de faim, de fatigue et de désespoir. Qu'étaient devenus Simmba, l'ânier et sa bête ? Nous ne l'avons jamais su.

Pour gagner Souna, mes pourvoyeurs avaient à faire vingt-huit milles, et autant pour revenir ; il fallait vivre jusqu'à leur retour. La nuit me parut longue. Au lever du soleil j'étais en chasse ; mais bien que les pistes fussent nombreuses, je ne vis pas un seul animal. Mes gens de leur côté, battaient la forêt en quête de fruits et de racines comestibles ; nous étions alors dans un grand bois de myommbos. Quelques-uns trouvèrent les restes putréfiés d'un éléphant, dont ils se gorgèrent ; ce qui les rendit malades. Quelques autres découvrirent deux lionceaux, qui me furent apportés.

Revenu de ma chasse infructueuse, j'examinai avec Frank ma provision de médicaments, et vis, à ma grande joie que nous pouvions donner à chacun de nos hommes deux tasses d'un léger potage. Une malle en fer-blanc fut vidée, remplie de vingt-cinq gallons d'eau (plus de cent dix litres) et nous versâmes dans cette eau dix livres de farine d'avoine et quatre de *revalenta arabica*.

Avec quel empressement toute la bande se rassembla autour de la caisse, apportant du bois, le jetant dans le feu pour faire bouillir l'eau plus vite! Avec quel soin ils surveillèrent le précieux vase, dans la crainte qu'il ne lui arrivât quelque accident! Avec quelle satisfaction ils dégustèrent chacun leur part, tâchant de la faire durer le plus longtemps possible! Avec quelle ferveur ils remerciaient Dieu de sa miséricorde!

Le lendemain matin arrivèrent nos pourvoyeurs, chargés d'assez de grain pour que tout le monde fût content de sa ration. Le repas vite expédié, on se remit en marche. Une montée insensible de huit milles, au pied de la chaîne boisée d'Ouvérivéri, nous fit gagner une nouvelle série de grands rochers de forme bizarre, auxquels mes Voua-ngouana donnèrent tout de suite le nom de *Djihouéni* (ou Les Pierres), à cause de leur ressemblance avec ceux de la localité de ce nom, dont nous avons parlé plus haut. Nous nous établîmes près d'une colline rocheuse de cent vingt-cinq pieds d'éévation, d'où mon regard embrassa une plaine herbue qui allait au Nord.

Vers le soir, je tuai un canard et un sanglier; mais plusieurs de mes Voua-ngouana, musulmans rigides, ne voulurent pas manger de cette viande impure.

La plaine que j'avais vue du haut de la colline, n'était qu'un marais traversé dans tous les sens par des milliers de pistes d'éléphant. Sortis de cette fondrière, nous entrâmes dans une nouvelle jungle, d'où une marche de vingt milles nous fit déboucher dans les cultures de Souna.

Nous construisîmes un camp fortifié à la lisière d'un taillis, d'où nous apercevions *Les Pierres* que nous avions quittées le matin. C'était la seule éminence visible, dans cet océan de buissons.

Le lendemain il y avait chez les indigènes un air particulier de mécontentement, comme un présage de troubles. Ils ne semblaient pas nous comprendre.

La plupart, quittèrent précipitamment leurs villages, poussant devant eux les femmes et les enfants. Les autres rôdaient autour du camp avec des allures menaçantes, ayant dans les mains des flèches en quantité prodigieuse. Les hostilités paraissent imminentes.

Pour les prévenir, s'il était possible, je me dirigeai sans armes vers les naturels. Je les invitai à s'asseoir ; et, appelant un interprète, également désarmé, j'essayai de leur faire comprendre la nature de notre expédition, les différents buts qu'elle se proposait, dont le premier naturellement était de gagner le lac Victoria. A ceux des vieillards qui semblaient avoir le plus d'influence, je distribuai des grains de verre, en témoignage de bon vouloir et d'amitié.

Tous mes efforts ne servirent à rien, jusqu'au moment où à force de questions, je découvris le motif de leur mécontentement : quelques-uns de mes Voua-ngouana, poussés par la faim, avaient pillé les greniers et volé des poulets.

J'invitai les plaignants à me faire connaître les coupables. Ils désignèrent Alsassi, trop connu pour son penchant au vol et pour sa gourmandise.

Convaincu du crime, après une enquête minutieuse faite par Katchétché, Alsassi fut bâtonné en présence des indigènes, sans toutefois trop de rigueur, mais d'une manière suffisante pour témoigner de mon extrême déplaisir. Je fis remettre à qui de droit la valeur des aliments volés et la paix fut rétablie.

Notons à ce propos, qu'en fait d'articles d'échange, les perles appelées *Kanyéras*, paraissaient être le plus en faveur ; le fil de laiton se demandait également ; quant à l'étoffe, excepté la cotonnade bleue, dite *Kaniki*, personne n'en voulait.

Les Vouarimi étaient les plus beaux hommes que nous eussions rencontrés depuis le commencement du voyage. Ils sont grands, robustes, ont l'air mâle et les traits réguliers. Pendant tout un jour d'examen, je n'ai pas vu un seul nez plat, ou de grosses lèvres, bien que la chevelure et la peau fussent celles de la race noire.

Comme chez ces Vouarimi la nudité est complète, nous avons pu constater que les hommes étaient circoncis.

Une ceinture de fil de laiton, des collerettes, des bracelets, des *jambelets* du même métal, des grains de verre abondamment semés sur les cheveux et une douzaine de grands colliers constituent leur parure.

En costume de guerre, ainsi que nous avons pu le voir au moment où les hostilités étaient à craindre, ils portent des couronnes de plumes de faucon et de milan, de crinière de zèbre ou de girafe.

Ils ont pour armes d'énormes lances d'un aspect effrayant, des arcs, des flèches de trois pieds de longueur et des boucliers de peau de rhinocéros.

Les femmes m'ont semblé généralement d'une teinte moins foncée que les hommes. Beaucoup de ces derniers se rasent la tête, ne conservant qu'une ligne de cheveux, ligne ondulée au-dessus du front.

Lors de notre passage, qui eut lieu au mois de janvier, la plaine de Souna était complétement dépourvue d'herbe. Une aire immense se trouvait en culture. Des groupes de petits villages émaillaient toute l'étendue que le regard pouvait embrasser. De nombreux troupeaux de chèvres, de moutons et de bêtes bovines prouvaient que la population est pastorale aussi bien qu'agricole.

Les Vouarimi ne semblent pas avoir de roi, mais ils paraissent accepter la direction des chefs de famille qui se sont fait une position importante par des alliances judicieuses. C'est à ces anciens qu'ils remettent le jugement des affaires civiles. Toutefois, en temps de guerre, nous en avons eu la preuve le lendemain de notre arrivée, ils prennent pour chef celui des notables qui s'est distingué dans les combats. L'ancien que nous avons vu choisir, et à qui l'on témoignait la plus grande déférence, avait certainement plus de six pieds et demi (près de deux mètres).

Nous passâmes quatre jours à Souna; et bien que tout nous pressât de partir, notre situation était si déplorable que j'aurais voulu pouvoir demeurer davantage. On n'imagine pas ma perplexité. D'une part, le nombre croissant de nos malades; de l'autre, une agitation évidente chez les indigènes, qui désiraient certainement nous voir partout ailleurs que dans leur pays, et qui, cependant, n'avaient aucun motif pour nous chasser; enfin la pénurie des aliments que nous ne pouvions pas obtenir en quantité suffisante; et l'importunité de mes hommes valides, qui demandaient à s'éloigner d'une population aussi hargneuse.

Nous avions, en ce moment, trente malades; quelques-uns de la dyssenterie, les autres de la fièvre, ou d'affections de poitrine, d'affections du cœur; l'asthme et les rhumatismes avaient aussi leurs victimes.

Pour comble d'infortune, le jour de notre arrivée Édouard Pocock s'était plaint de douleurs dans les reins et dans la tête.

J'avais attribué ses douleurs à la fatigue; mais le lendemain, il était d'une pâleur effrayante, avait la langue couverte d'un enduit noirâtre, des points douloureux, des vertiges, et une grande soif. Je lui donnai de l'esprit éthéré de nitre avec de l'eau de fleur d'oranger, et lui administrai quelques grains d'émétique. Le quatrième jour, il délirait; en lui faisant des lotions d'eau froide, je lui vis sur le corps quelques boutons qui me firent penser qu'il avait la petite vérole. L'éruption était peu de chose, et j'espérai que la maladie serait bénigne; mais l'observation attentive des différents symptômes me prouva que c'était une fièvre typhoïde bien caractérisée, il n'y avait pas à s'y méprendre.

L'état de deux ou trois autres n'était pas moins grave; mais plus dangereuse encore était l'humeur hostile des indigènes. Enfin le mauvais vouloir devint si menaçant qu'il fallut partir, ne dussions-nous faire que deux ou trois milles par jour.

Conséquemment, le 17 janvier, après avoir préparé les hamacs, dont un spécialement confortable pour Édouard Pocock, nous nous éloignâmes de Souna, à travers un district populeux.

Frank Pocock et Barker se tenaient à côté du hamac d'Édouard; un chef et quatre hommes veillaient sur les quatre autres litières. Des centaines de naturels, les mains pleines d'armes nous accompagnaient de chaque côté de la route.

Nous n'avions pas encore été aussi abattus. Si l'on nous avait attaqués en ce moment, je doute que nous eussions fait beaucoup de résistance.

La famine dont nous avions souffert dans l'Ougogo, et les efforts violents et prolongés auxquel nous avait condamnés la jungle d'Ouvérivéri, avaient complétement usé nos forces.

Poussés par la nécessité, nous avancions cependant, bien qu'avec une extrême lenteur. Epuisés, harassés, démoralisés, nous atteignîmes Tchivouyou, village situé à quatre cents milles de la mer. Notre camp fût établi près de la crête d'une montagne qui, d'après l'anéroïde, s'élevait à cinq milles quatre cents pieds (1641 mètres) au-dessus du niveau de l'Océan.

L'une des sections du bateau avait été placée de manière à abriter Édouard, en attendant qu'on lui eût fait une case. « Le maître vient de toucher le but, » dit-il dans son délire; puis il ajouta qu'il se trouvait bien. Peu d'instants après, tandis qu'on entourait de broussailles le cirque où s'élevaient les cabanes construites avec de l'herbe, Frank me pria de venir voir son frère.

Enterrement d'Édouard Pocock.

Je m'élançai, et arrivai juste pour recevoir le dernier soupir d'Édouard Pocock.

Frank n'y crut pas tout d'abord; puis comprenant l'affreuse réalité, il poussa un cri de désespoir, et se jeta sur le mort en sanglotant.

On creusa une fosse au pied d'un acacia à large cime; sur le tronc du vieil arbre, Frank grava profondément une croix; et le corps, enveloppé d'un linceul, fut déposé dans la tombe, aux derniers rayons du soleil.

Par respect pour le défunt, dont la franchise, le caractère sociable, l'affabilité avaient gagné leur affection, tous les Vouangouana assistèrent aux funérailles, et donnèrent au pauvre Édouard un dernier tribut de regrets.

Quand les dernières prières eurent été prononcées, nous nous retirâmes dans notre tente pour songer dans le silence et le chagrin à la perte irréparable que nous venions de faire.

CHAPITRE VI

De Tchivouyou à Vinyata. — Meurtre de Kaïf Halleck. — Un magicien. — Cession du cœur d'un bœuf. — Actes sanglants. — « Les hommes blancs ne sont que des femmes. » — Trois jours de combat. — Châtiment des Vouanyatourou. — Ubiquité de Mirammbo. — La plaine du Louhouammbéri. — Terre d'abondance. — En pays découvert. — Première vue du Victoria. — Accueil bienveillant.

Depuis que nous avions escaladé la muraille qui borne l'Ougogo du côté de l'Ouest, le paysage ne nous avait offert aucun trait remarquable. Dans sa partie supérieure, l'escarpement est formé d'une série de terrasses aboutissant à une vaste plaine, couverte d'un hallier, plaine qui s'élève par une montée graduelle jusqu'à la chaîne d'Ouvériveri, dont les pentes sont revêtues de myommbos. Tant que nous restâmes à Souna, cette horrible jungle d'où, après tant de souffrances, nous étions sortis à peine vivants, resta sous nos yeux.

Des champs qui commencent à la lisière du fourré, nous avions gagné Tchivouyou, et nous nous étions arrêtés près du point culminant du plateau, à une altitude de cinq mille quatre cents pieds (1641 mètres.)

A partir de Souna et de Tchivouyou, la montée cesse d'être continue, le plateau s'accidente ; des collines éparses et de petites rampes se voient du côté du Nord, tandis qu'à l'Ouest des bassins ovales, entourés de collines basses, creusent la plaine et la divisent.

De ces dépressions, ainsi que des vallonnements et des gorges qui séparent les hauteurs ou se déploient à leur pied, sortent les premiers ruisseaux, qu'en poursuivant notre route au Nordouest, nous voyons converger graduellement vers un cours d'eau principal.

Depuis notre départ du Mpouapoua, nous n'avions pas rencontré une seule rivière permanente. Toute l'eau que nous avions bue avait été prise à des étangs, ou à des mares formées par les dernières pluies. En allant de Souna à Tchivouyou, nous traversâmes un ruisseau qui coulait au Nord-est; bientôt après, il fut rejoint par un autre, puis par un autre, toujours par un autre. Ainsi augmenté, il courut au Nord, ensuite au Nord-ouest, constituant la tête d'une rivière qui porte en cet endroit le nom de Livououmbou, plus loin celui de Monanngah, enfin celui de Chimiyou, sous lequel cette rivière entre dans le lac Victoria, au Sud-est du golfe de Speke. C'est donc dans la région que nous venons de décrire que se trouvent les sources les plus méridionales du Nil, dans cette région qu'elles ont été découvertes.

En quittant Tchivouyou, de triste mémoire, nous descendîmes dans le bassin de Matonngo, trouvant sur notre passage d'étroits sillons, remplis probablement par les dernières averses; puis nous arrivâmes à un cours d'eau limpide, profondément encaissé dans un lit rocailleux et se dirigeant vers le Nord. Près de ce ravin était un espace d'environ un mille carré, étrangement bouleversé et couvert de milliers de roches et de blocs erratiques de toutes les dimensions, blocs usés, polis, remaniés par les eaux. Une colline rocheuse, située au milieu de ce bassin, portait également les traces de la furie séculaire des torrents. Les quartiers de granit, transformés en cônes par l'eau tourbillonnante, avaient au sommet l'air d'avoir été calcinés, résultat du brusque passage d'une chaleur excessive au refroidissement causé par la pluie.

Grâce à la profondeur du canal rocheux, nous pûmes faire l'étude géologique du terrain. A la surface étaient des blocs de granit encastrés dans un dépôt de terre végétale; au-dessous de l'humus, une couche de sable d'environ trois pieds d'épaisseur, reposant sur un lit de galets grossiers, galets de quartz, de feldspath et de porphyre, dont la strate de huit pieds de haut recouvrait un terrain d'alluvion, ayant pour base le roc solide.

Dans cette partie du voyage, le thermomètre s'éleva rarement à plus de 25° 5/9; pendant quelques heures du jour il se tenait à 19°; et le soir, la moyenne était de 17° 2/9.

A sept milles de Tchivouyou se trouvent les villages de Manngoura, situés sur la frontière de l'Itourou. En les quittant, nous aurions dû prendre la route, qui passant à gauche, traverse une forêt, et nous aurait conduits à Mgonngo Temmbo où nous aurions trouvé des Voua-ngouana et des Vouanyamouési. Nous découvrîmes également que nous avions perdu le sentier qui va de l'Ouîs soukouma à Kachonngoua et qui, nous dit-on, nous aurait fait gagner l'Outatourou, puis Mgonngo Temmbo.

Mais bien que notre présence ne parût pas leur déplaire et que leur conduite à notre égard fût plutôt bienveillante, les gens de Manngoura ne daignèrent pas nous indiquer le chemin, nous exposant ainsi à une série de calamités qui, un instant, compromirent notre existence.

Les ruisseaux commençaient à devenir nombreux ; tous fuyaient vers le Nord. Bien que le pays fut largement arrosé, les vaches étaient d'une maigreur extrême, les chiens affamés, les moutons et les chèvres de purs squelettes. Les hommes toutefois me semblèrent en bon état, ainsi que le gibier.

Parmi les oiseaux qui attirèrent notre attention, je citerai l'oie armée, le pluvier, la bécasse, un petit canard brun à bec court, d'une chair délicate et d'un goût délicieux, des grues, des hérons des perroquets, des geais et un gros oiseau d'un brun grisâtre, à jambes courtes, très-farouche, et ressemblant beaucoup à une oie.

Les gens de l'Itourou parlent un langage totalement distinct de celui des Vouagogo ou des Vouanyamouési. Ils possèdent de grands troupeaux de bêtes bovines ; et dans presque tous leurs villages on rencontre un ou deux grands ânes du pays des Massaïs. A Mangoura les indigènes venaient s'asseoir autour de notre bivouac pour nous examiner. J'observai que, tout en nous regardant, ils se livraient à la singulière occupation de s'épiler la face et les aisselles. Leur défiance est très-grande, et tous nos efforts pour nouer avec eux des relations amicales ne triomphèrent pas de leur froideur.

Notre premier camp, dans l'Itourou, fut établi à Izandjéh, où il se trouva à cinq mille quatre cent cinquante pieds (1657 mètres) au-dessus du niveau de la mer.

Au départ d'Izandjeh, Kaïf Halleck, celui qui en 1871 avait porté à Livingstone les dépêches que nous avions trouvées à Kouihara, Kaïf Halleck, un de nos asthmatiques, reçut la recommandation de ne pas rester en arrière. La marche était lente, il pouvait nous suivre ; mais les malades tiennent rarement compte des avis qu'on leur donne.

Obligé pendant ces mauvais jours de prendre la conduite de la caravane, j'avais confié l'arrière-garde à Frank Pocock, à Frédéric Barker et aux chefs d'escouades. Mon emploi consistait surtout à prévenir les indigènes de l'arrivée de la bande et à gagner leur bienveillance ; il ne m'était possible de savoir ce qui s'était passé derrière moi qu'à notre arrivée au camp, où je recevais les rapports de Frank et de Manoua Séra.

L'étape allait finir, quand, du sommet d'une rampe, je vis un bassin où devait être un endroit qu'on m'avait désigné sous le nom de Vinyata, et que notre guide, un indigène, appelait Nirannga. Ce bassin était un ovale de douze milles de long sur dix de large. Au centre, coulait le Livouommbou, dont la direction était alors Ouest-nord-ouest, et qui, à peu de distance de sa sortie du vallon, fuyait au milieu d'un groupe de collines boisées où il échappait à nos regards.

De nombreux villages, semés d'un bout à l'autre du bassin, nous firent présumer que le pays était riche. Encouragés par cette vue, nous descendîmes dans le vallon, nous dirigeant vers Vinyata, où nous arrivâmes le soir.

Rien, dans notre situation actuelle, ne pouvait donner d'inquiétude. Cependant, comme à l'ordinaire, le camp fut établi sur une éminence. Nous nous trouvions alors entre une forêt et des champs cultivés.

A notre approche, les habitants de la bourgade la plus voisine avaient pris la fuite, mais ils ne tardèrent pas à revenir. Tout nous promettait une nuit paisible : rien à l'horizon qui pût sembler de mauvais augure à l'esprit le plus craintif. Néanmoins j'étais tourmenté au sujet de Kaïf Halleck ; on ne l'avait pas revu. Quelques-uns pensaient qu'il avait déserté; mais les fidèles ne désertent pas sans cause. Le lendemain, j'envoyai à sa recherche Manoua Séra avec quatre hommes, dont Katchétché, mon fameux *detective*.

Pendant ce temps-là, Frank, Barker et moi, nous nous occupâmes de réduire les fardeaux, rejetant tout ce qui n'était pas nécessaire. Depuis notre départ de la côte, nous avions perdu plus de cent hommes; vingt étaient morts, quatre-vingt-sept avaient déserté et parmi ceux qui restaient il y avait beaucoup de malades.

En examinant les charges, nous vîmes que plusieurs d'entre elles, qui avaient été mouillées dans l'Ougogo par la pluie, étaient encore humides. Il fallait, sous peine de ruine, faire sécher les étoffes; et bien que ce fût impolitique, nous les étendîmes dans le bivouac. Nous étions au milieu de ce travail, quand arriva le grand docteur, le magicien de Vinyata qui m'amenait un bœuf comme offrande de paix.

C'était la première visite que je recevais depuis notre départ de Kitalalo; elle me parut d'un heureux augure; et mon accueil témoigna au vieux *mgannga* que j'étais disposé à répondre à ses avances. Il fut introduit dans ma tente, où, après lui avoir fait prendre d'excellent café et quelques-uns des meilleurs biscuits de Huntley et de Palmer, je lui donnai quinze dotis de cotonnade, trente colliers de perles, cinq brasses de fil de laiton — dix fois la valeur de sa bête. Il eut avec cela tous les menus objets qu'il demanda, tels que les boîtes de fer blanc où il y avait eu des sardines, de la viande, du bouillon, des confitures. Enfin il me pria de faire avec lui la fraternité du sang, ce qui éclaircissait de plus en plus l'horizon, et à quoi je me soumis avec toute la gravité d'un païen.

Comme il s'en allait, il vit dépecer le bœuf qu'il avait amené, et il exprima le désir d'avoir le cœur de l'animal. Je le lui accordai, ignorant l'importance de cette demande, qui me parut insignifiante. Toutefois, pendant qu'il attendait le précieux morceau, j'observai avec inquiétude les regards que lui et sa suite jetaient sur les étoffes qui séchaient dans le camp.

Le magicien parti, mes gens allèrent aux provisions ; et pendant toute la journée, ils furent au mieux avec les indigènes. Mais le soir, revinrent Manoua Séra et Katchétché rapportant la nouvelle qu'ils avaient trouvé le corps de Kaïf Halleck à la lisière d'un bois, entre Izandjeh et Vinyata : il avait reçu plus de trente blessures.

« Mes amis, leur dis-je après un instant de délibération, nous pouvons le pleurer, mais non pas le venger. Allez raconter ce malheur aux autres ; faites leur comprendre qu'ils ne doivent pas s'éloigner du camp, ou s'attarder pendant la marche ; et vous, qui êtes chargés de l'arrière-garde, veillez à ce que les malades ne soient pas sans protection. »

Le jour suivant, sur les huit heures, le magicien m'apporta deux pintes de lait caillé ; il reçut en échange un cadeau qui parut le satisfaire, me donna force poignées de main ; et nous nous séparâmes très-contents l'un de l'autre, au moins en apparence.

Nous avions gardé un silence complet à l'égard du meurtre de Kaïf Halleck, dans la crainte de laisser supposer aux indigènes que nous les soupçonnions d'avoir connaissance du crime ou d'y avoir pris part, ce qui n'aurait pas manqué d'amener de nouvelles complications.

Une demi-heure après la visite du magicien, tandis que la plupart de mes hommes étaient absents, les uns pour acheter des vivres, les autres pour faire du bois, nous entendîme e cri qu'on peut traduire phonétiquement par : *hihou-è-hihou!*... Supposant que c'était contre les habitants d'Izandjeh ou d'ailleurs, je n'y fis pas grande attention ; mais les cris semblant se rapprocher, je réunis mes quelques Voua-ngouana dans la partie la plus élevée du camp, d'où nous vîmes se grouper sur une hauteur, à quelque cent pas de nous, un corps nombreux d'indigènes armés de lances, d'arcs, de flèches et de boucliers.

Il était évident que c'était à nous que les cris hostiles s'adressaient. J'envoyai deux hommes s'enquérir du motif de la démonstration, et j'appris que certains de nos Voua-ngouana ayant volé du lait, on nous déclarait la guerre. Je renvoyai dire qu'il ne fallait pas se battre pour si peu de chose ; qu'il suffisait de me faire connaître la valeur du lait qui avait été pris, et que je réparerais la faute de mes gens en donnant plus d'étoffe qu'il n'en était dû.

La proposition fut agréée ; je fis un beau présent de cotonnade, et pensai que l'affaire était finie. Mais comme la première troupe se retirait tranquillement, une autre apparut, venant du Nord. Les deux bandes entrèrent en conférence ; elles parlèrent d'abord avec calme ; puis un ou deux individus élevèrent la voix ; et le ton de leurs paroles, la véhémence de leurs gestes, la fureur empreinte sur leurs visages nous firent penser que leur opinion prévaudrait. Ils semblaient adresser d'amers reproches à ceux qui avaient reçu la cotonnade en paiement du lait volé et, selon toute apparence, étaient prêts à se battre avec eux, s'ils persistaient à se retirer paisiblement.

Sur ces entrefaites, un de nos Voua-ngouana appelé Saoudi arriva en toute hâte. Il avait une javeline dans le bras droit, une lance lui avait fait en passant une légère coupure au côté gauche, et un casse-tête l'avait grièvement blessé au-dessus de la tempe ; enfin il rapportait que son frère venait d'être tué près de la forêt située à l'ouest du camp.

J'étais un disciple convaincu de la doctrine de la patience ; il me semblait encore entendre cette recommandation de Livingstone : « *Ne dites rien* » et je répondis :

« Même pour ce dernier meurtre je ne me battrai pas ; il sera temps de le faire quand ils nous attaqueront ouvertement. »

Néanmoins, je dis à Frank de distribuer à chaque homme des munitions pour vingt coups, de séparer les Voua-ngouana en deux corps et de les poster de chaque côté de l'entrée du camp, afin qu'ils fussent prêts à repousser l'attaque si elle avait lieu.

La conférence entre les deux groupes d'indigènes durait toujours. Peut-être le parti de la paix l'eût-il emporté, si les meurtriers du frère de Saoudi n'étaient pas venus, les mains sanglantes, rallier tous les esprits à cette opinion qu'il valait mieux combattre les hommes blancs, qui évidemment n'étaient que des femmes.

Aussitôt les deux corps, n'en faisant plus qu'un, jetèrent des cris de triomphe ; les arcs furent tendus et nous envoyèrent une grêle de flèches.

Mes hommes s'agitèrent ; mais je parvins à les contenir. Enhardis par notre immobilité, qu'ils prenaient pour de la peur, les indigènes avancèrent jusqu'à trente mètres du camp. L'ordre fut alors donné à ma bande de charger l'ennemi qui, devant cette course impétueuse, recula de deux cents pas. Une halte fut commandée ; puis mes gens se déployèrent en tirailleurs, sans faire usage de leurs armes.

Ne comprenant rien à cette patience, les indigènes reprirent l'attaque. Je leur fis dire que, s'ils ne partaient pas, nous allions tirer sur eux :

« Non, non ! Vous êtes des femmes, répondirent-ils. Demandez à Mirambo comment on l'a reçu dans l'Itourou. »

Et ils nous envoyèrent une seconde volée de flèches, à laquelle, cette fois, répliqua l'ordre de faire feu. Au bout d'une heure d'un engagement très-vif, l'ennemi étant repoussé, je rappelai mes Voua-ngouana.

Pendant ce temps-là, Frank, à la tête de soixante hommes armés de haches, s'occupait à construire une forte palissade ; et, quand revinrent les Voua-ngouana, on les employa à établir aux quatre coins de l'enceinte des cavaliers pour les tireurs. Le terrain fut défriché autour du camp dans un rayon de deux cents pas ; bref, quand vint le soir, notre bivouac était en bon état de défense.

Le lendemain 24, nous attendîmes patiemment derrière notre estacade. Pourquoi aurais-je pris l'offensive ? Nous étions assez misérables sans chercher de nouveaux désastres. Notre force, en réalité, n'était que de soixante-dix hommes ; le reste de la bande se composait de malades, de porteurs pour la plupart démoralisés, de femmes et d'enfants. Vivant au jour le jour d'une poignée de grain, après un mois de fatigue et de famine, notre condition n'était pas seulement pitoyable, elle ne pouvait que devenir plus affreuse, si l'on nous obligeait à nous défendre.

Tout ce que nous demandions, c'était de continuer paisiblement notre chemin.

Mais vers neuf heures, l'ennemi se rassembla pour l'attaque. Il avait appelé les districts du Nord et de l'Est à prendre part à la lutte. Ce n'était plus une querelle, vidée par un combat, c'était une *guerre;* ce qui signifiait que nous serions assaillis chaque jour par des forces croissantes, jusqu'au moment où, la faim nous contraignant à nous rendre, nous serions massacrés sans merci. Nous n'avions dès lors d'autre chance de salut que de nous battre de notre mieux, et de profiter de la victoire pour gagner les contrées de l'Ouest.

L'ennemi arriva, et fut repoussé comme il l'avait été la veille ; au bout d'une demie heure, mes gens étaient de retour. On les organisa alors en sept détachements de dix hommes, commandés chacun par un capitaine. Quatre de ces détachements devaient battre le pays au Nord et à l'Est, chassant devant eux la population jusqu'à une distance de cinq mille, où des collines rocheuses nous étaient signalées comme étant le point de ralliement de l'ennemi. Un messager accompagnait chacun des pelotons, afin que je pusse être avisé de ce qui se passerait. Des trois autres corps, deux formaient la réserve ; le septième avait pour mission de défendre le camp.

Le détachement de gauche, commandé par Fardjalla Christie, fut bientôt refoulé et détruit jusqu'au dernier homme. Il ne resta que le messager, qui vint m'annoncer le fait et réclamer la réserve, l'ennemi réunissant maintenant toutes ses forces contre le deuxième corps.

Manoua Séra partit sur le champ avec quinze fusils et arriva bien juste pour sauver le second détachement, qui avait déjà perdu deux de ses membres.

Le troisième corps attaqua l'ennemi avec audace et perdit plus de la moitié de ses hommes.

Le quatrième détachement, sous les ordres de Saféni, agissant avec non-moins de prudence que d'habileté, mit le feu à tous les villages fortifiés dont il s'empara. Il fut activement secondé par les dix hommes, que j'avais envoyés pour combler le vide du troisième corps et qui vinrent retrouver Saféni.

Vers quatre heures, mes gens étaient de retour, ramenant des bœufs, des chèvres et du grain ; mais les pertes avaient été cruelles.

Le lendemain matin, nous espérâmes que les indigènes renonceraient au combat; notre espoir fut déçu: ils revinrent à neuf heures, aussi nombreux que jamais. Cette fois, au lieu de diviser nos forces, nous les envoyâmes en troupe serrée. Des porteurs s'étaient offerts pour remplacer les morts ; le nombre de combattants se trouva ainsi le même que la veille.

Tous les villages des environs ayant été brûlés, nos hommes continuèrent leur marche jusqu'à la colline dont l'ennemi avait fait sa forteresse ; ils l'en délogèrent et le contraignirent à passer dans le pays voisin. Maintenant je pouvais être tranquille ; on ne nous inquiéterait plus.

Quelques-uns des fusils, perdus la veille, avaient été recouvrés.

Le soir, je fis le compte douloureux de ce que nous avaient coûté ces trois jours. Nous avions eu dans la lutte vingt-deux morts et quatre blessés. Douze fusils et quatre caisses de munitions avaient été perdus.

En ajoutant à la liste de ceux qui avaient péri dans le combat, nos deux assassinés, Kaif Halleck et Soliman, le chiffre des morts était de vingt-quatre. Celui des malades et des blessés par l'ennemi s'élevait à vingt-cinq. Il est facile de comprendre l'effort que durent faire les autres pour remplacer les cinquante-trois hommes qui nous manquaient.

Douze ballots furent mis sur les ânes, dix capitaines prirent chacun un fardeau qu'ils devaient porter jusque dans l'Oussoukouma, où nous trouverions des pagazis ; beaucoup d'objets furent brûlés ; et le 26 janvier, un peu avant l'aube, on se remit en marche.

Ce jour-là, l'Expédition comptait, trois Européens, deux cent six Voua-ngouana et Vouanyamouési, vingt-cinq femmes et six jeunes garçons.

A neuf heures et demie, nous nous établîmes dans une enceinte que l'on pourrait appeler une forteresse naturelle : à droite et à gauche, deux petites collines de cent pieds de hauteur et presques verticales, reliées au fond par un escarpement de quatre cents pieds, tombant dans le Livouommbou.

Le seul accès du camp était donc la brèche par laquelle nous étions entrés.

Un mur épais, fait avec des broussailles, eut bientôt fermé l'étroite ouverture, et nous pûmes en toute sécurité prendre le repos dont nous avions si grand besoin. Nous étions alors à cinq mille six cent cinquante pieds (1717 mètres) au-dessus du niveau de la mer, et à six milles au couchant de Vinyata.

Sur l'un des côtés de notre forteresse, le Livouommbou précipitait sa course dans une vallée remplie d'une épaisse forêt, vallée dont les flancs abrupts sont surmontés de hautes collines, également revêtues de bois. Au pied de ces montagnes, d'un plus fier aspect au nord de la rivière qu'au sud, les ondulations du plateau s'agrandissent, et arrivent à former des rampes boisées d'une hauteur imposante.

Le 27, ayant traversé le Livouommbou, la marche se fit dans une belle forêt de myommbos, entre-coupée de clairières étroites, qui, à cette époque de l'année, sont autant de fondrières. D'énormes rochers nus, des amas de blocs de granit, de grandes loupes de gneiss d'une teinte grise qui s'aperçoivent à travers les arbres, constituent l'un des traits de cette région. Une de ces croupes rocheuses a fait appeler Mgonngo Temmbo (*Dos d'éléphant*) le village qui en est voisin.

Bien loin dans le Sud existe une colline pareille et du même nom, près de laquelle je passai en 1870. Le chef de cette localité, émigrant dans l'Irammba, s'arrêta à l'endroit qui lui rappelait le pays natal et donna à sa nouvelle colonie le nom de son ancien village, pour en perpétuer le souvenir.

Nous entrâmes à Mgonngo Temmbo le 29. Je fis aussitôt connaissance avec le chef, qui est connu sous le nom fantastique qu'il a appliqué à sa nouvelle résidence, bien que son nom véritable soit Maléhoua. C'est un conservateur énergique, détestant les innovations. Il trouve qu'aujourd'hui la jeunesse aime trop les voyages, et ne veut pas permettre à ses fils — il en a seize — de visiter Zanzibar, ni même l'Ounyanyemmbé, dans la crainte qu'ils n'y prennent de mauvaises habitudes. Au demeurant, d'une nature ouverte, jovial et disposé à la bienveillance, pourvu qu'on le laisse tranquille. Tout récemment il est sorti avec gloire d'une guerre contre Magannga de Roubouga, allié du fameux Mirammbo.

Me tenir constamment éloigné de celui-ci avait d'abord été l'une de mes préoccupations; mais ayant reconnu qu'il avait le don d'ubiquité, j'en vins à me demander comment je pourrais faire pour trouver un chemin qui me permît à la fois d'éviter son voisinage et de suivre le plan que je m'étais tracé.

Lors de ma première expédition, plusieurs de mes gens avaient péri dans un combat qui lui avait été livré à Zimmbiso. En revenant dans l'Ounyanyemmbé avec Livingstone, j'appris que la guerre durait toujours et que Mirammbo tenait en échec Arabes et indigènes, auxquels il portait des coups désastreux avec une rapidité extraordinaire[1].

Dans le présent voyage, depuis mon départ de l'Ougogo, j'avais sans cesse entendu parler de lui. Un jour, il marchait sur Kiriroumo; le lendemain, il était sur notre flanc, quelque part dans l'Outatourou. On disait qu'il s'était battu contre les Vounyatourou deux mois avant notre arrivée dans le pays, et qu'il avait perdu onze cents hommes dans la lutte.

Mgonngo Temmbo, qui surveillait d'un œil attentif tous les mouvements du redoutable chef, nous informa de sa présence sur la route que nous suivions; il était en face de nous, combattant les Vouassoukouma.

C'est de la bouche de Mgonngo Temmbo que j'appris la faute que j'avais commise en cédant au magicien de Vinyata le cœur du bœuf qui m'avait été donné. J'avais de la sorte fait, aux yeux des indigènes, l'adandon de tout courage, de toute force pour moi et pour les miens, et donné lieu de croire que je serais une proie facile. » Les Vouanyatourou sont des voleurs, fils de voleurs », dit le vieux chef d'un ton farouche, après avoir entendu le récit de nos épreuves à Vinyata.

Le 1er février, après deux jours d'une halte indispensable, la bande, augmentée de huit porteurs et de deux guides, se dirigea vers l'Oussoukouma, où nous entrâmes à Manngoura, près d'une étrange vallée qui renferme une forêt de borassus. Le lit de plusieurs des cours d'eau traversés pendant la marche nous avait offert des blocs détachés de granit, un schiste argileux, du basalte, du porphyre et du quartz.

A six milles environ au couchant de Manngoura, se trouve Ighira, établissement formé de cases éparses et qui domine de cinq mille trois cent cinquante pieds (1626 mètres), la plaine que traverse le Louvouammbéri. Le camp fut établi dans cette plaine à quatre mille quatre cent soixante-quinze pieds, au-dessus de l'Océan; une route de dix mille nous conduisit ensuite près d'une eau paresseuse, où l'altitude n'était plus que de trois mille neuf cent cinquante pieds, cent cinquante seulement au-dessus du Victoria.

Jusqu'à Ighira, le Myommbo avait été prédominant; mais dès

---

[1]. Voir, pour toute cette première partie de la guerre, *Comment j'ai retrouvé Livingstone*. Paris, Hachette, 1873, p. 212 et 219; et sur Mirammbo, le voyage de Cameron, *A travers l'Afrique*. Paris, Hachette, 1873, p. 109. (H. L.)

que le terrain fut descendu à quatre mille pieds (1216 mètres), le boabab devint le trait principal de la végétation, et céda bientôt la place aux acacias épineux, aux arbustes de différentes sortes, remplacés à leur tour par une herbe d'un brun roux, couvrant une vaste étendue.

Avec sa largeur de près de quarante milles, sa longueur illimitée au Nord-ouest, sa surface unie, son peu d'altitude au-dessus du Victoria; avec les pentes rongées par les eaux qui la bornent à l'Est et au Sud, la plaine du Louvouammbéri me paraît avoir été jadis le lit d'un bras du grand lac vers lequel nous nous dirigions.

A seize milles environ d'Ighira, nous trouvâmes un petit cours d'eau se traînant vers le Nord d'un mouvement presque insensible, et qui, malgré son insignifiance à l'époque dont nous parlons, n'en a pas moins, pendant la saison pluvieuse, une grande profondeur sur un mille de large, ainsi qu'en témoignaient les traces qu'il avait laissées au-dessus des grandes herbes. Plusieurs noullahs[1], renfermant alors une eau stagnante, furent suivis; nous les vîmes tous déboucher dans ce large canal.

Au centre de la nappe herbue s'élève, pareille à une île, une curieuse éminence qui, pendant l'inondation est le refuge des animaux de la plaine. Lors de notre passage, tout le gibier errait librement : des troupes de girafes, de zèbres, de buffles, de sangliers, d'antilopes grandes et petites. Les oiseaux n'étaient pas moins nombreux : ibis, alouettes, aigles pêcheurs, alcyons, oies armées, grues, canards, vautours, flamants et spatules.

Devant une pareille abondance, il était bien naturel que mes hommes, dont le chiffre, grâce aux recrues faites à Manngoura et à Ighira, s'élevait à deux cent quatre-vingts eussent le désir de me voir leur procurer de la viande. Je me mis donc en chasse, suivi de Billali, mon fidèle factotum; et, le soir, nous avions une girafe et une antilope. Le lendemain, je tuai cinq zèbres; le troisième jour, deux gnous, un buffle, un zèbre, quatre pintades, cinq canards et deux oies. Tout cela fut rôti, bouilli, séché, pâtifié. Quelques-uns de nos pagazis, outre leurs ballots de soixante livres, portaient trente-cinq livres de venaison.

Arrivés à l'extrémité de la plaine, nous traversâmes l'Itahoua,

---

1. Le noullah est un ravin creusé en plaine par les eaux torrentielles; c'est le *gully* des américains. Le mot est hindou; il a été consacré en Afrique, pour cette région, par Burton; Stanley lui-même l'a adopté, et comme il n'a pas d'équivalent précis dans les langues européennes, les voyageurs feront bien d'en généraliser l'emploi. (H. L.)

dont le lit, encombré d'herbe, n'avait qu'une eau presque morte; puis le camp fut dressé. L'endroit semblait n'être propice qu'aux baobabs et aux mimosas.

Allant toujours au Couchant, nous passâmes le Gogo, qui se dirige au Nord-nord-est, vers le Louvouammbéri. Nous avions alors atteint l'extrémité orientale d'une chaîne de montagnes aux sommets tronqués. Ces montagnes d'une faible hauteur, et d'un aspect agréable, couvertes d'une herbe ondoyante parsemée de buissons, étaient formées de feldspath siliceux, dont les strates, ici verticales, décrivaient ailleurs une ligne oblique se dirigeant au Nord-ouest. Le versant des monts était couvert d'éclats de cette roche ; et au pied de la chaîne, se trouvait une couche de galets de même nature. Enfin la plaine, aux environs de la montagne avait des lits étendus de même formation et qui, par endroit, s'élevaient en grande nappe au-dessus du sol.

Le 9 février, nous traversâmes le ravin de Nanngà. Le 9 février, nous atteignîmes la Séligouà, affluent du Livouommbou et, après l'avoir suivie pendant quatre milles, nous arrivâmes au village hospitalier de Mommbiti.

Nous étions alors en plein Oussoukouma, où la faim n'est pas à craindre. Tous les produits du plateau nous furent apportés ; et il faut reconnaître que l'abondance de grain, de haricots, de patates, de voandzéias, de sésame, de millet, de légumes herbacés, de melons, de miel, de tabac dont nous allions jouir, avait été bien gagnée par nous tous. La quantité de volailles et de chèvres que tuèrent nos gens fut énorme. Un long arriéré de gratifications leur était dû pour le mérite dont ils avaient donné tant de preuves ; et je reçus de nouveau l'appellation flatteuse de l'homme blanc à la main ouverte : *Houyou Msoungou n'ou foungoua mikono.*

Nous passâmes trois jours à Mommbiti, trois jours de fête. Le cri de l'estomac était enfin étouffé ; de nouveaux porteurs avaient été loués pour soulager les autres ; et ce fut avec un redoublement de zèle que, les épaules chargées de vivres et l'esprit joyeux, nous nous jetâmes dans le fourré, pour gagner la vallée de la Monanngah et l'Oussiha, plutôt que de suivre le chemin battu qui passait par l'Oussannda, Ngourou, Massari, et où planait le fantôme de Mirammbo.

Le lendemain de notre départ de Mommbiti, pendant la marche, Gardner, l'un des fidèles qui avaient accompagné Livingstone dans son dernier voyage, succomba à un violent accès de fièvre typhoïde. Nous transportâmes son corps jusqu'au lieu de campement, où nous l'enterrâmes. Un cairn (un tas de pierres) fut élevé sur sa tombe, creusée au point de jonction de deux routes conduisant, l'une dans l'Oussiha, l'autre dans l'Irammba.

Les dernières paroles de Gardner avaient été celles-ci :

« Je sais que je vais mourir. Que mon argent qui est à Zanzibar, entre les mains de Tarya Topan, soit partagé. Donnez-en la moitié (925 francs) à mon ami Tchoumah, et le reste à ceux-ci — il désignait les Voua-ngouana —, pour qu'ils puissent faire le repas des funérailles. »

L'endroit où nous étions alors fut nommé *Camp Gardner*, en mémoire de ce fidèle serviteur.

Le troisième jour, une pente graduelle nous fit descendre du plateau dans la brune et large vallée du Livouommbou; celui-ci maintenant portait le nom de Monanngah que lui donnent les Vouassoukouma. Où nous l'avons passée, la Monanngah, n'avait alors que 127 mètres de large et trois pieds de profondeur; mais les marques de l'eau sur ses bords annonçaient qu'à l'époque des pluies la crue est considérable.

Quelques montagnes de la rive méridionale offraient les mêmes traits que ceux des roches feldspathiques que l'on voit près du Gogo.

De nombreuses girafes broutaient les acacias nains ; mais le pays était trop découvert pour nous permettre de les approcher. Néanmoins, vers le soir, comme je revenais au camp, je parvins à tuer un springbok[1] resté en arrière de la harde.

En quittant la Monanngah, nous nous dirigeâmes vers le Nord, à travers une plaine dépourvue de sentier, plaine couturée de pistes d'éléphants et de rhinocéros, et déchirée par des noullahs d'une eau boueuse. A quatre milles de la rivière, nous eûmes le pic de Kirira à l'Ouest-nord-ouest, l'Oussannda à l'Ouest 1/4 nord-ouest, Vouaninni au Nord-nord-ouest et Samoui à l'Ouest 1/4 sud-ouest. De Samoui à Vouhaninni court une chaîne de montagnes coniques.

Gravissant une rampe qui ferme au Nord la vallée de la Monanngah, et en quittant la crête du côté de l'Ouest, nous atteignîmes l'Oussiha oriental, dans la matinée du 17 février. Dès que j'en aperçus les cônes, j'envoyai l'un des guides prévenir les habitants de notre approche et leur porter des paroles de

---

1. *Gazelle euchore, antilope à bourse*. (H. L.)

paix; mais au moment où notre messager gagnait le village, un de nos ânes kinyamouésis poussa des braiments qui faillirent tout compromettre. Mirammbo possédait un âne de même provenance qui brayait de la même façon, et qui, à l'instar des oies du Capitole, dénonçait la présence de l'ennemi. Il en résulta que notre guide fut pris pour un homme de Mirammbo, et que, malgré ses dénégations énergiques, le malheureux fut en péril. Saisi et garotté, il allait probablement être mis à mort, quand les éclaireurs du village revinrent en riant annoncer la méprise.

L'Oussiha est le commencement d'une belle contrée pastorale qui ne se termine qu'au bord du lac. Monté sur une des piles fantastiques de rochers gris qui le caractérisent, on est sous le charme d'une étendue sans bornes, remplie sur tous les points de collines détachées, de masses rocheuses fendues à angle vif, de croupes, de mamelons entre lesquels se gonflent, en ondulations puissantes, une plaine herbeuse, où des milliers de bêtes bovines sont réunies par petits troupeaux.

Autant mes hommes s'étaient rassasiés avec délices dans nos premiers jours d'abondance, autant mes yeux se repaissaient avec joie de ce tableau riche en contrastes et en agréables surprises. Émergeant des plaines brûlées de la Monanngah, il me semblait avoir d'un coup de baguette fait surgir les dunes fertiles du Sussex.

Je m'assis à l'écart, sur le haut d'un rocher, n'ayant auprès de moi que Billali, mon porteur d'armes, qui paraissait toujours deviner ma disposition d'esprit; et je m'enivrai de ce doux spectacle.

Du fond des enclos et des cours s'échappaient les vagissements des veaux; et j'entendais la sourde réponse des vaches, dont le regard se tournait vers le village. Plus près de moi, se voyaient des troupeaux de chèvres et de moutons, que de petits bergers surveillaient d'un œil jaloux; scène paisible qui m'impressionnait vivement.

Après avoir fait les six cents milles qui le séparent de la côte, le voyageur, si phlegmatique qu'il puisse être, ne saurait contempler ce tableau sans un vif plaisir. La bonne odeur du bétail et de l'herbe fraîche monte de la plaine et lui remet en mémoire les fermes du pays natal, les terrines de crème, où, dans son enfance, il trempait secrètement les doigts.

Sans les voix de la caravane, qui de temps à autre, m'arrivaient affaiblies par la distance, j'aurais cru être le jouet d'une illusion, prenant pour un rêve la beauté présente et le hideux passé.

Le 19 février, au lever du soleil, la bande reposée montait et descendait les plis de ce gras pâturage. Des centaines d'aimables indigènes l'escortaient, montrant par leur gaieté combien ils étaient heureux de notre visite. « Revenez, s'écrièrent-ils en nous quittant ; revenez toujours, vous serez bien accueillis. »

La marche était alors une véritable jouissance ; nous nous sentions libres de toute inquiétude ; et, pour la première fois nous éprouvions cette noble fierté qui, est dit-on, l'apanage de l'homme, mais qui certainement depuis notre départ de la côte nous était étrangère. Dans la première moitié de la route, nous avions cheminé à travers l'épaisse végétation des terrains bas, faisant notre trouée dans le réseau inextricable des jungles ; ou nous avions rampé comme une légion de fourmis entre les grandes herbes de la zone maritime, puis du bord des rivières, forêt touffue dont les brins se rejoignaient au-dessus de nos têtes.

Les futaies de myommbos de l'Ouvérivéri, les bois des versants, drainés par les rivières limpides qui portent au fleuve sacré d'Égypte le tribut de leurs eaux, bien que suffisamment ouverts, ne nous avaient pas inspiré l'indescriptible sentiment de liberté que nous donnait la prairie où nous nous trouvions maintenant.

On peut se faire une idée exacte des formations rocheuses qui relevaient le paysage, dont sans elles l'aspect eût été monotone, par la gravure de la page 129, qui représente les rochers de Vouézi. La masse des blocs dont ils se composent, et leur excentricité, rendent très-pittoresques ces amas rocheux qui, de loin, ressemblent à des forteresses en ruines, ou bien aux demeures primitives de l'homme.

Entre Oussiha et Vouanndoui, les villages se succèdent presque sans interruption. De toutes parts jaillissent des sources, principalement du pied des rampes granitiques, dont les murailles bordent l'avenue naturelle qui conduit à la capitale du roi d'Oussiha, capitale ombragée par de magnifiques boababs et de grands massifs d'euphorbes.

Le lendemain, 20 février, notre approche fut encore prise pour celle de Mirammbo ; mais l'alerte se borna au cri de guerre, cri prolongé, grave et mélodieux poussé par des centaines de voix sonores, et à une exhibition des manœuvres qu'on eût employées pour nous battre, si nous avions été réellement l'homme terrible que l'on supposait. Dans ces parages, hantés par ce guerrier actif, les indigènes semblent possédés d'une terreur qui les affole. Une bête féroce ne met pas le bétail en fuite sans qu'immédiatement s'élève cette clameur : «Mirammbo! Mirammbo!» et de l'Oussiha à l'Oussannda, du Massari à l'Ousmaou le nom redoutable est répété de colline en colline. Un village s'aperçoit de la méprise, querelle le voisin, et la lutte commence. Apparaît alors, tombant des nues ou sortant de dessous terre, le véritable Mirammbo qui les bat tous les deux.

Au nord de Monndo, jusqu'à Abaddi ou Baddi — nommé parfois Abatti —, la contrée se déroule en un tapis onduleux qui lui donne l'aspect d'un parc déboisé : à peine y a-t-il un buisson ou un arbre sur cette pelouse, dont le gazon n'a pas plus d'un pouce de hauteur. Néanmoins des collines couronnées de rochers continuaient à former l'un des traits du paysage, où elles se voyaient fréquemment.

Tous les hommes d'Abaddi allaient et venaient dans un état de nudité absolue ; mais les femmes étaient couvertes de peaux de vache à demi tannées et raides.

Des troupeaux de bêtes bovines, de moutons et de chèvres blanchissaient littéralement la pelouse de cette riche contrée.

Les prix suivants donneront une idée de cette prodigieuse abondance.

Prix d'Abaddi.

1 bœuf.	5 mètres 1/2 de cotonnade écrue.
1 chèvre.	1.80 —
1 mouton.	1.80 —
1 poulet.	1 rang de perles.
6 poulets.	1.80 mètres de cotonnade.
40 Koubabas[1] de sorgho.	3.60 —

Prix dans l'Ougogo.

1 bœuf.	44 mètres de même cotonnade.
1 chèvre.	11 —
1 mouton.	9 —
1 poulet.	de 5 à 10 rangs de perles.
6 poulets.	11 mètres de cotonnade.
40 koubabas de sorgho.	15 —

1. La *Koubaba*, unité de mesure employée à Zanzibar, pèse d'une livre un quart à une livre et demie. Toutefois, rien de plus arbitraire ; il y a la grande et la petite Koubaba, représentées également chacune par une gourde, dont la capacité est loin d'être fixe. (H. L.)

Les villages de cette partie de l'Oussoukouma sont entourés d'une épaisse ceinture d'ouphorbe, plante laiteuse dont le suc est d'une extrême acreté; une seule goutte jaillissant dans l'œil cause une douleur intolérable. Mon pauvre Djack, mon bouleterrier, en chassant une mangouste dans une de ces haies, perdit complétement l'usage d'un de ses yeux.

L'étape suivante nous conduisit à Marya, situé à quinze milles au Nord-1/4 est-nord (magnétique) de Monndo et à quatre mille huit cents pieds (1459 mètres) au-dessus du niveau de la mer. Nous avions encore sous les yeux la superbe plaine ondulée avec ses collines coiffées de roches, ses villages soignés, ses troupeaux nombreux; mais les indigènes, bien que toujours des Vouassoukouma, étaient les êtres les plus bruyants et les plus impudents que nous eussions rencontrés jusqu'alors. Un des chefs insista pour entrer dans la tente où je reposais, après notre longue marche. J'entendis mes domestiques lui faire des remontrances. Je m'abstins d'intervenir; mais, au moment où il força la porte, Bull et Djack, qui, eux aussi, avaient bien gagné le repos dont ils étaient si brusquement dérangés, se jetèrent sur l'intrus et lui happèrent les mains. Le chef s'arrêta, frappé d'une terreur indescriptible. Il semblait s'imaginer que l'homme blanc s'était transformé en ces deux chiens féroces, tant il était peu préparé à une semblable réception. Je m'empressai de le délivrer, ce qui m'attira sa reconnaissance, et il m'aida à obtenir plus de calme de la part de ses sujets.

Le 24 février, une marche de dix-sept milles au Nord-1/4 ouest-nord nous fit gagner l'Ousmaou méridional.

Les voyageurs de ce pays ont des clochettes globuleuses de fabrique indigène. Au moment de quitter leur village, ils tirent de ces clochettes des sons, qui bien qu'assez mélodieux, sont des plus alarmants, et qui ont pour objet d'appeler les femmes au travail quotidien.

Notre marche sur Houloua, dans l'Ousmaou septentrional, débuta par la traversée d'une petite forêt, située à la base de collines rocheuses que l'on voit distinctement de Marya, dont la distance est de trente et un milles. De nombreux singes, groupés au sommet des monts, regardaient avec mépris cette longue file de bipèdes condamnés à porter des fardeaux.

Nous descendîmes ensuite dans un bassin populeux, où les villages, entourés d'euphorbes, semblaient n'être que des cercles de verdure. De grands quartiers de roche, fragments de granit, de gneiss et de trapp, couronnaient toujours les collines de leurs amas irréguliers. Comme nous approchions de Gammbatchika, nous aperçûmes dans le lointain, du côté du Nord, les montagnes d'Ouriroui et au Nord-est les hauteurs de Manassa, qui, d'après les indigènes, formaient les bords du lac.

Deux jours après, nous nous levâmes de bonne heure, ceignant nos reins pour une course de dix-neuf milles. Toute la bande sentait vivement l'importance de cette marche qui devait aboutir à Kaghéhyi. Là étaient le repos et l'abondance auxquels nous aspirions tous, hommes blancs et hommes noirs.

Au clairon qui sonna l'appel, Vouanyamouési et Voua-ngouana répondirent par des acclamations. Réunis en grand nombre pour assister à notre départ, les indigènes émus de l'ardeur que montraient nos hommes, les encourageaient encore, en leur assurant que le lac n'était pas à plus de trois heures de marche.

Nous plongeâmes dans des vallées, dans des auges herbues; nous gravîmes des rampes, traversâmes des cours d'eau, des ravins, des cultures, des villages sentant la vache; puis, comme nous montions une longue côte, nous entendîmes éclater des hourras à l'avant-garde.

Natif de l'Ounyamouési faisant partie de la caravane en qualité de porteur.

Frank courut au sommet de la colline; son regard décrivit une courbe, il agita son chapeau, et redescendit la figure rayonnante, me criant avec enthousiasme : « J'ai vu le lac, monsieur, il est grand! » Frédérick Barker, accablé par la fièvre et qui se plaignait de la longueur du chemin, leva la tête et le remercia d'un sourire.

A notre tour, nous atteignîmes le sommet où la bande avait fait halte; et nous vîmes, à trois milles de distance, et à quelque six cents pieds au-dessous de notre point d'observation, une longue nappe d'eau que l'éclat du soleil transformait en nappe d'argent.

Un examen plus attentif nous permit de constater que la colline sur laquelle nous nous trouvions descendait en pente douce jusqu'au bord d'une large baie, ou plutôt d'un golfe bordé de roseaux d'un vert éclatant. Sur la plage étaient disséminés des bouquets d'arbres touffus, ombrageant les huttes coniques de plusieurs petits villages. Après les bouquets d'arbres et les cases, le lac s'étendait au loin dans la direction de l'Est, où des montagnes d'un bleu foncé fermaient l'horizon. Des îlots rocheux de couleur grise nous trompèrent tout d'abord, en nous faisant croire que c'étaient des daous arabes avec leurs voiles blanches.

A ce moment les Vouanyamonési entonnèrent le chant de triomphe :

Chantez, amis, chantez; le voyage est terminé :
Chantez fort, amis; chantez le grand Nyannza.
Chantez tous, chantez fort, amis ; chantez la grande mer;
Donnez un dernier regard aux contrées qui sont derrière vous, et tournez-
[vous vers la mer.
Il y a longtemps que vous avez quitté votre pays,
Quitté vos femmes et vos enfants, vos frères et vos amis ;
Dites-moi : avez-vous rencontré une mer comme celle-ci
Depuis que vous avez quitté la grande eau salée?

CHŒUR :

Chantez, amis, chantez; le voyage est terminé :
Chantez fort, amis; chantez cette grande mer.

Cette mer est douce, son eau est bonne et rafraîchissante ;
Votre mer est salée, son eau est mauvaise et impossible à boire.
Pour les hommes altérés, cette mer est comme du vin ;
La mer salée ! — Elle fait mal au cœur.

Hommes, levez la tête, et regardez autour de vous;
Regardez cette mer; essayez d'en voir la fin.
Voyez : elle s'étend pendant beaucoup de lunes,
Cette grande mer à l'eau douce et agréable.

Nous arrivons de la terre d'Oussoukouma,
La terre des pâturages, des bœufs, des moutons et des chèvres;
La terre des braves, des guerriers et des hommes forts ;
Et voici la mer connue au loin, la mer d'Oussoukouma.

Vous, amis, vous nous traitiez avec dédain.
Ah ! Ah ! Voua-ngouana. Que dites-vous aujourd'hui?
Vous avez vu la terre, et les troupeaux d'Oussoukouma ;
Vous voyez maintenant sa mer connue au loin.

Le pays de Kadouma est juste à nos pieds ;
Kadouma est riche en bœufs, en moutons et en chèvres.
Le Msoungou [1] est riche en étoffe et en perles ;
Sa main est ouverte, et son cœur généreux.

1. L'homme blanc.

Demain le Msoungou nous rendra notre vigueur
Avec de la viande et de la bière, avec du vin et du grain.
Nous danserons et nous jouerons tout le long du jour,
Nous mangerons et nous boirons, nous danserons et nous nous amuserons.

Ces strophes sont traduites aussi fidèlement que possible; je n'ai pas essayé de les mettre en vers, ce que n'avait pas fait le robuste Coryphée qui les chanta d'une voix si puissante. Bien qu'improvisé, ce chant avait un caractère éminemment dramatique, et lorsqu'il était repris en chœur, les montagnes voisines retentissaient d'une étrange et sauvage harmonie.

Ranimés par cet hymne enthousiaste, nous déployâmes nos drapeaux; et descendant lentement la côte, nous nous dirigeâmes vers les champs de Kaghéhyi.

A un demi-mille environ du village, nous vîmes avec surprise des centaines de guerriers, armés jusqu'aux dents, la tête ornée de plumes, se diriger vers nous au pas de course et nous donner tout en courant, un échantillon de leur habileté à manier l'arc et la lance. Notre longue procession vue de loin, les avait d'abord alarmés; ils avaient pris notre bande pour la troupe de Mirambo; et bien qu'ils eussent reconnu leur erreur, ils n'avaient pas voulu perdre une si bonne occasion de nous montrer leur adresse; c'était à cela que nous devions cet amusant spectacle.

Sonngoro Tarib, un Arabe qui habitait le pays depuis longtemps, nous envoya un messager pour nous souhaiter la bienvenue et nous inviter à nous établir à Kaghéhyi, dont le chef, le prince Kadouma, était son fidèle allié.

Peu de temps après nous étions dans le village, une bourgade d'assez triste apparence, où Kadouma, poussé par Sonngoro, nous offrait l'hospitalité. Une petite hutte conique, d'une vingtaine de pieds de diamètre, mal éclairée, ayant une forte odeur de matière animale, et dont la toiture renfermait une légion de rats qui, avec malice, quittaient leur nid de chaume pour courir sur la muraille, fut mise à ma disposition. Une autre hutte de même dimension et du même genre fut attribuée à Frank Pocock et à Frédéric Barker.

Le soir, au moyen de mes deux pédomètres et d'une montre de poche, je calculai la distance que nous avions franchie depuis a côte jusqu'à ce triste village des bords du Nyannza, et trouvai sept cent vingt milles (1158 kilomètres). Ce voyage — du 17 novembre 1874, au 27 février 1875 — avait duré cent trois jours,

Village de Kaghéhyi.

dont soixante-dix de marche et trente-trois de halte. En moyenne, chacune de nos étapes avait donc été d'un peu plus de dix milles. Mais comme les haltes sont absolument nécessaires, la meilleure méthode pour estimer la vitesse à raison de laquelle la marche a eu lieu est de diviser le chiffre de la distance par celui des étapes; ce qui réduit notre moyenne à sept milles par jour (un peu plus de onze kilomètres.)

CHAPITRE VII

Boursah ou réception.— Départ des recrues.— Importance commerciale de Kaghéhyi. — Un ivrogne. — Le prince Kadouma. — Espoir déçu. — Équipement du bateau. — Pas de volontaires. — Choix de l'équipage. — Sur le lac.

Le lendemain, tout le monde s'éveilla avec un vif sentiment de satisfaction : pas d'appel pour la marche, pas de fatigue, pas de famine à craindre, au moins pour quelque temps.

Les trois Européens ne sortirent du lit qu'à huit heures, et trouvèrent tous les autres couchés sur leurs nattes et leurs peaux de chèvre, se reposant tranquillement de leurs fatigues. Si même alors je n'étais pas allé prendre l'air, il est probable que Sonngoro et Kadouma qui, soit dit en passant, étaient des inséparables, ne m'auraient pas fait de visite du matin, pensant que j'avais besoin d'un long sommeil pour réparer mes forces.

A neuf heures, j'eus un grand lever. D'abord, Frank et Frédéric vinrent me souhaiter le bonjour et se féliciter avec moi du repos que nous avions en perspective. Ensuite les chefs de la caravane arrivèrent, m'exprimant l'espoir d'apprendre que j'avais bien dormi; puis tous mes braves Voua-ngouana et mes courageux porteurs. Après eux, Kadouma et Sonngoro, à qui je dus faire le récit de mon voyage et dire les nouvelles de Zanzibar; enfin la première épouse du chef et les dames de sa suite; car les présentations officielles doivent être subies dans cette contrée comme dans les nôtres.

La séance dura deux heures; puis chacun se retira pour vaquer à ses affaires, qui, du côté des indigènes, consistaient à bavarder, à fabriquer ou à réparer des filets, des haches, des canots, des augettes, des palissades, des cases; et pour mes hommes, à combiner l'érection de leurs huttes, charmés qu'ils étaient d'avoir à s'installer pour longtemps.

Quant à moi, tandis que les autres n'avaient à s'occuper que

Édouard Pokock, Frank Pokock et Frédéric Barker.

d'eux-mêmes, que Frank et Frédéric, ayant congé, pouvaient flâner à loisir, j'avais à relever la position du village, à préparer le *Lady Alice*, à l'équiper pour la circumnavigation du *Nianndja*, ainsi que les Vouassoukouma appellent le lac, à estimer la quantité d'étoffe et de perles qu'exigeait l'entretien de la caravane pendant mon absence. Il fallait m'assurer de la situation politique du pays, situation d'où dépendait la sécurité de ceux que je laisserais derrière moi; faire le compte du tribut que je devais envoyer au chef de l'Outchammbi, dont Kaghéhyi n'est qu'un district, le compte des présents que j'avais à offrir, etc. Bref, mes travaux personnels ne faisaient que commencer; de longues pages ne suffiraient pas à en donner le détail.

Dans l'après-midi, les Vouassoukouma qui nous avaient accompagnés en qualité de porteurs, furent convoqués pour recevoir leur solde et les présents d'adieux; quelques-uns nous restèrent. Puis je mesurai l'étoffe qui devait être envoyée aux deux chefs : treize dotis (vingt-six brasses) pour le roi d'Outchammbi et dix dotis pour le prince Kadouma. Des perles furent ajoutées dans la même proportion; de telle sorte que les espérances de ces deux magnats et celles de leurs épouses favorites furent réalisées.

Cette grave affaire du règlement du tribut ne s'expédia pas comme les vulgarités quotidiennes; elle me prit beaucoup d'heures du lendemain de notre arrivée.

Les Voua-ngouana et les Vouanyamouési me demandèrent de leur faire voir comment j'appréciais la conduite qu'ils avaient tenue pendant le voyage; et ils reçurent tous des preuves matérielles de ma satisfaction. Outre l'étoffe destinée aux vêtements, les perles qui devaient servir à l'achat de friandises, on attendait de moi les éléments d'un repas de viande. Pour répondre à ce légitime désir, j'achetai six bœufs qui furent tués immédiatement et auxquels j'ajoutai — un banquet sans vin d'une sorte ou d'une autre serait bien triste, — j'ajoutai vingt gallons de *pombé*[1] (90 litres). Gratifications et festin me coûtèrent trois balles d'étoffe et cent vingt livres de verroterie. Le soir même, j'eus la récompense de ma générosité en voyant l'allégresse générale, et en entendant chacun exprimer ses sentiments d'affection à mon égard et la nouvelle assurance de sa fidélité.

A leur tour, Frank et Frédéric reçurent le droit de pré-

1. Bière indigène.

lever journellement, en sus du prix de leurs rations, quatre brasses d'étoffe et vingt rangs de grains de verre pour en disposer à leur gré. Si peu que cela paraisse, ce don équivalait à une somme de 6 fr. par jour, comme argent de poche.

Bien qu'ils eussent le même ordinaire que moi, j'observai qu'ils y ajoutaient beaucoup de choses que mon estomac ne digérait pas ou pour lesquelles je n'avais aucun goût; ainsi des arachides, des bananes des deux sortes (bananes du paradis, bananes des sages) et du maïs vert grillé. Frédéric surtout avait pour ces mets une prédilection remarquable. Enfin, leur supplément d'étoffe et de grains de verre leur permettait d'acheter de plus grandes quantités de lait, d'œufs et de volailles que leur vendaient Sonngoro et les indigènes.

Mon régime habituel se composait principalement de poulets, de patates, de lait, de thé et de café. Pocock et Barker y ajoutaient du riz, acheté à Sonngoro, et du pain fait avec du maïs et du millet.

Après notre arrivée, Kaghéhyi (district d'Oulchambi, pays d'Oussoukouma), devint une place d'une grande importance locale. Des marchands indigènes s'y rendirent en nombre usité et y accoururent de vingt ou trente milles à la ronde. Les pêcheurs d'Oukéréhoué, dont les collines d'un bleu sombre s'apercevaient de l'autre côté du golfe, y amenèrent leurs canots chargés de poisson sec. Les gens d'Igoussa, de Sima et de Magou vinrent de l'Est avec du manioc et des bananes mûres; les pasteurs d'Ousmaou, à trente milles au sud de Kaghéhyi, envoyèrent leurs bœufs; enfin, les tribus de Mouannza—contrée d'où Speke aperçut le lac pour la première fois, — apportèrent leurs houes, leur fil de fer, leur sel et de grandes quantités de patates et d'ignames.

Des rapports sur nous coururent le long des chemins, jusqu'aux provinces que traversent les grandes voies du trafic; car nous étions dans une contrée qui, de temps immémorial, a été un pays de négoce et de commérage, pays où de petites bandes, accoutumées à voyager, peuvent parcourir des centaines de milles sans avoir rien à craindre.

Mais bien que l'Ounyanyemmbé et Zanzibar pussent recevoir en quelques mois des renseignements certains sur nos faits et gestes, il existe, dans le voisinage immédiat de Kaghéhyi, des provinces où les trafiquants ne s'aventurent jamais et qui devaient toujours ignorer qu'il y avait, sur les bords du lac, trois hommes blancs considérés comme les gens les plus aimables.

Tandis que, sur les bords lointains du Tanganika, on se demandait si nous arrivions du Caire ou de Zanzibar, les Vouirighédi, sur les rives du golfe Speke, tout près de nous, ignoraient absolument notre présence. Mtéça, de l'Ougannda, pouvait dresser l'oreille à l'agréable nouvelle de notre prochaine visite, et dans l'Oukara, qui ne se trouve qu'à vingt-cinq milles géographiques de Kaghéhyi, on était condamné à ne jamais parler de ce sujet intéressant.

Les indigènes du Karagoué et leur excellent roi apprendraient la grande nouvelle, et se demanderaient si, à leur tour, il leur serait donné de voir les hommes blancs, tandis que les habitants de Komeh, plus près de nous de trois cents milles, ne sauraient notre arrivée, s'ils la connaissaient jamais, qu'un an après notre départ !

C'est ainsi que les renseignements se propagent sur le trajet des lignes commerciales et ne pénètrent pas dans les contrées que la férocité bien connue et l'hostilité de leurs habitants à l'égard des étrangers mettent en dehors des intérêts généraux, et privent des informations librement discutées dans leur voisinage immédiat.

Le prince Kadouma, la vérité me force à le dire, est un véritable type d'ivrogne centre-africain. Naturellement aimable, il le devient dans d'énormes proportions quand il a bu suffisamment de pommbé — des quantités prodigieuses. La satisfaction perpétuelle qu'il donne à ce vice favori l'a déjà réduit à ce fâcheux état où les paupières s'éraillent, la langue s'épaissit, la voix s'enroue et que pourraient seuls modifier des mois d'abstinence. Dans ses moments — je ne peux pas dire ses heures — dans ses moments de sobriété, dès le matin, immédiatement après son réveil, il manifeste l'intention de s'informer de ses troupeaux et de s'occuper des affaires publiques, affaires dont il comprend toute l'importance.

Il va parfois jusqu'à dire à sa demi-douzaine d'anciens, qu'il a quelque chose en vue : « Mais d'abord, il nous faut un chaouri. » Vivement intéressés, les anciens l'invitent à s'expliquer et prennent sur le champ cet air de gravité et de profondeur que vous avez pu voir chez les membres du Parlement, du Congrès, du Reichstag, etc.

« Mais peut-on travailler quand on a faim ? Peut-on parler quand on a soif ? » dit Kadouma.

Les anciens échangent des signes d'approbation, auxquels le prince répond par des gloussements enroués — non pas un rire. Kadouma se distingue par sa réserve ; il comprend l'*humour*. Les autres peuvent rire de ses plaisanteries, lui, jamais : il approuve en gloussant.

La grande jarre de pommbé, coiffée de mousse, est alors apportée par un jeune garçon de quatorze à quinze ans, complètement nu, qui plante dans le sol l'énorme cruche en forme d'œuf, mettant dans cette opération tout le soin dont il est capable, afin que le précieux vase ne tombe pas. A côté, il place commodément la coupe favorite du chef, taillée dans une gourde symétrique ; la capacité de cette coupe est de deux pintes (un peu plus d'un litre).

Installé sur un petit tabouret, son siège de prédilection, Kadouma relève le sohari[1] graisseux qui lui sert de jupe. Les membres du conseil, rangés autour de lui, sont assis sur des tas de copeaux, des manches de hache, ou sur le roc.

La jarre écumante est prête, le noir Ganymède attentif : Kadouma étend languissamment la main droite — pure affectation, car il a vraiment soif —, et Ganymède, s'agenouillant, lui présente la coupe qu'il tient à deux mains. La coupe vidée, le chaouri commence.

Pendant une heure — temps consacré à l'épuisement de la cruche —, Kadouma, l'esprit lucide, s'occupe vraiment d'affaires. Il est gai, plaisante agréablement et dit un mot de ses grands projets. L'envoi d'une caravane dans l'Oudjidji, un voyage qu'il ferait dans l'Ounyanyemmbé et de là à Zanzibar, semblent être chez lui l'objet d'un examen sérieux.

Mais, hélas ! le pommbé est épuisé et Kadouma s'endort.

Vers trois heures, il se réveille et retrouve sa raison. De trois à six heures, il vide deux ou trois cruches de bière et finit par regagner sa case en titubant comme un homme complètement ivre. Ah ! voir un être intelligent se noyer dans une telle intempérance ; voir les plus beaux attributs de l'homme anéantis par une passion aussi vile, le cerveau humain abruti par de semblables souillures !

On peut juger, d'après cela, que le chef de Kaghéhyi, mal-

---

1 Étoffe à carreaux bleus et blancs, avec bordure rouge et de petites raies bleues rouges et jaunes ; aux deux bouts, la pièce a des carreaux plus grands, mêlés de rouge. Le sohari se vend à Zanzibar jusqu'à un dollar et demi (17 fr. 50) la choukka, dont la longueur est d'une brasse. (H. L.).

L'Equipage du *Lady Alice*.

gré son bon vouloir, était incapable de me rendre le service que j'attendais de sa personne. Ce service, que lui-même m'avait offert, consistait à m'accompagner dans mon exploration du lac. Je ne doutais pas de ses bonnes intentions, mais la connaissance que j'avais de son caractère permettait-elle d'espérer qu'il pût tenir sa promesse ?

Cependant, il avait, me dit-il, visité l'Oukéréhoué, l'Ourouri, l'Oughéyéya; et moyennant une gratification, il se mettait à mes ordres. Le cadeau était prêt; malheureusement Kadouma, ne l'était pas; et je voyais bien que pour se préparer il lui faudrait plus d'une décade.

J'abandonnai donc tout espoir d'assistance de sa part; et, lui ne venant pas ; il était évident que je ne pourrais avoir aucun de ses sujets.

La répugnance à m'accompagner provenait-elle de sa faiblesse ou de la frayeur que lui inspirait le lac? Pour qui n'aurait pas connu sa manière de vivre, il eût été difficile de trancher la question.

Si tous les noms que me répétait Kadouma étaient réellement ceux de pays riverains, j'arrivais à croire, avec mon informateur, que l'exploration du lac exigerait des années. Sonngoro et ses esclaves, qui n'avaient jamais dépassé l'Ourori, non-seulement parlaient à mes hommes de la longueur du voyage, mais leur faisaient les récits les plus extravagants. Il y avait, disaient-ils, sur les bords de cette eau sans limites, des gens pourvus d'une queue, une peuplade qui se servait à la guerre d'énormes chiens d'une extrême férocité; une autre préférait la chair humaine à toute espèce de nourriture. Le lac était si vaste qu'il faudrait quatre ans pour en faire le tour, et au bout de ce temps-là pas un de ceux qui auraient commencé le voyage ne serait de ce monde.

Tous ces contes ayant rempli mes gens d'une folle terreur, je m'attendis à ne pas trouver parmi eux de volontaires pour mon expédition navale.

En moins d'une semaine, le *Lady Alice*, renforcé de manière à affronter les colères du lac, fût prêt à partir. Un approvisionnement de farine, de poisson sec, d'étoffe, de verroterie, de menus objets de toute espèce, en un mot, tout ce qui pouvait être nécessaire formait sa cargaison; il n'attendait plus que l'équipage.

« Qui veut m'accompagner? demandai-je.

Silence de mort.

« Pas même avec plus forte solde et promesse de récompense ! »

Pas de réponse.

« Il faut cependant que je parte ; me laisserez-vous aller seul?

— Non !

— Eh bien ! montrez-moi les braves qui consentent à accompagner leur maître. »

Nouveau mutisme.

Interpellés nominativement, ils déclarèrent tous qu'ils ne connaissaient rien à la navigation et avouèrent franchement qu'ils avaient horriblement peur de l'eau.

« Que dois-je faire, alors ?

— Maître, répondit Manoua Séra, laissez toutes ces questions : ordonnez. Tous vos hommes sont vos enfants et ne vous désobéiront pas. Si vous leur parlez en ami, aucun n'offrira ses services ; commandez, et ils vous suivront tous. »

Je pris donc pour chef Vouadi Saféni, fils de Saféni, et lui ordonnai de composer l'équipage des hommes les plus jeunes et les plus solides de la bande. Son choix tomba sur des individus qui ne savaient rien de la manœuvre d'un bateau.

J'appelai Katchétché, le *détective*, et lui demandai de prendre les noms des jeunes gens accoutumés à la vie maritime. Il me répondit que les guides choisis par moi à Bagamoyo étaient les marins de l'Expédition.

Après avoir réfléchi aux qualités dont ils avaient fait preuve pendant la marche, je choisis parmi eux les dix matelots et le timonier qui m'étaient nécessaires ; et je confiai à leur fidélité ma personne et ma fortune.

Je donnai à Frank et à Frédéric mes dernières instructions, je leur assurai par de judicieux présents le bon vouloir de Sonngoro et de Kadouma ; et le 8 mars 1875, je mis à la voile, prenant à l'Est pour longer la côte du grand bras du lac que j'avais vu tout d'abord, et que j'ai nommé *Golfe de Speke*, en l'honneur de celui qui a découvert le Victoria.

CHAPITRE VIII

Sur le lac. — Nous trouvons un guide. — Terreur de Sarammba. — Le Chimiyou. — Cap des Pyramides. — L'île d'Oukéréhoué. — Repaire de crocodiles. — Ile Chizou. — Hippopotames. — L'Ourouri. — Promontoire de Gochi. — L'île du Pont. — Volcans. — Ougohoueh. — Ivrognes de l'Ougammba. — Trahison. — Homme primitif. — L'art de plaire. — Une nuit à Ouvouma. — Agression d'un parti de Vouavouma. — Un repas de barmécide. — Message de Mtéça. — Au nom du Kabaka. — Campement dans l'île de Sohouéh.

A flot sur *le Victoria!* Le ciel est sombre, l'eau est grise, les rochers sont nus et sourcilleux, la rive est morne et solitaire; Mes compagnons soupirent douloureusement; leur nage est celle d'hommes qui croient aller à une mort certaine. De temps à autre, ils attachent sur moi de longs regards, comme s'ils espéraient un ordre de retour.

Nous traversons lentement les eaux mortes du golfe; lentement nous côtoyons les rochers de la pointe de Loutari; plus lentement encore vont les rames, quand la masse rocheuse se dresse entre nous et Kaghéyi, où sont les camarades.

Cinq milles de cette marche languissante nous conduisent à Igoussa, dont l'aspect peut être agréable par un beau jour, mais qui, pour le moment est enveloppé de la tristesse générale. Sans guide, sans interprète, nous nous dirigeons vers une crique étroite, bordée de roseaux. Un pêcheur, à toison épaisse et feutrée, nous accoste. Il nous avait, paraît-il, vus à Kaghéhyi deux ou trois jours avant et nous reconnaissait. Nous faisons avec lui plus ample connaissance et il consent à nous servir de guide; mes gens sont dans la joie, car cet homme, qui s'appelle Sarammba, a été plusieurs fois dans l'Ourouri avec Sonngoro, dont il était l'un des rameurs.

Nous passons une mauvaise nuit; les roseaux qui nous entourent sont remplis de moustiques, et l'air est froid; mais avec un guide, on aura de meilleurs quartiers.

A six heures du matin, arrive Sarammba ; nous reprenons notre course, en rasant toujours la côte.

Vers onze heures, les nuées, qui depuis longtemps s'amassent au Nord-ouest, nous envoient une bourrasque. La scène devient indescriptible. Nous nous éloignons de la rive, et sommes bientôt dans un chaos de vagues mugissantes, où le *Lady Alice*, fouetté par le vent, bondit comme un cheval sauvage. Avec un simple chiffon pour voile, il fuit devant la tempête, sous une force irrésistible. Des îles rocheuses deviennent pour nous un sujet de terreur ; nous les passons sans accident, et voyons se dresser les collines du Magou.

L'équipage est replié sur lui-même ; Sarammba, la tête couverte de sa draperie, est affaissé dans une morne résignation. On ne voit au-dessus du bord que Zaïda, le timonier et moi, et nous aurions besoin de toutes nos forces réunies pour guider le bateau au milieu de ces vagues furieuses.

A deux heures, nous sommes au large du Chimiyou ; et, doublant l'îlot de Natouari, nous gagnons en eau calme un port situé en face de la rivière.

Le lendemain matin, le ciel était pur ; le lac, si furieux la veille, était uni comme un miroir ; les montagnes du Magou se dressaient en un beau relief. Vis-à-vis de leurs pentes nues et brûlées, à une distance de 1188 mètres, les hauteurs du Mazannza montraient leurs cimes couvertes de broussailles. Entre ces deux points, étincelait au soleil le bras du lac qui reçoit le Chimiyou, partie des eaux du Nil la plus reculée vers le Sud. La crique a une largeur considérable ; puis elle se rétrécit brusquement, n'a plus que 360 mètres et reçoit alors les eaux brunes de la rivière, qui, sous le nom de Chimiyou, est la Monanngah, grossie du Louvouammbéri et de la Douma.

La longueur totale du Chimiyou est de trois cents milles ; ce qui donne au fleuve d'Égypte un cours de quatre mille deux cents milles (6758 kilomètres) et en fait, pour la longueur, le second des fleuves du monde.

Après avoir examiné cet endroit d'un si haut intérêt, nous poursuivons notre route, longeant la côte du Mazannza, qui forme la rive orientale de la baie du Chimiyou.

A quatre heures, nous essayons de débarquer dans une petite baie, mais nous en sommes empêchés par une multitude d'hippopotames qui s'élancent vers nous la gueule ouverte. Cette foule trop nombreuse et trop hardie pour que nous puissions lutter contre elle, nous force à jeter l'ancre dans quarante pieds d'eau, à deux milles du rivage.

Le 11 mars, après avoir nagé vent debout presque toute la journée, nous arrivons à l'extrémité orientale du golfe de Speke, qui n'a plus ici qu'une largeur d'environ sept milles. Sur la rive méridionale, du Mazannza au Manassa, la côte est suivie, à une distance d'une couple de milles, par une chaîne de montagnes presque ininterrompue, et çà et là est accidentée de mamelons et de collines, dont les pentes doucement inclinées et couvertes de bois descendent jusqu'au bord de l'eau.

A l'extrémité orientale du golfe, se trouve le pays des Youirighéhi, gens que Sarammba nommait Vouadjika. A l'extrémité nord-est, commence le Chahchi, groupe de collines stériles, qu'en longeant, vers l'ouest, le côté nord du golfe, nous vîmes se fondre dans une plaine dénudée. Au fond du golfe de Speke, se jette le Rouana par deux branches étroites, qui débouchent sur une plage boisée.

Le 12, nous continuâmes à longer la côte du Chahchi, plaine basse et nue, frangée d'eschinomènes dans la partie qui est au bord de l'eau, plus loin, couverte de mimosas, et qui commence à la pointe nord-est du golfe. Nous rangeâmes ensuite l'Irammba, contrée pareille au Chahchi; puis nous atteignîmes le cap des Pyramides, ainsi baptisé en raison de la forme de ses collines, et qui constitue l'extrémité sud-ouest d'une chaîne de montagnes, ce que nous avons découvert en entrant dans la baie, qui a sa plus grande largeur au détroit de Roughédzi. L'un des traits les plus frappants de ceux que nous avions aperçus des hauteurs de l'Ousmaou dans la direction du Nord-nord-est, avait été ce même promontoire; mais alors, nous n'avions qu'une idée vague de la proximité du lac, et nous attachâmes peu d'importance à la vue de ces collines.

Près du cap des Pyramides est un groupe d'îlots, dont le principal, nommé Kitaro, a des habitants; on y voit des bêtes bovines et des chèvres. Bien que la population ne tire du sol qu'une maigre subsistance, elle n'en tient pas moins à sa demeure, où elle est à l'abri des razzias périodiques des Vouirighédi ou Vouadjika, tribu qui se distingue d'une façon désagréable par la longueur de ses couteaux, la largeur et le poids de ses lances.

Nous nous arrêtâmes pour dîner, dans un des îlots déserts de ce groupe, îlot qui paraissait être un monceau de verdure s'élevant en cône à cent pieds au-dessus du lac. C'était en réalité un amas de rochers gigantesques, entre lesquels a poussé une quantité d'arbres dont le feuillage, joint aux lianes et aux plantes parasites, forme une voûte impénétrable aux rayons du soleil. Sous cette voûte ombreuse, le thermomètre indiqua 21° seulement, tandis qu'au dehors il y en avait 46.

Le soir, le camp fut établi au milieu de la baie d'Oukéréhoué, sur un îlot situé à l'est de la belle île de Nifouah, qui est le siége d'une colonie industrieuse, soumise au roi d'Oukéréhoué.

Du sommet de Nifouah, nous pouvions distinguer, de l'autre côté du golfe, les grands arbres qui abritaient notre campement de Kaghéhyi. Près du lac, nous n'apercevions que les collines bleues, d'une hauteur de six cents pieds, qui s'élèvent au sud du village de Kadouma, et dont nous étions à une distance de trois milles (près de cinq kilomètres). En regardant au Nord, on ne voyait pas la côte, et nous aurions pensé que l'Oukéréhoué était séparé de la terre ferme par un détroit de deux milles de large ; mais deux heures de rame dans cette direction nous permirent de reconnaître que l'Oukéréhoué est joint au rivage par un isthme très-bas, couvert d'arbustes et d'une largeur d'un mille. Cette langue de terre généralement solide, bien que çà et là marécageuse, sépare le golfe de Speke de la grande eau. Toutefois un examen plus attentif nous montra que ce col est tranché par un canal[1], peu profond, il est vrai, et n'ayant que six pieds de large, mais qui cependant, justifie le capitaine Speke d'avoir qualifié d'île la terre d'Oukéréhoué.

Le 13, par une belle brise qui nous fit marcher rapidement, nous continuâmes à longer la côte d'Oukéréhoué, et d'assez près pour en relever nettement tous les détails. Un coup d'œil jeté sur cette terre nous la fit voir très-populeuse et cultivée sur une très-grande échelle.

De Matemmbé à Yammbouyah, court une chaîne de collines hardiment profilées, dont la crête se dresse à trois cents pieds au-dessus du lac. Au delà de ce point, à l'extrémité occidentale d'une baie profonde appelée Oukouya, est un groupe d'îlots, désigné sous le nom de Kiréghi et fréquenté par un tel nombre de crocodiles que nous trouvâmes dans un seul nid cinquante-huit œufs de ces monstres. A chaque pas que je fis sur les plages de de ce petit archipel, plages couvertes de plantes aquatiques, je

---

1. Celui de Roughédzi.

vis un représentant de l'affreuse tribu se précipiter dans le lac. Il paraissait y avoir là autant de monitors que de crocodiles ; et de toutes les criques sortaient les mugissements de nombreux hippopotames.

Je tuai l'un des monitors ; il mesurait sept pieds de la pointe du museau au bout de la queue. Ayant la vue très-perçante et une extrême agilité, ces animaux sont de précieux voisins pour le crocodile indolent, qu'ils tirent de sa somnolence en fuyant à la première apparition de l'intrus, ce qui l'empêche souvent d'être la proie du chasseur. Pour se payer de ce service, ils lui prennent un grand nombre d'œufs qu'ils savent parfaitement découvrir, et qu'ils ajoutent dans leur menu à l'énorme quantité de lézards, de geckos, de zootocées que renferme leur archipel.

De là, nous fîmes le tour de la côte de Vouirou ; et, laissant à quatre milles sur la gauche le groupe de Kounéneh, nous nous dirigeâmes vers les îles d'Iranngara, qui s'élèvent à l'extrémité nord-ouest de l'Oukéréhoué. L'horizon n'offrait alors à nos regards qu'une rangée de collines basses, couvertes de bois ; mais quand nous eûmes dépassé les îles, nous vîmes se déployer le Nyanza[1] dans toute son amplitude, aussi illimité à nos yeux que l'océan même.

Après avoir dépassé les îlots de Kamassi et de Kinndévi, nous doublâmes le promontoire de Massonnga. Nous vîmes alors, à notre droite, une large baie en forme de croissant qu'entourait une chaîne de collines boisées, dominant le lac d'une centaine de mètres ; cette baie s'étendait jusqu'à l'île de Chizou. A gauche, se trouvait la grande île populeuse d'Oukara, dont les habitants d'une superstition excessive ont la foi la plus aveugle dans les talismans et les pratiques de la sorcellerie.

L'île de Chizou passée, on voit à l'Est le grand mont tabulaire de Madjita, qui s'élève probablement à deux mille cinq ou six cent pieds au-dessus du lac. Le soir, nous nous établîmes sur un de ces îlots rocheux qui servent de domicile à des légions d'oiseaux, et qui sont à quelque trois milles de la base de la montagne.

De l'angle septentrional du Madjita, une course au Nord-est,

---

1. Par respect pour la mémoire du capitaine Speke, j'ai laissé au mot *Nyanza* l'orthographe qu'il lui a donnée ; mais les Arabes et les Voua-ngouana seuls appellent le lac : *N'yansa* ; toutes les nations riveraines prononcent *Ni-yandja* ou Ni-yanza.
(*Note de l'auteur.*)

vers le district de Vouaï, nous fît traverser une baie profonde que borde, de chaque côté jusqu'au golfe de Speke, la plaine basse et presque nue du Chahchi, derrière laquelle se trouve la petite chaîne de collines d'Oussambara.

En partant du Vouaï, nous longeons la côte de l'Ourouri, province où les villages sont en grand nombre et qui paraît être bien cultivée. Des pêcheurs indigènes nous disent qu'il nous faudra huit ans pour faire le tour du lac.

Un nombre considérable d'îlots rocheux, presque tous déserts, émaillent les abords du rivage. Celui-ci est tellement découpé, il offre tant de criques étroites, de baies profondes, qu'il faut beaucoup d'attention pour en faire le relèvement. Ses traits sont les mêmes que ceux de l'Oussoukouma : une ligne onduleuse de collines inégales, dont les flancs, parfois longuement inclinés, vont rejoindre les sommets à quatre milles de distance, et plus souvent forment de hauts promontoires qui surgissent brusquement du lac. Dans tous les endroits où la pente s'adoucit, où les croupes s'arrondissent, on aperçoit des champs. Tous les points qui semblent favorables à la culture sont largement peuplés par des tribus de l'Ourouri, de l'Oukéréhoué, du Sima, du Magou, ou de l'Outchammbi.

Quelques-unes des îles que j'ai nommées *Burdett-Coutts* devaient avoir servi récemment d'asile à des fugitifs ; car nous y trouvâmes des bananes et d'autres plantes cultivées, à côté de cases en ruines.

Nous traversons la baie pour nous rendre à Ikoungou ; de là, croisant une autre baie, nous gagnons le pittoresque Dobu, presque en face d'Iriéni ; et arrivés au mouillage à la fin du jour, nous cherchons un abri sous l'un des rochers surplombants du bord de l'île.

Nous nous étions amarrés de l'avant et de l'arrière afin de ne pas être balayés par le ressac ; mais, vers minuit une bourrasque venant de l'Est nous trouva exposés à toute sa fureur ; elle nous jeta contre le roc avec une extrême violence ; et nous aurions été infailliblement perdus, si nos rames, que nous avions prudemment attachées en dehors du bateau afin qu'elles servissent de tampon, n'avaient amorti le choc.

Sous une pluie battante, au milieu des vagues qui fouettaient l'écueil, au bruit de la foudre, à la lueur des éclairs, nous travaillâmes vigoureusement à nous sauver et, à force de rame, nous parvînmes à gagner l'autre côté du vent.

Extérieurement, les îles du littoral de l'Ourori sont nues, rocailleuses et semblent ne pouvoir rien produire ; mais elles renferment beaucoup de terres labourables, couvertes d'une herbe excellente qui constitue, pour les nombreux hippopotames des environs, de magnifiques pâturages. De même que les tribus du continent, ces amphibies paraissent avoir leurs cantons respectifs, rigoureusement délimités. Ils sont en outre, ainsi que dans tout le Victoria, d'une espèce très-belliqueuse ; le voyageur qui n'y prend pas garde s'expose à un danger réel en approchant de leurs domaines. Ils nous ont fréquemment poursuivis ; et comme le *Lady Alice* n'était nullement fait pour soutenir leur attaque, nous évitâmes toujours une collision qui aurait pu nous être fatale.

Les établissements d'Iriéni possèdent de nombreux troupeaux de bêtes bovines, mais ne semblent pas être largement cultivés. A cet égard, les habitants paraissent se rapprocher des Vouatoussi de l'Ounyamouési, pasteurs qui ne vivent que de lait et n'ont d'autre grain que celui qu'ils se procurent par la vente de leur laitage.

Ayant quitté Iriéni le lendemain, nous fûmes bientôt près de la baie de Mori. En approchant de cette baie, il me sembla qu'une rivière importante devait y déboucher ; mais, arrivé à un îlot qui s'élevait à cent cinquante pieds au-dessus du lac et dont j'atteignis le faîte, je vis que cette rivière était insignifiante ; elle venait du Sud-est. Dans ce dernier îlot, que j'ai nommé *île de l'Observation*, et qui n'avait que quelques centaines de pas de longueur, les mimosas, les acacias, les gommiers, les euphorbes, les ananas, l'eschinomène, les plantes sarmenteuses, les lianes, les grandes herbes, les roseaux, croissaient avec une exubérance étonnante.

Comme nous passions au large d'Outiri, j'observai que les indigènes regardaient notre bateau avec une vive curiosité ; des pêcheurs que nous rencontrâmes furent pris d'un fou rire en voyant la façon dont mes gens maniaient la rame. Ils nous singèrent avec bonne humeur ; et, par leurs gestes, semblèrent exprimer un profond mépris pour une méthode bien inférieure, pensaient-ils, au pagayage. Le gouvernail et son emploi ne leur causèrent pas moins d'étonnement ; et lorsque nous hissâmes la voile, ils s'enfuirent comme frappés d'épouvante.

Après avoir rangé la côte montagneuse d'Outiri, nous vîmes se dessiner les basses terres de Chirati et de Mohourou, et dans l'Est, à une distance de vingt milles, se dresser le noir massif des monts de l'Oughéyéya, tandis qu'à l'ouest, apparaissait vaguement l'île sourcilleuse d'Oughinngo. Des groupes, d'îlots rocheux, de couleur grise, émaillent le lac le long de la côte de Chirati ; sur une longueur de cinq ou six milles s'étend une plaine sans arbres ni verdure, qui, du bord de l'eau, monte lentement et finit par se briser entre des groupes de collines de forme irrégulière. Cette plaine se prolonge jusqu'à l'embouchure d'une rivière qui forme la limite de l'Ourouri vers le Nord, et que les indigènes appellent Gori. Sur la rive droite de cette rivière, commence le montagneux Ougheyéya, dont l'extrémité sud-ouest se projette dans le lac.

Le Gori, qui dans la saison pluvieuse est un cours d'eau puissant, prend, dit-on, sa source au Nord-est, près de Kavi. Jusqu'à une distance de vingt-cinq jours de marche, dans la direction de l'Est, le pays, d'après les renseignements que j'ai pu recueillir, serait une plaine continue, parsemée de collines basses et n'ayant pas d'eau courante ; on n'y trouverait que des étangs. Toujours d'après les indigènes, on rencontre, à quinze journées de marche, une région « où de petites montagnes jettent de la fumée et quelquefois du feu qui s'échappent de leur sommet ». Ce distric porte le nom de Soussa et fait partie de la contrée des Massaï. Tous les gens qui ont pu me répondre à cet égard m'ont affirmé qu'ils ne connaissaient pas de rivière allant au Nord, et que toutes les eaux, jusqu'à vingt jours de marche, viennent tomber dans le Nyanza. Au delà de cette distance, on trouve un petit lac, d'où sort un cours d'eau se dirigeant vers l'Est et que je suppose être le Panngani.

Le 21 mars, la brise soufflant de terre dans la direction du Nord-est, nous passâmes sous le vent des sombres promontoires du Gochi, qui surgissant du lac, dressent leurs falaises à neuf cent pieds au-dessus de l'eau, et dont la chaîne, en s'éloignant du rivage, atteint de deux à trois mille pieds de hauteur (de 600 à 900 mètres).

Sur la gauche, s'étendant au Nord-ouest, se dressait, haute et sombre, l'île boisée d'Oughinngo. De minces colonnes de fumée, s'élevant des profondeurs de ses bois, annonçaient la présence de l'homme : probablement des pêcheurs, peut-être des fugitifs.

D'après ce que j'ai vu de la portion terminale de l'Oughéyéya, une partie de ce territoire serait inhabitée.

Doublant la pointe de l'île d'Oughinngo, nous passâmes entre deux îles désertes, et les collines arrondies des Vouakouneh apparurent. Le pays me sembla pastoral et la population moins rare ; les panaches de fumée se voyaient plus fréquemment au-dessus des fonds et des lieux abrités.

Le soir, notre camp fut établi dans l'île du Pont, ainsi nommée d'une arche basaltique, arche irrégulière de vingt-cinq pieds de longueur et de trente-cinq de haut, qui relie entre eux les deux côtés de l'île. Des arbres à basses tiges, des buissons, de grandes herbes drapent cette île curieuse ; et dans les interstices du roc, où s'est formé une couche de terreau d'une grande épaisseur, croissent de beaux mangliers. Du sommet, qui est à cinquante pieds au-dessus du lac, on a une belle vue de l'île d'Oughinngo, fière dans son isolement, et des montagnes escarpées de l'Oughéyéya. A l'Est, s'étendent les plaines des Vouagannsou et des Vouigassi. Au Nord, apparaissent vaguement des terres inconnues, dont les lignes sont brisées par des dômes et des pics. A l'Ouest se déploie une mer sans bornes.

Le nombre d'îles que nous rencontrons le lendemain est si grand qu'il nous faut ramper le long du rivage avec une extrême précaution. En approchant de Nakidimo, nous voyons la couleur de l'eau passer du gris clair, sa nuance habituelle, à un brun d'un ton riche, et, apercevant une entrée, nous nous croyons certain d'avoir découvert une rivière importante.

A mesure que nous avançons, la crique s'élargit, offrant à nos regards des collines pittoresques et des pentes boisées. Nous arrivons à l'extrémité du bras, et ne trouvons qu'un petit cours d'eau sortant d'un marais herbu. Trois pêcheurs sont dans un canot ; je cherche à les attirer, j'y fais tous mes efforts ; au bout d'une heure, tout ce que j'obtiens d'eux par l'entremise de Sarammba, qui, je le crains, ne comprend pas leur idiome, c'est que le nom du pays est Ougohouéh. Ce mot sonne tellement à mon oreille comme *You go'way* (allez-vous-en) que je ne me décide à l'accepter que lorsque les indigènes le répètent d'une manière plus distincte et finissent par crier, en appuyant sur chaque syllabe : *Ou-go-houéh*. Il était évident, toutefois, que ces hommes parlaient une langue que notre guide, natif du Sud, ne comprenait qu'imparfaitement.

Nous continuâmes à relever avec soin les nombreuses indentations du littoral depuis l'Ougohouéh (?) jusqu'à l'entrée de Nakidimo, où vient déboucher une rivière d'une certaine importance.

Les hippopotames étaient en grand nombre et non moins hardis que ceux du golfe de Speke.

Rentrés dans le lac, nous jetons l'ancre à un mille du rivage, par six brasses de profondeur. Nous y trouvons un courant d'une vitesse d'un demi-nœud, se dirigeant à l'Ouest.

A deux heures nous hissons la voile, et une belle brise qui nous permet de serrer la côte, nous met rapidement en face d'une rive très-populeuse et largement cultivée. C'est, nous dit-on, le pays de Mahéta, celui même que nous avons aperçu du sommet de l'île du Pont.

Filant à pleine voile, nous voyons dans ce pays une population plus nombreuse et beaucoup plus de grands villages que nous n'en avions rencontré jusqu'alors. Il faut apprendre des indigènes les noms de quelques-uns de ces bourgs, et dans cette intention, nous nous dirigeons vers la côte occidentale pour y chercher une anse.

L'ancre est jetée à moins de vingt-cinq brasses de la rive et nous laissons filer notre câble, de manière à n'être séparés de la plage que par quelques pieds d'eau profonde.

Une demi-douzaine d'hommes, portant de petites coquilles terrestres au-dessus du coude et autour de la tête, vinrent au bord de l'eau. A nos questions, ils répondirent que le pays s'appelait Mahata ou Mahéta, et dépendait de l'Oughéyéya; mais pour nous en apprendre davantage, ils voulaient que nous vinssions chez eux. Nous nous disposions à les satisfaire, lorsque nous vîmes sortir du fourré une telle quantité de lances que je m'empressai de faire déployer la voile et de nous éloigner, laissant les fourbes essayer leur traîtrise sur quelque bateau moins avisé que le nôtre.

Déroutés par cette manœuvre, les indigènes tinrent conseil sur une petite éminence située derrière les buissons qui bordaient le lac. Ils s'imaginaient probablement que nous allions doubler près une petite pointe qui formait l'extrémité nord de l'anse, car ils poussèrent des cris de joie à l'espoir de nous saisir au passage. Mais, amenant la voile et nageant contre le vent, hors de portée des flèches et des frondes, nous atteignîmes à la chûte du jour, un îlot où notre camp fut établi en toute sécurité.

Le lendemain au point du jour, nous mîmes à la voile et nous étant rapprochés des basses terres de la rive, nous avancions rapidement, lorsque notre quille heurta l'échine d'un hippopo-

L'île du Pont.

tame qui remontait à la surface. Effrayé par cet objet pesant et bizarre qui lui passait sur le dos, le monstre rejeta violemment le bateau et le secoua de telle sorte que nous crûmes tous qu'il allait être mis en pièces.

Après ce témoignage de sa mauvaise humeur, l'hippopotame se montra à quelques pieds de la poupe et nous lança un mugissement de défi. Mais nous avions fait l'épreuve de sa force, et nous nous hâtâmes de nous éloigner de son redoutable voisinage.

Vers dix heures, nous trouvant au large des cônes de Manyara, nous découvrîmes que le majestueux promontoire qui attirait nos regards depuis que nous avions quitté Mahéta, promontoire allongé, était l'île d'Oussougourou, qui, bien que plus grande que l'île d'Oughinngo, en était la copie.

Un canal d'une largeur de deux milles nous conduisit dans la baie de Manyara, qui est bornée au Levant par les montagnes pittoresques de la contrée, au Nord, par la plaine d'Ougana, au Couchant par Mouihouannda et le long promontoire de Tchaga. Cette baie forme le coin nord-est du Victoria; mais l'étranger qui l'apercevrait de la côte la prendrait indubitablement pour un lac isolé, de même que l'île d'Oussougourou, vue de la baie, semble recouvrir les pointes de Tchaga et de Manyara.

Dans l'après-midi du 24 mars, nous mouillâmes à l'extrémité nord-est de la baie, à cinquante brasses environ du village de Mouihouannda. Nous étions là chez des gens qui parlaient le kissoga.

Il nous fallut beaucoup de diplomatie pour établir avec les indigènes des relations amicales; mais nous finîmes par les décider à nous vendre un mouton et des légumes, qu'ils nous cédèrent en échange de perles bleues, de celles qu'on désigne sous le nom de *moutounda*.

Pour tout vêtements, les deux sexes ne portaient qu'une jupette en feuille de bananier, costume qui me parut avoir la plus grande ressemblance avec celui d'Adam et d'Ève. Les hommes se faisaient en outre remarquer par l'absence des incisives, qui manquaient aux deux mâchoires, et par leur tête rasée, où il ne restait de la chevelure que des crêtes ou des croissants irréguliers sur le haut du crâne et sur le front.

Tandis que nous nous occupions de nos échanges, un magnifique canot, peint en brun-rougeâtre, parut à l'ouest du village; mais, en dépit de nos chaleureuses invitations, les pagayeurs continuèrent à remonter la baie.

Le 25, réconfortés par la viande et les légumes que nous avions achetés à Mouihouannda, nous commençâmes à longer la côte septentrionale du lac. Deux heures après, j'étais en conversation avec les indigènes de Tchaga ou Chaga, qui m'apprenaient que Mourammbo, roi d'Oussougourou, était également leur souverain.

Il m'est impossible de déterminer si Tchaga est un promontoire ou une île; mais je suppose qu'il existe, entre Tchaga et la terre ferme, un canal navigable pour les canots et de la même nature que celui de Roughédzi [1]. Entre sa pointe méridionale et l'île d'Oussougourou, existe un détroit de mille à douze cents yards de large (un kilomètre environ) qui nous conduisit à l'île de Fisherman où nous nous arrêtâmes pour déjeuner. A deux heures, nous approchâmes de l'île de Nghévi, où un vent furieux du Nord-ouest nous força de chercher un refuge.

Il y avait à peine dix minutes que nous étions à l'ancre quand nous aperçûmes un petit canot, monté par deux hommes qui s'avançaient hardiment vers nous de la côte d'Ougamimba, située à environ un mille et demi à notre droite, c'est-à-dire au Levant. Nous hélâmes ces deux hommes de notre voix la plus douce, et après quelques instants passés à nous examiner curieusement, ils daignèrent nous répondre. Mais rien ne put les engager à s'approcher de nous de plus près que cinquante brasses. Tandis que nous nous efforcions vainement de gagner leur confiance, un canot semblable, pour la forme et la couleur, à celui qui avait excité notre admiration à Mouihouannda, s'avança de notre côté. A l'avant, se dressait une fausse proue, formant un coude. De l'extrémité de cette proue à la poupe, une corde tendue soutenait de longues herbes déliées qui ondulaient, comme une crinière, aux mouvements du canot hardi que quarante pagayeurs lançaient contre nous.

Quand la distance qui nous séparait ne fut plus que de vingt-cinq brasses, les vingt hommes qui étaient assis à l'avant se levèrent, saisirent leurs boucliers et de grandes lances, dont la hampe était décorée de touffes d'herbe et qu'ils brandirent d'un air menaçant. Comme nous ne faisions aucun préparatif de défense, ils avancèrent, bien qu'avec précaution, et, arrivés à dix brasses du *Lady Alice*, en firent le tour d'un air de défi.

---

1. Le canal de Roughédzi, on se le rappelle, est celui qui sépare l'Oukéréhoué de la terre ferme.

Rompant enfin le silence, nous leur demandâmes qui ils étaient et pourquoi ils venaient à nous avec l'intention de nous attaquer. Comme ils n'entendaient pas plus le kissoukouma que le ki-ngouana ou le ki-nyamouézi[1], un de mes bateliers essaya du ki-gannda; ils semblaient en comprendre quelque mots, et nous entamâmes la conversation. S'approchant peu à peu, ils finirent par nous accoster. La douceur de nos manières contrastaient vivement avec la bruyante arrogance des leurs. Nous continuions à sourire, comme si nous étions incapables de ressentiment et de colère, bien que ces bravaches, pris de boisson, missent la main sur toute chose avec une insolente familiarité. Notre courtoisie alla jusqu'à leur permettre de toucher librement nos personnes; tolérance qui leur parut incompréhensible et qu'ils attribuèrent à un excès de timidité. Eussions-nous été des moutons que notre conduite n'eût été ni plus douce ni plus innocente. Nos audacieux amis qui, dans leur ardeur à nous braver, trébuchaient et se heurtaient les uns les autres, brandirent plus activement leurs boucliers et leurs lances et commencèrent un chant que l'ivresse faisait détonner. Quelques-uns saisirent leurs frondes et lancèrent des pierres à une grande distance; nous les applaudîmes. J'étais assis à l'arrière, muet observateur de la scène; un des plus animés de la bande, surexcité par le chant, s'enhardit jusqu'à paraître vouloir me viser de sa fronde. D'un geste de la main, je le priai de n'en rien faire. Pour toute réponse, le noir bandit, saisi d'une fureur convulsive, jeta sa pierre qui passa au-dessus de ma tête; des cris enroués saluèrent cette prouesse.

Voyant enfin que notre douceur les rendait agressifs, je pris mon révolver et je tirai rapidement dans la direction où la pierre avait été lancée. L'effet de la décharge, bien que risible, fut pénible à voir. Au premier coup, les arrogants frondeurs avaient sauté par dessus bord, et se sauvaient à la nage vers Nghévi, laissant leur barque entre nos mains.

« Frères, revenez, leur cria notre interprète. Pourquoi cette frayeur? Nous voulions simplement vous montrer que nous aussi nous avions des armes. Venez chercher votre canot. Voyez! Nous le repoussons afin que vous puissiez le reprendre. »

---

1. Dans la langue du Souahil, idiome des Voua-ngouana, le préfixe *ki-* signifie *objet de* et désigne particulièrement le langage; ainsi ki-soukouma, langue de l'Oussoukouma, ki-nyamouési, langue de l'Ou-nyamouési, ki-ngouana, langue des Voua-ngouana. H. L.

Nos sourires les ramenèrent et nous continuâmes à leur parler amicalement. Plus respectueux cette fois, ils se mirent à rire; et, poussant des cris d'admiration, ils imitèrent le bruit des coups de pistolet : *boum, boum, boum* ! Enfin, ils me donnèrent un régime de bananes. Nous étions devenus des admirateurs enthousiastes les uns des autres.

Sur ces entrefaites, arrivèrent deux autres grands canots dont les équipages se montrèrent également pleins de confiance et d'audace; ces gens-là n'avaient pas encore reçu de leçon. Ils prétendirent que nous devions faire une visite à leur roi Kamoydah. Nous les priâmes de nous excuser : nous voulions continuer notre voyage; ils n'en devinrent que plus pressants. Nous persistâmes dans notre refus, ajoutant que s'ils voulaient aller nous chercher des vivres et les apporter à Nghévi, nous serions heureux de leur donner en échange des grains de verre et de l'étoffe.

Pendant ce temps-là, trois autres canots se dirigeaient de notre côté. Toujours calmes et souriants, nous les attendîmes. La demande de visite recommença et le bruit des cent trente voix, qui, aux instances mêlaient les injures et les menaces, fut effroyable. Nous le supportâmes avec patience, je dirai avec stoïcisme, jusqu'au moment où l'instinct nous avertit que la situation devenait dangereuse.

Je donnai alors à mes hommes quelques instructions, et montrant le rivage, j'affectai de me rendre à la prière qui nous était adressée. Immédiatement les cris cessèrent. L'ancre fut levée et nous partîmes, escortés par les six canots. Après avoir fait de la sorte quelques centaines de yards, nous hissâmes la voile, et, profitant de la brise qui soufflait du Nord-ouest, nous passâmes devant les canots avec la rapidité de la flèche, préférant la solitude du lac à la société des ivrognes pervers de l'Ougammba.

Nous continuâmes à filer sous voile pendant une demi-heure: puis le soleil étant près de se coucher, nous jetâmes l'ancre dans soixante-quinze pieds d'eau. Le vent qui, jusqu'ici, avait soufflé du Nord-ouest, par fortes rafales, tomba tout à coup ; mais au Nord-est, depuis longtemps déjà, le ciel était menaçant. Des nuages venant de cette direction, couraient en masses épaisses, jetant sur les montagnes boisées de l'Oussougourou une teinte lugubre; tandis que le lac, presque aussi noir que le velours d'un drap mortuaire, était si calme qu'on l'eût dit vitrifié. Bientôt le sombre amas de nuages se dentela sur les bords, et une ligne d'un noir intense courut en zigzag au centre du groupe d'où parut sortir la tempête.

Je fis attacher un second câble à notre ancre de pierre, et préparer les écopes et les cruches, en prévision de la pluie qui nous menaçait.

Nos préparatifs n'étaient pas finis que le vent s'abattait sur nos têtes avec une force irrésistible ; luttant contre la résistance qu'il rencontrait, il redoubla de fureur, comme s'il eût voulu nous précipiter dans l'abîme ; et, repoussé par le lac, il en rasa la surface, y produisant des millions de rides.

Le thermomètre descendit à 16° centigrades ; et avec ce refroidissement subit, arriva une chute d'énormes grêlons, qui nous frappèrent comme des balles et nous firent claquer les dents. La pluie tomba en nappe, tandis que des éclairs éblouissants précédaient les coups de tonnerre les plus effroyables que j'aie jamais entendus.

Les torrents de pluie furent tels qu'il fallut deux hommes, par chaque section de la barque, pour vider l'eau et nous maintenir dans un état de flottaison qui nous permît de suivre le mouvement des vagues. A chaque instant l'équipage criait : « Le bateau enfonce : si la pluie continue, rien ne pourra nous sauver ! — Allez plus vite, répondais-je, plus vite ! plus vite encore ! »

La masse noire de l'Oussougourou, que j'observais à la lueur des éclairs, était toujours en face du bateau ; je savais donc que nous n'étions pas chassés au large avec trop de rapidité. Tous nos efforts tendaient à nous maintenir à flot. Mes hommes travaillaient avec une telle ardeur qu'ils en oubliaient presque les horreurs de la nuit. Cette épreuve dura pendant deux heures ; puis ayant soulagé nos poitrines par des soupirs de joie mêlée de gratitude, nous pûmes ramener l'ancre à bord et regagner dans l'ombre l'île de Nghévi, où après avoir fait du feu et nous être séchés, nous affectâmes de rire de la position dans laquelle nous étions l'instant d'avant.

Au matin, le ciel était bleu, la verdure éclatante, l'atmosphère d'une incomparable pureté, le lac brillait comme de l'acier bruni ; tout semblait renaître. Respirant une vie nouvelle, nous quittâmes notre refuge, havre sauvage plein de roseaux et de palétuviers ; et mes hommes, tout joyeux, entonnaient à pleine voix une de leurs barcarolles les plus entraînantes.

Comme nous traversions la baie d'Ougammba, je remarquai

au nord-est une montagne majestueuse qui, d'après mon estime, s'élève à une hauteur de trois mille pieds (900 mètres) au-dessus du lac. Des indigènes de l'île d'Oussamou nous apprirent que cette montagne, le trait le plus saillant du paysage, se nommait Marsahoua.

Après avoir relevé l'altitude méridienne sur un îlot situé entre Oussamou et Namounghi, nous nous dirigeâmes vers ce dernier point. Jamais encore l'art de plaire n'avait été déployé par nous avec autant de succès. Nous eûmes d'abord beaucoup de peine à nous faire écouter ; mais, persistant à pratiquer notre art avec toutes ses agréables variations, nous finîmes par être récompensés de notre persévérance. Un jeune pêcheur fut envoyé de la côte pour nous entendre ; mais le jeune drôle se contenta de nous regarder.

Nous jetâmes dans son canot un paquet de perles, dont il comprit la signification : il appela ses camarades qui, groupés sur la rive, brûlaient d'examiner de plus près l'étrange bateau dans lequel se trouvait un homme tel qu'ils n'en avaient jamais vu, même en rêve.

Vingt canots se détachèrent de la côte et s'avancèrent vers nous, chargés d'hommes paisibles, qui tous demandèrent des perles. Quand nous vîmes qu'ils étaient disposés à parler, nous leur fîmes comprendre que des quantités de perles leur seraient offertes en échange de provisions. Immédiatement ils regagnèrent le rivage et coururent à leurs bananiers. Nous étions si près que nous entendions tomber les lourdes grappes sous les machettes, et bientôt les bananes nous furent tendues en tel nombre, que nous eussions coulé bas si j'avais tout acheté.

Après avoir reçu en bananes, en volailles, en œufs, en marammba (cidre ou vin de banane) assez de provisions pour trois jours, et recueilli les noms des îles, des caps et des principales montagnes qui étaient en vue, nous essayâmes de nous remettre en route. Mais les indigènes, sur lesquels notre générosité avait produit trop d'effet, ne consentirent à nous le permettre qu'après avoir cimenté nos relations par de copieuses rasades de leur délicieux vin.

Mes Voua-ngouana auraient volontiers consacré plusieurs jours à cette agréable occupation ; mais la côte du Victoria était longue, les vents n'étaient pas toujours favorables, et nous avions laissé, dans l'Oussoukouma, des amis qu'une absence trop prolongée aurait inquiétés. Nous mîmes donc à la voile, escortés, jusqu'à une assez longue distance, par une trentaine de canots remplis d'excellentes créatures, traduisant leur joie exubérante par des rires sonores.

C'était vraiment un curieux spectacle que celui de notre barque, la voile gonflée, remorquant trente canots dont tous les équipages, en état d'ébriété, poussés par leur bon naturel, nous fournissaient tant de vin que mes hommes partagèrent bientôt la gaieté de leurs nouveaux amis. La scène mériterait d'être décrite en détails, mais je suis obligé d'être bref.

Après avoir navigué de conserve pendant plusieurs milles, nous finîmes par nous débarrasser de nos hôtes trop hospitaliers, et traversant le canal, nous gagnâmes les côtes boisées de l'île de Neygano. Apercevant à l'ouest une baie profonde, nous y entrâmes, et l'ancre fut jetée à la pointe orientale de l'Ouvouma, à cent quarante mètres du village du Mommbiti.

Si les Vouavouma nous avaient été mieux connus, peut-être n'eussions-nous pas visité leur rivage; mais ignorant leur férocité et jaloux d'accomplir notre devoir, nous cherchâmes à entamer des relations avec eux. Nous fûmes, toutefois, assez prudents pour ne pas nous lancer aveuglément dans le péril, ne prenant pas pour certain que la plupart des sauvages soient aussi aimables qu'inoffensifs, ne pensant jamais à attaquer les étrangers. Cette circonspection nous sauva très-probablement la vie.

Après quelques minutes d'entretien à distance, les Vouavouma s'approchèrent, et, moyennant un prix élevé, nous en obtînmes du bois pour faire cuire nos aliments. Nous espérions aussi les décider à nous vendre des vivres, non pas que nous en eussions réellement besoin, mais parce que cette vente nous eût fourni le moyen de prolonger nos relations avec eux, d'étudier leur caractère, leurs habitudes et d'apprendre les noms des localités voisines.

Nos visiteurs furent nombreux, des hommes grands et bien faits, à l'air calme et fier ; mais rien ne put les induire à nous vendre la moindre chose. Nous nous résignâmes à ne plus rien leur demander à cet égard, nous bornant à les examiner avec autant d'intérêt qu'ils en mettaient eux-mêmes à nous contempler. La froideur de leur attitude témoignait évidemment d'une extrême confiance en leur propres forces. Leurs canots étaient d'une grande élégance ; on en verra plus loin la description et l'image.

La côte, en cet endroit, est élevée et présente des lignes irrégulières ; elle est revêtue d'une végétation luxuriante et porte des bouquets de grands arbres, parmi lesquels se voient des bananeraies, dont le vert tendre contraste avec la teinte plus foncée des bois.

Au lever du soleil, la mer fut mauvaise, la température tomba à 21° cent., et le vent courut chargé de bruine. Nous trouvant dans une position trop exposée, nous allâmes mouiller à l'embouchure du Mounoulou, et bien à temps ; car presque aussitôt, changé en rafale, le vent ne tarda pas à devenir une tempête accompagnée de grêle.

Décidés à passer la nuit à cette place, nous couvrîmes le bateau d'une voile sous laquelle s'étendit l'équipage, bien que le quart fréquemment relevé dût être fait avec la plus grande vigilance. Pendant les heures si longues d'obscurité, la tempête conserva sa furie ; la barque tanguait et gémissait, la pluie tombait par torrents, le lac soulevé nous envoyait fréquemment des paquets d'eau ; il nous fut impossible d'avoir un instant de sommeil.

Au point du jour le vent tomba et les vagues s'apaisèrent. Après avoir réparé nos forces avec de l'extrait de viande Liebig, nous reprîmes notre course et continuâmes à longer la côte sud de l'Ouvouma.

En quittant la baie de Mommbiti, nous fûmes obligés de passer auprès d'une pointe de terre couverte d'une jungle herbue, où nous vîmes les indigènes se précipiter en grand nombre. Tandis que nous avancions, lentement, quelques hommes vinrent au bord de l'eau et nous invitèrent par signes à nous approcher d'eux. Nous répondîmes à leur désir et touchions presque au rivage, lorsque les gens qui nous avaient appelés nous jetèrent des éclats de roche. Nous nous retirâmes immédiatement. Alors une foule sortit des grandes herbes, et une grêle de pierres, lancées par des frondes, assaillit notre bateau ; l'une de ces pierres blessa le timonier près duquel j'étais assis. Pour prévenir un plus grand mal, je déchargeai rapidement mon révolver sur les assaillants ; l'un d'eux tomba, les autres disparurent dans l'herbe, nous laissant poursuivre paisiblement notre route.

Longeant de nouveau le rivage, nous continuâmes à en relever les nombreuses indentations. L'île d'Ouvouma dressait à notre gauche ses pentes escarpées dépourvues d'arbres, mais herbeuses, qui s'élèvent à quelque trois cents pieds au-dessus du lac. Les vaches et les chèvres abondaient aux flancs des collines.

Les villages étaient nombreux, composés de quelques huttes seulement, en forme de dôme, et n'avaient pas d'enceinte ; d'où je conclus que les habitants étaient parfaitement capables de se défendre.

Le Nyannza était alors aussi uni qu'un miroir ; pas un nuage ne se voyait à aucun point de l'horizon ; dans le ciel, d'un bleu d'acier, brillait un soleil d'une ardeur vraiment équatoriale ; mais l'atmosphère n'était pas transparente ; une légère vapeur, s'élevant du lac, tremblait dans l'air surchauffé et rendait indistinctes les îles dont nous n'étions pas à plus de cinq milles de distance (huit kilomètres).

Arrivés dans le canal qui sépare l'île herbeuse et fauve de Boughéyéya de celle d'Ouvouma, nous prîmes le milieu du détroit pour relever différents points à l'aide de la boussole. Peu de temps après, une flottille de treize canots sortit d'une anse de la côte d'Ouvouma. Dans la première de ces embarcations, un indigène était debout et nous montrait une poignée de patates. Je fis arrêter la nage, mais laisser la voile, qui, avec la faible brise du moment, pouvait nous faire dériver du côté de l'ouest sur le pied d'un demi-nœud à l'heure.

Il fut permis aux Vouavouma de se ranger bord à bord, ce qui me fit voir qu'ils étaient tous armés de lances et de boucliers. Je leur présentai différentes sortes de perles en échange de ce qu'ils avaient à nous vendre ; mais ils les refusèrent avec mépris, et leur ton et leurs actes me donnèrent bientôt la certitude qu'ils étaient venus dans un tout autre but que celui de trafiquer. Ils n'avaient d'ailleurs qu'une vingtaine de patates qui, chose singulière, se trouvaient toutes dans le premier canot. Fait non moins étrange, les hommes de cette première embarcation, dont les manières étaient assez calmes, changèrent d'allures sitôt que leurs camarades furent arrivés et eurent pris position en face de nous, évidemment pour nous couper la retraite.

Enhardis par le nombre, les Vouavouma devinrent bruyants, puis insolents et finirent par être agressifs. Tandis que j'étais occupé à l'avant du bateau par cette foule brutale, un mouvement dont je n'eus pas conscience se fit à l'arrière ; Sarammba s'en aperçut, me dit de tourner la tête, et je pris un voleur sur le fait.

Convaincu dès lors que les Vouavouma n'étaient venus en si grand nombre que pour s'emparer de ce qu'ils croyaient être une proie facile, et comprenant que leurs manœuvres n'avaient pour but que de détourner notre attention, je leur fis signe de partir ;

en même temps, j'ordonnai à mes hommes de se remettre à nager. Ceci eut pour résultat d'amener les pirates à déclarer leurs projets, ce qu'ils firent en posant les mains sur nos rames et en empêchant l'équipage de s'en servir.

Étions-nous, oui ou non des hommes libres? Si oui, on devait nous laisser continuer notre route et sans entraves; si non, il fallait d'abord nous désarmer.

Je saisis mon raffle, et de nouveau j'ordonnai aux Vouavouma de partir. Au lieu de s'éloigner, ils brandirent leurs armes en poussant un cri de dédain, et se préparèrent à nous jeter des lances.

Pour leur échapper, il fallait agir promptement. Je tirai par-dessus leur tête; ils reculèrent; je donnai à mes gens l'ordre de ramer.

Se formant en ligne de chaque côté de nous, à une distance d'environ trente mètres, l'ennemi envoya une volée de lances que mes hommes évitèrent en se couchant au fond de la barque. Les gens des canots qui se trouvaient derrière les autres battirent des mains, et me montrèrent une masse de perles qu'ils venaient de dérober.

Prenant mon fusil révolver, je tirai vivement à droite et à gauche. L'homme qui tenait les perles tomba, et le plus hardi de ceux qui étaient près de nous fut blessé. Le gros raffle visant ensuite au-dessous de la ligne de flottaison, envoya ses balles dans les œuvres vives de deux ou trois canots; ce qui obligea les équipages à s'occuper d'eux-mêmes et nous permit de gagner les chutes Ripon.

Notre camp fut établi sur un point inhabité de l'Oussoga. Je visitai les chutes, dont je parlerai en détail dans le volume qui fera suite à la relation du voyage et sera publié prochainement.

Le 29 mars, nous traversâmes le bras du lac que Speke a nommé *Canal Napoléon*, puis nous côtoyâmes l'Ouganda au milieu d'îles nombreuses, dont les plus grandes ont une population compacte.

Nous fîmes relâche dans l'île de Kihoua, où nous reçûmes l'accueil le plus cordial. A peine avions-nous abordé, que le chef envoyait de ses gens dans l'île de Kérennghé, distante de trois milles, acheter des bananes et du vin pour l'hôte du *Kabaka* Mtéça.

Depuis mon départ de Kaghéhyi, — depuis vingt-deux jours — c'était la première fois que nous vivions avec les indigènes; et comme le devoir nous le commandait, nous fêtâmes notre arrivée chez des amis.

Le jour suivant, guidés par le chef, nous entrâmes à Oukafou, où nous trouvâmes pour commandant du district un mtonngoleh[1], beau jeune homme de grande taille auquel le chef de Kikoua rendit hommage comme à un très-haut seigneur. Bien qu'il nous témoignât le plus vif intérêt et ne fût pas avare de promesses, ce brillant mtonngoleh ne nous offrit qu'un repas de Barmécide, et après vingt-quatre heures d'attente.

Trouvant que sa courtoisie, bien que gracieusement témoignée, ne suffisait pas à combler le vide de nos estomacs, nous quittâmes l'aimable chef qui, jusqu'au dernier moment, ne cessa de protester de son admiration pour nous et d'assurer qu'il faisait de grands préparatifs en notre honneur. Je fus renversé quand je me rendis un compte exact de l'habileté parfaite avec laquelle nous avions été dupés.

Suis-je bien dans l'Afrique centrale? me demandai-je. Où trouver des gens plus experts dans l'art de tromper avec grâce? Il y a deux jours à peine, nous étions dans un pays sauvage où tous les bras se levaient contre nous. Aujourd'hui, dans le pays voisin, nous trouvons des gens aimables, remplis d'admiration pour les étrangers, mais aussi inhospitaliers que pourrait l'être un hôtelier de New-York ou de Londres pour un voyageur sans argent!

Arrivé à un petit village des bords de la baie de Bouka, je m'aperçus que j'avais jugé trop vite de l'hospitalité des gens du pays. Le chef de l'endroit, un mtonngoleh, me conduisit à sa résidence et plaça devant moi un festin composé de lait caillé, de bananes mûres, de chevreau, d'œufs et de patates; puis il envoya un messager au Kabaka pour annoncer à celui-ci mon arrivée, me déclarant qu'il ne me quitterait pas avant de m'avoir mis en présence du grand monarque de l'Afrique équatoriale, dans lequel, m'assurait-il en souriant, « je trouverais un ami dont la protection me permettrait de dormir tranquille ».

Le lendemain, l'hospitalité fut la même. Mon admiration pour les Vouagannda et pour leur pays augmentait d'heure en heure. Le sol était en parfaite harmonie avec la population; l'Afrique présente peu de scèneries plus agréables que celles que j'avais sous les yeux. Du bord de l'eau jusqu'au sommet des collines,

---

1. Titre qui, dans l'Ougannda, équivaut à celui de colonel.

tout n'était que verdure de teintes diverses, fécondité et fraîcheur, contours gracieux, relevés par le fier profil d'escarpements lointains, et par une série de terrasses majestueuses qui allaient rejoindre des pays inconnus. Le vert tendre des roseaux contrastait avec la sombre verdure des figuiers. Au-dessus des frondes soyeuses des plantains (bananiers des sages), s'étendait le feuillage pâle des tamariniers, tandis que, sur les pentes, l'herbe nouvelle déployait son tapis d'émeraude. Ici, les collines se gonflant en dômes entouraient des dépressions remplies de bananiers; là-bas, elles dressaient leurs flancs abruptes, jetaient de hardis promontoires et se reculaient en une série de gradins qui se perdaient à l'horizon. La grève caillouteuse d'un village, ruban sinueux d'un gris clair, courait entre le gris plus foncé du lac et le vert brillant d'une bananeraie. Je me figurais être tombé dans un domaine dont j'avais hérité par droit de naissance; tout au moins j'éprouvais cet épanouissement que doit ressentir l'héritier d'une terre libre de toute charge, sentiment tout nouveau que j'attribuais à l'excellence de ma digestion et au bon état d'un foie déchargé de sa bile.

Partis de la baie de Bouka le 2 avril, avec mon hôte, nous voyageâmes lentement, favoris de la nature et des hommes, pour donner au Kabaka le temps de préparer ma réception. Nous nous arrêtâmes au village de Kiroudo.

Le lendemain matin, au moment de nous remettre en route, nous vîmes arriver six canots, encombrés d'hommes, et que nous prîmes d'abord pour une autre flottille de pirates. Mais au milieu de chaque bateau se trouvaient des gens vêtus comme les Zanzibarites, et dont le chef, coiffé d'une sorte d'ouvrage en perles surmonté de plumes de coq blanches, portait, sur une robe rouge, un manteau de peau de chèvre à long poil, et d'un blanc de neige. C'était un beau jeune homme d'une vingtaine d'années; il sauta dans mon bateau et s'agenouilla devant moi.

« Le Kabaka, dit-il, m'envoie vers vous avec beaucoup de salams. Il espère que vous voudrez bien le visiter ; il est venu camper à Oussavara, afin d'être près du lac pour vous recevoir plus tôt. Le Kabaka ignore de quel pays vous êtes; mais j'ai un messager au pied rapide qui ne s'arrêtera pas avant de lui avoir transmis les nouvelles que vous voudrez bien me donner. La mère du Kabaka a rêvé il y a peu de nuits qu'elle voyait un homme blanc sur le lac, se dirigeant en canot vers l'Ougannda; elle l'a dit le lendemain à son fils; et vous êtes venu! *Touiyannzi, yannzi, yannzi!* (merci, merci, merci!). »

Ce jeune commandant, appelé Magassa, reçut ma réponse en kissouahili, langue de la côte; il la traduisit en kigannda au messager, qui partit sur-le-champ, puis il me supplia de lui accorder un jour, afin qu'il pût déployer en ma faveur toute l'hospitalité de son pays, et qu'en me présentant devant le Kabaka je fusse pleinement satisfait. Cédant à ses sollicitations, aussi bien qu'à celles de mon équipage, je me dirigeai vers le bourg de Kadzi.

Magassa était alors dans toute sa gloire. Ce fut d'une voix impérieuse qu'il parla à son escorte de cent quatre-vingt-deux hommes; les plumes de sa coiffure semblaient elles-mêmes onduler avec plus d'orgueil, et son manteau avait une fierté digne de celui d'un empereur romain. Au débarqué, Magassa fit un fréquent usage de sa canne, et le sous-chef de Kadzi fut obligé d'obéir à ses réquisitions.

« Amenez des bœufs, des moutons et des chèvres; apportez des pots de lait, de grandes jarres de maràmmba, cria-t-il; apportez vos meilleures bananes, afin que l'homme blanc et sa suite goûtent l'hospitalité de l'Ougannda. L'homme blanc peut-il se présenter devant le Kabaka le ventre vide? Voyez comme ses joues sont creuses! Sachons lui témoigner une bonté supérieure à celle que lui ont montrée les païens. »

Bientôt nous vîmes arriver deux bœufs, quatre chèvres, un panier de bananes mûres et quatre énormes jarres, contenant chacune deux galons (neuf litres) de maràmmba, denrées qui nous étaient offertes, et auxquelles l'équipage du *Lady Alice* fit largement honneur.

Les gens de Magassa ne restèrent pas sans vivres : la contrée était à leur merci? Ils tuèrent trois bœufs, cueillirent toutes les bananes qu'ils voulurent et firent une razzia de poulets, Magassa leur ayant gracieusement donné la permission de se servir eux-mêmes.

Pays étonnant, me disais-je, que celui où une province tout entière peut être livrée aux exigences d'un jeune fat tel que ce Magassa, exigences que fait accepter la seule mention du nom du Kabaka, et qui évidemment ont l'approbation du souverain.

Je ne connaissais pas l'Ouganda et ne savais pas alors à quel point l'autorité du monarque est absolue. Mais sous l'impression de cette idée pénible qu'on abusait grandement, en son nom, du pays qui reconnaisait son pouvoir, et souffrant de penser que le pauvre peuple avait à subir un pareil traitement à cause de moi, je fis tous mes efforts pour mettre un terme aux exactions du brillant mtonngoleh.

Nous partîmes le lendemain, guidés par Magassa. Arrivés au milieu de la baie de Bazzi, nous vîmes la montagne du vieux Sabagannzi, mont tabulaire duquel, nous dit Magassa, on découvre la baie de Murchison et Roubaga, l'une des capitales do l'Ougannda.

Vers 10 heures, la pointe de Mouvouo fut doublée, et nous nous trouvâmes dans la baie de Murchison, dont l'entrée, d'environ quatre milles de large, est défendue par l'île que j'ai nommée Linant, île montagneuse, en forme de dôme, qui se trouve entre la pointe de Mouvouo et celle d'Oumbirou. En laissant Mouvouo au sud, on a la vue complète de la baie qui atteint sa plus grande largeur entre l'île de Sohouéh et l'Cukommba. Cette largeur est de dix milles, sur au moins quatorze de longueur, à partir de l'île de Linant jusqu'au bras de la baie de Monyono, où Mtéça remise ses canots favoris.

Conformément au désir de Magassa, nous établîmes notre camp derrière l'île de Sohouéh, sur la côte orientale de la baie de Murchison, d'où, le lendemain, nous devions partir pour Oussavara, quartier général de chasse du Kabaka.

CHAPITRE IX

Un monarque extraordinaire. — Je suis examiné. — Plaisanteries africaines. — L'empereur d'Ougannda. — Portrait de Mtéça. — Revue navale. — Résidence de Mtéça. — Beauté du pays. — Arrivée d'un homme blanc. — Le colonel Linant de Bellefonds. — Propagande religieuse. — Champ fécond pour les missionnaires. — Agréable journée. — Départ pour Kaghéyi.

Le peu que, dans l'île de Sohoueh, la baie de Murchison et l'île de Kihoua, nous avions vu des mœurs et des coutumes de l'Ougannda, suffisaient à me donner la conviction que j'allais faire connaissance avec un souverain et un peuple extraordinaires, aussi différents des pirates de l'Ouvouma et des sauvages de l'Oussoukouma oriental que les Anglais le sont, dans l'Inde, des Afridis, ou les citoyens de l'Arkansas des Choctaws à demi civilisés. Si la politesse gouvernait les actes des habitants de Kihoua, gens de la frontière, si la duplicité revêtue des formes les plus gracieuses était pratiquée avec autant d'art à Oukafou, si pareille hospitalité pouvait être exercée par le chef de Bouka; si, à distance, les ordres de l'empereur recevaient une aussi prompte exécution, qu'allais-je trouver à la cour, et quel homme pouvait être ce Kabaka, si profondément respecté?

Telles étaient mes réflexions pendant que Magassa, en tête de la flottille, nous conduisait de l'île de Sohoueh à Oussavara, et que son petit esclave battait du tambour pour accompagner le chant monotone des rameurs.

Après notre voyage solitaire au fond des baies et des entrées de la côte si découpée du grand lac, cette escorte de cinq canots superbes, qui nous menait vers le plus puissant monarque de l'Afrique équatoriale, constituait une situation toute nouvelle, promettant des scènes imprévues, des réceptions d'une pompe extraordinaire.

Environ deux milles nous séparaient encore d'Oussavara,

lorsque nous vîmes une foule considérable, — plusieurs milliers d'individus, — se ranger en bon ordre sur un terrain en pente douce.

A un mille de la côte, Magassa commanda de les avertir de notre arrivée par une décharge de mousqueterie. Nous avançâmes; je vis la hauteur couverte de monde; sur la rive, deux haies épaisses composées d'hommes vêtus comme les Vouangouana; et dans le fond, entre ces deux lignes, quelques personnages habillés de rouge, de blanc et de noir.

Quand nous fûmes près de la grève, deux ou trois cents fusils, fortement chargés, annoncèrent que l'homme blanc vu en songe par la mère du Kabaka allait aborder. De nombreux tambours, des timbales, des grosses caisses battirent la bienvenue; des drapeaux, des banderoles s'agitèrent, et la foule nous salua de ses acclamations.

Très-étonné de cette pompe, je me dirigeai vers le grand étendard qui était à côté d'un homme jeune, de petite taille, portant sur sa robe blanche une sorte de tunique rouge, et que Magassa, respectueusement agenouillé devant lui, me dit être le *Katékiro*. Sans savoir la signification de ce titre, je fis un salut qui, à ma grande surprise, fut imité par le personnage, dont le salam eut toutefois plus de profondeur et de majesté que le mien. J'étais confus de cette réception royale; mais j'espère être parvenu à dissimuler mon embarras.

Une douzaine de gens très-bien mis s'approchèrent, et, me serrant la main, me dirent en kissouahili, que j'étais le bienvenu dans l'Ougannda.

Le katékiro fit un signe de tête, les tambours battirent; et au bruit de leurs roulements, au bruit des voix, suivi par des milliers de curieux, il me conduisit dans une sorte de cour, cercle de huttes couvertes en chaume, et entourant une grande case; c'était là que je devais loger avec mes hommes.

Le katékiro et un certain nombre de chefs entrèrent avec moi dans ma nouvelle demeure, où s'engagea une conversation intéressante.

Parmi ceux qui étaient là, se trouvait un Zanzibarite du nom de Tori, lequel, ainsi que je ne tardai pas à le découvrir, était le premier tambour, l'ingénieur, le Jean-fait-tout du Kabaka. Cet habile personnage m'apprit que le katékiro était le premier ministre ou représentant de l'empereur, et que les plus notables des chefs qui nous entouraient s'appelaient Tchammba-

Réception par la garde de Mtéça.

ranngo, Mkouennda, Kanngaou, Sékébobo, Kitounzi, Sabagannzi, Kaouta et Sarouti. Il sera question des autres dans l'un des chapitres suivants.

Les Vouagannda sont avides des renseignements que peuvent leur fournir les étrangers. Une foule de questions partirent de toutes les bouches : questions sur ma santé, sur mon voyage et son but, sur Zanzibar, l'Europe et ses habitants; sur la mer, le ciel, le soleil, la lune, les étoiles, les anges et les démons, les médecins, les prêtres, les gens de tout métier. Bref, en ma qualité de représentant des nations qui « savent tout », je fus soumis à l'examen le plus minutieux et, au bout d'une heure dix minutes, il fut déclaré à l'unanimité des voix que je l'avais brillamment passé. Les visages prirent un air amical, des mains brunes, fines et nerveuses se tendirent avec enthousiasme, et serrèrent vigoureusement les miennes, d'où j'inférai qu'on m'applaudissait ni plus ni moins que si j'eusse remporté la palme du doctorat ès sciences.

Quelques-uns des chefs se rendirent immédiatement auprès du *Kabaka*, pour lui apprendre que l'homme blanc était un génie, versé dans toutes les connaissances humaines, et d'une politesse et d'une sociabilité remarquables; sur quoi, me dit-on, « l'Empereur se frotta les mains, comme s'il venait d'être mis en possession d'un trésor. »

Les fruits de ce verdict favorable ne se firent pas attendre et se présentèrent sous la forme de quatorze bœufs gras, huit chèvres, huit moutons, cent régimes de bananes, trois douzaines de volailles, quatre jarres de lait, quatre corbeilles de patates, cinquante épis de maïs vert, un panier de riz, vingt œufs frais, dix cruches de vin de banane.

Kaouta, l'intendant du palais, suivi des convoyeurs de ces provisions diverses, se mit à genoux devant moi.

« Le *Kabaka*, dit-il, envoie ses salams à l'homme blanc, venu de si loin pour le visiter. Il ne peut voir le visage de son ami avant que celui-ci n'ait mangé et ne soit satisfait; c'est pourquoi il envoie son esclave présenter à son ami ce peu de choses. À la neuvième heure du jour, quand l'homme blanc sera reposé, le Kabaka l'enverra prendre pour le recevoir au bourzah (lieu de réception). J'ai dit. Touiyannzi, yannzi, yannzi ! »

Bien que ma politesse n'allât pas jusqu'à m'agenouiller devant l'intendant et à le remercier de m'accorder la permission de lui dire merci, je fis une réponse convenable.

Mes hommes restaient confondus de cette munificence impériale, d'où résultait pour eux plus d'un bœuf par tête. Sarammbo, le guide mal coiffé que nous avions pris dans le golfe de Speke, fut prié de dire son opinion sur le *Kabaka*, qui donnait des bœufs et des chèvres en aussi grand nombre que le chef d'Oussoukouma offrait des patates.

Depuis notre arrivée dans l'Ougannda, le malheureux avait l'esprit couvert de nuages. Il portait toujours sa peau de chèvre nationale, vêtement primitif non moins gras et crasseux que le torchon qui essuie la chaudière d'un baleinier, l'objet le plus sale qu'on ait jamais vu. Les pages de la cour, d'une mise élégante, et qui déjà avaient relevé mon signalement physique et moral, de manière à faire honte à un reporter parisien, regardaient Sarammba avec étonnement et lui décochaient leurs railleries.

« D'où arrive ce païen peu vêtu ? dit l'un de ces moqueurs.
— Voyez donc sa coiffure ! dit un autre.
— Il aurait mieux fait de ne pas se montrer au Kabaka !
— C'est sûrement un esclave.
— Lui ? Je n'en voudrais pas pour une banane ! » ajouta un cinquième.

Je regardai mon guide ; je crus voir qu'il pâlissait.

Pauvre Sarammba !

« Dès qu'ils seront partis, » lui dit avec compassion le bon Saféni, le chef de l'équipage, « ôtez cette guenille, et nous vous habillerons de cotonnade blanche.

Mais Baraka, l'un de nos bateliers, railleur incorrigible, s'écria aussitôt :

« A quoi bon ? Si nous lui donnons de l'étoffe, s'en couvrira-t-il ? Non ! il en fera un rouleau qu'il portera à sa maman, ou qu'il vendra pour une chèvre. »

A ma grande surprise, mes gens s'efforçaient de persuader à Sarammba que le *Kabaka* était leur ami personnel ; que tous ces bœufs, ces chèvres, ces poulets formaient le présent ordinaire de l'empereur aux Voua-ngouana ; et, sans le moindre égard pour la vérité, ils lui énuméraient les dons fabuleux qu'avaient reçus de Mtéça une quantité de Safénis, de Barakas, de Sarbakos, de Zaïdis, tous natifs de Zanzibar comme ils l'étaient eux-mêmes. Que dorénavant les Anglais ne croient plus être les seuls qui sachent railler à froid, qu'ils perdent cette illusion où se complaît leur amour-propre ; les Zanzibarites sont très-experts dans cet art ; Sarammba l'apprit à ses dépens.

La neuvième heure approchait. Nous nous étions baignés, brossés, habillés et préparés mentalement pour l'audience que devait nous accorder le « premier potentat de l'Afrique équatoriale ».

A l'heure dite arrivèrent deux pages, vêtus d'un costume semi-ki-ngouana, semi-ki-gannda, c'est-à-dire portant la longue robe blanche de Zanzibar, serrée autour des reins par une ceinture, et le manteau national qui, attaché sur l'épaule droite, tombe jusqu'aux pieds, manteau qui, pour eux, était formée de deux brasses de sohari.

« Le Kabaka », dit l'un des pages, « vous invite à venir au bourzah. »

Je sortis de chez moi, ayant à ma droite et à ma gauche cinq de mes gens, armés de sniders. Nous gagnâmes une rue large et courte; cette rue nous conduisit à une case où l'empereur était assis, entouré d'une multitude de vouakoungou et de vouatonngoleh, dignitaires dont le rang équivaut à celui de général et de colonel, tous agenouillés ou assis de chaque côté du trône, en deux files parallèles, terminées par les tambours, les gardes du corps, les exécuteurs des hautes œuvres, les pages, etc., etc.

A notre approche, le groupe le plus voisin s'écarta, et nous fûmes accueillis par une batterie de tambours où dominaient les roulements plus nets et plus vifs de l'habile Tori.

Le premier potentat de l'Afrique équatoriale se leva, et en même temps que lui, toute la cour : vouakoungou, vouatonngoleh, chefs de districts, cuisiniers, échansons, pages, bourreaux, etc.

Le *Kabaka* était coiffé d'un tarbouche et portait, sur la robe blanche de rigueur, une sorte de robe noire retenue à la taille par un ceinturon doré. Il me serra la main chaleureusement; puis, s'inclinant avec grâce, il m'invita à m'asseoir sur un tabouret de fer. J'attendis qu'il me donnât l'exemple; il reprit son siége, et toute la cour s'assit en même temps que moi.

Mtéça attacha sur ma personne un regard que je lui rendis avec le même intérêt, car il n'était pas moins curieux pour moi que je devais l'être pour lui. Son impression, telle que je la lui entendis confier à son entourage, fut que j'étais plus jeune que Speke, moins grand et mieux vêtu. Quant à moi, je pensais que nous ferions plus ample connaissance, que je pourrais le convertir, le rendre utile à l'Afrique; et le soir j'écrivais les lignes suivantes :

« N'ayant lu le *Journal d'un voyage aux sources du Nil* que pour y puiser des renseignements géographiques, je n'avais gardé qu'un vague souvenir de la description du séjour de Speke dans l'Ougannda. Autant que je pouvais me le rappeler, Mtéça était dépeint comme un jeune prince vaniteux et sans cœur, un tyran pratiquant le meurtre sur une grande échelle et passionné pour les femmes grasses.

« Sans aucun doute, Speke a dit ce qu'il a vu ; mais les choses ont bien changé depuis lors. Mtéça m'a paru être un prince intelligent et distingué qui, avec le temps et le concours de vertueux philanthropes, ferait plus pour l'Afrique centrale que cinquante années de prédication évangélique en dehors d'une autorité comme la sienne. Je crois voir en Mtéça la lumière qui dissipera les ténèbres de cette région plongée dans la nuit, voir un prince digne des sympathies de l'Europe, un homme pouvant réaliser les plus chères espérances de Livingstone ; car, avec lui, la civilisation du centre de l'Afrique devient possible. Je me rappelle l'ardente affection avec laquelle Livingstone parlait de Sékélétou ; s'il lui avait été donné de voir Mtéça, son affection pour ce dernier aurait été dix fois plus grande ; et, de la parole aussi bien que de la plume, il aurait appelé tous les hommes de bonne volonté à venir prêter assistance au chef de l'Ougannda. »

Cinq jours après, j'écrivais encore :

« Mtéça est un puissant empereur ; il a sur ses voisins une très-grande influence. J'ai vu, aujourd'hui, les ambassadeurs du turbulent Mannkoronngo, roi de l'Oussoui, et ceux du terrible Mirammbo dont le nom seul est un sujet d'épouvante, des bords du Tannganika à ceux du Victoria, s'agenouiller devant Mtéça et lui offrir le tribut envoyé par leurs maîtres. J'ai vu dans l'armée de Mtéça plus de trois mille hommes dressés aux manœuvres militaires ; une centaine de chefs pouvant être mis à côté des gens de Zanzibar et de Mascate, vêtus aussi richement, armés de la même façon ; et, chez tous, j'ai constaté, avec surprise, autant d'ordre et de discipline que peut en obtenir le souverain d'un peuple à demi civilisé.

« Tous ces résultats sont dus à l'influence et aux efforts d'un pauvre musulman, nommé Muley-ben-Sélim. C'est lui qui, le premier, enseigna ici la doctrine de Mahomet. Si fausse que soit cette doctrine, elle est bien préférable aux cruels instincts du despote que Speke et Grant ont connu se vautrant dans le sang des femmes ; et, bien que Muley-ben-Sélim fût musulman et fît

Mtéça et ses principaux dignitaires.

le commerce d'esclaves, j'honore la mémoire de ce pauvre prêtre qui a réalisé de pareils changements. Avec le vif désir de continuer son œuvre, je bâtirai sur la pierre qu'a posée ben Sélim. Je détruirai chez Mtéça la foi dans l'Islamisme, et lui enseignerai la doctrine de Jésus de Nazareth. »

On peut inférer des lignes précédentes que j'éprouvai tout d'abord une vive sympathie pour Mtéça, que celui-ci est un homme admirable, ou que je m'enthousiasme trop aisément, ou bien que l'empereur d'Ougannda est passé maître dans l'art de feindre, et que j'ai été sa dupe.

La surprise avec laquelle je trouvais dans le personnage que Speke nous avait dépeint, alors avec raison, comme un despote vaniteux, emporté, frivole et sanguinaire, la surprise avec laquelle je trouvais dans ce barbare un homme calme et digne, dont les questions et les remarques prouvaient une intelligence que je ne m'attendais pas à rencontrer en Afrique, était sans doute la principale cause de mon admiration. Mais voir cet homme si bien mis, entouré d'une cour également intelligente et parée, chef suprême d'une grande région où les étrangers arrivaient en foule; entendre ses sujets parler de lui avec respect, ses hôtes faire son éloge, suffisait à lui gagner une place honorable dans mon estime. Enfin la libéralité vraiment royale de ses présents, la courtoisie de ses paroles, le ton sincère de ses offres, me le faisaient considérer comme un être généreux qui, malgré un vif sentiment de son mérite et de sa puissance, comprenait les besoins, les désirs et la dignité d'autrui.

Il y a, je le sais, des négrophobes qui attribueront cette conduite du monarque africain à une duplicité naturelle, développée par quatorze ans de règne et parvenue à un haut degré de perfection. J'admets que Mtéça soit un politique habile et possède l'art de dissimuler; mais il montre parfois la pétulance d'un caractère franc et ouvert, l'exubérante gaieté de la jeunesse. Certes il ne manque pas de la finesse et de la réserve nécessaires à un chef d'État; mais son habileté diplomatique est exempte du maniérisme européen. On verra plus tard si Mtéça m'a trompé.

Dans tous les cas, il se montra d'abord d'une générosité royale, plein de franchise et d'intelligence, capable d'atteindre un but plus élevé qu'il ne le croyait lui-même; un homme enfin digne d'être étudié, en raison de la puissance de sa nature et de l'originalité de son caractère.

J'accueillis ses avances avec une extrême cordialité; et le bourzah, qui se termina au coucher au soleil, nous laissa tous les deux très-satisfaits de notre journée et enchantés l'un de l'autre.

Je trouve dans mon journal ces lignes écrites trois jours après notre première entrevue : « Mtéça est de grande taille; il doit avoir six pieds un pouce (un mètre quatre-vingt-cinq). Il est svelte, a la peau d'un brun rouge et d'une finesse merveilleuse. Sa figure respire l'intelligence; ses traits, qui sont agréables, m'ont rappelé ceux des colosses de Thèbes et des statues qu'on voit au musée du Caire. C'est la même plénitude de lèvre, mais relevée par l'expression du visage, à la fois affable et digne, et par l'étrange beauté de grands yeux étincelants et doux, caractère de la race dont je le crois issu. En sortant du conseil, il se défait entièrement de la majesté qu'il porte sur le trône, lâche la bride à son humeur joyeuse et rit de tout son cœur.

« Le récit des merveilles de la civilisation le passionne. Quand une chose lui est dite à ce sujet, il la traduit immédiatement à ses femmes et à ses chefs, bien que la plupart de ces derniers comprennent la langue du Sahouahil (langue de la côte) aussi bien que lui. Son ambition est d'imiter autant que possible les coutumes des hommes blancs.

« Ce matin, vers sept heures, il est sorti accompagné d'une foule de gardes, de pages, de chefs, de porte-étendards, de fifres, de tambours, de gens ayant des requêtes à présenter, et de plus de deux cents femmes de sa maison. Il a passé près de ma résidence et m'a fait prier de venir avec lui. J'ai fait une toilette aussi convenable que le permettaient les ressources de mon porte-manteau; puis, escorté de deux de mes hommes chargés de mes fusils, je suis allé rejoindre la cour au bord du lac. L'empereur était assis sur un tabouret de fer, au centre d'un groupe d'admiratrices qui, à mon apparition, firent converger sur moi deux cents paires d'yeux humides et brillants. Quelques-unes de ces dames avaient le teint d'un orangé très-clair; une ou deux étaient presque blanches.

« Voyez, Stammli, comme mes femmes vous regardent, me dit Mtéça en riant. Elles s'attendaient à vous voir accompagné d'une femme de votre couleur. Mais je ne suis pas jaloux; venez vous asseoir. »

« Il donna tout bas un ordre à un page, qui bondit où on l'envoyait. En réponse à l'ordre communiqué, sortirent d'une anse de la baie de Murchison, comme autant de flèches, quarante canots magnifiques, peints en brun rouge, la couleur favorite. Je me suis demandé à ce propos si la prédilection des gens du pays pour cette couleur ne venait pas de ce que leur teint est de cette même nuance, car les véritables Vouagannda ne sont nullement noirs; leur peau, comme celle de Mtéça, est d'un bronze rougeâtre, peau singulièrement fine et douce. Les étoffes indigènes, le vêtement du plus grand nombre, draperie qui s'attache sur l'épaule droite et descend jusqu'à la cheville, sont également d'une teinte brune ; d'où j'ai supposé que le brun était la couleur nationale. »

Dans les quarante canots, il y avait environ douze cents hommes. Le capitaine de chaque embarcation était vêtu d'une robe de cotonnade blanche et coiffé d'un morceau d'étoffe, soigneusement ajusté en manière de turban. Par-dessus la robe blanche, l'amiral portait une sorte de tunique cramoisie, décorée d'une profusion de ganses d'or; pour coiffure, il avait le fez de Zanzibar.

En passant devant nous, chaque capitaine saisit sa lance et son bouclier avec la fierté du matador qui demande au juge de la Plaza d'admirer ses prouesses, et alla prendre part à la petite guerre dont on nous donnait le spectacle.

L'amiral fut vivement applaudi ; c'était l'Hector de la flotte, et si les actions d'éclat qui lui valurent tant de succès ne se firent pas remarquer par leur grâce, elles se distinguèrent du moins par leur extravagance.

La revue terminée, Mtéça ordonna à l'un de ses capitaines de découvrir un hippopotame ou un crocodile. Moins d'un quart d'heure après, le crocodile était découvert sur un rocher, à deux cents yards du point où nous étions. « Maintenant Stammli, dit l'empereur, montrez à mes femmes comment savent tirer les hommes blancs. »

Représenter tous les fils de Japhet dans une occasion aussi solennelle était grave ; mais que ce soit dû à la gracieuse influence d'une divinité protectrice de ma race, ou pur effet du hasard, je suis heureux de pouvoir dire que le monstre fut presque décapité à cent dix pas, avec une balle de cinq à la livre ; ce qui fit déclarer que tous les hommes blancs étaient des tireurs infaillibles.

Dans l'après-midi, comme nous tirions à la cible, il arriva un accident qui aurait pu avoir de graves conséquences. Au deuxième coup, un fusil double, n° 8, éclata entre les mains de

Mtéça, mais heureusement sans blesser ni l'empereur ni le page sur l'épaule duquel s'appuyait le canon. Un sentiment d'alarme n'en persista pas moins chez les assistants jusqu'au moment où, voyant que l'explosion était considérée comme d'un mauvais augure, j'examinai le fusil; découvrant alors une paille dans un des canons, je la montrai à Mtéça qui eut le bon sens de reconnaître que c'était elle qui avait occasionné la fracture. L'arme était vieille, et il était évident qu'elle avait beaucoup servi.

Le 10 avril, la cour quitta Oussavara sur la baie de Murchison, et regagna la capitale. L'empereur, escorté par environ deux cents mousquets, et par ses grands vouakoungou, ayant chacun une suite nombreuse, fit le trajet rapidement. J'avais été prié avec instances de partir avec lui; mais, comme il me fallait remiser mon bateau pour le garantir du soleil, je déclinai l'invitation et n'atteignis la capitale qu'à une heure.

Une route avait été faite pour cette partie de chasse impériale, route de huit pieds de large, à travers jardins et jungles, forêts et cultures. De riants paysages nous furent ainsi ménagés : vues paisibles du lac, vallonnements gracieux, gommiers et tamariniers gigantesques, bananeraies étendues, figuiers dont l'écorce fournit l'étoffe indigène, cases en forme de dôme, ayant un essai de portique et noyées dans des bosquets de plantains (bananiers des sages) qui remplissaient l'air du parfum de leurs fruits savoureux.

La route gagnait, en tournant, le sommet de vertes collines, d'où elle dominait de charmantes perspectives, et plongeait de nouveau dans l'ombre de coins boisés, de vallons et de ravins couverts d'arbres. Des ruisseaux limpides murmuraient au fond de ces plis, en fuyant vers le lac. Toute la végétation était d'un vert brillant, le ciel du bleu le plus pur, la chaleur tempérée par la brise ou par l'épais feuillage sous lequel nous passions.

Moins de trois heures après le départ, nous aperçûmes, couronnant le sommet arrondi d'une colline, un groupe considérable de grandes cases, au milieu duquel s'élevait un vaste bâtiment ressemblant à une grange. La colline s'appelait Roubaga, le vaste édifice était le palais, le groupe de cases la capitale de Mtéça.

De la haute palissade en roseau qui entourait la ville, rayonnaient de grandes avenues d'une largeur impériale. Arrivés au pied du Roubaga et traversant, au moyen d'une chaussée formée de troncs d'arbres, un espace marécageux, nous atteignîmes une de ces avenues dont le sol est une argile rougeâtre, fortement mélangée de détritus d'hématite. Cette voie, de cent pieds de large, nous conduisit par une douce montée à la route circulaire qui suit extérieurement l'enceinte. Là, nous vîmes que notre chaussée de trente mètres n'était qu'un chemin secondaire. En face de nous s'ouvrait l'avenue d'honneur, entre deux lignes d'habitations appartenant aux grands de l'État et enfouies dans des bosquets de bananiers et de figuiers. C'est de ce côté que donne la salle du trône, et que se découvre le plus bel horizon de la capitale, si riche en lointains splendides.

Tandis que j'admirais la vue, un page vint à moi et dit, en s'agenouillant, qu'il m'était envoyé par l'empereur pour me conduire à ma résidence. Je suivis le page et fus introduit dans un square palissadé, situé entre deux avenues : ce qu'on pourrait appeler une villa du pays. Ma maison s'élevait au centre d'une petite bananeraie de cent pieds carrés ; elle avait vingt pieds de long, la forme d'une tente, et était décorée d'un portique en miniature : une avancée du toit ressemblant à un porche revêtu d'un capuchon.

A trente pieds de distance, on voyait trois coupoles — deux pour mes gens — une pour la cuisine ; et dans un coin du jardin, un petit enclos pour mes bœufs et mes chèvres. Sans l'inquiétude où j'étais à l'égard des hommes que j'avais laissés à Kaghéhyi, j'aurais trouvé fort agréable de passer un mois dans ce séjour. Pour l'instant, j'étais aussi fier de ma petite villa qu'un marchand de Londres de son cottage.

Dans l'après-midi, je fus invité à me rendre au palais. Une quantité de gens en robes brunes, ou vêtus de blanc, quelques-uns portant des peaux de chèvre blanches, à long poil, sur leur vêtement brun, d'autres ayant pour turban des cordes enroulées autour de la tête (insignes des exécuteurs), se rendaient également au *bourzah*, comme on appelle la salle d'audience. Une série de cours fut traversée, et nous nous trouvâmes en face du grand édifice, bâti en roseau et en paille, que les Vouagannda qualifient pompeusement du nom de *kibouga*, c'est-à-dire le palais.

La vue qu'on a de cet endroit est digne des regards du monarque. De tous côtés ondule en grandes vagues une terre voluptueuse, inondée de soleil ; terre féconde, parée de la verdure éclatante des premiers jours d'été, rafraîchie par les brises du lac. Des mamelons, des cônes détachés, des masses tubulaires surgissent de ce riant et mystérieux paysage, et captivent l'attention du spectateur. Sur des crêtes lointaines, des villages, des bosquets de bananiers, encore plus frais que les autres, annoncent que le pays est populeux. De sombres lignes sinueuses tracent le cours de ravins boisés; des tapis herbus marquent les pâturages. De larges dépressions laissent deviner des jardins et des champs; puis toute cette beauté va se fondre au loin dans le bleu d'un vaste horizon.

Il y a dans cette variété d'aspects un charme étrange; on aimerait ce pays pour sa diversité, lors même qu'il ne retentirait que des cris des bêtes sauvages; mais il doit beaucoup de l'effet qu'il produit sur l'imagination à cette pensée qu'il est la demeure d'un peuple singulièrement intéressant. On se demande comment il se fait que ce barbare, un homme inculte, ait choisi le haut de cette colline pour s'y établir. Ce n'est pas comme moyen de défense, puisqu'il a créé de larges routes pour qu'on y arrive de toutes parts, et qu'une simple torche détruirait son enceinte. Ce ne peut être que pour la vue : il est donc sensible aux beautés de la nature? S'il eût ressemblé à tous les chefs que nous avons rencontrés, il aurait choisi un fond herbeux, une pente, un coin de la rive pouvant nourrir ses troupeaux, et il y aurait bâti son village. Mais il s'est placé sur la hauteur pour voir au loin. Il aime l'espace; sa maison est élevée, ses pièces sont grandes; de vastes cours, fort bien tenues, l'environnent. Ses femmes et ses gardes sont spacieusement logés, au milieu de cours également étendues. Nous avons dit la largeur de ces routes.

Tous ses sujets l'imitent dans la mesure de leurs moyens; tous sont habillés; ici, l'impudeur est un crime. Je suis cependant toujours en Afrique; hier encore je voyais des populations complétement nues. Il est possible que ce monarque et son peuple ne me séduisent pas moins que le pays.

Les tambours résonnèrent, annonçant que l'empereur venait d'entrer et de s'asseoir; nous nous hâtâmes d'aller prendre nos places.

J'avais déjà eu dix entretiens avec Mtéça, et chaque fois j'avais saisi toutes les occasions de lui parler de christianisme. Rien n'arrivait en ma présence que je ne le fisse servir à mon projet : la conversion de l'empereur, non pas à un culte particulier, mais à la doctrine chrétienne. Je lui disais comment le fils de Dieu s'était humilié jusqu'à revêtir la forme humaine pour le bien de tous les hommes, des noirs ainsi que des blancs; comment il avait été crucifié par son méchant peuple, qui ne l'avait pas reconnu; et comment, dans son amour pour ses bourreaux eux-mêmes, il avait demandé à son Père de leur pardonner, alors qu'il souffrait sur la croix. Je montrais la différence qu'il y a entre le Christ et Mahomet, celui-ci enseignant à ses disciples que tuer les païens et les infidèles est méritoire; Jésus disant qu'il faut aimer tous les hommes sans en excepter aucun; et je laissais à Mtéça à décider quel était le plus digne. J'avais commencé à lui apprendre les dix commandements, qui furent transcrits en kigannda par son secrétaire, sur la traduction qu'un de mes Zanzibarites, élève de la Mission des Universités, lui en donna en très-bon kissouahili.

L'enthousiasme avec lequel je me livrais à cet enseignement avait gagné Mtéça et plusieurs de ses chefs, au point de leur faire négliger les affaires publiques; ce jour-là, le conseil ne fut occupé que de lois morales et religieuses.

Au moment où la séance allait être levée, il me fut dit que le lendemain un homme blanc se rendrait au palais.

« Un blanc ou un Turc (un Égyptien)?

— Un homme blanc comme vous-même.

— Pas possible !

— Vous le verrez. Il vient de Masr (du Caire); c'est un envoyé de Gordoum pacha.

— Très-bien, je serai heureux de le voir, et, si réellement c'est un blanc, il est probable que je resterai trois ou quatre jours de plus auprès de vous, » dis-je à Mtéça, en lui serrant la main et en lui souhaitant le bonsoir.

L'homme blanc arriva le lendemain à midi, avec un grand bruit de trompettes, qu'on entendit de tous les points de la capitale. L'empereur m'envoya chercher en toute hâte. Je courus au palais, où je fus admis par une entrée particulière. Tous les chefs, les gardes, les pages, les bourreaux, les hôtes, les tambours, les fifres, étaient là en grande tenue. Mtéça avait la fièvre, ainsi qu'on le voyait à ses yeux étincelants, cernés d'une teinte pâle. Son entourage n'était pas moins surexcité.

« Que faire pour le bien recevoir? me demanda-t-il.

— Mettez vos troupes sur deux rangs, à partir de l'entrée du palais jusqu'à celle de la cour extérieure, et qu'elles lui présentent les armes quand il franchira la première porte; il faut en même temps que les fifres et les tambours saluent son arrivée.

— Superbe ! s'écria Mtéça. Vite, Tori, Sékébobo, Tchammbaranngo, placez les troupes comme vient de le dire Stammlt !

Oh ! superbe ! superbe ! Et doit-on tirer des coups de fusil, Stamml ! ?

— Pas avant que vous n'ayez échangé une poignée de mains. Ensuite, comme c'est un soldat, que vos gardes fassent une décharge ; de la sorte ils ne blesseront personne. »

L'état dans lequel je le voyais me fit présumer qu'il avait ressenti la même émotion lors de mon débarquement à Oussavara, et que Tori avait été consulté plus d'une fois sur le cérémonial à suivre.

Laissons maintenant la parole à l'étranger.

« A deux heures, écrit-il, le ciel s'étant éclairci, Mtéça m'envoya dire qu'il était prêt à me recevoir. Le camp est prévenu et chacun revêt ses plus beaux habits. Nous sommes prêts. Avec leurs jaquettes rouges et leurs pantalons blancs, mes braves Soudaniens sont superbes. Je me mets à leur tête, et, au son des trompettes et des tambours, nous suivons une avenue de quatre-vingt à cent mètres de large, courant du nord au sud et aboutissant au palais de Mtéça.

« Mon entrée dans la cour est saluée par un vacarme effroyable ; mille instruments, plus étranges les uns que les autres, produisent les sons les plus discordants, les plus assourdissants.

« Les gardes du corps de Mtéça me présentent les armes. Le roi est debout à l'entrée de la salle. Je m'approche et le salue à la turque. Il me tend la main, je la lui serre. Immédiatement, je vois à sa gauche un Européen au teint bronzé par le soleil, un voyageur, que je prends pour Caméron. Nous échangeons un regard sans rien dire.

« Mtéça entre dans la salle d'audience, où nous le suivons. C'est une pièce étroite, d'environ dix-huit mètres de longueur sur quatre ou cinq de large, dont le plafond, surbaissé près de la porte, repose sur un double rang de piliers de bois, qui partagent l'espace en deux travées que sépare une galerie. Cette dernière est inoccupée et conduit au siège royal ; les deux ailes sont remplies par les grands dignitaires et les principaux officiers. Devant chacun des piliers se tient un des gardes-du-corps, ayant un manteau rouge, sous lequel il porte une blouse noire et un pantalon blanc, l'un et l'autre à bande rouge. La coiffure se compose d'un turban blanc, garni de peau de singe. Tous ces gardes sont armés de fusils.

« Le trône est un siège de bois qui a la forme de fauteuil de bureau. Mtéça va s'y asseoir ; ses pieds reposent sur un coussin placé, ainsi que le fauteuil, sur une peau de léopard, qui se déploie sur un tapis de Smyrne. Devant le roi est couchée une défense d'éléphant supérieurement polie ; et à ses pieds il y a deux boîtes renfermant des fétiches. De chaque côté du trône est une lance (l'une en cuivre, l'autre en acier), chacune tenue par un garde. Ces lances sont les insignes de l'Ougannda ; le chien dont parle Speke a disparu. Aux pieds du roi sont assis trois personnages : le vizir et deux secrétaires.

« Mtéça a de la dignité et ne manque pas d'une certaine distinction naturelle. Son costume est élégant ; il porte un caftan de couleur blanche, bordé de rouge, des bas, des babouches, une veste noire brodée d'or, et un fez orné au sommet d'une plaque d'argent ; enfin un sabre, à poignée incrustée d'ivoire (arme de Zanzibar) et un bâton de commandement.

« J'exhibe mes présents, que Mtéça regarde à peine ; il serait indigne de lui de faire preuve de curiosité.

« Je m'adresse au voyageur, qui est en face de moi :

« Est-ce à M. Caméron que j'ai l'honneur de parler ?

« Non, monsieur ; je suis M. Stanley.

« Et moi, M. Linant de Bellefonds, membre de l'expédition de Gordon pacha. »

« Nous nous saluons l'un et l'autre, comme si nous nous trouvions dans un salon ; et n'en disons pas davantage.

« Cette rencontre m'a causé une vive surprise. Stanley, dont j'ignorais complètement l'expédition, était loin de ma pensée.

« Je pris congé du roi qui, pendant ce temps-là, s'était amusé à faire parader mes malheureux soldats et à leur faire sonner de la trompette. Je serrai ensuite la main de M. Stanley et demandai à celui-ci de me faire l'honneur de venir dîner avec moi.

« Il y avait à peine cinq minutes que j'étais rentré dans ma case lorsque arriva M. Stanley. Après nous être donné mutuellement l'assurance du plaisir que nous avions à nous rencontrer, M. Stanley m'informa que Caméron avait écrit d'Oudjidji qu'il partait pour le Congo. La question d'argent, me dit Stanley, doit lui causer de grands embarras, car il a dépensé le montant de la somme que lui a allouée la Société de géographie de Londres. D'après ce que l'on rapporte, il aurait perdu ses compagnons dans l'Oudjidji et serait maintenant seul avec sa bande[1]. M. Stanley

[1] Le lieutenant Cameron avait avec lui, au départ, le lieutenant Murphy et le doc-

parla de M. Caméron avec le plus grand éloge, il espérait le voir réussir dans son expédition.....

« Laissant sa caravane dans l'Oussoukouma, M. Stanley s'est embarqué sur le *Victoria*, avec onze de ses hommes, dans un petit bateau qu'il a apporté d'Angleterre. Il a exploré toute la partie orientale du lac, pénétré dans tous les golfes, dans toutes les baies et les anses, et fait le relèvement des caps et des îles. J'ai vu le travail de M. Stanley, une œuvre considérable. Il m'a montré de curieux dessins des îles qu'il a visitées; entre autres les vues qu'il a prises de l'île du Pont, de l'île de la Grotte et de l'île du Sphinx. La première est une arche de granit, arche naturelle, ayant toute l'apparence d'un pont construit de main d'homme ; la seconde ressemble à la grotte de l'enchanteresse Calypso; la troisième au Sphinx d'Égypte et d'une manière remarquable. »
Il me reste peu de chose à ajouter aux lignes précédentes.

Du premier coup d'œil, je reconnus dans M. Linant un Français. Ne m'ayant pas été présenté, et n'ayant pas un caractère officiel auprès de Mtéça, avec lequel M. Linant devait désirer s'entretenir tout d'abord, je me contentai de le saluer jusqu'à ce qu'il eût terminé sa conversation. C'est alors que nous nous présentâmes l'un à l'autre de la manière dont il l'a raconté.

Je fus enchanté de le voir, et plus encore lorsque j'eus découvert que M. Linant était un homme fort aimable.

J'observai qu'il y avait une grande différence dans la manière avec laquelle nous traitions respectivement nos hommes, et que sa conduite, vis-à-vis des indigènes, était en complète opposition avec la mienne. Il avait adopté une méthode semi-militaire que les Vouagannda prirent assez mal, et qui leur inspira des réflexions peu flatteuses. Chez M. Linant, des sentinelles, placées à l'entrée de la cour, tenaient les indigènes à distance, ne laissant pénétrer que ceux qui apportaient des messages de l'empereur. Chez moi, au contraire, la cour était pleine de vouatonngoleh, de soldats, de pages, d'enfants, et d'un nombre considérable de femmes brunes, qui écoutaient bouche béante ma conversation avec les autres. Par le fait, du matin au soir, ma cour regorgeait d'individus appartenant à toutes les classes de la société. J'aimais à faire parler les indigènes afin d'établir la confiance entre nous, et de pouvoir étudier leur véritable caractère. Grâce à ces entretiens,

---

teur Dillon; c'est dans l'Ounyanyemmbé et non dans l'Oudjiji, qu'il a perdu ses deux auxiliaires. Voyez sur les motifs de la séparation et sur la malheureuse fin du docteur Dillon, *A travers l'Afrique*. Paris, Hachette, 1878, p. 120 et 123. (H. L.)

libres de toute contrainte, j'obtins la faveur générale et recueillis des renseignements en assez grand nombre pour emplir des volumes.

Quant à M. Linant, je passai avec lui des heures charmantes.

Parti du Caire avant que j'eusse quitté Zanzibar, il ne pouvait me donner aucune nouvelle d'Europe ; mais je n'en goûtai pas moins auprès de lui les douceurs de la civilisation. Sa cuisine était française; il avait des haricots verts, de l'huile d'olive, des conserves de Paris, des pâtés de foie gras, de la mortadelle de Bologne, des sardines, des biscuits de Marseille, du sucre, du thé, du café, du chocolat. Si nous ajoutons à ces friandises le lait, le bœuf, les œufs, les chevreaux, les bananes, les patates, les tomates, les melons, la cassave que Mtéça nous fournissait en abondance, on verra que son cuisinier pouvait aisément répondre à nos désirs gastronomiques, d'ailleurs faciles à satisfaire. Le plaisir que nous trouvions dans la société l'un de autre, joint au bon état de notre santé, aiguisait l'appétit et facilitait la digestion.

Les entretiens religieux, dont j'ai parlé plus haut, se continuèrent en présence de M. Linant de Bellefonds, qui, heureusement pour la cause que j'avais à soutenir, était protestant. Interrogé par l'empereur au sujet de quelques-unes de mes instructions, fidèlement transcrites, M. Linant fit les mêmes réponses que moi et en employant à peu près les mêmes paroles. Ce fait remarquable de deux hommes, qui jusque-là ne s'étaient jamais vus, l'un venant du Sud-Est, l'autre du Nord, et qui cependant, savaient les mêmes choses et en parlaient dans les mêmes termes, frappa d'étonnement les indigènes, et fut accueilli par l'empereur comme un fait miraculeux [1].

Mais la fin de mon séjour approchait, et je rappelai à Mtéça la promesse qu'il m'avait faite de me fournir les moyens de transport nécessaires pour amener dans l'Ougannda les hommes que j'avais laissés à Kaghéhyi. Il gardait M. Linant jusqu'à mon retour, ce qui l'empêcherait de sentir le vide causé par mon absence ; très désireux, d'ailleurs, de voir les présents que je devais lui rapporter, il donna immédiatement à Magassa l'ordre

---

1. Dans le journal de la mission qu'il accomplissait alors et dont le manuscrit est entre les mains du général C. P. Stone, chef d'état-major au service du khédive, M. Linant de Bellefonds a parlé de la manière la plus favorable de ces heures consacrées à l'instruction religieuse. (*Note de l'auteur.*)

de réunir trente canots, puis d'aller avec moi chercher ma caravane.

Donc le 15 avril, escortés de Magassa et de ses *vouatonngoleh*, nous quittâmes Roubaga. M. Linant, avec dix de ses Nubiens, m'accompagna jusqu'au lac.

Vers dix heures nous étions à Oussavara, où je m'imaginais follement que les canots m'attendaient. Mais le Magassa d'alors n'était plus celui du 1er avril ; quinze jours de faveur impériale et sa promotion au commandement d'une flotte lui avaient tourné la tête. Magassa n'était pas prêt et ne pouvait l'être que dans deux jours.

« Quand même j'en informerais l'empereur ? lui demandai-je.

« En ce cas, répondit-il, peut-être demain matin.

« Quelques heures de plus, ce n'est pas une affaire, dis-je à M. Linant. Reprenons possession de mon ancienne demeure, et terminons la journée par une course au bord du lac ou une promenade en bateau. »

M. Linant accepta.

La beauté du pays, la nature des roches, la variété des plantes, un enchaînement sans fin de sujets de conversation avec un homme intelligent et sympathique, comme celui que j'avais alors pour compagnon, m'auraient fait trouver courtes des semaines passées ainsi.

Dans la soirée, je terminai mon courrier, daté du 14 avril 1875, et adressé aux journaux américain et anglais que je représentais alors : le *Daily Telegraph* et le *New York Herald*.

Dans ces lettres, je demandais qu'une mission chrétienne fût envoyée à Mtéça.

Cet appel, écrit à la hâte, se formulait ainsi :

« J'ai tellement ruiné l'islamisme dans l'Ougannda que Mtéça, jusqu'à plus ample informé, s'est résolu à observer le sabbat chrétien aussi bien que le sabbat musulman, ce que tous les grands chefs ont accepté pour eux-mêmes. Il a, de plus, ordonné que les dix commandements de Moïse fussent écrits sur une planche pour son usage quotidien — il sait lire les caractères arabes, — et qu'ils fussent accompagnés du *Pater* et de la sublime maxime du Christ : « Tu aimeras ton prochain comme toi-même. » C'est un pas immense, vu le peu d'instants que j'ai passés avec lui ; et bien que je ne sois pas missionnaire, après ce succès, je commence à croire que j'aurais pu le devenir.

« Ah ! qu'un de ces hommes pieux, un homme intelligent et pratique vienne ici ! Quel champ à cultiver, quelle récolte mure pour la civilisation ! Mtéça donnerait à un missionnaire tout ce qu'il pourrait désirer, des cases, des terres, des bestiaux, de l'ivoire. Du premier jour, l'arrivant pourrait regarder comme sienne une province tout entière.

« Mais ce qu'il faut ici, ce n'est pas un prédicateur. Tous les évêques de la Grande-Bretagne, doublés des jeunes étudiants d'Oxford et de Cambridge, n'obtiendraient rien de la population de l'Ougannda avec de simples paroles. Ce qu'il faut à ce peuple intelligent, c'est l'instituteur pratique, sachant enseigner la manière de devenir chrétien, de guérir les maladies, de bâtir des maisons ; connaissant l'agriculture, en faisant lui-même, et pouvant, ainsi qu'un marin, mettre la main à toute chose. Cet homme si on le rencontrait, deviendrait le sauveur de l'Afrique. Il ne doit être lié à aucune Église, à aucune secte ; il doit uniquement professer Dieu et son Divin Fils ; ne prêcher que la loi morale, vivre en chrétien irréprochable, avoir des principes libéraux, une grande charité pour tous, une foi profonde dans le Seigneur. Il ne doit être non plus d'aucune nation, il doit appartenir à la race blanche tout entière.

« Voilà celui que désire Mtéça, empereur d'Ougannda, d'Oussoga, d'Ounyoro et du Karagoué [1], un empire ayant trois cent soixante milles géographiques de long, sur cinquante de large (567 kilomètres, sur plus de 92.)

« Mtéça m'a prié de dire aux hommes blancs de venir à lui et qu'il leur donnerait tout ce dont ils auraient besoin. Où trouverait-on, dans le monde païen tout entier, un champ plus favorable à l'établissement d'une mission ? Le colonel Linant de Bellefonds m'est témoin que je dis vrai ; il l'attestera, j'en suis sûr. Bien que Français, il est calviniste ; et il a conçu, pour l'avancement de l'Ougannda, autant de sollicitude que j'en éprouve moi-même.

« Pourquoi dépenser inutilement en Afrique tant de sommes considérables en faveur de païens qui n'ont pas l'exemple de compatriotes devenus chrétiens avant eux ? Je m'adresse à la Mission des Universités de Zanzibar, aux Méthodistes libres de Mombaza, aux philanthropes qui dirigent la propagande reli-

---

[1]. Peut-être serait-il plus juste de dire *suzerain* de l'Ounyoro et du Karagoué ; et même pour l'Ounyoro, la suzeraineté, en 1875, était probablement plus nominale que réelle. (H. L.)

gieuse, à tous les hommes pieux d'Angleterre, et leur dis : « Voici l'occasion que vous cherchez, saisissez-la. Un peuple des bords du Victoria vous appelle. Obéissez à vos généreux instincts ; et je vous certifie qu'en une seule année, vous aurez obtenu plus de conversions au christianisme que toutes les autres missions réunies.

« La population de l'empire de Mtéça est très-compacte ; je l'estime à 2,000,000 d'âmes. Vous n'avez pas à craindre les dépenses qu'entraînera une semblable mission ; Mtéça est souverain absolu, et il couvrira dix fois ces dépenses, en ivoire, en café, en peaux de loutre de très-belle qualité, en bétail; car la richesse du pays en produits de cette nature est immense.

« Pour venir ici, il faut remonter le Nil, ou prendre la voie de Zanzibar, de l'Ougogo et de l'Ounyanyemmbé. La première de ces routes paraît être la plus praticable et le sera, du moins, tant que Gordon Pacha restera gouverneur des pays du Nil-Blanc. »

Mes lettres écrites, je les remis aux soins de M. de Linant de Bellefonds, qui me promit d'attendre mon retour et me prêta une puissante lunette de campagne, la mienne, fort endommagée d'ailleurs, ayant été donnée à Mtéça.

Le lendemain de notre arrivée, Magassa n'était pas plus avancé que la veille et ne semblait pas disposé à partir : une de ses femmes avait pris la fuite, où avait été enlevée par quelque chef de Mtéça. Enfin, dans la soirée du 16, il arriva dix canots.

Je laisse M. Linant raconter notre séparation.

« A cinq heures du matin, les tambours battent ; les bateaux qui accompagnent Stanley, se réunissent.

« Nous sommes bientôt prêts, Stanley et moi. Le *Lady Alice* est mis à flot ; les bagages, les moutons, les chèvres, les volailles sont embarqués. Il n'y a plus rien à faire qu'à hisser le drapeau américain et à mettre le cap au Sud. J'accompagne Stanley jusqu'à son bateau ; nous nous serrons les mains, en nous recommandant mutuellement à Dieu. Stanley prend le gouvernail ; le *Lady Alice* fait un écart, ainsi qu'un cheval ardent, puis s'élance et fait écumer l'eau du Nyannza. Le drapeau étoilé se déploie et flotte avec fierté ; je lui envoie une salve bruyante ; jamais peut-être il n'a été salué de si bon cœur.

« Le *Lady Alice* est déjà loin. Nous agitons nos mouchoirs

pour un dernier adieu. Mon cœur est gros, j'ai perdu un frère. Je m'étais habitué à voir Stanley, homme franc et simple, homme excellent, admirable voyageur. Avec lui, j'oubliais mes fatigues. Depuis quatre mois je n'avais pas dit un mot de français, sa rencontre me semblait un retour au pays natal. Sa conversation attrayante, instructive, faisaient passer les heures comme des minutes. J'espère le revoir et avoir le bonheur de passer encore plusieurs jours avec lui. »

CHAPITRE X

Adieux. — Vanité et déloyauté de Magassa. — L'île de Sessé. — L'anse de Djoumba. — L'Ougannga. — Doumo. — La Kaghéra ou *Nil' Alexandra*. — Pointe de Loupassi. — En danger. — Seul avec la nature. — Monde des insectes. — Rêve d'un meilleur avenir. — Un sombre secret. — Mourabo et le poisson. — Île d'Alice. — Nuit à ne jamais oublier. — Trahison de Bammbireh. — Sauvés ! — L'île du Refuge. — Vouirou. — « Allez et mourez dans le Nyannza ! » — Retour au camp. — Tristes nouvelles.

« Adieu, mon ami, adieu ! je serai revenu dans un mois, sinon, présentez mes compliments à vos amis d'Ismaïlia (Gondokoro) et dites-leur qu'ils me verront sur le lac Albert. »

Telles furent les paroles que je lui adressai en m'embarquant, le matin du 17 avril, et dont pas une ne devait se réaliser. Les événements qui survinrent m'empêchèrent de tenir ma promesse. M. Linant m'attendit pendant six semaines; puis il reprit le chemin d'Ismaïlia. En route, il eut à soutenir un combat de quatorze heures contre plusieurs milliers de Vouanyoro. Il réussit à leur échapper, et arriva sain et sauf au quartier général; mais au mois d'août, chargé d'une nouvelle mission, il fut attaqué par des Baris qui le massacrèrent, ainsi que les trente et quelques soldats de sa compagnie.

Nous n'avions pas fait trois milles que la vanité du jeune Magassa dépassait déjà toutes les bornes. Jugeant qu'il était bon de le chapitrer avant qu'il fût trop tard, et de lui montrer en perspective la récompense que lui vaudrait une bonne conduite, je le fis appeler. Au lieu de venir, il continua sa route en m'adressant un impertinent signe de tête, accompagné d'une légère grimace. Je réservai la leçon pour notre arrivée au camp.

A midi, je pris des observations pour relever la latitude de l'entrée de la baie de Murchison. Au coucher du soleil, grâce à une nage très-énergique, nous avions atteint l'île de Tchivouanouko. Magassa ne tarda pas à me suivre. Au débarqué, je le pris doucement par le bras, et, le faisant asseoir auprès de moi, je lui expliquai qu'il avait devant lui un brillant avenir, mais à la condition qu'il obéirait aux ordres de l'Empereur, et agirait de concert avec moi. Il se confondit en promesses et, pour me prouver combien il était sincère, il me demanda la permission de se rendre à Sessé, une grande île où est amarrée la flotte de Mtéça, afin d'y prendre le complément des trente canots qui m'avaient été promis.

Laissant à Senntoum et à Senntaghéya, ses vouatonngoleh, cinq des canots qu'il avait alors, il partit le soir même, ce que je considérai comme une preuve remarquable d'énergie. Mais il ne fit que deux milles et passa la nuit dans un village, où il abusa de son autorité en enlevant une femme et en garrottant le chef.

Le lendemain nous partîmes avec les deux vouatonngoleh, Senntoum et Senntaghéya, et nous allâmes camper dans l'anse du Djoumba. Ce nom est le titre héréditaire de l'un des amiraux de Mtéça, un jeune homme qui commande une section de la flotte impériale et auquel est confié le district d'Oundjakou, promontoire situé sur la rive gauche, rive nord, de la Katonnga. L'Oundjakou, terrain d'une extrême fertilité, sépare le district du grand amiral Gabounga de celui de Sammbouzi, sous-chef de Kitounzi.

Toute la rive septentrionale de la baie de Murchison présente un magnifique panorama de collines tabulaires, de cônes, de mamelons formant de petites rangées qui courent dans tous les sens, mais avec une inclinaison générale de l'Est à l'Ouest. Cet amas de chaînes irrégulières constitue au lac pour ainsi dire une limite naturelle, et donne à penser que le Victoria ne reçoit du Nord aucune rivière importante; ces chaînes se terminent brusquement au bord de la Katonnga. A l'embouchure de celle-ci, embouchure dont la largeur est de 360 mètres, et où s'arrête l'Ougannda proprement dit, s'étend sur la rive droite, jusqu'aux collines de l'Ouddou situées à quatre milles de distance, une terre fort basse qui est le district d'Ougannga. La plage de cette terre est bien boisée et forme un vaste croissant; l'Ougannga fait partie de l'Ouddou, qui, de la rive droite de la Katonnga, va rejoindre la Kaghéra.

Presque parallèlement à la côte de cette dernière province, et à une distance de quelque vingt-trois milles, se déploie l'île de Sessé, longue d'environ quarante-deux milles, sur vingt de large, dans sa plus grande étendue. C'est là qu'est amarrée la flotte de

Mtéça, là qu'habitent les principaux constructeurs de canots et les mariniers de l'empire, gens que leur peau noire, leur timidité, leurs superstitions, la grossièreté de leurs habitudes, font regarder comme les ilotes de l'Ougannda.

Le 21, après avoir longé la côte basse, marécageuse et couverte de roseaux de l'Oudjadjou, nous arrivâmes à Doumo, village de la terre ferme situé presque en face de l'extrémité méridionale de l'île de Sessé. Du sommet d'une intéressante colline rocheuse qui s'élève près de Doumo et qui porte les traces d'anciennes inondations, nous aperçûmes, dans le lointain, vers le Couchant, la lisière d'un plateau pastoral.

Magassa arriva le soir, n'ayant pas obtenu la moindre embarcation. Il nous fit un rapport dramatique de la situation dangereuse où il s'était trouvé à Sessé, dont les habitants aimaient mieux courir le risque d'être mis à mort par l'Empereur que d'affronter les périls du voyage; cependant l'amiral, chargé de l'administration des ports et de la flotte, avait promis de faire tout son possible pour nous envoyer quatorze canots. Mais Magassa, nous avait quittés avec cinq bateaux et n'en ramenait que deux. A mon observation, il répondit que les trois autres étaient en si mauvais état qu'ils ne pouvaient pas naviguer; puis il me dit que Magoura — c'était le nom de l'amiral — pouvant n'accomplir sa promesse qu'avec beaucoup de lenteur s'il était abandonné à lui-même, je ferais bien de partir avec Senntoum et Senntaghéya et de le laisser, lui, Magassa, avec les cinq canots pour presser l'envoi des autres.

Sachant maintenant ce qu'il valait, et ayant eu connaissance de son affreuse conduite à Tchivouanouko, je le soupçonnai fortement d'avoir quelque méchante action en vue. Mais je n'avais pas d'autorité sur lui et ne pouvais que lui laisser la responsabilité de ses actes, dont il aurait à rendre compte à Mtéça qui, sans aucun doute, en serait informé avant peu.

Partis de Doumo, et laissant l'île de Sessé au Nord, nous eûmes du côté du Levant un horizon de mer, tandis qu'à l'Ouest se voyait une baie peu profonde, bordée d'une forêt épaisse et finissant au cap de Tchahouassimmba. De cette pointe, une autre baie s'étend jusqu'au promontoire qui forme l'extrémité septentrionale de l'Oussonngora. C'est dans cette baie que débouche la Kaghéra, cours d'eau puissant qui, par son volume et sa couleur d'un brun ferrugineux très-foncé, peut se suivre dans le lac à une distance de plusieurs milles.

La largeur de cette rivière, que j'ai appelée *Nil Alexandra*, n'était alors, à l'embouchure, que de 137 mètres, et à deux milles en amont, seulement de 90 mètres ; mais la plaine qui, sur les deux rives a de cinq à dix milles de large, est complètement inondée dans la saison pluvieuse ; et tel qu'il était à l'époque de cette première visite, l'Alexandra nous offrit quatre-vingt-cinq pieds de profondeur, avec une telle force de courant que nous n'avancions qu'à grand'peine ; au troisième mille nous dûmes renoncer à la lutte.

Je ne vois pas d'autre cours d'eau de cette importance parmi les affluents du lac ; le Chimiyou n'est qu'en seconde ligne ; et le volume de ces deux tributaires réunis égale celui du Nil à sa sortie du Victoria. Les Vouagannda appellent la Kaghéra *la Mère de la Rivière qui est au Djinndja*, c'est-à-dire aux Chutes Ripon.

Le Nil Alexandra constitue une limite naturelle entre l'empire d'Ougannda et les royaumes du Karagoué et de l'Ousonngoro, ses tributaires, qui commencent au sud du fleuve. La plaine de l'Alexandra s'étend, au Midi, sur une distance de quelques milles jusqu'à une chaîne irrégulière de ces montagnes herbeuses et dépourvues d'arbres qui caractérisent les belles régions pastorales de l'Oussonngora et du Karagoué.

A la pointe de Loupassi, les montagnes jettent dans le lac des promontoires dont les falaises ont une hauteur qui varie de deux cents pieds à cinq cents. En beaucoup d'endroits, les escarpements sont hérissés de quartiers de roche de gneiss, d'une teinte grise, détachés du sommet. Près de la pointe, nous trouvâmes une cascatelle sortant d'un orifice de la falaise et tombant d'une hauteur d'un mètre, bien qu'au-dessus de la chute il n'y eut pas vestige de cours d'eau. Les ravins et les crevasses des pentes rocheuses étaient remplis des plus belles fougères.

Je parvins à gravir jusqu'au faîte de l'un des promontoires et, à ma grande surprise, un plateau onduleux, couvert d'une prairie et presque sans arbres, sauf près des villages où il y avait d'épaisses bananeraies, s'offrit à mes regards. Plus loin, vers l'Ouest, le plateau se gonfle en masses montagneuses également dépourvues d'arbres.

Au Levant, juste en face de l'Oussonngora septentrional, se déploie une nappe argentée d'une étendue sans borne. Au Sud, apparaissent une ou deux îles situées à quelque vingt-cinq milles de la côte, îles élevées, majestueuses et sereines dans leur solitude.

Ce fut ensuite à Makonngo, sur le littoral de l'Oussonngora, que nous nous arrêtâmes. Ce village est niché dans une indentation d'une haute montagne, au fond d'un bosquet de bananiers où les cases s'éparpillent dans une ombre épaisse à quarante pieds au-dessus du lac. Une pente très-douce, couverte de gravier d'une teinte grise, va du bord de l'eau jusqu'à la bananeraie, qui est d'une luxuriance prodigieuse. Il y avait sur cette grève une douzaine d'indigènes, salement vêtus de peau de chèvre, qui humaient du *marammba*, ou vin de banane, renfermé dans des gourdes[1]. Ces gens accueillirent notre salut avec assez de politesse, et, quand nous eûmes échoué nos trois barques de manière à les mettre à sec, ils nous offrirent de leur *marammba*. La course avait été longue, nous étions fatigués; peut-être soupirions-nous après le breuvage qui nous était offert. Toujours est-il que nous acceptâmes, et qu'appréciant ce don hospitalier, nous fîmes l'éloge du vin et témoignâmes notre gratitude. Les indigènes parurent satisfaits; ils répondirent de bonne grâce à toutes nos questions, nous disant avec obligeance le nom des localités en vue.

Le soleil se coucha; nous nous souhaitâmes le bonsoir, et d'un ton amical. A minuit nous fûmes brusquement réveillés par un bruit de tambour d'une extrême violence.

« Qu'y a-t-il? demandai-je aux Vouatonngoleh.

— Ce n'est rien, » me fut-il répondu. Cependant le rauquement des tambours ne cessait pas et chassait l'envie de dormir.

Tous mes gens étaient debout avant l'aube, attendant le jour avec impatience; l'instinct nous disait que les choses allaient mal. J'étais encore dans ma cabine, les rideaux tirés, lorsque Saféni m'appela; je sortis aussitôt, et ma surprise fut grande en voyant de deux à trois cents indigènes en costume de guerre, tous armés de lances, d'arcs et de flèches, d'espèces de haches à long manche, portant de grands boucliers en roseau et nous regardant de très-près; entre nous et cette foule à l'air rébarbatif il y avait tout au plus trente pas. La position était si étrangement théâtrale que je me sentis embarrassé et me hâtai de rompre le silence. Je reconnus l'un de ceux qui la veille nous avaient offert à boire, et, allant à lui sans armes, je lui demandai ce que signifiait tout cela.

1. Ces gens, dit Stanley dans une de ses lettres, absorbaient leur marammba à l'aide de calumets de paille, absolument comme les Américains prennent un Sherry-cobbler ou un julep à la menthe. (H. L.)

Il me répondit d'une voix brève et menaçante en kinyammbou, langue que je ne comprenais pas. Je fis venir Senntoum qui nous servait d'interprète.

« Pourquoi avez-vous tiré vos canots sur notre plage, disait l'homme ?

— Pour que le ressac ne les mit pas en pièces durant la nuit. Le vent est fort, la vague est haute et nos canots sont nos maisons. Nous sommes loin de nos amis qui nous attendent; comment pourrions-nous les rejoindre s'il arrivait malheur à nos bateaux ?

— Sais-tu que ce pays nous appartient ?

— Oui, mais quel tort vous faisons-nous ? Votre plage est-elle assez molle pour que nos barques la ravinent ? Avons-nous cueilli vos bananes ? Sommes-nous entrés dans vos huttes ? Un seul de vos gens a-t-il été injurié ? Ne voyez-vous pas les feux près desquels nous avons couché, exposés au froid de la nuit ?

— N'importe; il faut que vous partiez; nous ne voulons pas de vous.

— C'est bientôt dit; si vous nous aviez déclaré hier au soir que notre présence vous déplaisait, nous serions allés dormir dans l'île qu'on voit là-bas.

— Que veniez-vous faire ici ?

— Nous reposer, y passer la nuit et acheter des provisions. Est-ce un crime ? Ne voyagez-vous pas dans vos canots ? Supposez qu'on vous fasse l'accueil que nous recevons ici, que penseriez-vous ? Ne diriez-vous pas que vous avez à faire à de mauvaises gens ? Ah ! mon ami, vous si bon hier, pouvais-je croire que vous changeriez de la sorte ? Mais rassurez-vous; nous allons partir promptement et sans colère; seulement le Kababa saura ce qui est arrivé, et sera juge entre nous.

— Si vous voulez des vivres, je vous enverrai des bananes dans l'île qui est là-bas; mais partez vite, de peur que mes gens, qui ont envie de se battre, ne commencent. »

Le *Lady Alice* et les deux canots furent bientôt lancés; mes gens prirent leurs rames et s'éloignèrent. Mais au lieu de partir, Senntoum, furieux contre les indigènes, leur reprochait hautement leur conduite. Afin de prévenir la lutte et de l'empêcher d'être massacré avec tous ses hommes, je lui ordonnai d'embarquer; ce qu'il fit, après un instant d'hésitation et tout en grommelant. Nous nous dirigeâmes vers l'île de Moussira, qui était à une distance d'environ trois milles. Nous y trouvâmes cinq barques du pays de Karimou, des barques chargées de café et de beurre. Sonntoum et Senntaghéya, toujours irrités contre les indigènes, saisirent plusieurs balles de café, ce qui leur attira de vifs reproches de la part des propriétaires.

Les gens de ces vouatonngoleh, véritables Vouagannda toujours prêts à la lutte, suivirent l'exemple de leurs chefs et les aidèrent à dépouiller les indigènes. L'un de ceux-ci m'apporta sa plainte. J'étais en train de faire dresser ma tente, lorsque je fus informé par cet homme de la conduite des Vouagannda. Ce qui avait été pris fut immédiatement rendu ; et Senntoum et Senntaghéya furent menacés d'une punition exemplaire s'ils se permettaient de piller ou de maltraiter les naturels ; puis je donnai aux gens des canots le conseil de partir dès que la houle serait calmée, et de gagner une île située à quelque cinq milles au nord de Moussira.

Vers dix heures, le chef de Makonngo, fidèle à sa promesse, nous envoya des bananes en quantité suffisante pour nourrir pendant un jour les soixante-deux hommes dont notre bande se composait.

Sachant que mes trois équipages, Voua-ngouana et Vouagannda allaient être absorbés par leurs bananes, qu'ils n'avaient pas d'ennemis à craindre et qu'ils ne pouvaient se quereller avec personne, puisque nous étions seuls dans l'île, je pouvais les quitter et employer mon temps de la manière qui me serait le plus agréable. Je partis donc ; et avec toute l'ardeur d'un garçon de quinze ans, je me lançai dans mon exploration. Il était si rare que je pusse jouir, en toute sécurité, de la solitude et du silence que me promettaient ces bois ! Ma liberté, bien que je fusse seul, ne pouvait être mise en péril, ou même restreinte. Mon droit d'escalader les arbres, de fouiller dans les creux, de me mettre sur la tête ou de me rouler sur les feuilles, les écorces, les branches mortes, mon droit de rire et de chanter, qui me le contesterait ? Monarque absolu, arbitre suprême de mes actions, j'allais jouir un instant d'une félicité parfaite.

A ce besoin de sauter, de bondir, de grimper aux branches qui caractérise la jeunesse dans toute la plénitude de sa force, je lâchai entièrement la bride. Délivré de toutes les entraves du convenu, dégagé de la réserve, du sérieux que ma qualité de chef m'imposait en présence de mes hommes, je sentis mon corps reprendre toute son élasticité. Je passai sous la ramée obstruante, franchis l'arbre couché, me faufilai dans les étroitesses impossibles, rampai comme un serpent à travers le sous-bois; je plongeai dans les profondeurs du feuillage, creusant ma route avec une énergie frénétique dans les pyramides de lianes, si nombreuses et tellement enlacées que leur réseau formait une masse solide.

Avec combien d'excentricités de la création je fis connaissance durant ce vagabondage! Des fourmis noires, jaunes, rouges, grises, blanches ou mi-partie, peuplaient ce monde en miniature de leurs races inconnues. Ici, des membres de la caste guerrière, sans cesse menaçant et à la recherche de qui ils pourront assaillir. A côté, les féroces pourvoyeuses, actives à l'attaque, courant sur les troncs, les rameaux, les brindilles et les feuilles en quête de la proie. Les tranquilles ouvrières, bâtissant et réparant; les neutres frugales, traînant d'énormes charges vers la demeure habilement construite, dont l'approche est défendue par de vigilantes sentinelles.

Légions sans nombre pullulant dans le feuillage; colonnes fourrageuses, hordes pillardes, essaims destructeurs.

Dans le bois mort ou mourant, j'entendais partout les larves xylophages ardentes à l'œuvre; des myriades de termites se voyaient détruisant, avec une industrieuse furie, tout ce qui se trouvait sur leur route. Des légions de psylles, des nuées de phalènes, troublées dans leur repos, sortaient des broussailles; et sur chaque branche, grinçaient bruyamment les cigales. Ailleurs, de rusés fourmi-lions creusaient leurs pièges; et des mantes fantastiques, vertes ou grises, se tenaient debout dans l'attente des bestioles distraites. Le scarabée diamant abondait; beaucoup d'autres, horribles ou bizarres se traînaient, fuyant mes pieds; — tout cela n'est pas la millième partie des nations d'insectes que dérangeait mon passage.

Enfin j'arrivai à un endroit où le terrain s'élevait rapidement, toujours revêtu de grands arbres ayant leur manteau de lianes, leurs parasites, leur sous-bois; et, malgré la chaleur, je continuai mon exploration, décidé à gagner le sommet.

J'avais, pour gravir la pente, un choix de nombreux appuis : ici, un tamarinier, à côté, un bombax; puis la branche avancée d'un mimosa; ensuite une liane m'engageait à me hisser, puis à me projeter en suivant ses courbes; et, saisissant un jeune scion, une tige flexible, teck ou jasmin, j'émergeai du feuillage, et me trouvai sur un curieux tapis d'herbes aiguës, émaillé d'ananas, d'orchidées et d'aloès, j'étais au faîte de la montée.

Un regard promené autour de l'île me fit voir que celle-ci avait la forme d'un bateau orienté de l'Est à l'Ouest, et d'une longueur d'environ 540 mètres sur 180 de large. Le talon se composait d'une saillie presque perpendiculaire de cinquante pieds de hauteur, sur laquelle s'élevait le rocher qui la dominait de quatre-vingts pieds et avait ainsi une altitude de cent trente pieds au-dessus du lac.

Je regardai longtemps le vaste horizon qui m'entourait. Au Levant, au Nord et au Sud, le lac étendait ses eaux paisibles jusqu'à l'endroit où la nappe argentée rencontrait le ciel pur, rencontre voilée par une gaze vaporeuse qui faisait naître l'idée de l'infini.

Au Sud-est, s'élevait majestueusement l'île d'Alice, et à quelques milles de celle-ci, toujours au Sud-est, apparaissait l'archipel de Bammbireh. En face de moi, à l'Ouest et à deux milles environ de mon observatoire, se dressait la longue muraille du soubassement de l'Oussonngora, plateau s'élevant en une pente douce émaillée de bananeraies toujours vertes, et borné au loin par un vague horizon de montagnes bleues.

Du point où j'étais alors, (sommet de l'île de Moussira), le regard peut embrasser l'une des portions les plus étranges et les plus belles de l'Afrique. Vous avez sous les yeux des centaines de milles carrés de la surface du lac, une grande longueur de falaise grise, muraille découpée d'entrées délicieuses, à demi entourée de bananeraies d'un vert exquis; et au-dessus de la falaise, d'autres centaines de milles où de nombreux villages se pressent à l'ombre de bouquets de bananiers.

De mon nid d'aigle, j'apercevais des troupeaux de vaches, troupeaux sur troupeaux, et de nombreux points tachetés de blanc et de noir qui ne pouvaient l'être que par des moutons et des chèvres. Des colonnes de fumée d'un bleu pâle s'élevaient des feux, autour desquels allaient et venaient des formes droites et minces. De mon trône, où j'étais en sûreté, je pouvais suivre les mouvements de ces formes sombres, rire de la férocité des cœurs sauvages qui battaient sous leur noire enveloppe; car je faisais alors partie de la nature, et pour l'instant j'étais invulnérable comme elle.

Qu'ils se doutaient peu que des yeux humains les regardaient du sommet de cette île, ainsi que d'en haut, les regarde le Père qui est aux cieux. Combien de temps encore resteront-ils ignorants de Celui qui a créé les lieux splendides, inondés de soleil, qu'ils voient chaque jour du haut de leur plateau ? Combien de temps leur férocité empêchera-t-elle l'Évangile d'arriver jusqu'à eux, combien de temps leur manquera la visite de l'homme qui doit le leur enseigner ?

Quelle terre ils possèdent! quelle mer intérieure ! Toute la région serait arrachée à la barbarie, l'impulsion donnée à l'industrie et à l'énergie des indigènes, la traite de l'homme supprimée, le germe de la civilisation semé dans toutes les contrées environnantes.

Aujourd'hui, tous ces peuples, le meurtre au cœur, ont la main levée les uns contre les autres; leur férocité s'éveille à la vue de l'étranger; la piraterie est la profession avérée des Vouavouma; les gens de l'Oughéyéya et de l'Oussoga vont absolument nus. Mtéça empale, brûle et mutile ses victimes; sur la côte, les Vouirighédi sont à l'affût du voyageur qu'ils considèrent comme leur proie, et les gens des îles l'accueillent à coups de fronde. A la vue d'un canot, les Vouakara renouvellent le poison de leurs flèches. Des steamers sur le lac, et l'Ourouri donnerait la main à l'Oussonngora, l'Ougannda à l'Oussoukouma; d'amicales relations s'établiraient entre les Vouazinnza, les Vouakéréhoué et les Vouagana. Un grand port de commerce se créerait alors sur le Chimiyou, port où le café de l'Oussonngora, l'ivoire, les moutons et les chèvres de l'Oughéyéya, de l'Oussoga, de l'Ouvouma et de l'Ougannda, les bœufs de l'Ouvouga, du Karagoué, de l'Oussagara, de l'Ihanghiro et de l'Oussoukouma, la myrrhe, la casse, les fourrures et les cuirs de l'Ougannda et de l'Ouddou, le riz de l'Oukéréhoué, le grain de l'Ouzinnza, pourraient s'échanger contre les produits fabriqués, apportés de la côte ! Maintenant toutes ces tribus, la haine et la rage au cœur, se tiennent à l'écart ou se massacrent entre elles. « Vraiment, les pays du globe où n'a pas pénétré la lumière, sont les repaires de la cruauté. »

Oh! vienne donc l'heure où une société de capitalistes philanthropes se dévouera au salut de ce beau pays, et fournira aux messagers de l'Évangile les moyens de venir ici et d'éteindre la haine meurtrière avec laquelle l'homme regarde l'homme dans ces belles contrées du Victoria !

Je descendis du faîte de Moussira par un autre chemin, qui me permit de constater le caractère de l'île rocheuse, et me fit voir les murailles de schiste qui entourent l'île de tous côtés, sauf à l'Ouest, murailles fendues et creusées par l'action tant de fois séculaire des influences atmosphériques.

Avec une extrême difficulté, je parvins à escalader une portion du récif qui s'était détachée au Nord-est, et formait une projection d'environ neuf mètres de hauteur. Dans une caverne creusée au sommet de ce promontoire, je découvris six cadavres humains dans un état avancé de décomposition, à moitié recouverts d'herbes et d'éclats de rocher. L'un d'eux portait sur le crâne les traces de coups de hache, ce qui me fit comprendre qu'un drame s'était récemment passé dans l'île. Nul doute que l'horrible événement ne fût arrivé à l'endroit où nous étions campés; il n'y avait pas d'autre place où pareil fait pût s'accomplir. Les victimes, probablement, avaient été mises dans un canot et déposées dans la caverne où je les ai trouvées, afin que les étrangers ne fussent pas alarmés par la vue des cadavres, témoignage de l'acte de violence que manifestaient les coups de hache. Probablement aussi, le crime avait été fait pour s'approprier la cargaison de café ou de beurre des malheureux, et par les gens de la terre ferme, ou par des étrangers comme mes propres Vouagannda, qui, en raison de leur supériorité numérique, avaient pillé les canots rencontrés le matin, uniquement parce qu'ils étaient forts et que les gens des canots étaient faibles.

Vers cinq heures, revenu au bivouac déjà depuis longtemps, j'aperçus notre flottille à l'horizon; elle ne comptait que quatorze bateaux. J'envoyai Saféni prier Magassa de nous rejoindre le lendemain matin de bonne heure, attendu que nous étions à court de vivres, et que nous serions pris de famine si le voyage se prolongeait. Magassa me fit répondre que nous pouvions partir aussi matin que je voudrais, qu'il était prêt à me suivre.

Le lendemain, j'attendis jusqu'à dix heures et pas de flottille. L'île d'Alice que nous devions atteindre le soir, étant assez éloignée — trente milles environ — il fut convenu que je partirais avec Senntaghéya, et que Senntoum resterait jusqu'à l'arrivée de Magassa, pour informer celui-ci de la direction que nous avions prise.

A peine avions-nous fait trois milles, que Senntaghéya remit précipitamment le cap sur Moussira, me faisant signe avec la main de continuer ma route. Je crus qu'il avait oublié quelque chose et ne m'en inquiétai pas davantage.

Nous arrivâmes à l'île d'Alice vers neuf heures du soir, ayant été retardés jusqu'à quatre heures par un vent debout qui soufflait avec force. La nuit était noire comme un four, une lueur vacillante, aperçue de loin nous indiqua seule l'endroit où nous pouvions atterrir.

Cette lueur, vers laquelle nous gouvernâmes, provenait d'un feu allumé dans une caverne qui ouvrait sur le lac, et où deux hommes faisaient sécher du poisson. D'abord effrayés, les pêcheurs n'en restèrent pas moins à leur place. Je pris mon air le plus aimable pour calmer leur crainte, et, les voyant tranquilles, je rentrai dans ma cabine. Au moment où je me couchais, je les entendis parler très-haut, d'une voix suppliante. Je bondis hors de la barque et arrivai à temps pour les empêcher de subir une perte sérieuse. Déjà l'un de mes hommes s'était emparé d'une demi-douzaine de gros poissons; il apprit mon arrivée par un coup étourdissant qui convainquit les pêcheurs de ma sincérité, mieux que n'auraient pu le faire les paroles les plus éloquentes, et prouva à mes gens que le vol leur était défendu. Une poignée de perles fut ensuite donnée aux indigènes comme dédommagement de l'émotion qu'on leur avait causée; et pour ôter à mes Voua-ngouana toute pensée de convoitise, je leur donnai double ration.

Le point du jour me fit voir que nous étions campés à l'ombre d'une falaise basaltique de cinquante pieds de hauteur, dans laquelle était creusée la caverne. L'île était haute; son point culminant dominait le lac d'une altitude de quatre cents pieds; elle avait quatre milles de long, un et demi de large, dans sa plus grande étendue, et nourrissait une quarantaine de familles, qui, venues de l'Oukéréhoué, reconnaissaient Loukonngheh pour suzerain.

Le sommet de l'île d'Alice est revêtu d'une herbe grossière, et les ravins et les creux de ses flancs sont encombrés d'une végétation luxuriante : grands arbres, fougères, orchidées terrestres, ananas, plantes équatoriales de toute espèce. Les rives sont bordées d'une étroite lisière de roseaux.

Nous fûmes bien vite en bonnes relations avec les indigènes; mais leur instinct commercial leur fit mettre les denrées à des prix si exorbitants que nous ne pûmes leur acheter que quelques épis de maïs.

Du sommet de l'île, avec ma longue-vue, j'avais examiné les alentours et n'avais rien pu distinguer à l'Est, ni au Sud-est. Au Sud-ouest, se trouvait l'archipel de Bammbireh, où nous étions forcés de nous rendre pour acheter des vivres. J'acquérais ainsi, chose peu agréable, la conviction d'avoir perdu un jour en venant à l'île d'Alice; si j'avais persévéré à me diriger au Sud, l'archipel de Bammbireh aurait été gagné en quelques heures.

L'espérance de voir arriver Magassa et aussi de pouvoir acheter quelque chose, n'importe à quel prix, pour ne pas mourir de faim, nous retint jusqu'à midi; le jour finissait quand nous arrivâmes à l'île Barker, la plus orientale du groupe. Nous y passâmes une triste nuit, dans une anse entourée de broussailles impénétrables, sous une pluie torrentielle qui dura jusqu'au matin. Pour comble d'infortune, nous n'avions pas soupé.

Rien de plus misérable que l'équipage du *Lady Alice* pendant ce déluge au milieu des ténèbres. Serrés les uns contre les autres, la tête basse, mes gens étaient assis sur une espèce de plateforme, qu'ils avaient faite avec leurs rames et des planches posées sur les bancs. Seul dans ma cabine, c'est-à-dire sous mon tendelet, je cherchais à distinguer leurs silhouettes, ou je prenais mentalement des notes sur les irrégularités du fourré qui bordait la rive. De temps à autre, je jetais un rapide coup d'œil sur la voûte obscure du ciel, ou sur Bammbireh dont la masse noire se dressait, haute et menaçante, dans l'ombre épaisse; et l'averse tombait toujours en nappe avec une violence inouïe. Je doute que les heures les plus brillantes que l'avenir me réserve puissent jamais effacer de ma mémoire cette nuit abominable.

Comme il arrive généralement après une nuit d'orage, la matinée fut splendide. Pas un point de la nature qui ne semblât rafraîchi, ravivé, qui ne fût souriant. Quant à nous, toujours accablés, nous avions hâte de rencontrer des hommes, car sans leur assistance nous ne pouvions pas vivre. Nous partîmes donc pour Bammbireh, qui est à deux milles de l'île Barker; et nous en suivîmes la côte, cherchant un port, une anse où notre barque pût être mise à l'abri et où nous trouverions des vivres en échange de nos perles.

L'île de Bammbireh a onze milles de long sur deux de large, dans sa plus grande étendue; elle paraît être composée d'une chaîne de collines, ou plutôt d'une rampe au sommet onduleux, revêtu d'une herbe courte. Ses pentes, généralement escarpées, sont aménagées en pâturage ou en culture. Elle peut renfermer une cinquantaine de bourgades ayant vingt cases en moyenne, ce qui lui donnerait une population d'environ quatre mille âmes.

Des troupeaux animaient ses collines. Sur d'assez grands espaces, la terre, nouvellement piochée, attendait la semence ; de grands bouquets de bananiers marquaient le site de la plupart des villages. Un air de douceur et de prospérité régnait partout.

Arrivés à peu de distance de la côte, nous vîmes quelques silhouettes humaines à la crête des montagnes ; et le cri prolongé de *hihou-è, hihou-ou-ou ou !* cri mélodieux bien connu, le cri de guerre employé par la plupart des tribus de l'Afrique centrale, le cri de guerre se fit entendre. Le nombre d'hommes s'accrut ; des voix nouvelles ajoutèrent leur cri prolongé et sonore à celui des autres.

Cependant, n'ayant aucune nourriture, commençant à souffrir de la chaleur, après le froid de la nuit ; avec la faim qui nous rongeait les entrailles et la distance qui nous séparait d'Oussoukouma, il fallait bien hasarder quelque chose.

Vers neuf heures, nous découvrîmes une anse près de l'extrémité sud-est de l'île ; nous y entrâmes. Aussitôt les indigènes descendirent en courant, poussant toujours le cri de guerre, qu'ils entremêlaient d'exclamations violentes. Je donnai l'ordre d'arrêter, nous étions alors à 45 mètres de la rive. Mais Saféni et Baraka intervinrent :

« Maître, dirent-ils, il en est toujours ainsi avec les sauvages. Ils crient, menacent, font les arrogants ; mais vous verrez que tout le bruit cessera dès qu'ils entendront nos paroles. D'ailleurs, si nous partons sans vivres, où pourrons-nous en obtenir ? »

Ce dernier argument était irréfutable ; et bien que je n'eusse pas donné l'ordre de reprendre la nage, quatre de mes hommes firent avancer lentement le bateau, pendant que Saféni et Baraka se disposaient à parler aux indigènes, qui s'étant précipités vers nous, se trouvaient alors à portée de la voix. J'en vis quelques-uns ramasser de grosses pierres et d'autres préparer leurs arcs.

Nous n'étions plus en ce moment qu'à cinq brasses de la plage. Saféni et Baraka prirent la parole, montrant leur bouche et indiquant par gestes que leur estomac était vide. Ils souriaient d'un air insinuant, tandis qu'ils prononçaient avec volubilité les mots : frères, amis, camarardes ! mêlant adroitement à leur discours les noms de Mtéça, d'Ougannda, d'Anntari, le roi d'Ihannghiro, auquel appartient Bammbireh.

L'éloquence de Saféni et de Baraka parut avoir produit bon effet ; les pierres furent jetées, les arcs se détendirent, les lances brandies s'abaissèrent pour aider à la marche ferme et lente des indigènes qui s'avancèrent gravement. Saféni et Baraka se tournèrent vers moi d'un air de triomphe ; « Que vous disions-nous, maître ? » s'écrièrent-ils. Avec une franchise engageante, ils invitèrent les indigènes, alors au nombre d'environ deux cents, à nous approcher de plus près.

Les naturels parurent délibérer ; puis quelques-uns, souriant eux-mêmes d'un air aimable, se mirent dans l'eau et, arrivant jusqu'à toucher la barque, ils nous parlèrent avec douceur. Mais tout à coup ils attirèrent le bateau vers la rive, où tous les autres, le saisissant ou prenant la haussière, nous traînèrent sur la grève à une distance de vingt pas.

Ce fut alors une scène qui défie toute description : un pandémonium déchaîné, une forêt de lances brandies, trente ou quarante flèches sur le point de partir, autant de massues tournoyant à fleur de nos têtes — deux cents noirs démons luttant pour nous insulter de plus près, et saisir l'occasion de nous transpercer ou de nous assommer.

Aux premiers symptômes de violence, j'avais été debout, un révolver à la main et décidé à en faire usage. Mais Saféni, dont l'émotion paralysait presque la langue, me supplia d'être patient. Je cédai à sa prière, voyant que je ne pourrais tirer aucune aide de mes hommes ; et déplorant avec amertume de m'être, en dépit de mes pressentiments, mis à la discrétion de tels sauvages, je fis vœu, si j'échappais à ce danger, de ne me laisser guider à l'avenir que par mon propre jugement. Je pris un air calme, sans toutefois lâcher mes révolvers. Mes gens supportaient la tempête avec une impassibilité touchant au sublime. Saféni, les bras croisés, avait la résignation d'un saint ; Baraka, les mains tendues vers les furieux, leur disait avec douceur :

« Mes amis, que pouvez-vous craindre de gens qui viennent à vous sans armes et la figure souriante ? Nous venons en frères vous acheter des vivres, quelques bananes, quelques poignées de grain, de patates ou de cassave, puis nous partirons. »

Cette conduite eut une grande influence ; le bruit s'apaisa de nouveau, et l'entente paraissait devoir se faire, quand une cinquantaine d'arrivants rallumèrent la fureur presque éteinte. Saféni reçut une bourrade qui le fit tomber, Kiranngo fut frappé à la tête ; une massue arracha un cri à Sarammba en s'abattant sur ses reins.

Je bondis en avant de mes hommes, et, m'adressant au chef qui semblait vouloir retenir les autres, je lui montrai de l'étoffe, des perles, du fil métallique, en invoquant le nom de Mtéça et celui d'Anntari.

La vue des richesses que je venais de découvrir éveilla dans tous les cœurs une passion cupide ; la foule eut un élan de convoitise : « Si on les tuait?.... »

La chose fut discutée. Quelques-uns parurent faire observer que notre mort coûterait la vie à plusieurs d'entre eux, que les fusils, maniés même par des mourants, sont des armes terribles ; et qui savait ce que pouvaient être ces petites choses en fer que l'homme blanc avait dans les mains ? Toujours est-il qu'un chef — j'appris dans la suite que c'était Chekka, le roi de Bammbireh, — repoussa la foule avec son bâton ; puis il appela d'un signe une demi-douzaine d'anciens et les emmena à l'écart.

C'était le chaouri qu'on allait tenir, la palabre si chère à tout Africain indépendant.

La moitié des indigènes suivit le chef et son conseil ; les autres continuèrent leurs cris et leurs menaces. Les plus hardis vinrent à l'arrière du bateau pour me braver ; l'un de ces derniers alla jusqu'à me tirer les cheveux, croyant que c'était une perruque. Je lui saisis la main et le repoussai en lui tordant le poignet de manière à le faire hurler de douleur. Ses camarades agitèrent leurs lances ; je les regardai en souriant, car toute idée de salut m'avait abandonné ; nous touchions probablement à la fin. J'avais eu un moment d'agonie en pensant à la mort que j'allais subir : que deviendraient ceux qui, dans l'Oussoukouma, m'attendaient avec impatience? que diraient Pocock et Barker, lorsqu'ils apprendraient la tragédie de Bammbireh ? Que diraient mes amis d'Amérique et d'Europe ?

Cela n'avait duré qu'un instant. « La mort serait prompte, m'étais-je dit : un coup, un soupir et le silence éternel. Que pouvaient faire de plus ceux qui m'attaquaient? » Maintenant ils pouvaient frapper ; j'étais prêt à combattre ou à mourir.

Un indigène vint de la part du roi et du conseil, et appela Saféni d'un signe. « Allez, dis-je à Saféni, et employez toute votre intelligence.

— Plaise à Dieu ! maître, » répondit-il.

Il entraîna le reste de la foule après lui, car la curiosité est forte chez les Africains. Je le vis se poser ; il est né diplomate. Ses mains se levaient, s'abaissaient, se tendaient ; son visage exprimait une cordiale franchise, ses gestes étaient gracieux ; il est orateur, et il plaidait pour la pitié et la justice.

Saféni revint, la figure radieuse.

« Tout va bien, s'écria-t-il ; nous n'avons plus rien à craindre. Ils demandent que nous restions ici jusqu'à demain.

— Nous vendront-ils des vivres ?

— Sitôt que le chaouri sera terminé... »

Il parlait encore, lorsque six indigènes s'élancèrent vers le bateau et s'emparèrent de nos rames.

La prudence politique qu'il avait montrée jusqu'alors abandonna Saféni, qui essaya d'arrêter les voleurs. Ceux-ci levèrent leurs massues et allaient le frapper.

« Saféni, m'écriai-je, laissez-les partir. »

Un cri de triomphe avait salué la prise de nos rames ; j'étais convaincu que cet acte de violence en amènerait d'autres. L'homme est partout le même : mettez à cheval un mendiant, dit le proverbe, il courra au diable ; donnez à un esclave un pouce d'étoffe, il en prendra une aune. Qui se soumet une fois, doit se préparer à se soumettre de nouveau.

Le chaouri durait toujours. Un second messager arriva, me demandant cinq brasses de cotonnade et cinquante rangs de perles, qui lui furent donnés.

Il était près de midi ; les indigènes, certains de nous tenir, puisqu'ils avaient nos rames, se retirèrent dans le village le plus voisin pour faire leur repas.

Tandis que les hommes dînaient, des femmes vinrent nous voir. En retour de la douceur de nos paroles, elles nous dirent qu'on devait nous tuer ; mais que si nous pouvions persuader à Chekka de faire l'échange du sang ou de manger du miel avec l'un des nôtres, cela nous sauverait ; autrement, il n'y avait de salut pour nous que dans la fuite. Nous les remerciâmes et nous attendîmes.

Vers trois heures, le bruit des tambours recommença. Je dis à Saféni que, si les naturels s'assemblaient de nouveau, il fallait qu'il obtînt de Chekka la fraternisation du sang.

Une longue file d'indigènes, en costume de guerre, apparut au-dessus de la terrasse où étaient la bananeraie et le village de Kadjouri. Ces guerriers avaient la figure barbouillée de blanc et de noir. Presque tous portaient le bouclier des Vouassonngora. A leurs allures, il était impossible de ne pas reconnaître l'imminence des hostilités.

Saféni et Baraka eux-mêmes en furent convaincus et s'écrièrent :

Trahison des gens de Bammbirch.

« Préparez-vous, maître, il va y avoir du malheur.

— Ne vous inquiétez pas de moi; il y a trois heures que je suis prêt. Mais vous, et tous les autres, avez-vous vos fusils? vos révolvers sont-ils chargés? Vos oreilles, cette fois, sont-elles ouvertes?

— Oui, maître, répondirent-ils d'une voix ferme.

— Ne vous troublez pas; gardez tout votre sang-froid. Pendant qu'ils se rassemblent, nous allons suivre le conseil des femmes. Saféni, allez trouver le chef sur la colline, offrez-lui ces trente colliers de perles, et demandez-lui de faire avec vous l'échange du sang. »

Il s'éloigna d'un pas rapide. Je savais que personnellement il n'avait rien à craindre; la distance qui nous séparait du chef n'était que de cent cinquante pas, et les indigènes attendaient le complément de leurs forces.

Il causa avec eux pendant dix minutes; le bruit des tambours continuait et de nouveaux guerriers, en peinture de guerre, arrivaient à chaque instant. Quelques-uns brandissaient leurs lances pour nous montrer leur façon de combattre; d'autres faisaient tournoyer leurs massues comme auraient pu le faire des Irlandais en état d'ivresse. Leurs gestes étaient féroces, leurs cris perçants; ils allumaient en eux la fièvre du combat.

Saféni vient nous retrouver : Chekka refusait le gage de paix. A ce moment, le nombre des indigènes s'élevait à plus de trois cents.

Tout à coup, cinquante guerriers fondirent sur nous en poussant des cris aigus et nous enlevèrent notre tambour; de vifs applaudissements accueillirent cette prouesse. Deux hommes vinrent ensuite chercher des vaches qui paissaient dans notre voisinage.

« Pourquoi emmenez-nous ces bêtes? » demanda Saféni à l'un d'eux.

— Parce que, répondit l'indigène, le combat va commencer; » et il ajouta d'un ton méprisant : « Si vous êtes des hommes, préparez-vous.

— Merci, mon brave, murmurai-je; voilà les seuls mots de vérité que nous ayons entendus aujourd'hui. »

Les deux hommes remontèrent la colline.

Je dis alors à Saféni

« Prenez ces deux brasses de drap rouge, suivez lentement ceux qui emmènent les vaches et revenez dès que j'élèverai la voix. Quant à vous, mes enfants, c'est affaire de vie ou de mort, rangez-vous de chaque côté de la barque, posez la main négligemment sur elle; au premier mot que je dirai, poussez-la avec une force de cent hommes et faites-lui gagner l'eau. Pensez-vous pouvoir le faire ?

— Oui, maître, Inchallach! répondirent-ils d'une seule voix.

— Partez, Saféni. »

Quand il eut fait cinquante pas en montrant son étoffe :

« Poussez! » m'écriai-je.

L'équipage, tête baissée, raidit les bras; le bateau fut ébranlé. Je le sentis se mouvoir, en grinçant au-dessous de moi. Je pris mon fusil à éléphant, un rifle à deux coups, et rappelai Saféni.

Les indigènes avaient l'œil au guet, la vue perçante. Voyant le bateau quitter la grève, ils s'élancèrent du haut de la colline en jetant des cris effroyables. Le *Lady-Alice* touchait le lac; un dernier effort, et il glissa comme une flèche sur son propre élément.

Saféni s'arrêta au bord de l'eau, son étoffe à la main. Le plus avancé de la foule était à vingt pas de lui, agitant sa lance.

« Sautez dans l'eau, la tête la première, » criai-je à Saféni.

Le guerrier allait jeter sa lance: un autre, derrière lui, préparait son arme. Je levai mon rifle : ma balle les traversa tous les deux. Les archers s'arrêtèrent pour tendre leurs arcs; deux charges de plomb numéro quatre produisirent parmi eux un effet terrible.

Cette fois, les indigènes reculèrent, se retirant de la plage où l'instant d'avant se trouvait le *Lady-Alice*.

Ayant arrêté l'ennemi, j'aidai l'un de mes gens à monter dans le bateau et lui ordonnai de rendre le même service aux autres, pendant que je rechargeais mes fusils en surveillant les indigènes.

A cent yards du côté du Levant, s'allongeait une pointe qui abritait l'anse. Quelques naturels s'y précipitèrent; mais avec mes fusils, je commandais la position, et ils furent obligés de battre en retraite.

Mes gens saisirent leurs carabines; je leur dis bien vite de les déposer, d'arracher les planches du fond et de s'en servir en guise de pagaies, car deux hippopotames s'avançaient vers nous, la gueule ouverte. N'avions-nous échappé à la férocité des hommes que pour être broyés par ces monstres? Quand le pre-

Départ du *Lady-Alice*.

mier ne fut plus qu'à cinq brasses, je le visai entre les deux yeux et lui traversai le crâne d'une balle; puis le second reçut une blessure qui l'empêcha de nous attaquer.

Pendant ce temps-là, les indigènes, trompés dans leur espoir et furieux de voir la proie leur échapper, couraient prendre deux canots qui étaient échoués sur la pointe nord-ouest de l'anse. Deux de ces hommes furent abattus. Les autres persistèrent, et la poursuite commença, poursuite ardente à laquelle se joignirent deux autres barques venant de la pointe orientale de l'île; nous étions cernés. Ne pouvant les fuir, nous les attendîmes. Cette fois, mon fusil fut chargé avec des balles explosibles; quatre coups tuèrent cinq hommes et coulèrent deux bateaux.

Les deux autres s'arrêtèrent pour recueillir les naufragés, et renoncèrent à la chasse. Mais quelques-uns des guerriers étaient parvenus à gagner la pointe de l'anse; et, comme nous recommencions à nager, l'un d'eux nous jeta ces paroles :

« Allez, et mourez dans le Nyannza! »

Puis, ils nous lancèrent des flèches que la distance rendait inoffensives et qui tombèrent à quelques brasses du bateau.

Nous étions sauvés!

Il était cinq heures du soir. Nous n'avions que quatre bananes pour douze hommes qui n'avaient pas mangé depuis la veille au matin. Si le vent nous favorisait, il ne nous fallait qu'un jour et une nuit pour gagner notre camp. S'il nous était contraire, le voyage pouvait durer un mois. Et après nos déceptions à Makonngo, à l'île d'Alice et à Bammbireh, où pouvions-nous aller pour avoir des vivres? De l'eau douce, nous en avions en quantité suffisante pour abreuver toutes les flottes du monde pendant un siècle; mais des aliments? Où en prendre?

Une faible brise venait de l'île. Nous hissâmes la voile, dans l'espoir que le vent continuerait à souffler et à nous pousser au Sud-est. A sept heures, il tomba tout à coup. Il fallut se remettre aux pagaies, c'est-à-dire aux planches trop minces qui nous servaient de rames; nous ne faisions pas plus de trois quarts de nœud par heure.

Nous travaillâmes toute la nuit, nous encourageant les uns les autres. Le matin arriva : pas une terre en vue, rien qu'un cercle d'eau grise, cercle sans borne.

Vers neuf heures, un bon vent se leva, qui nous conduisit à environ douze milles au Sud. A dix heures et demie, il tomba de nouveau et nous continuâmes à ramer vigoureusement.

Le soir nous trouva à sept milles d'un îlot situé vers le Sud; nous nous efforçâmes de l'atteindre. Mais un vent violent arriva du Sud-ouest; inutile de lutter; mes gens pagayaient depuis vingt-cinq heures sans avoir pris aucune nourriture.

Nous nous abandonnâmes à la tempête, à la pluie qui tombait en nappe et nous obligeait à vider la barque. Tantôt à la pointe des lames, tantôt dans le creux des sillons qui les séparaient, allant d'un côté à l'autre, tournoyant, ployant, remontant inondés par l'averse, baignés par l'embrun.

Vers minuit, le vent se modéra; la lune parut, jetant une lumière blafarde sur les flots soulevés en longues crêtes écumantes, sur les malheureux accroupis dans le bateau, corps épuisés d'où, par intervalles, sortaient des soupirs qui me tordaient le cœur.

« Courage, enfants ! Ne vous tourmentez pas de ce qu'ont dit les gens de Bammbireh : la malédiction des méchants porte bonheur. »

Un des bancs fut brisé, nous en fîmes du feu ; et le café, que je tenais du colonel Linant, ranima quelque peu nos forces. Accablés de fatigues, ils s'endormirent tous pendant que je veillais, seul avec mes pensées.

Le jour parut ; c'était le 30 avril ; et, bien que depuis le matin du 27 chacun d'eux n'eût pas eu autre chose que le tiers d'une banane et une tasse de café, après soixante-huit heures de jeûne et d'extrême fatigue, quand je leur dis de reprendre les rames, ils le firent immédiatement, répondant à mon appel avec un courage qui leur gagna mon admiration ; mais qu'ils avaient peu de force !

A deux heures, nous atteignîmes une île déserte, que j'ai marquée sur la carte sous le nom d'*île du Refuge*. Nous nous glissâmes hors du bateau ; et, après avoir remercié Dieu de ce répit, nous nous étendîmes sur le sable de la plage.

Mais il fallait trouver une nourriture quelconque avant la nuit. Tandis que Robert et Hamoïdah se procuraient du bois et faisaient du feu, que les autres allaient à la recherche de fruits et de racines comestibles, Baraka et Saféni d'un côté, Mourabo et Marzouk, dans la direction contraire, je me mis en chasse. Une demi-heure après, j'avais tué une couple de gros canards ; Baraka et Saféni rapportaient chacun deux régimes de bananes vertes, et Mourabo et son camarade avaient découvert une quantité de baies succulentes, ressemblant à des cerises.

Ah! quelles heureuses gens nous nous trouvions le soir, autour de notre feu, avec cette abondance, brisés et affamés que nous étions peu d'heures avant? La gourde au tabac et la pipe terminèrent cette soirée, l'une des plus délicieuses dont j'aie gardé le souvenir. Rien d'étonnant qu'avant de nous retirer pour dormir, sentant ce que nous devions à l'Être Suprême, qui nous avait sauvés à travers tant de périls, nous l'ayons remercié de sa miséricorde et de ses bienfaits [1].

Nous restâmes un jour à l'*île du Refuge* pour fabriquer des rames ; et de nouvelles explorations nous permirent de nous procurer encore une demi-douzaine de régimes de bananes. Nous avions un tel appétit que, le lendemain matin, au moment de nous remettre en route, il ne nous restait presque plus rien de nos provisions.

A voile et à rame, nous atteignîmes l'île de Sinngo. La trouvant inhabitée, nous nous dirigeâmes vers l'île d'Ito, dont les pentes étaient couvertes de bananiers des Sages ; mais les frondes des indigènes nous envoyèrent une grêle de pierres, ce qui nous obligea à nous rendre au groupe d'îles de Kounéneh, voisin de la péninsule d'Oukéréhoué.

Dans l'après-midi du 4 mai, un coup de vent nous força de nous abriter dans l'anse de Vouirou où, par l'entremise de Sarammba, notre guide, qui se trouvait là chez lui, nous reçûmes bon acccueil, et où l'on nous vendit avec empressement de la viande, des patates, du lait, du miel, des bananes mûres et vertes, des œufs et de la volaille. Toutes ces bonnes choses furent accommodées à bord, et mangées avec ce plaisir, cet appétit que des gens à moitié morts de faim peuvent seuls éprouver.

Dans l'espoir d'arriver au camp le lendemain dans la matinée, nous mîmes à la voile à neuf heures du soir, pour traverser le golfe de Speke. Mais vers trois heures du matin, alors que nous étions presque au milieu du golfe, le vent tourna subitement ; et comme si nous étions condamnés à subir l'extrême souffrance jusqu'à sa dernière limite, nous fûmes assaillis par une tempête du Nord-nord-est, aussi épouvantable, sous d'autres rapports, que celle que nous avions essuyée à Oussougourou, y ajoutant des grêlons du volume d'une aveline.

---

1. Pour éprouver ce sentiment, il faut être manichéen sans le savoir, admettre nécessairement les deux maîtres du Monde et donner la prééminence à Arimane. Sans cela, comment pourrait-on remercier de sa miséricorde l'auteur des périls que l'on maudit et qui vous ont forcé de tuer des hommes? (H.-L.)

Dans le ciel, noir comme de l'encre et où ne paraissait pas une étoile, jaillissaient des éclairs incessants d'une incroyable vivacité, suivis de formidables coups de tonnerre. Les vagues furieuses nous secouaient dans notre bateau comme les menus cailloux que l'on agite dans une gourde. Tous les éléments semblaient réunir leurs efforts pour multiplier les horreurs de notre situation. Impuissants à nous diriger, nous dûmes, encore une fois, nous abandonner au vent et aux vagues.

Je commençais à croire que la malédiction des indigènes de Bammbireh : « Allez et mourez dans le Nyannza! » se réaliserait, bien que je fusse plein de foi dans la solidité de notre bateau, si parfaitement construit par Messenger de Teddington.

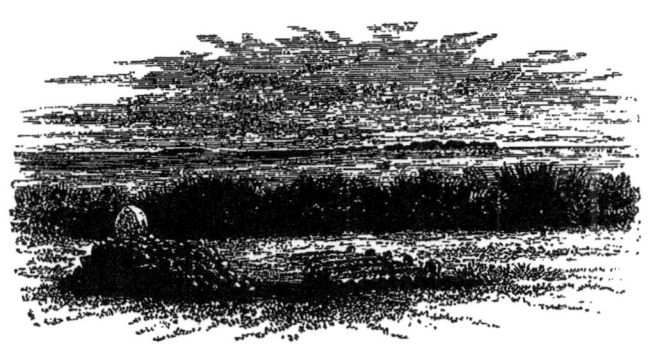

Tombeau de Frédéric Barker.

Enfin le jour commença à poindre, jour triste et blafard; et nous reconnûmes que nous nous trouvions à dix milles au nord de Rouoma, et à vingt milles environ au nord-est de Kaghéhyi. Appelant à nous toute la force qui nous restait, nous hissâmes la voile, bien que le vent nous fût peu favorable; mais il tourna bientôt et nous fit gaiement longer la côte de l'Oussoukouma, nous conduisant droit à Kaghéhyi.

La voile a été reconnue : des acclamations, des décharges de mousqueterie nous saluent du rivage; des drapeaux flottent, des hommes bondissent de joie; car il y a cinquante jours que nous sommes partis, et le bruit de notre mort, qui s'est répandu peu de temps après notre départ, a été confirmé par la prolongation de notre absence.

La quille touche le fond ; cinquante hommes sautent dans l'eau ; les premiers m'enlèvent de la barque et, me portant sur leurs épaules, me promènent autour du camp au milieu des danses, des éclats de rire, des applaudissements, auxquels se mêlent des hourrahs saxons ; car Frank est là, me regardant avec des yeux pleins de joie.

« Et Frédéric, demandai-je, pourquoi ne vient-il pas me saluer ? »

La figure de Frank s'assombrit tout à coup :

« Parce qu'il est mort — mort il y a douze jours,— monsieur. » C'est ici qu'il repose, ajouta Frank en me montrant près du lac un tertre nouvellement fait.

CHAPITRE XI

Maladie et mort de Barker. — Autres décès. — Traîtres dans la bande. — Maladies. — Rouoma nous ferme la route. — Magassa nous fait défaut. — Grave dilemme. — Loukonngheh vient à mon secours. — Histoire d'Oukéréhoué. — Amphibies apprivoisés. — Départ de Kaghéhyi avec une partie de l'Expédition. — Naufrages. — Tous sauvés. — Ito se réconcilie. — Arrivée à l'île du Refuge. — Je retourne chercher le reste de l'Expédition. — Meurtre dans le camp. — Départ final de Kaghéhyi. — Nous campons tous dans l'île du Refuge. — Alliance avec Komeh. — Grand bal. — L'île de Mahyiga du groupe de Bammbireh. — Visités par des gens d'Iroba. — Notre amitié repoussée avec mépris. — Le roi de Bammbireh emmené comme otage. — Massacre du chef kytahoua et de son équipage. — Punition des meurtriers. — Son effet salutaire sur leurs voisins. — Arrivée dans l'Ougonannda.

Quand la joyeuse frénésie de l'Expédition fut un peu calmée, le prince Kadouma, les amis de Sarammba, (qui maintenant passait à l'état de héros), Frank et les deux chiens (Bull et Djak), me suivirent dans ma hutte. J'avais hâte d'apprendre ce qui était arrivé pendant mon absence.

Frédéric Baker, me dit Frank, s'était bien porté jusque vers le milieu d'avril. Il commença alors à éprouver quelques accès de fièvre. Le 22, il avait chassé l'hippopotame entre Kaghéhyi et Loutari. Le jour suivant, après s'être baigné dans le lac dès le matin, il avait déjeuné avec plaisir; mais à neuf heures, il s'était plaint d'un grand malaise et s'était couché. Presque aussitôt un grand froid l'avait saisi; il paraissait avoir le sang figé dans les veines. Frank et les domestiques de Barker avaient fait tous leurs efforts pour ramener la chaleur, ils avaient administré au malade de l'eau-de-vie et du thé brûlant, avaient fait chauffer des pierres qu'ils lui avaient mises aux pieds, avaient empilé sur lui couvertures sur couvertures; mais la circulation n'avait pas pu se rétablir; et, deux heures après, le jeune homme était mort.

« Nous l'avons enterré à trois heures, près du lac », poursuivait Frank. Pauvre Frédéric! Pendant les derniers jours, il ne cessait de répéter : « Je voudrais que le maître revînt ; je croirais alors avoir quelque chance de vivre ; s'il ne vient pas, je m'éteindrai et je mourrai ici. » « En effet, si vous aviez été là, monsieur, je pense qu'il s'en serait tiré. »

Je regrettai profondément Barker. Sa vive intelligence, autant que ses bons services, me l'avaient fait aimer. C'était lui qui me soignait quand j'étais malade ; et le moindre de mes désirs était immédiatement satisfait ; il comprenait le moindre geste, le moindre signe. Il avait une belle écriture et tenait un compte exact de toutes nos valeurs, étoffes diverses, munitions, verroterie, etc. C'était, pour Frank, un excellent camarade ; et tous deux étaient pour moi d'aimables compagnons. La douceur de leurs manières leur avaient gagné le cœur des Voua-ngouana. Jamais je n'ai entendu sortir de leur bouche un jurement ou une parole malséante ; la colère que leur inspirait la stupidité ou l'insolence de nos gens ne se manifestait, pour ainsi dire, que d'une manière passive ; et jamais ils n'avaient recours aux moyens rigoureux sans me consulter.

Mais Frank avait d'autres mauvaises nouvelles à m'apprendre.

Mabrouki, le serviteur de Speke, celui que Burton avait surnommé *Tête-de-taureau*, l'un des membres de l'Expédition de Burton et Speke au Tanganika, de celle de Speke et Grant au Victoria, et de la mienne en 1870-71, un de ceux qui ont accompagné Livingstone à son dernier voyage, et l'un des hommes les plus fidèles de ma présente caravane, était mort, ainsi que Djabiri, l'un des vigoureux porteurs du *Lady Alice*, le vieil Akida et trois autres. Tous avaient succombé à la dysenterie.

Msenna, le « matamore de Zanzibar », après six mois de bonne conduite, avait repris sa mauvaise nature. J'étais arrivé le 5 mai à Kaghéhyi, de mon exploration du lac ; et le 6, dans le cas où je n'aurais pas été de retour, il devait partir pour l'Ounyanyemmbé, entraînant avec lui un corps de soixante hommes.

Kipinnghini, chef de Loutari et frère de Kadouma, avait fait avec le chef d'Igoussa et Kourréreh, chef de Kyennzi, une conspiration ayant pour objet l'attaque et le pillage de notre camp. Le complot heureusement avait été découvert par Manoua Séra et par Katchétché. Frank et Barker, après avoir sondé Kadouma, avaient distribué des munitions à tous ceux des nôtres qui avaient des fusils, et pris toutes les mesures nécessaires pour se défendre. La loyauté du prince Kadouma, la conduite de

Frank et de Frédéric, la mort du chef d'Igoussa, arrivée subitement, avaient fait renoncer Kipinnghiri à ses projets.

Telle était la part du mal ; pour le reste, j'avais lieu d'être satisfait. Je retrouvais Frank en bonne santé ; il avait eu un ou deux accès de fièvre, mais « il s'en était facilement débarrassé », me dit-il. Mes Voua-ngouana s'étaient rétablis d'une manière étonnante des privations dont ils avaient souffert dans l'Ougogo et dans l'Ourimi ; quelques-uns même étaient devenus si robustes et si gras que j'avais de la peine à les reconnaître.

En faisant le relevé de ce qui nous restait en magasin, j'eus le plaisir de voir que Frank avait été extrêmement économe. Il était en parfaits rapports avec Kadouma, en relations amicales avec Sonngoro, estimé et respecté par les Voua-ngouana. Bref, dans sa conduite et dans ses actes, je ne trouvais rien qui ne méritât mon entière approbation et ne lui valût mes éloges les plus sincères.

Notre retour fut suivi d'un repos dominical non moins nécessaire que bien gagné. Lorsque, le lendemain de notre arrivée, je me mis sur le plateau de la balance, je ne pesais plus que cent quinze livres (52 kilogrammes), juste soixante-trois livres de moins qu'à mon départ de la côte. Frank Pocock, lui, pesait cent soixante-deux livres (74 kilogrammes). Chez moi, cet amaigrissement n'était pas dû à la maladie : il résultait simplement du jeûne et de la fatigue.

Bien doux furent ces premiers jours de repos. Frank était avide d'apprendre ce qui nous était arrivé dans notre millier de milles de circumnavigation du lac ; toute la bande se mettait en cercle — les uns autour des autres — pour écouter le récit de nos misères. Quelle sympathie nous trouvions chez ces pauvres noirs incultes ! Kadouma était tout ébahissement, et Sonngoro ne cessait d'exprimer sa surprise que nous eussions pu faire le tour du Nyannza dans notre batelet. Les indigènes improvisèrent des chants en l'honneur du *Lady Alice*, chants qui se répétaient dans les réunions du soir ; les gamins firent à son image de petits bateaux creusés dans une tige de bananier, y mettant une brindille en guise de mât et un morceau de feuille pour voile.

L'influence d'une seule visite produisait déjà ses fruits. Les efforts des petits enfants pour copier notre barque me prouvaient que les indigènes n'avaient besoin que d'un petit nombre d'exemples de même nature — un ou deux peut-être — pour les amener à de pareilles entreprises. Les explorateurs qui viendront après moi trouveront dans le pays beaucoup d'hommes prêts à imiter le hardi Sarammba, et à s'offrir en qualité de guides; et les Vouassoukouma appliqueront à la batellerie la solidité, l'intelligence et l'esprit de discipline qu'ils montrent aujourd'hui comme porteurs.

Vint ensuite la maladie. La fièvre d'Afrique me trouvant épuisé par les privations m'attaqua fortement et fut quotidienne. Trois accès diminuèrent encore mon poids de sept livres. Mais j'absorbai de la quinine depuis l'aube jusqu'à la nuit; et, le cinquième jour, je pus sortir de ma case, décharné, pâle, faible, tremblant, il est vrai, avec le blanc des yeux jaunes, le cœur palpitant, les oreilles bourdonnantes; mais la fièvre était vaincue.

Et où était Magassa? Les jours se succédaient, nous apportant chaque matin l'espoir qu'il allait venir; et pas un de ses canots ne se voyait à l'horizon. Finalement, nous dûmes renoncer à l'espérance de le voir et de regagner l'Ougannda par le lac. Nous nous préparâmes donc à suivre la voix de terre par Mouéré et le pays de Rouoma. Je ne cachai pas mon projet; Kadouma en fut informé, il le confia à tout le monde, et Rouoma ne tarda pas à l'apprendre.

Allié de Mirammbo, Rouoma avait pour les Voua-ngouana une profonde inimitié, et se faisait des Européens qui étaient à Kaghéhyi l'idée la plus extravagante. Quelque sot enfant de la nature lui avait dit qu'il y avait là « un homme blanc aux cheveux roux et aux grands yeux rouges. » C'était Frank que représentait cette caricature; et ce portrait eut pour résultat l'envoi d'une ambassade chargée de ce message à mon adresse :

« Rouoma envoie des salams à l'homme blanc. Il n'a besoin ni de l'étoffe, ni du fil de laiton, ni des perles de l'homme blanc, et celui-ci ne doit pas venir : Rouoma ne veut pas le voir; il ne veut pas voir des hommes qui ont de grands cheveux rouges tombant sur les épaules, la figure blanche et de gros yeux rouges. Si l'homme blanc approche du pays de Rouoma, l'homme blanc sera attaqué par Rouoma et par Mirammbo. »

A ce défi plein de fierté et de franchise, les Vouassoukouma joignirent d'autres raisons me démontrant que la marche n'était pas praticable. Entre Mouannza et Mouéré, des tribus factieuses nous fermaient la route. Rouoma, nous l'avons dit, était l'allié de Mirammbo, et Kidjadjou, son voisin, celui des pillards

Vouatouta, qui, de leur côté, se trouvaient en guerre avec le chef de Ntchosa; Anntari, roi d'Ihannghiro et de Bammbireh, ne tolérerait pas notre approche; Mannkoronngo, successeur de Souarora, chef de l'Oussouï, nous frapperait d'un tribut qui serait notre ruine; et si je me rendais dans l'Ounyanyemmbé, mes Voua-ngouana partiraient tous; l'Expédition fondrait comme neige.

D'autre part, que nous offrait la voie du lac? Nous n'avions de nouvelles ni de Magassa, ni de sa flotte. Il était probablement retourné dans l'Ougannda, n'osant s'aventurer sur la vaste étendue qui sépare l'île de Moussira de l'île d'Alice; les embarcations des Vouagannda, faites de planches assemblées avec des fibres de canne, sombrent quelquefois par la tempête; et le lac est dangereux pour elles dans la saison pluvieuse. Les Vouassoukouma n'ont pas de bateau; et je n'en avais qu'un, le *Lady Alice* qui, par les temps d'orage, ne pouvait porter que quinze hommes. Il fallait cependant retourner dans l'Ougannda; le devoir me l'imposait. Je m'étais engagé à visiter le Lac Albert, engagé sur l'honneur au moins à l'essayer; mais par quel moyen? Sur terre, la route n'était pas praticable, et, selon toute apparence, il en était de même de celle du lac.

Comme je parlais à Sonngoro de mon embarras, il me dit que Loukonngheh, le roi d'Oukéréhoué, possédait de nombreux canots; restait à savoir s'il voudrait me les prêter. Sonngoro en doutait.

« Cependant, me dit-il, c'est un homme aimable, et un ami fidèle quand on a su lui plaire; adressez-vous à lui. »

Je pensais à profiter du conseil, mais je fus pris d'un nouvel accès de fièvre, qui fut d'autant plus violent que mes forces étaient plus amoindries et qui arrêta net mes délibérations. Dans mon délire, je plaidais ma cause auprès du roi d'Oukéréhoué; chaque jour, pendant mes heures d'égarement, j'invoqais Loukonngheh, toujours Loukonngheh, seul nom qui flottât dans mon cerveau.

Entré en convalescence le 15 mai, j'envoyai Kadouma, Frank Pocock et le charpentier de Sonngoro dans l'Oukéréhoué, porter au roi dix choukkas de belle étoffe, dix foundos [1] de perles, cinq

---

1. La *choukka* est un morceau d'étoffe d'une brasse de longueur; elle forme la draperie des indigènes; le *foundo* se compose de dix rangs de perles d'une coudée, plus le tour du pouce du bras sur lequel on mesure le rang, ou faisant deux fois le tour du cou.

Rochers de Vouézi.

brasses de fil de laiton, et traiter avec lui de la vente ou de la location d'un certain nombre de barques.

Le 28, Frank et ses compagnons revinrent avec cinquante bateaux et leurs équipages, commandés par deux chefs et le premier ministre de Loukonngheh. Je serrai avec chaleur la main de Frank; puis je demeurai stupéfait en apprenant que les canots venaient chercher l'Expédition pour la conduire dans l'Oukéréhoué! Ceci n'était pas acceptable. Notre marche pouvait être infiniment retardée par un simple caprice, ou par un mauvais vouloir qui, un jour ou l'autre, devait résulter des relations trop intimes entre mes Voua-ngouana et les naturels.

Je refusais la proposition qui m'était transmise et dis au chef que, voulant parler moi-même au roi, je partirais avec lui.

Conséquemment, le 29, après m'être pourvu de tous les présents qui pouvaient séduire n'importe quel Africain : beaux tapis, couvertures, drap rouge, étoffes rayées du Coutch et de Mascate, perles de qualité rare, etc., le tout représentant une valeur de quatre mille francs, je partis pour Msossi, résidence de Loukonngheh située sur la côte nord d'Oukéréhoué. Nous nous arrêtâmes d'abord à l'île de Vouézi, au pied de rochers curieux par leur entassement, rochers de granit que je photographiai; puis nous allâmes camper à Kissorya, où nous arrivâmes à quatre heures du soir.

Le lendemain matin, vers neuf heures, nous traversâmes le canal de Roughédzi, qui joint le golfe de Speke à la baie de Madjita. Ce canal, en divers endroits, n'avait pas six pieds de large; et la quantité d'herbes et de plantes aquatiques qui l'obstruaient prouvait suffisamment qu'il serait bientôt comblé, si l'on cessait d'en faire usage. Toutefois, avec une poussée énergique des gaffes, nous parvînmes à le franchir. Des Vouakéréhoué assurent que la montagne de Madjita est séparée de la terre ferme par un détroit semblable, ce qui ne m'étonnerait nullement.

Arrivés à Msossi, nous reçûmes bon accueil; on nous donna une case pour logement, un bœuf pour plat de viande, des bananes pour légumes, et du lait pour breuvage.

Le jour suivant, à 9 heures du matin, nous nous dirigeâmes vers le Conseil aulique d'Oukéréhoué, qui, installé sur des rochers s'élevant au milieu d'une plaine, et qui, entouré d'allants et de venants, offrait un coup d'œil très-pittoresque; il était présidé par le roi.

Loukonngheh était alors un beau jeune homme de vingt-six

à vingt-huit ans, à la figure ouverte et de nuance claire. Il me regarda pendant longtemps, et ses conseillers Msihoua, Mossota, Mghéyéya, Vouakoreh, les chefs d'un rang inférieur, les gens de sa suite, toute l'assistance, hommes, femmes et enfants, suivirent son exemple.

D'après les questions qu'il m'adressa, je vis que Loukonngheh ne prenait pas moins d'intérêt aux choses d'Europe que Mtéça lui-même, et qu'il ne serait pas difficile de l'amener au christianisme ; mais j'étais alors trop inquiet de l'avenir pour entreprendre sa conversion.

Nulle affaire, me dit le conseil, ne pouvait se traiter ce jour-là; nous devions d'abord manger et nous reposer ; et le jour suivant, si le roi se portait bien, nous pourrions entamer les négociations.

Le lendemain, heureusement, le roi était en bonne santé et d'excellente humeur. Je le trouvai dans la même situation d'esprit et de corps et lui proposai d'un ton aussi persuasif que possible de me vendre ou de me prêter trente canots. Aux objections qu'il aurait pu me faire, à tout ce qu'il aurait pu dire, je répondis d'avance par l'exhibition des présents que je lui apportais. Mais, quand il me vit déployer publiquement et au grand jour les splendides étoffes, il se mit à trembler et me pria de les recouvrir, ajoutant qu'il me ferait une visite dans la soirée, et que je pouvais compter sur ses bonnes intentions.

Le soir du 4 juin, en effet, il se glissa dans ma hutte en compagnie de son premier ministre et de quatre de ses principaux chefs. Je lui offris alors mes deux moquettes veloutées, un plaid écossais, deux couvertures rouges, des ornements de cuivre, trente belles choukkas, cinq cents colliers de perles, deux rouleaux de fil de laiton, puis une quantité d'objets tels que des plats, des assiettes, des pots d'étain, etc.; ses chefs reçurent chacun cinq brasses d'étoffe, cinquante colliers et deux brasses de fil de laiton.

En retour de ces magnifiques présents, il était juste, me dit le roi, que j'obtinsse une prompte réponse ; « mais avant tout je devais me réjouir, manger et engraisser », et sur ces paroles, Loukonngheh se retira enchanté de ses richesses.

A l'exemple de leur chef, les Vouakéréhoué nous traitèrent avec considération, et témoignèrent de l'intérêt que ma personne avait pour eux. J'eus à subir de leur part un examen attentif, une analyse minutieuse de mes traits et de ma physionomie, qui leur permit de comparer mon visage avec celui de Sonngoro ; mais il y avait longtemps que j'étais habitué à cet examen et je le supportai avec indifférence.

L'Oukéréhoué a, dans sa population, des représentants d'un grand nombre de tribus : des Vouatatourou, des Voua-hya, des Vouatammbara, des Vouassoumboua, des Vouarouri, des Vouakouya et des Vouazinndja.

Les anciens, à qui les traditions nationales sont confiées, m'ont dicté la liste suivante des rois du pays :

1. Rouhinnda Ier.
2. Kassessa.
3. Kytahoua.
4. Kahana Ier.
5. Gourta Ier.
6. Nagou.
7. Méhigo Ier.
8. Méhigo II.
9. Kahana II.
10. Gourta II.
11. Rouhinnda II.
12. Kahana III.
13. Jhouannda.
14. Matchounda.
15. Loukonngheh, le souverain actuel.

Rouhinnda Ier, le fondateur de la monarchie, est de tous ces rois celui dont la mémoire est la plus révérée. Il amena son peuple en canot de l'Oussonngora et de l'Ihannghiro, province qui autrefois était connue sous le nom d'Ou-houhya. C'est Rouhinnda qui introduisit dans l'Oukéréhoué a banane et le plantain (banane du paradis et banane des sages). Les aborigènes dont il fut vainqueur s'appelaient Voua-kouya, autre nom des habitants du Mont Madjita. Un débris de cette peuplade existe encore sur la côte méridionale de l'Oukéréhoué, en face de Kaghéhyi.

Quand nous avons débarqué à Msossi nous avons eu devant nous, sur la gauche, une colline lointaine ; c'est là, à Kitari, que se trouve le tombeau des rois de l'Oukéréhoué. Un chef éminent est préposé à la garde du sépulcre royal, dont il protége l'inviolabilité. Les rois sont enterrés dans la position d'un homme assis.

Au Levant du canal de Roughédzi, cette passe herbeuse dont nous avons parlé plus haut, Loukonngheh a un territoire acquis par la dépossession des pasteurs vouatatourou qui l'occupaient ; cette dépossession eut lieu après une bataille sanglante qui dura cinq jours, et dans laquelle les Vouakéréhoué tombèrent en grand nombre sous les flèches empoisonnées des pasteurs.

Les deux peuples vivent maintenant en bonne intelligence; mais ils ne diffèrent pas moins entre eux qu'un Nubien et un Arabe de Syrie. Les Vouatatourou ont le teint clair, le nez droit et mince, les lèvres minces également, tandis que les Vouakéréhoué sont un mélange des types éthiopien et nègre.

Le roi passe pour être doué d'un pouvoir surnaturel, et Loukonngheh saisit toutes les occasions qui peuvent fortifier cette croyance. On est persuadé qu'il peut à volonté produire la sécheresse ou inonder le pays d'eau pluviale. Depuis qu'il est sur le trône, l'eau du ciel est tombée d'une façon régulière, et copieusement dans la saison voulue. Il n'a pas manqué de faire ressortir l'immense avantage que le pays a retiré de ce bienfait, de montrer combien on doit s'estimer heureux qu'il ait succédé à son père ; et il est aussi aimé que redouté.

Sachant tout ce que lui vaut sa réputation de *producteur de pluie*, Loukonngheh désirait y ajouter celle de « grand médecin », et il me pria instamment de lui transmettre quelques-uns des secrets précieux de l'Europe : de lui apprendre à changer un homme en lion ou en léopard, à faire tomber ou cesser la pluie, à calmer le vent ou à le faire souffler, à rendre les femmes fécondes et les hommes virils.

Des requêtes de cette nature sont faites communément par les rois Africains; et lorsque je déclarai à Loukonngheh l'impuissance où j'étais de répondre à ses désirs, je l'entendis murmurer à l'oreille de ses chefs :

« Il ne veut pas m'accorder ce que je lui demande, parce qu'il craint de ne pas avoir les canots. Mais vous verrez qu'il me dira tout quand mes hommes reviendront de l'Ougannda. »

La façon dont le roi est salué dans l'Oukéréhoué est très-curieuse et diffère complètement de tout ce que j'avais vu jusqu'alors. En l'apercevant, ses sujets viennent à lui, l'approchent de très-près, battent des mains et s'agenouillent. Si le roi est content d'eux, il le manifeste en soufflant et en crachant dans leurs mains, qu'ils affectent de se passer ensuite sur la figure et sur les yeux. Ils semblent croire que la salive royale est un collyre parfait.

Entre eux, quand ils se rencontrent, les Vouakéréhoué s'agenouillent, frappent des mains et s'écrient ! « *Vouatché! Vouatché! Vouatché song! Mohoro! Eh Soura?* ce qui signifie : « Matin! Matin! Bon matin! Bonjour! Êtes-vous bien?

Ce que l'on raconte dans le pays sur les procédés magiques des habitants de l'île d'Oukara, voisins d'Oukéréhoué, prouve que ces insulaires se sont efforcés d'étendre leur réputation, qu'ils sont habiles, et qu'ayant reconnu que la superstition est l'une des faiblesses de la nature humaine, ils ont cherché à en tirer parti. D'après les Vouakéréhoué, les gens de l'île d'Oukara ont sur les amphibies une puissance merveilleuse. Un certain Khamis, fils d'Hamadi, le charpentier de Sonngoro, qui avait passé chez eux beaucoup de temps à construire une daou pour son maître, partageait complétement cette illusion.

Il affirmait sous serment que, dans la demeure du chef d'Ou-

Atterrissage près de Msossi.

kara, vivait un crocodile que ce chef nourrissait lui-même, et qui était aussi docile qu'un chien, aussi intelligent qu'un homme. Loukonngheh avait alors dans son harem une jolie femme que désirait le chef d'Oukara; celui-ci cherchait depuis longtemps le moyen de s'emparer de cette femme et ne le trouvait pas, lorsqu'il songea à son crocodile. Il communiqua aussitôt son désir à ce fidèle serviteur, lui ordonna de rester caché dans les joncs de Msossi, jusqu'à ce que la femme vînt se baigner dans le lac, ce qu'elle faisait tous les jours, de la saisir alors, et de la lui apporter saine et sauve à travers le détroit qui séparé Msossi d'Oukara. Le lendemain, à midi, la femme était dans la maison du chef.

Quand je me permis de douter de l'exactitude de ce récit merveilleux, Khamis s'écria avec indignation :

« Tu ne me crois pas ! Demande à Loukonngheh ; il confirmera tout ce que je viens de te dire. Son père Matchannda avait lui-même un crocodile qui enleva la femme d'un Arabe et l'apporta dans la maison du roi. »

Pour Khamis et pour mes Voua-ngouana qui l'écoutaient, ce dernier fait prouvait, jusqu'à l'évidence, que les crocodiles de l'Oukara étaient les créatures les plus étonnantes.

Les Vouakéréhoué croient également que si un faucon pêcheur prend un poisson appartenant aux Vouakara, il est frappé de mort à l'instant même.

Toujours d'après Khamis, le prince Kadouma, celui de Kaghéhyi, a possédé pendant longtemps une femelle d'hippopotame qui venait le trouver chaque matin pour se faire traire !

Il faut, dans l'Oukéréhoué, douze chèvres et trois houes pour acheter une femme à ses parents. Sonngoro, pour obtenir en mariage une des sœurs de Loukonngheh, a dû payer à celui-ci trois cent cinquante livres de perles de différentes sortes et cent cinquante brasses de belle étoffe. Si l'amoureux est pauvre et ne possède ni chèvres ni houes, il les remplace par des lances, des arcs et des flèches ; il n'aura d'épouse qu'après avoir présenté aux parents de la jeune fille une dot qui leur convienne. Quand le père et la mère, ou de vieux membres de la famille, sont avides, les conditions peuvent être dures et la position du soupirant devient cruelle ; il arrive même souvent qu'après la noce on lui demande des bœufs, des moutons, des chèvres, ou telle autre chose, dont le refus rendrait le mariage nul, et cela jusqu'à la naissance d'un enfant, naissance qui met fin à tous les droits que les liens du sang donnaient à la famille de la femme.

Le vol, l'adultère, le meurtre, sont punis de mort par la décapitation. Les coupables, cependant, peuvent échapper au supplice en devenant esclaves des gens qui ont souffert de leurs crimes.

Le fil de laiton est très-en faveur chez les Vouakéréhoué pour la parure des femmes, qui le portent en colliers si nombreux et si pressés que, de loin, elles ont l'air d'avoir une pèlerine de métal. Des bracelets de cuivre, de laiton et de fer autour des

OUKÉRÉHOUÉ.

1. Grenier.
2. Maison.
3. Tabouret.
4. Canois.
5. Mamelles des femmes.
6. Guerrier.
7. Colliers des femmes.
8. Nasses.

poignets, des anneaux de même nature portés à la cheville, et des brassards d'ivoire, constituent les ornements favoris des hommes.

On reconnaît les gens en deuil au bandeau qui leur entoure la tête, bandeau pris dans une feuille de bananier, et à la peinture noire, composée d'un mélange de charbon pulvérisé et de beurre, dont ils s'enduisent le corps.

Arrivées à un certain âge, les femmes se distinguent par la longueur démesurée de leurs mamelles qui, tombant comme des sacs jusqu'au nombril, sont retenues par des cordes passées autour du corps.

Le vêtement des hommes et des femmes se compose de peaux de bœuf ou de chèvre à demi tannées, ou d'une ceinture de feuilles de bananier, ou encore d'un petit jupon de tissu d'herbe grossièrement fabriqué.

Le 6 juin, après avoir donné à ses chefs des instructions relatives à ce qu'ils devaient faire pour moi, Loukonngheh vint le soir me trouver dans ma case avec son premier ministre, pour me communiquer sa décision.

« Mes gens, me dit-il, sont très-timides en pays étranger; ils ne sont pas voyageurs comme les Voua-ngouana; c'est pourquoi je suis forcé d'agir en secret; autrement je ne pourrais pas vous obliger. Vous aurez vingt-cinq canots avec leurs pagaies; ils ne valent pas grand'chose, mais je n'en ai pas d'autres; s'ils vous mettent dans la peine, il ne faudra pas m'en vouloir. Je dirai à mes gens que vous allez revenir, ne me démentez pas; car, s'ils savaient ne pas vous ramener, mes gens s'enfuiraient; si vous êtes adroit, ils vous suivront dans l'Oussoukouma.

« Arrivé à Kaghéhyi, prenez les canots et les pagaies, je vous les donne. Voici mon jeune neveu et l'un de mes cousins; ils vous accompagneront dans l'Ougannda et vous assureront l'amitié des chefs jusqu'à l'Ihannghiro. Je désire que vous me fassiez le frère de Mtéça: ensuite je lui enverrai des présents. N'oubliez pas de me renvoyer les jeunes gens qui vont avec vous dans l'Ougannda. Adieu! j'ai tout dit. »

Il me recommanda aussi de lui faire remettre par son neveu et son cousin deux vêtements de flanelle, un rouge et un bleu, des médicaments pour le mal de tête et pour les rhumatismes, un revolver avec des cartouches, un ballot d'étoffe, cinquante livres de perles d'espèces diverses, deux fez, un tapis anglais, un canot kigannda pouvant porter quarante hommes, deux dents d'éléphant, des peaux de chèvres de l'Oussoga, des peaux de loutre, du fil de laiton, du fil de fer : toutes choses que je promis d'envoyer fidèlement.

Le lendemain, Loukonngheh et ses chefs vinrent de bonne heure prendre congé de moi. Cinq canots seulement étaient prêts.

« Comment cela se fait-il? demandai-je à Loukonngheh.

— Peu importe, répondit-il d'un air digne. Rappelez-vous ce que je vous ai dit, mon frère, et partez. Loukonngheh ne ment jamais. »

« Homme étonnant, pensai-je, qui, dans ce pays, respecte la vérité; il serait certainement l'un des premiers à le faire. Enfin, nous verrons. »

Nous poussâmes notre bateau à la gaffe, à travers l'étroit canal de Roughédzi; ensuite, prenant les rames, nous nous dirigeâmes vers Kissorya. Le premier ministre, le neveu et le cousin de Loukonngheh, qui devaient nous servir de guides, nous accompagnaient.

Des collines de Kissorya, j'obtins une excellente photographie de la baie profonde qui va du golfe de Speke au détroit de Roughédzi, photographie où se voient également les montagnes d'Ouriroui, qui sont de l'autre côté de la baie.

Partis de Kissorya, nous nous rendîmes à Ougoma, où nous restâmes jusqu'au 11 juin, ce qui soumit notre patience à une cruelle épreuve. Enfin, ce jour-là, vingt-deux canots arrivèrent d'Oukéréhoué, et avec cette flottille nous gagnâmes l'île de Vouézi[1]. Cette île, située dans le golfe de Speke, se trouvait presque à moitié de notre chemin.

Le jour suivant, nous étions à Kaghéhyi. Au débarqué, je donnai secrètement à Frank et à Manoua Séra l'ordre d'échouer les canots sur la plage, à quatre-vingts pas du lac; et par l'entremise du premier ministre et des parents de Loukonngheh, j'obtins que les pagaies fussent déposées dans ma hutte.

Ensuite les Vouakéréhoué, au nombre de deux cent seize, furent informés des volontés du roi. On leur dit que quatre bateaux leur étaient laissés pour retourner chez eux, qu'il faudrait

1. Un douloureux intérêt s'est attaché depuis lors à l'île de Vouézi. C'est là que le lieutenant Shergold Smith, M. O'Neil, missionnaire de la Société des Missions, l'Arabe Sonngoro et un grand nombre de leurs serviteurs, ont récemment perdu la vie en cherchant à emmener d'Oukéréhoué, sans la permission du roi, les femmes de l'Arabe, parmi lesquelles se trouvait la jeune sœur de Loukonngheh. (*Note de l'auteur.*)

Vue du lac près du détroit de Rouglédzi.

quatre journées pour les rapatrier tous, et qu'on leur donnerait des perles, en quantité suffisante pour acheter les rations de dix jours.

Cette nouvelle causa naturellement une grande surprise aux Vouakéréhoué et le tumulte devint effroyable. Ils s'emparèrent du premier ministre, qui rejeta audacieusement toute la faute sur les parents du roi. Les bateliers le lâchèrent alors et saisirent les deux jeunes gens, qui aussitôt furent garrottés, et qui auraient été massacrés à l'instant même sans les précautions que j'avais prises. Sur un signe que je fis à Frank et à Manoua Sèra, cinquante Voua-ngouana accoururent, et, chargeant les émeutiers qu'ils repoussèrent avec le canon de leurs fusils, ils les chassèrent du village.

Il y eut alors une palabre avec les Vouakéréhoué ; on leur expliqua que nous resterions encore six jours à Kaghéhyi ; que pendant ce temps-là ils pourraient communiquer avec Loukonngheh ; que, si le roi se repentait de la promesse qu'il avait faite, les canots seraient renvoyés ; que s'ils voulaient revenir et qu'il leur convînt de ramer pour nous, ils en seraient largement récompensés, mais que, dans tous les cas, les parents de Loukonngheh se trouvant dans mon camp et à mon service, j'étais tenu de les protéger et que je ne souffrirais pas qu'on leur fît aucun mal.

Après cette explication, quarante-cinq d'entre eux prirent les quatre bateaux qui leur étaient laissés et retournèrent dans l'Oukéréhoué pour transmettre nos paroles au roi. Six canots supplémentaires, expédiés le lendemain par leurs amis, aidèrent au rapatriement, qui fut presque entièrement terminé le troisième jour. Nous attendîmes la réponse de Loukonngheh à l'offre que nous avions faite de lui renvoyer les canots ; et le septième jour, la réponse n'étant pas arrivée, le premier ministre et ses cinq domestiques nous quittèrent.

Pendant ce temps-là, j'avais envoyé des messagers dans tous les districts des environs convoquer les gens à un marché, faisant dire que tout le grain qui serait apporté à Kaghéhyi serait acheté au prix de deux choukkas d'étoffe blanche ou de couleur les huit mesures (chacune de ces mesures équivalait à un peck [1]).

Le 19, j'avais douze mille livres de grains : sorgho, millet,

1. Le *peck* contient un peu plus de neuf litres.

maïs, sésame, plus cinq cents livres de riz, le tout mis dans des sacs d'étoffe, formant des ballots d'environ cent livres.

Les canots étaient dans un tel état de délabrement qu'il fallut employer l'équipage de chacun d'eux à les réparer. Ce travail, fait sous la surveillance de Loukanndjah et de Mikonndo, le neveu et le cousin de Lonkonngheh, consista à recoudre avec des fibres de canne un grand nombre des planches qui composaient les bateaux, et à calfater ceux-ci avec des tiges de bananier, tiges pulpeuses que l'on broya pour cette opération.

A l'aube, commença l'embarquement de cent cinquante individus, hommes, femmes et enfants; de cent quatre-vingt-dix charges d'étoffe, de perles, de fil métallique; de quatre-vingt-huit sacs de grain et de trente caisses de munitions.

Comme je ne pouvais déléguer aux autres le soin de la flottille sans éprouver un sentiment d'insurmontable anxiété, le *Lady Alice*, chargé des caisses les plus précieuses, ouvrit la marche, mettant le cap sur les îles Mabibi; il était 9 heures du matin.

Ces îlots sont à trois milles de Vouézi, à six de l'Oukéréhoué et à environ neuf milles de Kaghéhyi.

A ma grande satisfaction, je m'aperçus que les Voua-ngouana acquerraient bientôt le maniement des rames, bien que beaucoup d'entre eux devinssent très-craintifs dès qu'ils étaient sur l'eau. Jusqu'à ce qu'ils fussent habitués à leurs nouvelles fonctions, j'avais résolu de profiter des accalmies et de ne pas risquer tant de vies humaines et une cargaison si considérable sur une eau dangereuse.

Une forte brise du Nord-ouest souffla pendant toute la matinée; à midi elle se modéra; nous en profitâmes pour quitter Mabibi; et, doublant la pointe sud-ouest de la péninsule d'Oukéréhoué, nous nous dirigeâmes vers les îlots de Kounnéneh que nous atteignîmes sans accident.

La brise du Nord-ouest s'éleva de nouveau; comme elle avait à s'exercer sur une plus vaste étendue, les vagues ne tombèrent que dans l'après-midi. Rude besogne que de ramer contre la forte houle; et la distance qui nous séparait des îles Mianndéreh était longue. Malgré cela, des efforts persévérants nous firent avancer. Mais, au coucher du soleil, le groupe des îlots n'était pas encore en vue.

La nuit arriva; elle fut si profonde qu'on ne se voyait pas les uns les autres, bien qu'on entendît le bruit cadencé des rames.

De temps en temps, je faisais prendre une allumette-bougie,

dont la lueur servait de phare aux inattentifs. Par ce moyen, et en menaçant de punir ceux qui s'écartaient de la ligne qu'ils devaient suivre, je parvins à maintenir la flottille en bon ordre.

Il y avait trois heures que nous nagions ainsi dans l'ombre, quand des cris aigus nous arrivèrent. Je me dirigeai vers le point d'où partait l'appel, et je vis à la lueur de ma bougie des objets ronds et noirs qui flottaient vers nous ; c'étaient les têtes des hommes d'un canot qui venait de sombrer. Nous recueillîmes les nageurs et quatre ballots d'étoffe. Une caisse de munitions et quatre cents livres de grain étaient perdus.

La marche fut reprise, mais nous n'avions pas fait quatre cents brasses, que les mêmes cris traversèrent les ténèbres : « Le bateau ! le bateau ! » criaient des voix frénétiques. Pour éclairer la scène, je rallumai une bougie, et mis le feu à un livre que j'avais lu dans l'après-dînée. Des hommes qui se débattaient dans l'eau, des paquets surnageant, un canot fendu sur le côté et la quille en l'air, furent aperçus. Les hommes furent sauvés, ainsi que les ballots ; mais cinq fusils et quatre sacs de grain avaient coulé bas.

Surchargé de vingt-deux personnes et de trente-neuf balles de marchandises, le *Lady Alice* enfonçait jusqu'au plat-bord : si le vent s'élevait, à moins qu'on ne jetât la cargaison, le bateau devait infailliblement couler.

A travers les ténèbres, je criai aux autres que, si leurs barques prenaient l'eau, il fallait jeter le grain et les perles, et ne pas quitter l'embarcation ; elle les soutiendrait jusqu'à ce que l'on vînt à leur secours. J'avais à peine dit ces paroles, que le cri d'alarme se répéta :

« Maître, nous enfonçons ! Le bateau, maître ! nous ne savons pas nager. »

Je m'élançai de nouveau du côté où partaient les cris et distinguai deux hommes qui ramaient vigoureusement, tandis que cinq hommes vidaient le canot. Je me demandais comment faire pour les recueillir tous quand d'autres cris retentirent :

« Oh ! le bateau, vite le bateau ! le bateau ! »

Et d'un autre côté :

« Maître, nous enfonçons ; l'eau nous monte aux genoux ! Maître, nous allons mourir ! Le bateau ! maître, le bateau ! »

Il était évident qu'une panique s'était déclarée parmi les timides, et que mes gens étaient complètement énervés. En réponse à leur appel frénétique, je leur criai d'un ton sévère, pris dans leur intérêt, que ceux qui ne voulaient pas mourir devaient ramer énergiquement vers les îles où nous arrivions; si le canot chavirait, il fallait s'y cramponner jusqu'à notre retour.

Nous faisions force de rame. La lune, qui se levait, nous rendit courage en nous montrant l'île de Mianndéreh à peu de distance. Mais toujours arrivait le cri de détresse :

« Maître, le bateau! le bateau!

— Vous les entendez, enfants, » dis-je à mes rameurs. L'équipage répondit à mon appel; le *Lady Alice* fila comme un trait au milieu des vagues.

« Plus vite! mes braves! plus vite! lancez la barque; leur vie dépend de vos efforts! Plus vite, ramez comme des héros! »

Éperonnée par ces dix hommes courbés sur leurs rames, la barque fendait les flots en sifflant. Les îles grandissaient à vue d'œil.

« Plus vite, enfants! vos frères se noient; ramez et défiez l'eau sombre! »

Hourrah! voici la terre. Nous y jetons les naufragés, les ballots. Ainsi allégée, la barque repart avec double vitesse.

Il y eut dans cette horrible nuit deux chefs de canots, deux frères qui se firent remarquer entre tous : Oulédi et Choumari; le premier avait vingt-cinq ans, le second dix-huit.

Chacun d'eux avait son équipage particulier composé d'amis et d'individus de la même tribu.

Comme je retournais avec mon bateau sur le lieu du naufrage, deux canots passèrent comme des flèches.

« Qui va là? demandai-je.

— Oulédi et Choumari, répondit une voix.

— Revenez après avoir déchargé, leur criai-je, revenez sauver les autres.

— C'est bien notre intention, Inchallah! »

De braves gens! pensai-je. Actes et paroles témoignaient de leur courage.

Tandis que nous volions au secours, le clairon annonçait notre approche. Nous croisâmes trois ou quatre bateaux qui filaient rapidement vers les îles. Grâce au ciel, l'eau était calme et la lune, brillant d'un vif éclat, jetait sur le lac une lumière dorée.

« Enfants, vous êtes des braves! nagez plus vite, nagez plus vite! pensez à ceux dont les canots enfoncent! »

Ils redoublèrent de vitesse, ramant à faire éclater leur cœur sous l'effort. Leur balancement rapide, leurs profonds soupirs, l'ardeur du timonier, l'obéissance de la barque, tout sympathisait avec moi. Je pris une rame pour soulager l'un des nageurs et aider à faire voler le bateau, qui semblait avoir l'instinct d'un être animé.

Mais toujours de nouveaux cris : « Oh, le bateau ! maître, le bateau !

— Entendez-vous, enfants? Brisez les rames, soulevez la barque. Nous les sauverons — maintenant ou jamais ! »

La vitesse augmenta. Chacune de nos fibres était tendue; vigueur, énergie, volonté redoublèrent. Cinq minutes après, nous accostions un bateau qui allait disparaître, puis un second, puis un troisième.

Le bord du *Lady Alice* n'était pas à un pouce de l'eau. Mais tout le monde, hommes, femmes, enfants, étaient sauvés.

Nous attendîmes, n'osant pas faire un mouvement. Deux canots arrivèrent côte à côte entre deux lignes d'écume: les canots d'Oulédi et de Choumari, qui, arrêtant leur course furieuse, se rangèrent le long de notre bord.

« Tous sont-ils sauvés? crièrent les deux patrons.

— Oui, tous.

— El hamd-ull'Illah ! (Dieu soit loué !), » répondirent-ils avec ferveur.

Et avec leur aide nous pûmes conduire au port les trente-deux personnes que nous avions recueillies.

Nous procédâmes ensuite au sauvetage des canots qui, déchargés de leur cargaison humaine, continuaient de flotter, avec les ballots qu'ils renfermaient.

Nos pertes, pendant cette nuit terrible, s'élevèrent à cinq canots, cinq fusils, une caisse de munitions et environ douze cents livres de grain.

Le lendemain matin, laissant à Mianndéreh le tiers de nos gens et de nos marchandises, je partis pour Sinngo, où j'arrivai à neuf heures, et d'où j'expédiai quelques canots pour ramener les hommes que j'avais laissés derrière moi.

On se souvient qu'en revenant de l'Ougannda et en passant près d'Ito, île située à un demi-mille au sud-ouest de Sinngo, nous avions été repoussés par les indigènes qui nous avaient reçus à coups de fronde. Un parti aussi considérable que celui que nous formions actuellement n'avait pas à craindre un pareil accueil; et de leur côté les indigènes pouvaient être sûrs de n'être pas attaqués par nous. J'envoyai donc à Ito nos deux guides, Loukanndjah et Mikonndo, pour dire aux habitants qui nous étions et pour éloigner d'eux toute crainte de représailles. Loukanndjah réussit parfaitement dans son ambassade et nous amena le chef d'Ito, qui, en expiation de sa conduite antérieure, s'était muni d'offrandes pacifiques, représentées par deux chevreaux gras et plusieurs régimes de bananes.

Le lendemain, la grande île de Komeh nous envoya son roi avec de nombreuses jarres de bière forte, et un grand nombre de chèvres, tuées à notre intention. En outre, le roi de Komeh nous vendit quatre bateaux presque neufs, et de capacité suffisante pour nous enlever toute inquiétude.

Après cette terrible épreuve, mes gens sentirent la nécessité de recoudre leurs barques et de les calfater avec soin. Cette fois le travail, accompli sous la surveillance de Frank et de Loukandjah, fut bien fait et nous permit de repartir sans crainte. Sept heures de rame nous firent gagner l'île du Refuge, où un camp fortifié fut établi du côté du Sud.

La journée du 25 fut employée à la construction de deux grandes cases destinées, l'une à l'emmagasinage des grains, l'autre à celui de nos marchandises. Les huttes de la garnison furent bâties avec soin et en vue de la stricte surveillance du camp. Je choisis les quarante-cinq Voua-ngouana qui devaient défendre la place; j'instituai Frank leur capitaine, avec Manoua Séra pour lieutenant, et Loukanndjah et Mikonndo pour interprètes.

Je laissai quatre canots à la garnison, pour le cas où elle désirerait communiquer avec les indigènes d'Itahouagoummba, situé sur la côte voisine. Et le 26 juin, avec le *Lady Alice*, dix-sept canots et cent-six hommes, je repris la route de l'Oussoukouma.

Le 30, nous arrivions à Kaghéhyi. Mais la traversée ayant été excessivement rude, quatorze canots seulement entrèrent avec moi dans la baie. Cinq jours s'écoulèrent sans apporter de nouvelles des trois canots absents et des treize hommes qui les montaient. Je dépêchai alors un canot avec deux Voua-ngouana et huit indigènes au roi Loukonngheh, le priant de découvrir les traînards qui, sans doute, avaient déserté ou avaient été pris par les Vouakéréhoué.

Le même jour, j'achetai de Kipinnghiri, pour trente-six mètres d'étoffe, un grand canot pouvant porter trente hommes, et que les Voua-gnouana, en raison de sa forme massive, nommèrent L'*Hippopotame*. Construite en bois de figuier-sycomore, cette vieille barque était en si mauvais état que d'un seul coup de pied à l'arrière j'y fis un trou de neuf pouces de diamètre. Malgré cela, et bien qu'elle fût alourdie par la saturation du bois, je pensai qu'elle pourrait servir au transport de nos ânes.

Pendant qu'Oulédi et Salaam Allah, nos charpentiers, m'aidaient à réparer le vénérable *Hippo* dans un repli de la rive, un de mes gens accourut!

« Vite! vite! maître, criait-il; les Voua-ngouana se tuent les uns les autres! Il n'en restera pas un seul. »

Laissant un homme garder les outils, nous montâmes la colline au pas de course, et nous vîmes la scène la plus horrible:

Une trentaine de mes gens, armés de fusils, se menaçaient avec rage; d'autres faisaient tournoyer des casse-tête, brandissaient des lances ou des couteaux. Ces hommes, jusque-là si paisibles, semblaient être atteints de folie furieuse. L'un d'eux gisait par terre, un poignard dans le cœur; un autre, également couché sur le sol, avait le crâne brisé d'un coup de massue; et le meurtrier allait et venait dans la foule en abattant son arme sur les têtes et les épaules.

Saisissant un lourd bâton, je lui en appliquai sur les doigts un coup si vigoureux qu'il lâcha son arme, et fut aussitôt appréhendé par ceux qui me suivaient. Puis, appelant les chefs à mon aide, je désarmai les mutins.

Ce procédé sommaire eut bientôt rétabli l'ordre. M'apercevant alors que le *pommbé*, la bière du pays, était la cause du mal, j'ordonnai aux hommes qui étaient de sang-froid de se mettre en ligne; ce qui nous fit découvrir que cinquante-trois de mes gens était absolument ivres.

L'instruction nous apprit que le meurtrier de Memmbé, l'un des plus vigoureux porteurs du *Lady Alice*, se nommait Foundi Réhani; celui qui avait fracturé le crâne de l'autre était le frère de Memmbé. Tous les deux furent immédiatement arrêtés pour comparaître devant le prince Kadouma, l'Arabe Sonngoro et les chefs de ma bande. On brisa les cruches de pommbé, et l'on fit dans le camp des recherches actives, afin de saisir la bière qui pouvait y être.

Il me restait à payer au prince Kadouma une certaine quantité d'étoffe, pour le sang répandu qui avait souillé son territoire et qui excitait sa colère. Je dus y ajouter une autre part de colonnade pour avoir le droit d'enterrer le pauvre Memmbé.

Le jury que j'avais convoqué pour juger l'affaire condamna le meurtrier à mort; mais, comme je ne voulus pas consentir à cette mesure extrême, la peine fut commuée en deux cents coups de fouet et à la chaîne, que le condamné porterait jusqu'à son retour à Zanzibar, où il serait remis entre les mains de son prince.

Réhani, l'autre coupable, bien que la fureur qui dans son ivresse l'avait poussé au crime lui eût été inspirée par la vue du cadavre de son frère, fut condamné à cinquante coups de fouet pour avoir compromis les jours d'un innocent.

Cette double exécution, fidèlement accomplie, eut lieu avec toute la solennité voulue, en présence de tous mes hommes, qui en furent vivement impressionnés. Je profitai de la circonstance pour appeler l'attention du turbulent Msenna et de quelques autres, qui s'étaient fait remarquer dans la scène de la veille, sur le châtiment inévitable qui suivrait la perpétration de pareils actes.

Le 5 juillet, à ma grande joie, les hommes que j'avais envoyés dans l'Oukéréhoué à la recherche des canots absents revinrent avec deux de ces canots. Pour le troisième, ce ne fut qu'un an plus tard, après notre arrivée dans l'Oudjidji, que nous en eûmes des nouvelles. J'appris alors que son équipage avait déserté et pris la route de l'Ounyanyemmbé, où il s'était rendu directement avec ses fusils.

Les gens des deux canots qui venaient de nous être si heureusement rendus nous racontèrent que la tempête les avait forcés de chercher un abri sur le littoral d'Oukéréhoué, où ils avaient été immédiatement saisis et conduits à Loukonngheh. Au lieu d'être tués, comme ceux qui les avaient capturés s'y attendaient, ils avaient été bien reçus par le roi, qui avait dit aux insulaires que l'homme blanc n'avait agi que d'après ses ordres.

Le 6 juillet, je fis mes présents d'adieu au prince Kadouma et à sa première épouse, femme intelligente et sympathique, à l'Arabe Sonngoro, au prince Kipinnghiri, chef de Loutari, à Kourréreh — bien que ces deux derniers fussent loin d'avoir mérité quelque chose de ma part — et à beaucoup d'autres; puis j'embarquai mes hommes, mes bêtes, les effets de l'Expédition; et vers dix heures nous nous trouvions à l'abri de la puissance et des mauvais desseins de Kipinnghiri. Nous avions quitté Kaghéhyi pour toujours.

Je n'éprouvai pas le moindre regret en m'éloignant de cette localité où l'Expédition avait passé plusieurs mois. Non pas que le village manquât du confort nécessaire, j'y avais trouvé l'abondance ; non pas que les indigènes fussent déplaisants, je n'avais eu qu'à me louer d'eux, mais l'objet de mon voyage n'aurait jamais pu être atteint, si j'avais prolongé inutilement mon séjour dans un endroit quelconque. Le moment était arrivé où il me fallait reprendre mon voyage, et j'en était content ; car je soupçonnais Kipinnghiri d'exercer une mauvaise influence sur le prince Kadouma.

Le 11 juillet, nous arrivâmes sains et saufs à l'île du Refuge, où je trouvai la garnison en excellente santé. Grâce à l'influence de Loukanndjah, les indigènes de la terre ferme, qui, à notre premier passage, s'étaient montrés hostiles, nous avaient accueillis cette fois avec une extrême cordialité. L'échange du sang avait eu lieu pour moi entre Manoua Séra et Kidjadjou, roi de Komeh, et d'autre part entre Manoua Séra, pour son propre compte, et le roi d'Itahouagoumba.

Loukanndjah, connaissant le respect professé pour la puissance par ses frères noirs, avait adroitement exagéré mon influence et la force de ma troupe ; il en résulta qu'une alliance amicale avec un aussi puissant personnage devint le projet favori de Kidjadjou ; et celui-ci chercha à l'obtenir par un présent composé de trois bœufs gras, de six chèvres, de cinquante régimes de bananes et d'une quantité considérable d'excellent marammba ; présent dont la garnison avait vécu depuis mon départ de l'île.

En retour de cette générosité, j'envoyai à Kidjadjou, par Frank, de l'étoffe, des perles et du fil de laiton. Je n'y allai pas moi-même ; les angoisses que j'avais éprouvées pendant mes deux traversées de Kaghéhyi à l'île du Refuge avaient eu pour conséquence une maladie sérieuse qui, pendant cinq jours, me cloua dans ma hutte.

Le sixième jour, je pus enfin quitter mon lit et vaguer dans cette île, où le soir de notre fuite de Bammbireh nous avions trouvé un abri et qui, pendant près d'un mois, avait servi d'asile à la moitié de l'Expédition.

Les plus jeunes de nos hommes connaissaient l'île dans tous ses coins et commençaient à s'y attacher. Ils avaient découvert sur la côte orientale une quinzaine d'arbres chargés de baies délicieuses dont le goût participait de l'amome et de la groseille. Ces fruits sont lisses, groupés trois par trois, et ont deux noyaux pareils à celui de la datte. L'arbre qui les porte a des feuilles ressemblant à celles du pêcher ; son bois est coriace et flexible ; c'est évidemment une espèce de *verbénacée*.

La garnison n'avait pu consommer que la moitié des baies recueillies; de sorte que les cent cinquante hommes que je ramenais en trouvèrent assez pour se souvenir des bons fruits de l'*île du Refuge*.

Le même jour, à notre mutuelle satisfaction, Kidjadjou, le roi de Komeh, vint me rendre visite. Il me fournit pour me conduire dans l'Ougannda des guides que je devais lui renvoyer de chez Mtéça et qui reviendraient avec Loukanndjah et Mikonndo. Ces guides ne me rendirent d'autres services que de m'apprendre les noms des diverses localités que nous aperçûmes jusqu'à l'Ouzonngora.

Nous quittâmes l'*île du Refuge* comme nous étions partis de Kaghéhyi, c'est-à-dire en embarquant d'abord les hommes de la garnison. Ceux qui étaient restés à Kaghéhyi au premier départ furent laissés dans l'île jusqu'au moment où nous reviendrions les chercher.

La veille au soir, il y avait eu un grand bal qui n'avait fini qu'avec le clair de lune, danse affolée à laquelle trois chefs avaient pris part avec une joie d'enfants. Le vieux Kidjadjou s'était distingué par les figures les plus extravagantes. Son neveu Itahouagoumba, jaloux de cette brillante exécution, avait fait des prodiges de vigueur, et le robuste chef de Bouina avait exécuté des bonds à rappeler les exercices du trapèze volant. Le jeune Loukandjah, ainsi que Mikonndo son royal cousin, s'étaient fait remarquer par leur souplesse d'acrobates. Cent guerriers, venus de la côte pour former l'orchestre, faisaient vibrer les rochers de l'île par des chants dont les échos se renvoyaient la sauvage harmonie. Notre bande, conduite par Frank et par Manoua Séra, avait augmenté le vaste cercle de cent cinquante hommes et de vingt femmes ; et toutes les voix s'étaient unies pour répéter le refrain de l'improvisation qu'avait faite le vieux Kidjadjou en l'honneur du chef blanc, devenu son frère. Pendant ce temps-là, d'énormes quartiers de bœuf rôtissaient à de grands feux; et de nombreuses jarres de vin de banane provoquaient l'attention des altérés.

Le matin du 18 juillet, au moment de quitter l'île, les guides que nous avait fournis Kidjadjou firent au génie du lac une offrande propitiatoire de quelques perles, accompagnée de cette adjuration :

« Je te somme, ô Nianndja ! d'être bon pour le mkama blanc. Fais qu'il traverse sans danger tes eaux si larges ; fais que son voyage soit heureux. »

A l'île de Kazaradzi, où la nuit fut passée, nous eûmes le spectacle d'un splendide coucher de soleil. Depuis l'horizon jusqu'à mi-hauteur du zénith, l'occident resta pendant une heure revêtu d'une nappe d'or resplendissante, dont l'éclat se réfléchissait sur les montagnes, sur la plaine et sur le lac.

Le 19, nous arrivions à l'île de Vouavouizoua ; le 20, nous passions près des îles pittoresques de Myssomeh et de Roumonndo. La brise soufflant du sud-est nous était favorable, chaque canot avait de petites voiles, formées des draperies de l'équipage. Le soir nous avions gagné sans accident l'île de Nameterré.

Le 21 juillet, nous débarquâmes à Mahyiga, la plus méridionale des îles du terrible groupe de Bammbireh. Un examen attentif m'avait donné la certitude qu'elle était déserte.

Au bord d'une petite baie de la rive occidentale, nous découvrîmes les restes d'un camp étendu, qui, d'après la forme des huttes et des porches, huttes en dôme, portail encapuchonné, avaient été construites, à n'en pas douter, par des Vouagannda. Et cependant quelle armée de Vouagannda aurait pénétré si loin dans le Sud?

Comme nous nous trouvions dans un voisinage dangereux, comme, d'autre part, une faible partie de ma troupe devait demeurer dans l'île jusqu'à ce que le reste de l'Expédition fût ramené de *l'île du Refuge*, nous crûmes devoir établir le camp avec tout le soin nécessaire à sa sûreté.

Dans ce but, j'employai tous mes hommes à déblayer le terrain de ses arbriseaux et de ses broussailles sur un espace de 180 mètres, à partir de l'anse, et une route de douze pieds de large fut ouverte, dans toute la longueur de l'île, du point méridional où nous nous trouvions à l'extrémité nord.

Vers cinq heures du soir, nous étions encore à l'ouvrage, deux grands canots, venant de l'île d'Iroba, s'approchèrent avec précaution de notre anse. Les gens qui s'y trouvaient se donnèrent beaucoup de peine pour s'assurer du nombre de nos bateaux, et il était facile de voir qu'ils cherchaient à nous compter. Tout cela se fit en silence.

Enfin, ils nous hélèrent. Loukanndjah et l'un des guides fournis par Kidjadjou furent chargés de leur répondre.

Cette conversation du plus grand intérêt pour nous, désireux que nous étions de savoir ce que nous avions à craindre ou à espérer des gens des îles voisines, débuta par une interrogation à notre adresse :

« Celui-ci est-il l'homme blanc qui est venu à Bammbireh?
— Oui.
— Il ne s'est donc pas perdu dans le Nianndja ?
— Non; il vit et il est de retour.
— Oh ! le chef blanc n'a aucun motif de colère contre Iroba. Nous ne l'avons pas inquiété : il n'a donc pas de querelle avec nous. Les gens de Bammbireh sont mauvais. Que vient faire ici le chef blanc ?
— Il va dans l'Ougannda.
— Comment pourrait-il y aller ? Ne sait-il pas que Bammbireh est sur la route et que les gens d'Ihannghiro ont les yeux sur lui ? A-t-il des ailes ?
— Non, il a ses canots. Dites aux gens de Bammbireh que le chef blanc n'a pas peur ; ses guerriers sont nombreux. Si les gens de Bammbireh veulent être ses amis, que Chekka lui rende les rames qu'il lui a volées, et le chef blanc sera content.
— Magassa, qui a campé dans l'île où vous êtes, les a reçues de Chekka, et les a emportées dans l'Ougannda, croyant que vous étiez morts dans le lac.
— Le chef blanc n'est pas mort ; le voilà. S'il est vrai que les rames soient parties pour l'Ougannda, que Chekka se fasse l'ami du chef blanc, et lui envoie deux ou trois hommes pour l'accompagner à Makonngo, dans l'Ouzonngora, comme l'ont fait Loukonngheh d'Oukéréhoué et Kidjadjou de Komeh ; alors il n'y aura plus de paroles entre eux.
— Chekka est puissant, et les gens de Bammbireh sont braves. Anntari d'Ihannghiro, le grand roi, a encore plus de puissance, et Chekka est son fils. Toute l'eau du Nianndja qui nous entoure est à lui, et on ne vous laissera pas passer. Que fera le chef blanc?
— Dites à Chekka et Anntari, son père, que le chef blanc restera ici pendant un grand nombre de jours. Il sera content de recevoir d'eux de bonnes paroles. Quand il sera prêt à partir, il

le leur fera savoir. Si le roi d'Iroba est l'ami du chef blanc, qu'il lui envoye ses sujets lui vendre des vivres. »

Après avoir promis de faire tout ce que nous leur demandions, promis de nous apporter des provisions le lendemain, les canots s'éloignèrent; deux ou trois hommes des équipages affectèrent de rire.

Dans la matinée du 23, vers dix heures, un autre canot vint d'Iroba; il s'y trouvait quinze hommes qui s'approchèrent de nous d'un air de défi.

Nous leur demandâmes s'ils nous apportaient des vivres.

« Non, répondirent-ils, mais vous en aurez tantôt en abondance. »

Puis, ils promenèrent sur notre camp un regard investigateur, et s'en allèrent en prenant de l'eau avec leurs rames, et en la jetant derrière eux par-dessus l'épaule; marque de mépris qui, sur les côtes de l'Ouvouma, de l'Ougannda, de l'Ouzonngora et de l'Oukéréhoué, a la même signification que le pied de nez des gamins d'Europe.

En voyant ce geste, Loukanndjah sourit; quand je lui demandai ce qu'il pensait, il me répondit d'un air significatif :

« Ces gens-là ont quelque chose dans l'idée. »

Le 24, longtemps avant l'aube, afin d'échapper à l'espionnage des gens d'Iroba ou de Bammbireh, j'expédiai seize de nos plus grands canots, sous les ordres de Manoua Séra, pour ramener de l'*île du Refuge* le reste de l'Expédition. Il fut recommandé aux équipages d'avoir l'œil ouvert et de ne pas commettre la moindre imprudence.

Notre camp se trouvait alors dans une condition parfaite; il y régnait toute la propreté, le soin, l'ordre qu'avaient pu y mettre deux jours de rude labeur. Des huttes pour le guet furent érigées sur le point culminant de l'île, et cinq hommes, avec un chef, occupèrent ce poste d'observation.

Il restait alors avec moi les quarante-cinq hommes de la garnison et les quatre guides fournis par Loukonngheh et par Kidjadjou.

Dans la journée, plusieurs canots vinrent encore d'Iroba et s'arrêtèrent à quelque distance du rivage. Je leur montrai des perles, de l'étoffe, des bracelets de cuivre et du fil de laiton. En retour de nos professions d'amitié et de nos offres, nous ne reçûmes que des paroles moqueuses, accompagnées du geste que j'ai décrit plus haut.

Le jour suivant, quand se représentèrent les canots, je pris un air grave et un ton sévère.

Voyant que la bienveillance ne donnait lieu qu'au mépris et à de fausses interprétations, je dis à ceux qui les montaient que le roi d'Iroba devait me prouver son amitié en me faisant apporter des vivres, le lendemain à midi, vivres qui seraient payés un prix convenable; que, sachant de manière certaine qu'il était en communication avec le roi de Bammbireh, son voisin, je comptais sur la restitution des rames, ou sur l'envoi de deux ou trois hommes comme otages et gages de paix.

— Je connais l'hostilité de la terre ferme, poursuivis-je; et puisque je suis obligé de me rendre dans l'Ougannda, j'ai résolu, avant de risquer la vie des femmes et des enfants de ma suite dans des canots pourris et surchargés, de m'assurer s'il me sera permis de naviguer tranquillement, sans avoir à redouter une attaque en passant entre Bammbireh et la côte.

Un peu intimidés par le ton que j'avais pris, les indigènes me promirent qu'ils ne tarderaient pas à envoyer au blanc *M'kama*[1] des bananes, du lait, du miel, des poulets et même des bœufs.

Dans la matinée du 26, nos guetteurs m'avisèrent qu'ils apercevaient un grand nombre de canots s'avançant de la terre ferme vers la grande île de Bammbireh. Je montai à l'observatoire et, avec ma lunette, je comptai dix-huit canots pesamment chargés d'hommes; je continuai à les surveiller jusqu'à ce qu'ils eussent doublé la pointe occidentale d'Iroba, dans la direction de Bammbireh.

Il était évident que quelque méfait se préparait, mais quand et sous quelle forme le mal se ferait-il? C'est ce que je ne pouvais dire.

Probablement les indigènes, connaissant la faiblesse numérique de notre garnison, se proposaient d'attaquer l'île pendant la nuit. Le fait en lui-même n'avait rien d'impossible, car les insulaires de ce groupe, j'en avais eu la preuve, ne manquaient pas d'intelligence et avaient autant de résolution que de bravoure. Mais, dans cette prévision, que me restait-il à faire?

J'attendis le roi d'Iroba jusqu'à trois heures, et l'attendis inutilement. Il fallait donc agir, et sans retard.

Laissant le camp à la garde de Saféni et de quatorze Vouangouana, je pris le *Lady Alice*, quatre bateaux avec trente-cinq

---

1. Titre qui équivaut à celui de roi.

hommes, et me dirigeai vers Iroba pour faire une reconnaissance. En approchant, je remarquai sur la grève une vive animation. Je gouvernai droit à la rive, en face d'un village, et débarquai. Vingt-cinq de mes hommes se déployèrent en tirailleurs ; puis Loukanndjah, pour donner plus d'autorité à mes paroles, invita le roi d'Iroba et les anciens à s'approcher, sans quoi, nous allions nous battre.

Ils vinrent immédiatement au nombre d'une quinzaine.

« Loukanndjah, m'écriai-je, dites au roi que l'Iroba s'est mal conduit en envoyant ses jeunes gens se moquer de nous. Puisqu'il m'a tant de fois menti, lui et deux de ses chefs me suivront au camp. Il ne leur sera fait aucun mal ; mais ils resteront avec moi jusqu'au moment où Chekka de Bammbireh sera remis entre mes mains, ou la paix conclue dans les termes que j'ai dits. »

Sans qu'il fût besoin d'user de violence, le roi d'Iroba et deux de ses chefs entrèrent dans mon bateau.

Dès qu'ils furent assis, je réclamai du roi qu'il donnât à ses jeunes gens les instructions nécessaires pour s'emparer de Chekka et de deux chefs de Bammbireh, faisant la promesse solennelle qu'aussitôt après je relâcherais le roi d'Iroba et ses amis.

Les indigènes groupés sur le rivage accueillirent cette proposition avec joie, déclarant que, le lendemain, Chekka me serait amené.

Dans la matinée du 27, un canot d'Iroba vint apporter des provisions pour le roi et ses chefs, et en même temps annonça que l'entreprise sur Bammbireh avait échoué. Un des jeunes gens qui était dans le canot, et que l'on me dit être le fils du roi, offrit de prendre la place de son père, tandis que celui-ci, en personne, essayerait de s'emparer de Chekka. Cette touchante confiance fit sur moi une telle impression, que je relâchai le roi d'Iroba, après avoir obtenu de lui qu'il fît l'échange du sang avec un de mes Voua-ngouana.

A cinq heures du soir, fidèle à sa promesse, le roi d'Iroba m'amena le roi déloyal de Bammbireh et deux de ses chefs, qu'au débarqué mes Voua-ngouana saluèrent d'un cri de triomphe. Chekka allait être maltraité ; et dans la fureur que sa vue leur inspirait, les gens du *Lady Alice* l'auraient massacré, sans aucun doute, si je n'avais pas été là. Mais je parvins à les calmer en leur faisant comprendre que la vie et les services du roi nous étaient nécessaires; que de bons traitements pouvaient nous procurer l'appui de Chekka et la paix avec Bammbireh.

Le motif qui m'avait décidé à prendre ces trois otages — le roi et ses deux chefs — se devine aisément. On a dû voir que la faiblesse et l'irrésolution, en d'autres termes l'excès de douceur et le manque de fermeté, nous avaient à plusieurs reprises mis dans une situation dangereuse.

Ainsi, après les meurtres commis par les Vouanyatourou sur Kaïf Halleck et Soliman, notre hésitation à agir avait porté ces indigènes à s'imaginer que nous étions retenus par la crainte. La patience que nous avions montrée à l'île de Nghévi n'avait eu pour résultat qu'un surcroît de contrariétés. A Mommbiti, dans l'Ouvouma, notre douceur avait amené la grêle de pierres dont on nous avait assaillis; entre l'Ouvouma et l'Oughéyéya, notre longanimité avait poussé les Vouavouma à la violence et aux actes de piraterie dont nous avions eu à souffrir. Notre résignation à Bammbireh avait fait croire aux indigènes que nous pouvions être tués comme des agneaux; et notre placidité nous avait valu, comme elle le méritait, le mépris des naturels d'Iroba.

Cent fois, dans la suite, j'ai été à même de voir que le sauvage ne respecte que la force, la hardiesse, la décision; et que les principes qui gouvernent les relations entre chrétiens lui sont complétement étrangers. Pour lui, la patience est synonyme de couardise. Son esprit borné et irréfléchi ne voit dans la douceur et l'égalité de caractère que les indices d'une nature efféminée. Mais quand nous sortîmes de notre enceinte, les Vouanyatourou apprirent que la force se cachait sous notre faiblesse apparente, et ils renoncèrent à nous combattre. A l'île de Nghévi, les Vouakammba furent ramenés au sentiment du devoir par les stupéfiantes décharges du revolver. Les intentions meurtrières des Vouavouma furent arrêtées par la promptitude et l'énergie de notre défense; les traîtres de Mommbiti cessèrent d'user de leurs frondes quand nous fîmes parler nos carabines; les féroces Voua bammbireh nous respectèrent lorsque, après nous avoir vus leur échapper, ils sentirent l'effet de nos balles; et devant le tranquille déploiement de notre force, l'artificieux roi d'Iroba devenait notre allié sincère; son insolence, qui grandissait rapidement, avait été vaincue par un seul acte de vigueur.

Mais, sans magnanimité, l'exercice de la force n'est que brutal et n'a qu'un effet transitoire. Si donc je pouvais faire comprendre au roi de Bammbireh et à son peuple que le premier homme blanc qu'ils eussent jamais vu, était d'une force irrésistible, quand on l'avait fait sortir de sa douceur; mais qu'après avoir montré sa puissance, il était grand et généreux, je devais certainement produire sur leur esprit un effet salutaire et durable.

Si donc la capture de Chekka était nécessaire pour assurer le tranquille passage de l'Expédition entre Bammbireh et Ihannghiro, il n'était pas moins utile de traiter le captif avec bienveillance et de le relâcher ensuite — pourvu toutefois qu'il ne survînt aucun événement de nature à empêcher l'exécution de nos projets de clémence [1].

Se voyant au pouvoir de ceux qu'il avait outragés sans provocation, qu'il avait contraints d'affronter les périls du lac orageux, sans vivres, sans moyen de chercher un abri contre la tempête, si fréquente dans la saison pluvieuse, Chekka se fit aussi humble, aussi rampant qu'il s'était montré arrogant et féroce quand nos situations étaient renversées.

On l'informa avec douceur que nous n'en voulions pas à ses jours, mais que nous pensions à notre propre sûreté; et que si nous nous étions emparés de lui, c'était pour nous garantir contre toute violence : tant qu'il serait notre prisonnier, nous n'avions pas à craindre qu'Anntari d'Ihannghiro et les gens de Bammbireh vinssent nous attaquer la nuit; car ils savaient fort bien que nous possédions, en sa personne, un moyen de représailles.

L'assurance que nous n'avions pas l'intention de le tuer le rendit communicatif. Il nous apprit alors que des forces considérables étaient envoyées nuit et jour par Anntari à Bammbireh, et avec l'intention de venir nous attaquer dans l'île de Mahyiga. Il nous dit à ce sujet qu'autrefois le père d'Anntari, ayant Kytohoua pour allié, avait pendant longtemps bravé la puissance du grand Souna d'Ougannda; et il se demandait comment une

---

1. Livingstone, dans son *Dernier Journal*, a dit lui-même : « Il n'est pas mal que les Anglais soient connus dans le pays comme sachant frapper fort quand ils sont attaqués sans motifs, ainsi que nous l'avons été dans cette occasion. » Je pourrais citer d'autres passages des œuvres du grand voyageur, dans lesquels la même opinion se trouve formulée. (*Note de l'auteur.*) — (Voy. *Dernier journal de Livingstone*, Paris, Hachette, 1876, vol. I, p. 38; et pour le fait qui a motivé ces lignes, Livingstone, *Explorations du Zambèse*, Paris, Hachette, 1866, p. 403.) H. L.

bande aussi faible que la nôtre pouvait conserver l'espoir d'échapper à Anntari[1], le « Lion » d'Ihannghiro.

Nous lui répondîmes que nous savions parfaitement nous défendre quand nous étions attaqués ; et nous ajoutâmes qu'il serait bien de sa part de faire connaître à Anntari, ainsi qu'aux gens de Bammbireh, que loin de chercher le combat, nous désirions établir des relations amicales entre nous et les indigènes. Chekka ne demandait pas mieux que de faire cette communication ; j'autorisai donc trois naturels de Bammbireh, que l'on nous avait amenés en même temps que lui, à partir avec le roi d'Iroba.

A neuf heures du matin, celui-ci reparaissait, apportant cette fois du lait, du miel, des bananes et un chevreau gras, générosité que nous lui rendîmes avec usure et une ostentation toute politique, dans le but d'édifier Chekka et les indigènes.

A midi, il revint encore avec trois embarcations, montées chacune par vingt hommes d'Ihannghiro, commandées par le premier chef d'Anntari. Les arrivants reçurent la permission de débarquer, bien que leur nombre fût supérieur à celui de nos soldats. Mais, tout d'abord, j'avais donné l'ordre à Frank de mettre trente hommes sous les armes, afin d'être prêts en cas de trahison ou de surprise.

Notre accueil fut cordial ; les indigènes y répondirent avec une certaine réserve empreinte de fierté.

« Que dit le roi d'Anntari ? commençai-je par l'entremise de Loukanndjah, qui me servait d'interprète.

— Anntari demande pourquoi vous êtes venus dans ses eaux, pourquoi vous avez campé dans son île ?

— Nous sommes venus parce que c'était notre chemin pour nous rendre dans l'Ougannda, et nous nous sommes arrêtés à Mahyiga pour y attendre le reste de nos hommes. Comme je n'ai pas assez de canots pour transporter mes gens et mes marchandises en une seule traversée, une partie de ma caravane restera dans cette île, tandis que je gagnerai l'Ougannda avec l'autre moitié. Je désire qu'Anntari m'assure que, pendant notre passage dans les eaux de Bammbireh, nous n'aurons pas à combattre, et que ceux de mes gens qui resteront dans l'île ne seront pas inquiétés pendant mon absence. Que dites-vous ?

---

1. Le nom d'Anntari, qui signifie lion, est commun dans tous les groupes de Vouahouma. (*Note de l'auteur.*)

— Anntari dit qu'il est un grand roi. Toute la terre que vous voyez sur la côte, de Roumonndo jusque chez Kytahoua, lui appartient. Ces îles et cette partie du Nyanndja sont à lui. Jamais encore il n'a vu d'étrangers voyageant par eau ; tous les autres suivaient la route de terre. Il dit que vous devez vous en aller.

— Nous ne le pouvons pas, répondis-je ; faites-le-lui savoir. Cette eau appartient à tout le monde, aussi bien que le vent. L'île peut être à lui, mais personne n'habite Mahyiga, et nous ne ferons aucun dommage aux rocs.

— Anntari dit qu'il ne fera la paix que si vous vous en allez. Il vous envoie ces trois régimes de bananes, cette femme et cet enfant.

— Nous ne faisons pas commerce d'esclaves, et trois régimes de bananes ne nous serviraient à rien. Ce qu'il nous faut, c'est la permission de nous rendre pacifiquement dans l'Ougannda ; et si Anntari nous envoie beaucoup de bananes, nous les lui achèterons ; mais il en faut un grand nombre, car nous avons beaucoup de bouches à nourrir.

— Alors Anntari dit qu'il vous fera la guerre ; et il vous tuera tous.

— A-t-il vraiment dit ces paroles ?

— Oui, ce sont les paroles d'Anntari. »

Je dis tout bas à Frank d'aller prendre Chekka et de l'amener. Dès que les indigènes le virent, ils se levèrent tous en faisant des gestes de menace. Nous nous levâmes tous également, et de manière à leur faire voir que la violence serait inutile. Et m'adressant aux anciens :

« Asseyez-vous, leur dis-je, et portez mes paroles à Anntari. Ouvrez vos oreilles et comprenez bien. Anntari est l'esclave de Mtéça ; moi, je suis l'ami de Mtéça. Les gens d'Anntari ont volé et tenté d'assassiner l'ami de Mtéça ; mais il est revenu et il retourne près de Mtéça. Anntari et son peuple se préparent de nouveau à attaquer l'ami de Mtéça, le maître d'Anntari. Il envoie à Bammbireh beaucoup de bateaux et des hommes par centaines.

« Il m'envoie aussi trois canots pour m'avertir qu'il va m'attaquer, et peut-être — vous le savez mieux que moi — pour délivrer Chekka, dont j'ai besoin, parce que seul il garantit ma sécurité. Dites à Anntari que l'homme blanc n'est pas une femme et qu'il ne se nourrit pas de paroles mensongères. Il a l'intention d'aller dans l'Ougannda et il s'y rendra avec ou sans la permission d'Anntari. Si Anntari veut combattre, dites-lui de se rappeler la manière dont l'homme blanc s'est échappé de Bammbireh.

« L'homme blanc désire la paix, mais il n'a pas peur d'Anntari. Allez, maintenant; et rapportez à Anntari chacune de mes paroles. Si demain, à midi, je n'ai pas sa réponse, j'emmènerai Chekka et ses deux chefs dans l'Ougannda et je les remettrai entre les mains de Mtéça. »

Sans leur donner le temps de réfléchir, nous les poussâmes vers leurs bateaux, non pas violemment, mais avec fermeté. Quand le premier des anciens eut recouvré ses sens — ce qui n'arriva que quand il se sentit sain et sauf dans son canot — il sembla découvrir tout à coup que j'évitais à dessein toute violence, et il dit :

« Que l'homme blanc soit tranquille. Vous tenez entre vos mains Chekka, le fils d'Anntari. Anntari ne vous combattra pas. Je lui dirai la vérité; et, quand le soleil sera haut, je reviendrai avec des paroles de paix.

— C'est bien. Dites à Anntari qu'il ne sera fait aucun mal à son fils, et que Chekka sera rendu à son peuple sitôt que nous aurons passé Bammbireh sains et saufs. »

En pareils jours, la prudence est de toute nécessité. Une fausse manœuvre, un signe de faiblesse, et l'Expédition aurait été détruite; Expédition dont j'étais engagé d'honneur à défendre les membres du mieux de mes forces et de mon intelligence. Mes hommes n'avaient pris d'engagement envers moi qu'à la condition que je garantirais leur sûreté, et ils comptaient que je veillerais sur eux avec une sollicitude paternelle. Selon ma conscience, dans la position où nous étions alors, en face de l'hostilité des sauvages, hostilité ouverte, je ne pouvais pas agir autrement que je l'ai fait.

Vers quatre heures, une flottille de six belles embarcations de couleur brune, qui avait traversé le canal entre Bammbireh et Ihannghiro, se dirigea vers notre île. Nous eûmes bientôt reconnu des Vouagannda; et lorsqu'il eut abordé, leur chef, que nous accueillîmes avec des cris de joie, nous dit qu'il se nommait Sabadou.

Celui-ci m'apprit alors que son expédition avait un double but : aller à Kaghéhyi prendre l'Arabe Sonngoro pour le conduire dans l'Ougannda, et chercher partout de mes nouvelles. Il me dit qu'à son retour, Magassa avait affirmé que nous étions morts, soit que nous eussions été tués par les sauvages de Bammbireh, soit que nous eussions péri dans le lac. A l'appui de son assertion, Magassa rapportait nos rames et notre tambour à Mtéça, qui fut très-affligé en les voyant; car nos rames étant « nos pieds », il crut tout d'abord à un assassinat. Mais comme on ne découvrit pas autre chose, ni traces de meurtre, ni débris du bateau, il commença à concevoir des doutes. C'est pourquoi il avait ordonné à Sabadou de faire, à mon sujet, l'enquête la plus minutieuse sur tous les points où il s'arrêterait; de plus, il avait envoyé Magassa avec une troupe nombreuse dans l'Ouzonngora et l'Ihannghiro, uniquement pour me chercher; tandis qu'un mtonngoleh, nommé M'Kouannga, à la tête de huit canots, devait dans le même but scruter avec plus de soins encore tous les points de la côte.

Sabadou se trouvait avec M'Kouannga chez Kytahoua, sur la terre ferme, lorsqu'il avait appris le danger que nous courions; et il s'était empressé de venir à notre secours. Enfin M'Kouannga devait arriver le lendemain, avec ses huit canots, montés par des Vouagannda, et cinq autres manœuvrés par des gens de Kytahoua, sous le commandement de deux chefs qui, grâce à l'influence qu'ils exerçaient sur Anntari, pourraient peut-être conclure une paix avantageuse.

Ces nouvelles, comme on peut l'imaginer, furent parfaitement accueillies; et, sur mes instances et sous ma responsabilité, Sabadou consentit à rester auprès de moi pour m'aider à transporter l'Expédition dans l'Ougannda, ce qui désormais était facile, grâce à ses canots et à ceux de M'Kouannga et de Kytahoua.

Je lui appris, à mon tour, l'état des affaires à Bammbireh et à Ihannghiro; affaires dont il manifesta la plus vive indignation. Mais ainsi que Bougammba, un jeune homme de seize ans qui l'accompagnait et qui était frère du Katékiro, il ne doutait pas qu'en se rendant à Bammbireh avec les chefs de Kytahoua, il ne réussît à persuader aux indigènes de renoncer à leur attitude hostile. Quant à moi, je connaissais trop les gens de Bammbireh pour partager cette conviction.

Le lendemain, vers onze heures, M'Kouannga apparut avec sa flottille, composée de ses huit grands canots et de cinq plus petits, commandés par les deux chefs de Kytahoua. Ces treize embarcations portaient deux cent cinquante Vouagannda et cinquante Vouazonngora. Y compris les équipages des canots de Sabadou, la garnison de Mahyiga et les indigènes de Komeh et d'Oukéréhoué, j'avais maintenant une armée de quatre cent soixante-dix hommes. Dès lors, il n'y avait plus à redouter l'issue d'une attaque; mais la famine était à craindre.

On fit appel au roi d'Iroba qui, moyennant un prix rémunérateur, promit de fournir des bananes aux Vouagannda. Il me restait du grain en quantité suffisante pour nourrir mes Vouangouana pendant plusieurs jours encore. Le roi d'Iroba nous confirma la nouvelle que des forces considérables étaient rassemblées par Anntari.

Vers le coucher du soleil, un canot vigoureusement manœuvré s'arrêta en face du camp. L'un des hommes qui s'y trouvaient se leva, tenant une lance et un bouclier et nous jeta un défi d'une voix éclatante. Puis, le canot fila rapidement vers Bammbireh, sans faire la moindre attention aux chefs de Kytahoua.

Il était évident que notre départ pour l'Ougannda serait chaudement contesté; quant au résultat, l'opinion était unanime. Je savais par les canots que Kytahoua nous avait envoyés, comment devaient être ceux d'Anntari. Ce dernier pouvait avoir une centaine de ces embarcations; à dix hommes par canot, cela représentait un effectif de mille hommes. Admettant six archers par bateau, cela donnait un chiffre de six cents combattants, auxquels j'avais à opposer soixante-dix fusils et trois cent cinquante lances aux mains des habiles guerriers de l'Ougannda.

Toutefois, il était de mon devoir de chercher encore à éviter la lutte, le combat certainement devant être naval, et d'employer tous les moyens pour faire comprendre à Anntari et aux indigènes de Bammbireh l'inutilité de démonstrations hostiles.

Conséquemment, il y eut entre nous échange de messages pacifiques. Le 2 août, nous reçûmes la visite des anciens d'Anntari; cette fois, ils nous donnèrent l'assurance que nous ne serions pas inquiétés; et comme preuve du fait, ils nous dirent que le roi avait donné l'ordre aux gens de Bammbireh de nous vendre des vivres, à condition que nous remettrions Chekka, le fils d'Anntari et les deux chefs entre les mains de Kytahoua, dès que nous serions arrivés sur la terre ferme.

De vives acclamations accueillirent cette nouvelle, dont personne ne fut plus heureux que moi, bien qu'il y eût dans la manière dont elle avait été formulée, dans les regards qu'avaient échangés les anciens d'Anntari avec nos captifs, quelque chose qui ne me plaisait pas. Il se peut qu'un léger soupçon me fût resté dans l'esprit; toutefois je n'en laissai rien voir et je continuai à traiter les anciens avec affabilité.

Sabadou, qui était d'une nature confiante, et le jeune Bougommba voulaient mettre immédiatement à l'épreuve ces témoignages d'amitié; mais je les en dissuadai, ayant, pour ce jour-là, des vivres en quantité suffisante. De leur côté, les Vouagannda s'empressèrent de me rappeler que la disette leur était profondément antipathique; et je leur promis que le lendemain ils auraient de l'étoffe et des perles avec lesquelles ils pourraient acheter des vivres.

En conséquence, le jour suivant, Sabadou fut envoyé avec des grains de verre, des cauris et de l'étoffe, à Kadjouri, le village situé près de la baie d'où nous avions effectué notre retraite en avril. Son absence dura six heures, pendant lesquelles j'éprouvai d'autant plus d'anxiété que, du résultat de cette démarche, dépendait l'avenir.

« Quelles nouvelles, Sabadou? demandai-je avec empressement quand il aborda et en remarquant son air sombre. Est-ce que les choses vont mal?

— Ah! soupira-t-il, les gens de Bammbireh sont mauvais, très-mauvais. Nous avons pris terre à Kadjouri; il y avait des hommes sur la plage, une vingtaine, auxquels le chef de Kitahoua a parlé. Ils ont répondu que nous pouvions aller cueillir toutes les bananes dont nous avions besoin et que le prix en serait ensuite débattu. Les Vouagannda laissèrent leurs lances, et ne prenant que leurs *monndous* (sortes de serpes) se dirigèrent du côté des fruits, tandis que je restais dans mon bateau. Tout à coup des cris sortirent du bosquet de bananiers, et je vis accourir les Vouagannda qui poussèrent vivement leurs canots dans le lac, et y remontèrent après les avoir gagnés à la nage : le chef de Kitahoua, auquel on avait d'abord coupé le bras gauche, avait reçu un coup de hache sur la tête; le coup l'avait tué, et huit des Vouagannda étaient grièvement blessés[1]. On va les apporter sur la plage; vous allez les voir. Bammbireh! Ah! Bammbireh est méchant! »

Les plaies de ces blessés étaient affreuses et faites, les unes avec des lances, les autres avec des flèches. A la vue de ces malheureux, les Vouagannda et les Vouazonngora se précipitèrent

---

1. Six d'entre eux moururent de leurs blessures à leur arrivée dans l'Ougannda. (*Note de l'auteur.*)

sur nos captifs que, néanmoins, avec l'aide de Frank et des Voua-ngouana, je parvins à sauver.

« Doucement, doucement, mes amis, m'écriai-je, ces hommes ne sont pas coupables du crime; ne les maltraitez pas; ils sont innocents. »

M'Kouannga, le chef des canots envoyés à ma recherche, était fou de rage. Saisissant son bouclier et trois lances, il appela ses hommes et leur dit de prendre les armes, ajoutant qu'il allait traverser Bammbireh, gagner l'Ihannghiro, tuer Anntari dans sa maison, brûler toutes les huttes, couper les bananiers, réduire le pays en cendres; mais il se laissa calmer et comprit qu'il ne fallait pas follement sacrifier d'autres hommes.

« Consultons-nous, lui dis-je; et si, après réflexion, je trouve qu'il est de mon devoir de tirer vengeance de cet acte sauvage, je le ferai, soyez-en sûr.

— Si vous ne m'aidez pas à punir les traîtres, répondit-il, n'espérez pas revoir jamais la figure de Mtéça. Les Vouagannda sont venus pour vous rendre service, venus pour vous chercher, quand Mtéça vous croyait perdu. Les Vouagannda, Sabadou et moi-même, nous avons juré de vous soutenir quand nous avons appris que vous étiez en danger. C'est avec votre permission que les Vouagannda ont quitté le camp et sont allés chercher des vivres, pour vous aussi bien que pour nous. Le chef de Kytahoua est mort, et voici huit blessés. Dites : Que ferez-vous?

— Ce que je croirai juste, après mûre délibération. Si je ne vous aide pas, rien ne vous empêchera d'aller combattre demain.

— Et si demain je me bats seul, jamais je ne reviendrai à Mahyiga. »

Il s'éloigna d'un air sombre; et les Vouagannda se retirèrent, nous tenant à distance, comme si nous étions la cause de leur malheur. Quant aux Vouazonngora, ils pleuraient hautement la mort de leur chef; et le ton lugubre de leurs lamentations produisait une impression profonde sur tous ceux qui les entendaient.

Cinq minutes ne s'étaient pas écoulées que j'étais en route pour Iroba, avec le *Lady Alice* et une escorte de cinq canots. Je voulais, avant que la nouvelle de l'attentat se fût répandue, savoir quelle part y avait prise le roi d'Iroba. Il était encore dans la plus complète ignorance de ce qui s'était passé. Je lui demandai s'il avait, dans son village, quelque natif de l'Ihann-ghiro. Il me répondit qu'un des plus jeunes fils d'Anntari s'y trouvait pour l'instant. Je me rendis aussitôt à la hutte désignée, m'emparai du jeune homme et le fis transporter dans mon bateau. Je dis ensuite au roi d'Iroba d'informer de cette capture les chefs d'Anntari et d'ajouter que, s'ils voulaient faire la paix, ils eussent à m'envoyer leur message le lendemain, avant midi, car je ne pourrais pas contenir plus longtemps les Vouagannda, ni différer mon départ qui aurait lieu ce même jour.

L'annonce de l'approche des canots portant le reste de l'Expédition, annonce qui m'était faite par un de nos guetteurs, vint nous distraire momentanément des préoccupations qui assiégeaient notre esprit.

Bientôt le sommet de l'île fut couvert de Voua-ngouana au visage ému; car plusieurs d'entre eux avaient des femmes, des enfants, et tous des amis dans la flottille qui s'avançait vers l'île, sous des voiles en miniature.

Au coucher du soleil, l'heureuse arrivée des canots fut saluée par des cris de joie, et le débarquement s'effectua au milieu d'acclamations et de souhaits de bienvenue.

Mais pour combler la mesure des rapports tragiques de ce jour de malheur, Manoua Séra avait à nous apprendre que deux hommes s'étaient noyés, par suite de l'effondrement d'un canot.

Les ânes, qu'il avait fallu attacher étroitement dans les petites embarcations, arrivaient dans un état pitoyable, la peau entamée jusqu'au vif, et ne pouvant plus se tenir. Du reste, la caravane était en bonne condition, et le voyage s'était fait sans autre accident, ni pour les hommes, ni pour le matériel.

Dans la soirée, tandis que les Vouazonngora continuaient à attrister le camp de leurs lamentations funéraires, Frank et tous les chefs de mes Voua-ngouana furent appelés à se réunir dans ma tente pour tenir conseil. Je voulais savoir ce qu'ils pensaient de la situation et pénétrer leur sentiment, sans découvrir le mien.

A l'unanimité ils déclarèrent que nous devions nous battre. Tous les motifs que je pus invoquer pour les faire changer d'avis ne servirent à rien ; et je les congédiai en leur promettant que le lendemain matin ils connaîtraient ma décision. Je dis ensuite à Frank de doubler le nombre des gardes qui veillaient sur les captifs, dans la crainte que nos otages ne fussent attaqués pendant la nuit.

Seul avec moi-même, j'examinai strictement la question, cherchant quelle était la ligne de conduite que m'imposait le devoir. Si j'avais commandé une expédition militaire, le parti à prendre n'aurait fait aucun doute. Mais bien que, dans son intérêt même, notre bande fût gouvernée militairement, elle n'avait été organisée qu'en vue d'un voyage d'exploration et de découverte; son objet était d'ouvrir de nouvelles routes au commerce, de chercher les points de cette terre sauvage qui pourraient le mieux convenir aux entreprises du marchand et du missionnaire, les endroits les plus accessibles à la civilisation.

Néanmoins, quelle que fût la nature de son but, elle jouissait du privilége de légitime défense; et les gens qui la composaient avaient le droit de prendre telles mesures qui pouvaient le mieux protéger leurs personnes. Tout chrétien éclairé possède des principes de justice qu'il a, on peut le croire, le ferme désir d'observer rigoureusement; ces principes ne s'opposent pas à la défense personnelle. Mais dans la position où je me trouvais alors, il ne fallait pas que le droit fît oublier la charité; et l'indulgence pouvait être nécessaire, non-seulement pour assurer l'heureuse fin du voyage, mais pour créer une impression favorable, dont profiteraient ceux qui viendraient après moi.

Treize jours s'étaient écoulés depuis notre arrivée à Mahyiga; le treizième avait été signalé par une attaque meurtrière sur des gens attirés dans un piége, où ils devaient trouver la mort; attaque évidemment préconçue, et dont les anciens d'Anntari et les chefs de Bammbireh étaient les auteurs. Ce guet-apens n'était que le prélude d'une affaire plus sérieuse. D'après ce que m'avait dit Sabadou, les dernières paroles qu'il avait entendues en s'éloignant de Bammbireh étaient celles-ci : « Attendez-vous à du malheur pour demain. » Cela signifiait évidemment que le chaouri de guerre avait eu lieu, et que les indigènes voulaient se battre.

L'Expédition était prête à se remettre en route pour l'Ougannda; mais il fallait d'abord que la route fût ouverte. Le complot qui nous la fermait devait être déjoué et la trahison punie; autrement les indigènes en concevraient une audace qui pourrait être dangereuse.

Donc, en dehors de ce qui était dû aux Vouagannda blessés, au chef assassiné le jour même, en dehors de la reconnaissance que je devais à Mtéça et à Kitahoua, en dehors de la justice, qui d'après toutes les lois — humaine et divine, barbare et civilisée — demande que le sang soit expié par le sang, surtout lorsqu'il a été versé avec préméditation, à part le souvenir du traitement qu'on nous avait fait subir à Bammbireh, il y avait nécessité impérieuse, absolue, vitale d'aller au-devant des indigènes, et de prévenir leur assaut; car à cette époque ils avaient reçu de la terre ferme un renfort de près de deux mille hommes; le succès du piége tendu aux confiants Vouagannda avait excité leur ardeur; et la vue du cadavre de leur victime ne leur inspirait qu'une nouvelle soif de sang.

Comme je ne voyais aucun moyen d'éviter le conflit, je résolus d'aller trouver les indigènes dans leur île et, par un coup décisif, de briser leur sauvage outrecuidance. Je crus cependant devoir attendre le résultat de mon dernier message, car il pouvait se faire que la capture de l'un des fils d'Anntari décidât les indigènes à écouter des propositions pacifiques.

Dans tous les cas, le lendemain matin, je fis ouvrir deux caisses de munitions et distribuer des cartouches, ou de la poudre et des balles pour vingt coups à chacun des porteurs d'une carabine ou d'un mousquet. Un corps de cinquante fusils et de deux cent trente lances fut constitué; et l'on prépara dix-huit canots pour le transport de cette force.

J'attendis jusqu'à midi, ma lunette à la main, regardant à maintes reprises dans la direction de Bammbireh; mais je ne vis pas de canots s'approcher de Mahyiga.

La troupe fut alors rassemblée, et je lui parlai en ces termes :

« Amis et Voua-ngouana, le lac nous est fermé, il doit être, libre. Quels que soient les méfaits que ces gens se proposent, nous devons les découvrir et les empêcher. Nous partons pour aller chez ces traîtres, les punir du meurtre de nos amis. Je ne veux pas les détruire; c'est pourquoi pas un de vous ne devra débarquer, à moins que nous ne trouvions leurs canots, qu'il faudra briser tous. Nous nous battrons jusqu'au moment où l'ennemi cédera, ou nous fera céder nous-mêmes, seul moyen de décider l'affaire. Pendant la bataille, exécutez bien mes ordres; car je serai à même de juger si la férocité de l'ennemi est abattue, ou si nous avons à combattre sur terre. »

La distance entre Mahyiga et Bammbireh étant d'environ huit milles (près de 14 kilomètres), nous n'arrivâmes qu'à deux heures. Il était évident que les sauvages nous attendaient; car au sommet des collines se pressaient des groupes nombreux, et sur chaque point il y avait des guetteurs.

En regardant avec une lunette, je vis des messagers courir vers une bananeraie, située au faîte de la colline la plus occidentale et commandant la vue d'une anse qui en échancrait la base. Il était certain que le gros de l'armée était en armes, sous le couvert du bosquet.

Réunissant ma flottille, je dis aux chefs de suivre mon bateau et de gouverner exactement comme lui. Le *Lady Alice* mit le cap sur l'anse, comme si je voulais y pénétrer ; mais, en approchant de la pointe, voyant que la haute colline nous dérobait aux regards des gens de la bananeraie et à ceux des guetteurs, nous tournâmes à gauche ; puis, serrant la rive, nous poussâmes vigoureusement jusqu'à un promontoire qui fut doublé, et nous entrâmes dans une baie magnifique, qui se trouvait à notre droite. Par cette manœuvre, l'ennemi nous fut révélé dans toute sa force. Comme je l'avais soupçonné, les sauvages étaient massés derrière les bananiers ; ils étaient en trop grand nombre pour que je pusse songer à les attaquer sous le couvert.

Au Nord et à l'Est, la baie était entourée de hautes collines dont les pentes escarpées tombaient à quelques pieds du lac, et étaient couvertes d'une herbe fine et courte ainsi que de petits rocs polis par l'action des eaux. La bande de terre, qui s'étendait entre le pied des collines et le lac, était bordée de grands roseaux.

Nous gouvernâmes droit à l'Est, vers la plus exposée des pentes. Les sauvages, s'imaginant que nous allions débarquer là, sortirent de leur couvert au nombre de deux à trois mille.

Je fouillai la rive du regard, cherchant les canots qui avaient pu amener de la côte pareille quantité d'hommes. Pendant ce temps-là nous ramions lentement, afin de permettre à l'ennemi de se former.

Arrivés à cent mètres du rivage, nous mouillâmes en ligne, nos ancres jetées du milieu des canots, afin que les bords fissent face à la terre.

Je dis à Loukanndjah de demander aux gens de Bammbireh s'ils voulaient accepter la paix et devenir nos amis.

« *Nanngou, nanngou, nanngou!* (non, non, non!) répondirent-ils en brandissant leurs lances et leurs boucliers.

— Ne voulez-vous rien faire pour sauver Chekka?

— Nanngou, nanngou! Gardez-le, il n'est plus rien. Nous avons un autre M'Kama (un autre roi).

— Ne voulez-vous pas sauver le fils d'Anntari ?

— Nanngou, nanngou! Anntari a beaucoup de fils. Nous ne voulons rien que combattre. Si vous n'étiez pas venus ici, nous serions allés vous trouver.

— Vous le regretterez plus tard.

— Mach! firent-ils d'un air incrédule. — Venez; nous sommes prêts. »

Parlementer plus longtemps devenait inutile; chacun de nos hommes reçut donc l'ordre de viser et de tirer dans un groupe d'une cinquantaine d'indigènes. L'ennemi eut plusieurs morts et des blessés.

Voyant les effets désastreux de notre tir sur un corps compact, les sauvages s'éparpillèrent et descendirent en bondissant jusqu'au bord de la grève; quelques-uns des plus audacieux entrèrent dans l'eau jusqu'aux hanches; d'autres, plus prudents, cherchèrent un abri dans les roseaux, d'où ils nous lancèrent plusieurs volées de flèches, dont aucune n'arriva jusqu'à nous.

Les ancres furent levées et nous avançâmes jusqu'à n'être plus qu'à vingt-cinq brasses de la plage; il fut alors permis à nos hommes de tirer à volonté. Les indigènes tinrent bravement pendant une heure, gardant le bord de l'eau, et obtenant de leurs frondes plus d'effet que de leurs flèches. D'après le courage qu'ils déployaient alors, on comprenait ce qu'ils auraient pu faire s'ils étaient parvenus à débarquer à Mahyiga pendant la nuit. Mais ici la lance, avec laquelle ils combattent généralement, leur était complétement inutile.

M'apercevant que leur ardeur commençait à faiblir, je réunis les canots, et nous avançâmes précipitamment, comme si nous voulions débarquer; à cette vue, les indigènes fondirent vers nous par centaines, la lance haute. Les canots stoppèrent; tous les fusils partirent; cette décharge, dirigée sur les porteurs de lances, les démoralisa complétement et les fit se retirer sur la colline, très-loin de la scène du combat. Le châtiment était accompli; nous pouvions nous éloigner.

Mais les Vouagannda, au nombre de deux cent trente, qui jusqu'alors n'avaient été que spectateurs de la lutte, demandèrent à grands cris la permission d'atterrir et de compléter l'œuvre de vengeance. M'Kouannga surtout la réclamait impérieusement; les Voua-ngouana appuyaient les Vouagannda; et plusieurs canots furent lancés vers la rive. Comme je n'entendais pas en arriver à l'extrémité que mes compagnons avaient en vue, je m'opposai à leur désir; et voyant que malgré mes ordres ils persistaient à vouloir débarquer, je menaçai de tirer sur le premier homme, Mgannda ou Mgouana, qui mettrait le pied sur le rivage. Cette menace les fit tous rentrer dans le devoir.

Je dis ensuite à Loukanndjah d'avertir les gens de Bammbireh que s'ils voulaient encore se battre, nous reviendrions le lendemain, mais que je leur donnais la nuit pour réfléchir.

Il y avait longtemps que le jour était fini quand nous rejoignîmes la station. Toutefois, en passant devant Iroba, je ne manquai pas de rassurer le roi en lui disant qu'il n'avait rien à craindre, n'ayant trempé en aucune manière dans les faits atroces commis à Bammbireh.

Après ce déploiement de fermeté, et cette preuve de vigueur et de puissance, il était évident que nous pourrions effectuer sans crainte le passage du canal avec les femmes, les enfants et les marchandises de l'Expédition. En conséquence, le 5 août, au point du jour, nous commençâmes l'embarquement. Les quatorze bateaux kiganndas étant de grande dimension et bien aménagés, on y plaça les bagages, les munitions, les ânes, les Vounyamouési, tous les timides, hommes, femmes et enfants.

Nos dix-huit canots d'Oukéréhoué et de Komeh et les cinq prêtés par le généreux Kytahoua reçurent les membres actifs de l'Expédition, lesquels, en cas de danger, devaient se placer de chaque côté des quatorze grands canots.

Au bruit du tambour, sans lequel ne marche jamais un parti de Vouagannda, et au son joyeux de la trompe d'Hamadi, les trente-sept embarcations quittèrent l'anse de Mahyiga et s'avancèrent vers Bammbireh.

A neuf heures, nous étions par le travers de l'île; en approchant de la baie, nous vîmes des centaines d'indigènes au sommet de la montagne. Je crus devoir faire une nouvelle démonstration pour constater l'effet de l'engagement de la veille. Arrivant près de la grève, je fis tirer un coup de feu qui fut suivi d'une retraite générale; quelques indigènes, que je reconnus pour des anciens, nous hélèrent et vinrent au bord de l'eau.

« Devons-nous combattre encore? leur fis-je demander par Loukanndjah.

— Nanngou, nanngou, M'Kama (non, non, Roi).

— La guerre est finie?

— Il n'y aura plus de mots entre nous.

— Si nous nous retirons tranquillement, vous ne vous y opposerez pas?

— Nanngou, nanngou.

— A l'avenir, vous n'attaquerez plus les étrangers?

— Nanngou, nanngou.

— Vous ne tuerez pas les gens qui viendront vous acheter des vivres?

— Nanngou, nanngou. »

Je leur fis dire ensuite que, comme ils avaient tué un des sujets de Mtéça et en avaient blessé huit autres, il était de mon devoir de conduire Chekka et ses amis à l'empereur d'Ougannda, mais que j'intercéderais pour eux et que probablement ils seraient de retour dans deux lunes. Je saisis cette occasion pour faire ressortir la différence qu'il y avait entre la conduite du chef de Bammbireh et celle de Loukonngheh, d'Itahouagammba, de Kytahoua, de Kamirou, et ne manquai pas d'orner mon speech d'une morale.

Nous partîmes en longeant la côte très-découpée de l'île sauvage, et nous eûmes plusieurs fois l'occasion de constater combien s'étaient modifiées les allures des indigènes et combien leur humeur féroce s'était adoucie.

Le roi Kamirou nous reçut avec une magnificence digne d'un prince. Les Vouazonngora qui nous accompagnaient chantèrent mes louanges, me représentant comme un père, et demandèrent l'autorisation de me suivre dans l'Ougannda. Kamirou, un bon vieillard, plein de cœur et de franchise, y consentit gracieusement et nous donna des canots pour remplacer quatre des embarcations d'Oukéréhoué, qui étaient en si mauvais état qu'il fallait constamment les calfater et les vider pour les empêcher de couler bas. Le généreux vieillard nous envoya en outre, à Frank et à moi, une telle quantité de lait et de miel que, plusieurs pots s'étant brisés, leur contenu couvrit l'une des sections du *Lady Alice* d'une couche liquide de deux pouces d'épaisseur; doux mélange que l'équipage huma et lécha jusqu'à la dernière goutte avec une satisfaction exprimée par de larges sourires.

Une baie sépare le territoire de Kamirou de l'Ihannghiro; nous étions campés sur la côte septentrionale, qui appartient au vieux roi; nous fussions-nous aventurés sur l'autre bord, nous aurions été en pays ennemi.

Voulant faire preuve de bienveillance envers Chekka et ses amis, je proposai à Kamirou de les prendre sous sa garde au nom de Mtéça, et de négocier leur libération de concert avec Anntari ; mais le roi m'opposa un refus péremptoire, disant qu'il serait incapable de les protéger, et qu'étant les sujets de Mtéça, ils devaient être remis entre ses mains.

Le 8 août, nous nous retrouvâmes à l'île de Moussira où, lors de notre premier passage, nous avions abordé après avoir été chassés par les gens de Makoungo. Moussira dépend de l'Ouzonngora et fait partie des domaines de Kytahoua.

Les anciens de tous les villages qui bordent cette côte nous accueillirent avec des cris de joie. Ceux de Makoungo surpassèrent même Kamirou en générosité, car ils m'envoyèrent quatre bœufs et deux cents régimes de bananes. Kytahoua m'expédia réellement une petite armée pour m'offrir ses salams. A ses salutations il joignait des vivres qu'il me priait d'accepter, me remerciait d'avoir vengé la mort de son chef et me proposait vingt-cinq canots, dans le cas où ma flotte ne serait pas suffisante.

Inspiré par l'effet qu'avait produit sur les Vouazonngora la punition des indigènes de Bammbireh, Sabadou m'insinua qu'il serait utile de menacer Kyozza, roi de l'Ouzonngora septentrional ; mais je lui fis immédiatement comprendre que les hommes blancs ne combattaient que pour leur défense personnelle.

A mesure que nous passions devant les villages de ce prince, — Kaghya, Vouéza et Bougavou, — les habitants, accourus sans armes sur la grève, nous saluaient de leurs acclamations ; et, quand nous nous arrêtâmes pour notre repas de midi, Kyozza m'envoya dire qu'il nous enverrait dix bœufs, si je voulais rester là jusqu'à la fin du jour et accepter son hospitalité. Je fis une réponse courtoise, mais refusai de m'arrêter, disant que nous devions nous rendre en toute hâte près de Mtéça.

Nous fîmes halte à Mézinnda, et le 12, après avoir croisé l'embouchure du Nil-Alexandra, ensuite la pointe de Tchahouassimmba, nous nous dirigeâmes vers Doumo, où nous arrivâmes dans l'après-midi, sans incident digne d'être relaté. Nous étions enfin dans l'Ougannda.

La journée suivante fut consacrée à préparer le camp que devait occuper l'Expédition, à faire, avec les Vouatorngoleh des alentours, les arrangements qui devaient assurer des vivres à mes gens pendant mon absence, à écrire au *Daily Telegraph* et au *New York Herald* le résumé des faits racontés dans ce chapitre. Les doubles de mes lettres furent remis à Frank avec ordre de les expédier à la côte par la voie du Karaghoué et de l'Ounyanyemmbé.

Une foule de menus détails, de la nature de ceux qui m'avaient occupé, en mars, avant de partir pour la circumnavigation du Victoria, m'occupèrent jusqu'à minuit.

Au moment où j'allais me coucher, je reçus un message de Magassa. L'introuvable amiral de la flotte chargée de me convoyer en avril me suppliait de l'attendre une couple de jours : nous gagnerions ensemble la capitale de l'Ougannda. Mais, comme actuellement chaque heure était précieuse, il ne me fut pas possible de retarder mon départ.

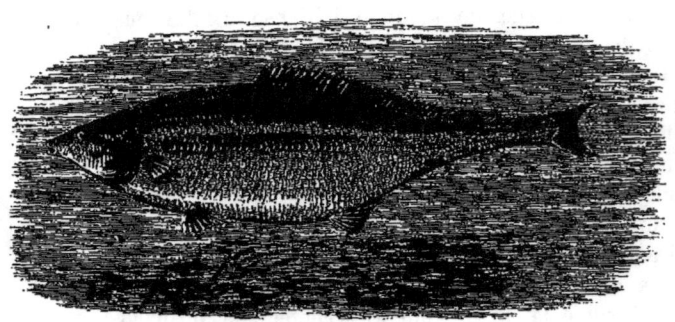

Poisson trouvé dans le lac Victoria[1].

[1] Appelé *Sama-Moa* par les riverains du Nyassa. Il est écailleux, a le corps rond, la gueule ouverte, la tête ressemblant à celle d'un porc; sa longueur est de vingt pouces (50 centimètres).

CHAPITRE XII

Mtéça en guerre. — Montagne de Djack. — Arrivée. — L'armée de l'Ougannda. — Le harem impérial. — En vue de l'ennemi. — Flotte des Vouagannda. — Escarmouches préliminaires. — La chaussée. — Massacre des parlementaires. — Que sait-on des anges? — Progrès de l'éducation religieuse de l'Empereur. — Traduction de la Bible. — Jésus ou Mahomet? — Décision de Mtéça. — Le prosélyte royal.

A Doumo il n'était bruit que de guerre, bruit des préparatifs que faisait l'Empereur en vue d'une expédition contre les Vouavouma. Mtéça, disait-on, n'était pas encore parti, mais il ne tarderait pas à se mettre en campagne. Dans l'espoir de le rejoindre avant son départ de Roubouga, je résolus de me mettre immédiatement en route, de façon à pouvoir bientôt revenir et à entreprendre sans plus de délai mon voyage au lac Albert.

Le premier jour, favorisé par une brise du Nord-ouest, le *Lady Alice* laissa bien loin derrière lui le plus rapide des canots qui l'accompagnaient; mais il fallut s'arrêter pour attendre l'escorte, et nous passâmes la nuit au milieu des papyrus de Bouirou, papyrus hantés par les moustiques.

Le lendemain, après avoir traversé le canal de Sessé et croisé l'embouchure de la Katonnga, nous nous arrêtâmes à l'anse du Djoumba, dans l'Oundjakou. De cette anse part une grande route qui fut construite il y a deux ans par Mtéça, alors qu'il voulait envahir l'Annkori et punir M'tammhouko, roi de cette contrée pastorale.

Bien qu'on n'y eût pas touché depuis deux ans, cette large voie était suffisamment dégagée d'herbe pour que l'on pût en mesurer la largeur et se rendre compte de l'énergie que pouvait, au besoin, déployer Mtéça.

Le 18 août, nous fîmes voile pour Ntéhoui, où nous apprîmes d'une manière certaine que l'Empereur était en marche vers l'Oussoga, et que déjà il avait eu un engagement avec l'ennemi.

A cette nouvelle, j'eus tout d'abord la pensée de regagner Doumo, sachant par expérience avec quelle lenteur sont menées les guerres africaines, et n'étant pas disposé à subir un long retard. Mais après avoir réfléchi, et sur les instances des Vouagannda, je revins à ma première résolution, me disant que, grâce à l'Empereur, je pourrais gagner le lac Albert par un chemin plus court, ce qui compenserait le temps que j'aurais perdu auprès de Mtéça.

Il nous fut dit également que les Vouavouma avaient sur le lac des centaines de canots en course ; et ne désirant, en aucune façon, que le *Lady Alice* tombât entre leurs mains, nous le transportâmes au centre du village, où il fut remisé avec tous ses apparaux, voiles, rames, gouvernails, etc.

J'appris encore à Ntéhoui que les rames que Magassa avait rapportées de Bammbireh se trouvaient dans la maison du chef, et j'eus la satisfaction de les confier de nouveau au gardien du *Lady Alice*.

Nous passâmes toute la journée du lendemain à Ntéhoui, ce qui me permit, non-seulement de loger le bateau d'une manière rassurante et de recueillir nos rames, mais de rencontrer les deux soldats laissés avec Magassa pour nous servir de garde d'honneur, et de recevoir les salams de Mtéça, qui nous envoyait en outre une escorte chargée de veiller à notre sûreté et à notre confort, pendant le voyage que nous faisions pour le rejoindre.

Sous les auspices de cette force nouvelle qui s'adjoignait à notre convoi, nous quittâmes le village de Ntéhoui ; et un vigoureux pagayage nous fit arriver le soir à Nannkouma, dans la baie de Bouka.

Ici les bateaux furent laissés ; et le lendemain, continuant notre voyage par terre pour éviter les Vouavouma, nous allâmes camper à Ziba, au pied du *Mont Djack*.

Cette appellation a été donnée à la colline, en raison d'un accident fatal arrivé ce jour-là à mon pauvre Djack, un boule-terrier aussi remarquable par son intelligence que par son attachement, et qui me suivait depuis mon départ d'Angleterre. Une vache, d'un naturel violent, qu'avait donnée le mtonngoleh pour la subsistance de l'*Étranger de l'Empereur*, se montrant peu commode, fut attaquée par le chien. A son tour, la vache fondit sur le malheureux Djack, le saisit avec ses cornes, le frappa à coups redoublés et le tua. Il emporta en mourant les regrets de tous ceux qui avaient connu ses nombreuses qualités.

Lorsque Bull, le dernier de mes chiens, vit son camarade étendu sans mouvement, il exprima sa douleur aussi clairement qu'il est permis à la race canine de le faire. Avec le calme et la réflexion qu'il tenait des années et de l'expérience acquise dans ce long voyage, il fit deux ou trois fois le tour du cadavre, en l'examinant d'un air attentif; puis il s'approcha de moi, en me regardant de ses yeux honnêtes, largement ouverts, comme pour me dire : « D'où cela vient-il ? » Ne recevant pas de réponse, il se retira, et alla s'asseoir, le dos tourné de mon côté; grave et triste, il semblait méditer sur les infortunes qui atteignent les chiens aussi bien que les hommes, dans ce monde si rude et si mauvais.

Le jour suivant, marchant à l'Est-1/4-nord-est du mont Djack, nous traversâmes la Zedzihoua, qui prend sa source au pied d'une colline située à deux milles seulement de l'extrémité nord-ouest de la baie de Grant[1]. C'est, je crois, la rivière que sous le nom de Louadjerri la carte de Speke nous représente comme sortant du Victoria et formant un second débouché du lac, se rendant au Nil.

J'ai exploré, par eau, tout le rivage du Victoria Nyannza, suivi à pied toute la partie de la côte qui s'étend de la baie de Bouka à la pointe de Nakaranga, et je peux affirmer que le Victoria n'a qu'un seul déversoir, celui des Chutes Ripon.

Il y a trois cours d'eau, la Nagommboua, la Zedzihoua et le Mouéranngo, qui, vus à peu de distance de la rive, pourraient en effet passer pour des émissaires du lac, tant leur point de départ est voisin de celui-ci; mais la Nagommboua prend naissance dans l'Oussoga, la Zedzihoua à Makinndo, près de la baie de Grant, ainsi que nous venons de le dire, et la source du Mouéranngo est au couchant de la capitale de Mtèça. Les deux premières se jettent directement dans le Nil Victoria, à peu de distance d'Ouronndogani; le Mouéranngo est un affluent du Mianndja, tributaire du Kafou, qui se déverse dans le Nil aux environs de l'île de Rionnga.

A Makinndo je reçus les salams de l'Empereur; c'était la cin-

---

1. Ainsi nommée d'après le colonel James Augustus Grant, le chevaleresque et aimable compagnon de Speke. (*Note de l'auteur.*)

Les Chutes Ripon, vue prise de la rive de l'Ougannda (d'après une photographie de l'auteur).

quième fois depuis mon arrivée dans l'Ougannda. Mtéça y avait joint l'envoi de sa canne, afin de me prouver que c'était bien lui qui m'avait adressé les différents messages que l'on m'avait transmis en son nom[1]. Ces messages m'étaient arrivés par eau et par terre ; chaque fois, les saluts avaient été plus explicites, les assurances de bon accueil, les témoignages de considération, plus nombreux ; et l'envoi de trois partis à ma recherche, lorsque Magassa avait rapporté la nouvelle de ma mort, me donnaient la certitude que l'amitié dont je recevais l'expression était sincère.

Le jour suivant, j'étais à Ougoungou, en face du Djinndja (les Chutes Ripon). Là, deux autres messagers arrivèrent du camp impérial, que je voyais se déployer de l'autre côté de l'eau, sur une étendue de plusieurs milles. Ces messagers, hors d'haleine, m'apportaient de nouvelles paroles de bienvenue, et me montrèrent, sur la rive opposée, l'Empereur et ses chefs qui, vêtus de blanc, coiffés de rouge, et accompagnés d'une suite nombreuse, formaient un groupe des plus pittoresques. L'Empereur était venu pour nous voir passer le canal.

Cinq grands canots nous attendaient, ainsi que des soldats de la garde, chargés de nous escorter à travers la foule qui encombrait l'autre rive.

Quelle différence entre la scène qu'offraient aujourd'hui les alentours des Chutes et celle que Speke avait découverte en 1863, celle que moi-même j'avais eue sous les yeux cinq mois avant, lorsque j'arrivais après mon escarmouche avec les Vouavouma! Une flotte considérable, formée de grands canots, animait actuellement tous les points du canal ; des milliers d'hommes, de femmes et d'enfants, se pressaient sur les rives que j'avais vues désertes, et où le bruit monotone de l'eau tombante troublait seul le silence.

Traversant le bras du lac au milieu du tumulte de la foule, nous eûmes bientôt rejoint l'immense armée que Mtéça avait réunie de tous les points de l'empire. Les natifs du Karagoué, au corps efflanqué, au nez droit, à la jambe sèche, dont le manque de mollet est compensé par des centaines de tour de fil de fer portés à la cheville, se pressaient autour de nous avec autant de curiosité que les Vouakédi, gens à l'air féroce, nus comme au

---

1. Cette coutume de l'envoi de la canne existe également au Dahomey. (*Note de l'auteur.*)

jour de leur naissance, qui se glissaient parmi les Vouagannda aux longs manteaux, sans se soucier des railleries et des rires que provoquait leur nudité.

Les vaniteux Vouassoga, eux aussi, paraissaient oublier, en nous regardant, qu'ils excitaient chez les rustiques naturels de Sessé une curiosité aussi grande que celle que nous leur inspirions. En effet, quel que fût le côté où se portât ma vue, leur parure les faisait remarquer entre tous. Bien qu'au milieu d'un pareil nombre de guerriers à peau noire un teint d'Européen, un casque préservateur du soleil et des bottes fabriquées d'un cuir inconnu, par un procédé merveilleux, pussent être considérés comme des choses fort curieuses, des peaux de mouton de toute couleur, bourrées avec de l'herbe et placées debout sur la tête, des manteaux et des draperies de peaux de chèvre à long poil blanc, n'étaient pas moins étranges pour les constructeurs de canots de Sessé, qui jusqu'alors, semble-t-il, n'avaient rien vu de pareil.

Mais, profitant de la complaisance parfaite avec laquelle nous nous laissions examiner, les guerriers commençaient à nous serrer de plus près qu'il n'était convenable, lorsque les bâtons des gardes s'abattirent sans merci à droite et à gauche; et Vouassoga, Vouanyambou, Vouakédi, Vouazonngora et Vouagannda, furent contraints d'être plus soucieux de leurs membres que de leur curiosité.

Peu de temps après, dans le voisinage du quartier impérial, je rencontrai les grands chefs de l'Ougannda, avec lesquels j'avais fait connaissance lors de ma première visite. Parmi eux, je reconnus le grand et superbe Tchammbaranngo, Sammbouzi, Kaouta, l'intendant du monarque, enfin le Katékiro (le premier ministre), en robe blanche et manteau écarlate, coiffé d'un fez et accompagné d'une suite presque royale. Ils m'exprimèrent tous leur satisfaction de me voir sain et sauf, et leur désir d'apprendre comment nous avions échappé aux gens de Bammbireh.

Le jour suivant, à l'heure habituelle du lever de Mtéça — 8 heures du matin — les tambours battirent, annonçant l'ouverture de la réception; et une demi-heure après les pages vinrent me prendre pour me conduire à l'Empereur.

Le quartier impérial couvrait un espace d'environ deux cents mètres carrés; et bien qu'il ne fût que temporaire, peu d'Euro-

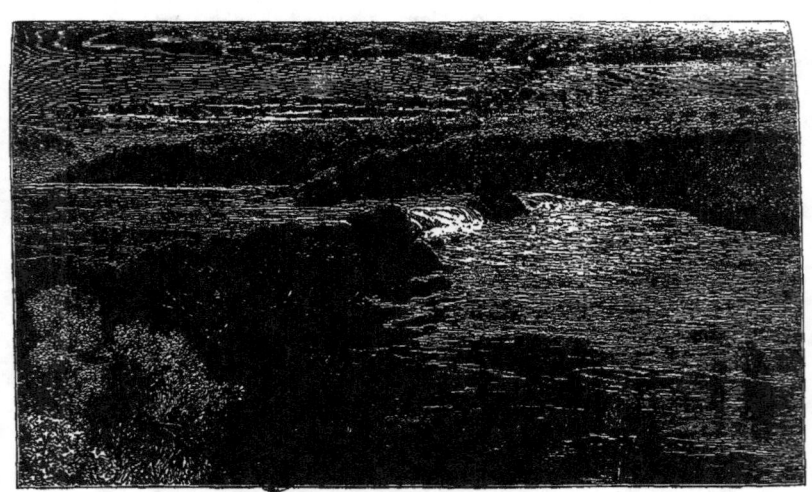
Chutes Ripon. Vue prise de la rivière de l'Oussaga (d'après une photographie de l'auteur).

péens auraient été capables de faire, avec les matériaux et l'outillage dont on s'était servi, des habitations aussi commodes, des cours aussi soignées que celles dont il se composait.

Aux portes de la cour extérieure affluaient les représentants de nombreux pays, curieux d'apercevoir le grand monarque dans toute sa pompe. Mais les gardes furent sans pitié pour ces gens de rien, et à coups de crosse, à coups de bâton, ils repoussèrent les intrus avec autant de rudesse qu'en déploient, en pareil cas, les policemen de Londres.

Pour moi, la présence des pages suffit à me frayer une large route jusqu'à l'entrée, qui s'ouvrit toute grande pour m'admettre avec mon cortége. Nous traversâmes une première cour et, quand la porte de la cour suivante fut ouverte, nous eûmes sous les yeux la scène la plus pittoresque.

Au centre, une hutte conique, ayant un grand porche, sous lequel un homme silencieux était assis. De chaque côté de cet homme, des porte-étendards et les gardes héréditaires; sur le devant, et formant un large croissant, les chefs et les grands capitaines de l'empire, assis sur des nattes. Dans le fond, deux rangs de gardes du corps, l'arme sur l'épaule. Dans un coin, les tambours, l'orchestre; et, çà et là, dans l'espace laissé libre devant le monarque, des groupes de plaideurs et de courtisans.

A mon approche, l'Empereur se leva et s'avança jusqu'au bord de la peau de léopard sur laquelle posaient ses pieds lorsqu'il était assis; il me fit un accueil encore plus chaleureux que lors de notre première entrevue. Après une courte pause, Sabadou, le chef qui m'avait retrouvé à Mahyiga, fut appelé pour relater les incidents de notre rencontre et de notre lutte avec les gens de Bammbireh, en un mot, pour faire le rapport de tous les événements du voyage; ce dont il s'acquitta dans les plus petits détails avec une précision merveilleuse. Puis, en mon nom, il présenta à l'Empereur les captifs de Bammbireh, demandant qu'ils ne fussent pas mis à mort, et seulement retenus prisonniers jusqu'à ce que leur rançon eût été payée par Anntari.

Mtéça fut ensuite informé du but de mon retour, qui était d'obtenir les guides qu'il m'avait promis à ma première visite et qui devaient me conduire au Mouta-Nzighé. Je le priai de vouloir bien me les fournir sans retard, le manque de canots m'ayant déjà fait perdre un temps considérable.

Mtéça répondit que pour le moment il était en guerre avec les rebelles d'Ouvouma, qui refusaient insolemment de payer le tribut, dévastaient la côte de Tchagoué, dont ils enlevaient les habitants qu'ils vendaient ensuite pour quelques régimes de bananes, et qu'il n'était pas d'usage dans l'Ougannda de permettre aux voyageurs de continuer leur route pendant que le Kabaka était en guerre ; mais il ajoutait que la guerre serait bientôt finie, et qu'alors, s'il me convenait d'attendre, il me donnerait un chef avec une armée pour me conduire au Mouta-Nzighé par le plus court chemin.

— D'ailleurs, dit-il, un faible détachement ne pourrait pas atteindre le Nyannza. Kabba Réga de l'Ounyoro est actuellement en guerre avec les blancs de Kaniessa (Gondokoro) ; l'Annkori n'admet pas les étrangers sur son territoire, quel que soit le motif qui les amène — commerce ou autre —, et tous les chemins conduisant au lac traversent ces deux contrées.

Je compris alors qu'il me fallait ou renoncer au projet d'explorer l'Albert, et me diriger immédiatement vers le Tanganika, — ce qui, après un aussi grand détour, serait peut-être considéré en Europe comme un acte de folie — ou rester jusqu'à la fin de la lutte, et regagner ensuite, par la rapidité de la marche, le temps que j'aurais perdu. Recevant encore l'assurance que la guerre finirait avant peu, je pris le parti d'attendre, d'assister au combat, qui aurait au moins l'intérêt de la nouveauté, et de profiter du délai pour recueillir des renseignements sur le pays et sur les indigènes.

Le 27 août, Mtéça leva le camp et marcha sur Nakarannga, pointe de terre située à moins de sept cents mètres de l'île d'Innghira, que les Vouavouma avaient choisie pour forteresse et comme lieu de dépôt.

Pensant qu'il aurait aussi à combattre des Vouassoga, dont une partie était également révoltée, l'Empereur avait appelé sous les armes cent cinquante mille hommes, auxquels s'ajoutaient près de cinquante mille femmes et autant d'enfants des deux sexes; de telle sorte qu'après examen des divers quartiers des Vouagannda, après estime des contingents fournis par les nations tributaires, je portai à deux cent cinquante mille le nombre de personnes que renfermait le camp de Mtéça.

Ce chiffre pourra sembler incroyable; mais ceux qui connaissent les usages et la population de l'Ougannda, ainsi que la nature et l'étendue de l'autorité de Mtéça, n'en seront pas plus surpris que des cinq millions deux cent cinquante mille âmes qui vinrent, dit-on, avec Xerxès pour envahir la Grèce.

Moi-même, bien que j'eusse sous les yeux tous les corps d'armée et l'énorme espace qu'ils occupaient, je ne pus croire à la possibilité de ce chiffre, jusqu'au jour où pour satisfaire ma curiosité je demandai à Mtéça l'autorisation de dresser le rôle de ses chefs.

Toujours affable et désireux de contenter l'homme blanc, pour lequel il avait le plus profond respect, l'Empereur ordonna à ses grands dignitaires, les vouakoungou et les vouatonngoleh, de faire chacun le relevé de ses sous-chefs et de me l'apporter. Je pus alors dresser la liste suivante :

Noms des généraux.	Nombre des sous-chefs ou colonels.
1. Pokino, le Katékiro, chef de l'Ouddou et premier ministre de l'Ougannda..	6
2. Tchambaranngo, chef de l'Oussiro........................	6
3. Kaïma..	6
4. Kitounzi, chef de la vallée de la Katounga...............	2
5. Sékébobo, chef de Tchagoué..................................	24
6. Mkouennda...	19
7. Kassoudjou, gardien de la famille impériale...........	5
8. Kagou...	5
9. Kanngaou..	18
10. Kimmbougoué..	24
11. Katammbalé...	2
12. Nana Massourie, mère de Mtéça.........................	10
13. Sabagannzi, oncle de Mtéça................................	4
	131
Gardes du corps...	23
Total................	154

Chacun des sous-chefs avait sous ses ordres de cinquante à trois mille hommes, ce qui, avec la garde impériale, composée de trois mille soldats, commandés par vingt-trois colonels, donnait en chiffres ronds, pour l'Ougannda seulement, cent vingt-cinq mille guerriers. Il fallait y ajouter les contingents du Karagoué, de l'Ouzonngora, de l'Oukédi, de l'Oussoga, de Sessé, et des îles d'Irouadji, de Loulammba, de Kihoua, d'Ouziré, de Kibibi, etc., puis tous les hôtes de Mtéça, Arabes et Vouangouana, qui avaient mis leurs fusils au service de l'Empereur ; et j'estime à vingt-cinq mille les combattants provenant de cette source.

L'avant-garde s'était mise en marche trop tôt pour que je pusse assister à son départ ; mais, curieux de voir défiler le gros de cette armée nombreuse, je me plaçai dès le matin à l'extrémité du camp.

D'abord se présenta, avec sa légion, Mkouennda, qui garde la frontière entre la vallée de la Katonnga et Vouillimiéssi, frontière qu'il défend contre les Vouanyoro. Mkouennda est jeune et robuste, fortement charpenté et brave comme un lion ; il a une grande expérience de la guerre, sait la conduire avec adresse, est passé maître dans le maniement de la lance et possède toutes les qualités d'un excellent soldat.

Tant guerriers que gens de suite, il a sous ses ordres trente mille personnes ; et, bien que la veille le chemin ne fût qu'un simple sentier de chèvre, le passage de cette légion, lancée au pas de course, l'a bientôt converti en une large avenue.

Je remarque que tous les chefs de l'Ougannda, quoique musulmanisés, ont gardé leur peinture de guerre et leurs fétiches nationaux ; ainsi que tous les autres, chacun d'eux passe affreusement barbouillé d'ocre rouge et de terre de pipe.

Le vieux Kangaou, qui défend le pays entre Vouillimiéssi et le Nil, vient ensuite avec sa troupe, bannières au vent, tambours battant, cornets soufflant. Lui et ses guerriers, dépouillés de leurs vêtements habituels, ont le corps et la face badigeonnés de blanc, de noir et de rouge.

Après cela, passent deux mille hommes d'élite, tous de grande taille, au corps souple, aux pieds agiles. Experts dans le maniement des armes, ils font sonner leurs poignées de lances, et jettent en courant leur cri de guerre, *Kavya! Kavya*[1] ! formé des deux dernières syllabes du titre que Mtéça portait dans sa jeunesse.

Derrière eux arrivent d'un pas rapide les gardes du corps, armés de fusils ; deux cents en avant, cent de chaque côté de la route, deux cents en arrière. Ils entourent l'Empereur et le Katékiro, les étendards, les tambours et les trompes — enseignes

---

1. *Moukavya*, qui veut dire roi. Les Vouagannda commencent leurs cris de guerre par l'émission du nom entier de leurs chefs respectifs et les terminent par les dernières syllabes du même nom. Ainsi :

> Moukavya, *kavya, kavya!*
> Tchammbaranngo, *anngo, anngo!*
> Mkouennda, *kouennda, kouennda!*
> Sékébobo, *bobo, bobo!*
> Kitounzi, *tounzi, tounzi!*

Ceci explique peut-être pourquoi Speke traduit le mot *merci* par *N'yannsig*. En effet, les Vouagannda remercient en disant d'abord : Touïyannzi, ensuite *yanzi, yanzi*, mots qui, rapidement répétés, sonnent comme *N'yanzig*. (*Note de l'auteur.*)

déployées, tambours et trompes sonnant — et forment un cortège d'un aspect imposant et guerrier.

Mtéça est à pied et tête nue ; il porte un vêtement d'étoffe bleue à carreaux, fixé à la taille par un ceinturon noir de fabrique anglaise. Comme les empereurs romains qui, pour le triomphe se peignaient le visage en vermillon, Mtéça a la face teinte d'un rouge éclatant.

Le *Katékiro* le précède ; il est vêtu d'une robe de cachemire gris foncé que lui a donnée M. de Bellefonds.

Je présume que cet arrangement du cortège avait pour but de déjouer les projets de quiconque se serait embusqué dans le fourré pour attenter à la vie de l'empereur. S'il en était ainsi, la précaution ne me paraissait nullement nécessaire : la marche était si rapide qu'un fusil seul aurait pu être efficace; et ni les Vouavouma, ni les Vouassoga ne possèdent d'armes à feu.

Après les gardes du corps, les légions se succédèrent, chefs en tête, chacune se distinguant par sa batterie de tambour particulière, reconnaissable pour des oreilles indigènes. Elles passaient d'une allure extrêmement vite, plutôt comme des soldats allant au feu, que comme des troupes en marche. C'est, m'a-t-on dit, leur habitude, de toujours courir dans les expéditions de ce genre.

Le défilé durait depuis environ deux heures, lorsque Kassoudjou, à qui la garde des jeunes princes et des femmes de Mtéça est confiée, passa en trottant, précédé et suivi d'un millier de lances. Les femmes étaient au nombre d'à peu près cinq mille ; mais cinq cents d'entr'elles seulement pouvaient être considérées comme les concubines de l'Empereur ; les autres étaient chargées du service.

Si en Afrique on peut rencontrer de belles femmes à peau noire, ce doit être, pensai-je, dans la maison d'un despote aussi puissant que Mtéça, qui a le choix de la fleur de tant de contrées. J'examinai donc attentivement les concubines pour faire connaissance avec le type de la beauté africaine. Bien que je fisse cet examen avec l'idée que les épouses du Kabaka devaient toutes posséder des charmes d'un titre supérieur, je ne fus pas tout à fait désappointé. Mais les goûts de Mtéça, en pareille matière, semblent différer largement de ceux des Européens. Parmi ses cinq cents femmes, il n'y en avait pas plus de vingt qui fussent dignes d'un regard d'admiration de la part d'un blanc, et certainément pas plus de trois qui méritassent la répétition de ce coup d'œil. Celles-ci, les plus remarquables parmi les vingt beautés de la cour, étaient de la race des Vouhamoua, sans aucun doute des indigènes de l'Annkori. Elles avaient le teint des quarteronnes, le nez droit, les lèvres minces et de grands yeux brillants. Sous le rapport de la taille et des autres grâces féminines, elles étaient parfaites, et Hafiz aurait pu dire dans un moment d'extase poétique, qu'elles étaient « droites comme des palmiers et belles comme des lunes ». Elles n'avaient qu'un défaut, leur chevelure — celle de la race noire, les cheveux courts et crépus ; sur tous les autres points, elles représentaient certainement la perfection de la beauté que produit l'Afrique Centrale. Cependant Mtèça ne les croit pas supérieures, ou même égales à ses femmes bien en chair, au corps onctueux, au nez aplati. Quand je les lui désignai, un jour d'audience particulière, il les regarda même avec un sourire dédaigneux. Si j'ai bonne mémoire, Speke déclare que, dans l'Ougannda, embonpoint, chez les femmes, est synonyme de beauté. Ceci peut avoir été vrai jadis ; mais il n'en est certainement pas ainsi maintenant, car je n'ai remarqué que peu de femmes corpulentes parmi les favorites de l'Empereur ou de ses chefs.

Naturellement, dans un pays où il y a abondance de bonne nourriture et où le climat est agréable, les gens des classes riches ou même aisées sont bien revêtus de chair ; il en est ainsi en Angleterre comme dans l'Ougannda; serait-il raisonnable d'en inférer que les Anglais considèrent l'obésité comme un des éléments de la beauté féminime ?

Après le harem royal, vint l'oncle de Mtéça, le vieux et beau Sabagannzi que je pris longtemps pour le Salomon des Vouagannda, en raison de la multitude de femmes dont il était accompagné. Mais il me fut dit un jour que, dans le pays avoir beaucoup de femmes était une fortune, chacune d'elles ayant une valeur commerciale et pouvant être échangée contre des marchandises de toutes sortes, bestiaux, étoffes, grains de verre, ou fusils. Je ne saurais néanmoins décharger le vieux gentleman de l'imputation de galanterie; car, peu de temps après, à Nakarannga, il tua de sa propre main un amoureux qui donnait une sérénade à l'une de ces nombreuses dulcinées. Je dois en outre le signaler comme un vieux païen jaloux, vindicatif et colérique, malgré ses beaux traits et sa langue flatteuse.

Las de regarder cette multitude qui se déroulait à flots pressés, marée vivante dont j'avais suffisamment étudié la formation et la marche, j'allai me mettre en ligne à la suite de l'arrière-garde de Sabagannzi. Là, je fus très-incommodé, pour ne rien dire de plus, par l'arrivée d'une colonne dont tous les membres croyaient nécessaire de gagner le front de bataille, en dépit de tous les obstacles. Les gardes que m'avait donnés Mtéça pour me guider sur la route firent tout leur possible pour modérer la furieuse et persistante impétuosité des survenants; ils se servirent avec colère de leurs bâtons; mais les coups en étaient parés avec de grands boucliers de bois et de roseaux qui les rendaient inoffensifs. Voyant qu'il était inutile de lutter contre une pareille foule et un usage aussi bien établi, je me soumis patiemment à la coutume, la marche sur Nakarannga ne devant pas durer plus de deux ou trois jours.

A Mpani, où la couchée eut lieu, nous apprîmes que, peu de temps après notre départ de Djinndja, nom qui veut dire *Les Pierres* et désigne les chutes Ripon, les Vouavouma s'y étaient rendus, qu'ils avaient mis le feu au quartier impérial, incendié les huttes, et tué à coups de lance cinq ou six infortunés, avant que le chef préposé à la garde du camp se fût douté de leur présence. Comme le soleil allait disparaître, nous vîmes leurs canots, au nombre de deux ou trois cents, revenir triomphalement à leur île.

Quatre jours après, c'est-à-dire le 1er septembre, l'armée de Mtéça avait gagné Nakarannga. On commença à construire le camp où chacun des chefs, entouré des hommes placés sous ses ordres, fut établi à l'endroit que lui avait assigné le Katékiro.

La légion commandée par les officiers de la reine-mère occupa le terrain situé à l'est du cap Nakarannga. Le chef Annkori et ses Vouassoga, au costume fantastique, campèrent au nord des gens de Nana Massourie. Au brave Mkouennda et à sa légion formidable fut donnée toute la partie nord du camp. On réserva au redoutable Sékébobo, quand il arriverait de la Pointe de Namagonngo, la rive du lac, depuis Mkouennda jusqu'à l'extrémité du cap.

Le quartier impérial occupait, au centre du camp, une aire de quatre cents mètres carrés; il était défendu avec un soin jaloux par les gardes du corps, la légion du Katékiro, celles de Tchammbaranngo et de Kimmbougoué, par Kassadjou, le gardien de la famille impériale, et par le fidèle Kitounzi, chef de la vallée de la Katonnga.

Le plan ci-joint donnera au lecteur une idée de la localité qui nous occupe, localité qui avait alors, pour l'Ougannda, une si grande importance.

Au coucher du soleil, l'armée se trouvait confortablement établie dans environ trente mille huttes de forme ceinirée, parmi lesquelles s'élevaient çà et là de grandes toitures coniques, indiquant les demeures des chefs.

Au milieu de cette hâte et de l'agitation générale, l'homme blanc, Stammlt, ainsi que me nommaient les Vouagannda, ne fut pas

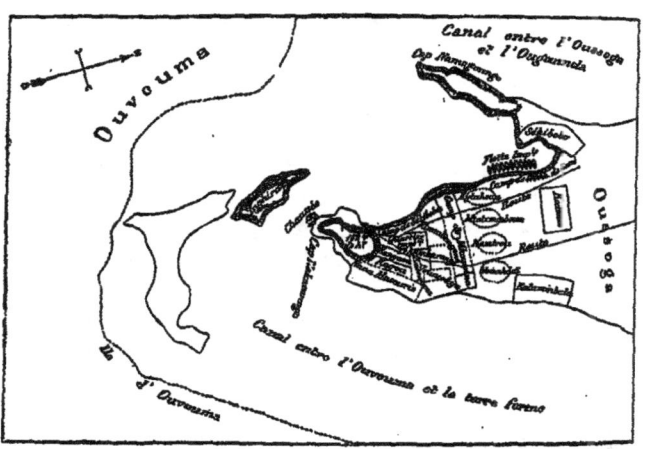

oublié. Par ordre exprès de l'Empereur, des habitations commodes furent construites pour moi et pour mes hommes, près de la grande avenue qui allait du quartier impérial au bout du cap et qui avait été faite sous la direction du Katékiro.

Désireux de connaître les chances de victoire que possédait Mtéça, je pris la route qui gagnait le haut de la montagne et la suivis jusqu'au point d'où l'on voyait distinctement l'île d'Innghira, où les rebelles s'étaient réfugiés avec leurs familles et quelques-uns de leurs troupeaux de bêtes bovines.

Défendue par tout au plus vingt mille sauvages, n'ayant d'autres armes que des lances et des frondes, Innghira ne présentait pas un obstacle formidable aux forces que l'Empereur avait réunies sur le cap voisin. Sa longueur était simplement d'un mille, sur un demi-mille de large ; elle partait d'un point situé en face du cap et se dirigeait vers l'île d'Ouvouma. Les flancs de la montagne étaient escarpés, mais d'une montée facile pour des gens au pied sûr, à la poitrine large et profonde. Toutefois les Vouavouma n'étaient pas sans alliés ; le danger commun, aussi bien que la haine inspirée à tous par le redoutable monarque, avaient réuni, dans un vigoureux effort pour reconquérir l'indépendance, les habitants des îles d'Oughéyéya et d'Outammba, ainsi que les gens de Kitennteh, célèbres dans les annales du pays par la lutte qu'ils avaient longtemps soutenue contre le père de Mtéça.

Tous les Vouassoga du littoral avaient pris également fait et cause pour les rebelles, et leur avaient envoyé plus de cent cinquante canots de grande dimension et armés en guerre.

C'était à Innghira que le rendez-vous avait été donné, et que la flotte des confédérés devait se réunir. Le plan du Kabaka était de s'emparer de cette île, de passer à l'île suivante, et de faire une descente à Ouvouma, dont la soumission immédiate et complète pourrait seule préserver la tribu d'une ruine totale.

Je me réjouissais d'être là, espérant que mon influence pourrait empêcher les horreurs qui, en Afrique, suivent généralement la victoire. Bien que je n'eusse aucun motif d'aimer les Vouavouma, et que je fusse, pour l'instant, un allié dévoué de l'Empereur, j'avais décidé qu'il n'y aurait, [en ma présence, aucun massacre des vaincus.

Le redoutable Sékébobo, qui commandait à vingt-quatre vouatonngoleh et à une légion d'environ cinquante mille hommes, occupait Namagonngo. Il avait la direction de la flotte, réunie en cet endroit, et attendait l'ordre de franchir la baie avec elle.

La flotte de l'Ougannda se composait de trois cent vingt-cinq canots, grands et petits, dont seulement deux cent trente pouvaient prendre part au combat d'une manière effective. La moitié de ces canots de guerre était manœuvrée par des indigènes de la grande île de Sessé ; l'autre moitié par les natifs courageux des îles de Loulammba et d'Irouadji, ainsi que par des hommes de la côte, gens d'élite, choisis entre Oussavara et la baie de Bouka et placés sous le commandement du vice-amiral Tchikouata ; enfin par des équipages d'Oundjakou, sous le vice-amiral Djoumba, et par la brigade navale de Gabounga, amiral de la flotte.

Bien qu'il fût appelé grand-amiral, et qu'il y eût réellement droit, puisqu'il avait sous sa garde tous les canots de l'Ougannda, au nombre peut-être de cinq cents, Gabounga, pendant l'action, n'exerçait pas le commandement suprême. Sa mission consistait simplement à porter les ordres du général à ses capitaines et à ses lieutenants ; les marins, dans l'Ougannda, comme autrefois en Angleterre, ne combattant qu'à la dernière extrémité.

C'est au général en chef que les guerriers de chaque canot doivent obéissance ; les rameurs reçoivent des ordres du grand-amiral qui, lui-même, ainsi que nous venons de le dire, est sous le contrôle du général qui commande l'action.

Beaucoup de lecteurs, à moins qu'on ne les arrête sur les détails concernant la flotte de Mtéça, ne demanderaient pas autre chose que le chiffre pur et simple des bâtiments de l'Empereur. Mais, par curiosité, faisons le calcul du nombre d'hommes qu'exigeait la manœuvre de ces deux cent trente canots de guerre. Le plus grand des bateaux de cette flotte avait soixante-douze pieds de long, sept pieds trois pouces de large, et quatre pieds de profondeur de la quille au plat bord ; il renfermait trente-deux bancs et portait soixante-quatre rameurs, en outre du pilote. Venaient ensuite plus de cent canots, mesurant de cinquante à soixante-dix pieds de long, un demi-cent environ d'une longueur de trente à cinquante pieds, et quatre-vingts de toutes les dimensions, depuis dix-huit pieds jusqu'à trente. Le reste de la flotte se composait de batelets ne pouvant pas contenir plus de trois à six personnes.

Les canots de première classe, au nombre de cent, exigeaient en moyenne pour chacun d'eux cinquante rameurs, ce qui produit un chiffre de cinq mille hommes.

A quarante hommes chacun, les cinquante canots de la classe suivante requéraient deux mille rameurs. Les quatre-vingts canots de la troisième classe, à vingt rameurs chacun, l'un dans l'autre, en demandaient seize cents ; total : huit mille six cents hommes d'équipage. Un chiffre très-respectable pour une force navale, diront beaucoup de personnes. Mais pour une bataille sur le lac et dans la circonstance dont il s'agit, alors que toutes les forces de l'empire avaient été réunies pour une guerre importante, il fallait adjoindre au personnel de la flotte, un corps d'armée assez nombreux pour s'emparer d'Innghira.

Les canots destinés à l'attaque devaient donc être chargés de combattants. Ceux de la première classe pouvaient recevoir de soixante à cent guerriers, en surplus de l'équipage ; les autres dans la même proportion. Ainsi, en cas de guerre, Mtéça peut envoyer sur le lac une armée de seize à vingt mille hommes

C'était le chiffre de ceux qui menaçaient Innghira. Mais du côté des Vouavouma l'ardeur était beaucoup plus grande; nous en eûmes la preuve le lendemain de notre arrivée. Ils s'élancèrent vers le cap, arrivèrent près du rivage et regagnèrent le large trois ou quatre fois avant que les Vouagannda se souvinssent qu'ils avaient en main, sous forme de fusils, le moyen de châtier cette bravade. Quand les coups de feu partirent, la plupart des Vouavouma baissèrent la tête et pagayèrent d'une seule main; mais quelques-uns restèrent debout, montrant, pour nous en donner avis, l'adresse avec laquelle ils maniaient la lance et gardaient l'équilibre sur les bancs de leurs étroits canots. Cette bravoure ne fut pas sans effet sur les Vouagannda; j'en entendis plusieurs faire cette remarque, que les Vouavouma ne seraient pas faciles à vaincre.

Le troisième jour au matin Sékébobo, qui avait reçu des ordres pendant la nuit, commença à traverser la baie de Nakarannga avec la flotte. Mtéça m'avait fait informer du départ du chef, et je m'empressai de gagner la rive pour assister au spectacle. Presque tous les Vouagannda partageaient ma curiosité; tout le rivage, sur une étendue de trois ou quatre milles, était couvert d'une foule compacte, vêtue généralement du manteau national, manteau brun en étoffe d'écorce.

De leur côté les Vouavouma avaient les yeux sur Sékébobo et, du sommet de leur montagne, suivaient tous ses mouvements avec une perception presque aussi nette de ce qui allait avoir lieu que si Mtéça lui-même les en eût informés. Pour contrecarrer, s'il était possible, les projets de l'ennemi, tout au moins dans l'espoir de recueillir du butin, ils prirent une centaine de leurs canots effilés et s'élancèrent, comme autant de crocodiles, vers Namagonngo. Avant que Sékébobo eût pu ranger sa flotte en ordre de bataille, ils étaient au milieu de la baie, prêts à lui disputer le passage et attendant avec calme son arrivée dans l'eau profonde.

Cent canots contre trois cent vingt-cinq! La lutte n'était pas égale. Ainsi pensèrent les Vouavouma; et quand la flotte, qui s'avançait en masse compacte assez bien ordonnée, approcha d'eux, ils ouvrirent leurs rangs et laissèrent passer l'ennemi. Les Vouagannda, encouragés par cette marque de faiblesse, poussèrent un cri de triomphe; mais ce cri leur avait à peine échappé que les Vouavouma faisant écumer l'eau sous leurs pagaies, s'élançaient des deux côtés vers la flotte, dont ils pénétraient la masse, semant la consternation dans toute l'armée d'Ougannda.

Qu'auraient pu faire ces désespérés, je l'ignore. A la vue de ce qui arrivait, Mtéça bondit et lança son cri de guerre : *Kavya, Kavya!* Hommes, femmes et enfants, toute l'armée cria : Kavya, Kavya! La flotte qui s'approchait, entendant le cri, lui fit écho avec rage et fondit à son tour vers les Vouavouma. Mais ces derniers qui avaient pris quatorze canots, satisfaits de leur capture, et ne se souciant pas d'accepter le combat avec un ennemi trop nombreux, se hâtèrent de gagner une eau plus profonde où les Vouagannda n'osèrent pas les suivre.

Cette affaire, non moins brève qu'animée, me fit profondément réfléchir et me demander comment les Vouavouma, étant aussi braves, avaient pu me laisser échapper d'entre leurs mains; comment un seul fusil à deux coups avait pu suffire pour nous délivrer de treize de leurs canots bien montés. Les événements me fournirent, plus tard, quelques réponses à ces questions.

Après le retour de la légion de Sékébobo et de la flotte de Mtéça, deux ou trois jours s'écoulèrent sans aucun incident. L'Empereur, dans cet intervalle, m'envoya chercher et voulut bien me communiquer certaines de ses idées sur l'issue probable de la guerre, ce qu'il fit à peu près dans ces termes :

— Stammli, j'ai besoin de vos conseils; tous les blancs sont très-habiles et semblent connaître toutes choses. Je voudrais savoir ce que vous pensez au sujet de cette guerre. Serai-je victorieux, oui ou non? Je crois que nous devons employer l'adresse et faire œuvre de tête pour nous emparer de cette île.

Souriant de la naïveté de ces paroles, je répondis qu'il faudrait être prophète pour prédire l'issue de la guerre, et que j'étais loin d'être un prophète; que l'intelligence, fût-elle la plus grande du monde, ne pourrait prendre Innghira sans être secondée par le courage.

— Je sais, reprit-il, que les Vouagannda ne se battent pas bien sur l'eau; ils n'en ont pas l'habitude; sur terre, ils sont toujours victorieux; mais, dès qu'ils sont en canot, ils ont peur d'être chavirés; et, pour la plupart, venant de l'intérieur, ils ne savent pas nager. Les Vouavouma et les Vouassoga, par contre, sont très-experts sur l'eau et nagent comme des poissons. Si nous pouvions trouver quelque moyen de conduire mes guerriers dans l'île sans les mettre en canot, je serais assuré de la victoire.

— Vous avez, répliquai-je, autour de vous des hommes, des femmes et des enfants aussi nombreux que les herbes; commandez à chaque individu pouvant marcher de prendre une pierre et de la jeter dans l'eau, vous en diminuerez de beaucoup la profondeur; et si chaque personne jette cinquante pierres par jour, dans peu de temps, je vous le garantis, vous irez à Innghira à pied sec.

L'empereur applaudit en se frappant les deux cuisses; et ordonna immédiatement au Katékiro de réunir deux légions et de les mettre à l'œuvre. Bientôt le versant rocheux de la montagne fut couvert de plus de quarante mille guerriers, le sixième environ de la multitude rassemblée au cap; ils travaillaient à la construction d'une chaussée pierreuse qui devait unir la pointe de Nakarannga à l'île d'Innghira.

Au bout de trois heures, j'allai voir où ils en étaient, et vis qu'ils dépensaient leurs forces à faire une chaussée d'environ cent pieds de large. Je dis au Katékiro qu'il lui faudrait un an pour achever un pareil ouvrage, que dix pieds suffiraient; qu'en réduisant à ce chiffre la largeur de la voie et en mettant ses ouvriers en ligne, il aurait la satisfaction d'aller sans danger à l'île d'Innghira. Mais bien que le premier ministre conservât toute sa politesse et n'oubliât jamais que le Kabaka se plaisait à me nommer son ami, je m'aperçus bientôt qu'il n'était pas d'humeur à accepter les avis d'un étranger. Le fait ne se révéla ni par un mot, ni pas un geste, uniquement par une inattention absolue à mes conseils. L'Européen le plus courtois n'aurait pas été plus affable. De la même bonne grâce qu'à l'ordinaire, il m'offrait une gourde de son doux vin de banane, causait avec abandon de choses et d'autres, m'invitait à lui parler des arts, des coutumes d'Europe, et souriait d'une façon aristocratiquement insolente. Néanmoins, sous ce masque d'urbanité, je découvrais un esprit orgueilleux, aussi inflexible que l'acier. Avec ce patricien calme et poli que pouvais-je faire, sinon déplorer en moi-même que ce bon, ce brave, cet excellent Mtéça, fût servi par des hommes semblables? Je ne pouvais, en même temps, m'empêcher de sourire de l'insouciance diplomatique de ce personnage qui, en réalité avait le caractère de tous les chefs de l'Ougannda, porté seulement à une trop grande perfection.

Pendant deux jours, l'œuvre fut continuée de la façon que j'ai décrite, c'est-à-dire avec des pierres. L'Empereur s'imagina alors qu'on irait plus vite en comblant le passage avec des arbres, et le Katékiro reçut des instructions en conséquence. Pendant trois jours, les Vouagannda travaillèrent à couper du bois ; une forêt tout entière fut abattue et transportée à la pointe Nakarannga, où les arbres furent attachés l'un à l'autre avec des liens d'écorce, puis submergés.

Le matin du cinquième jour, l'Empereur descendit à la pointe du cap pour examiner les travaux, et fut enchanté de voir que nous étions rapprochés de cent vingt mètres de l'île d'Innghira. En regardant cette île, l'idée lui vint d'y envoyer des parlementaires pour s'assurer des sentiments des Vouavouma ; il me demanda ce que j'en pensais. « Ce serait une mesure bonne et sage en Europe, lui répondis-je, mais non dans l'Afrique Centrale ; je craindrais le massacre de tous les envoyés. »

Cependant, conseillé par ses chefs ou par l'un des Zanzibarites qui l'accompagnaient, Mtéça persista dans son idée. Il était sur le point de dépêcher Vouebba, l'un de ses pages favoris, de l'envoyer dans un grand canot avec cinquante hommes pour ouvrir les négociations, lorsque je le suppliai de m'entendre et d'expédier à la place un petit canot délabré. Sans accéder tout à fait à ma demande, il fit partir une barque montée seulement par quinze hommes. Comme ces derniers s'éloignaient du rivage, ignorants et insouciants du péril, je criai à l'Empereur qui se trouvait à vingt pas de moi : « Dites adieu au petit Vouebba, car vous ne le reverrez plus. »

Le katékiro et deux ou trois chefs sourirent comme si j'avais dit un absurdité. A ce moment, j'éprouvai la même sensation que lorsque j'avais assisté pour la première fois à un combat de taureaux ; un frisson d'horreur me saisit tout entier. Je me trouvais dans l'impuissance de prévenir la tragédie que je pressentais.

L'armée entière était concentrée sur la pente du mont Nakarannga ; tous les yeux étaient rivés sur le canot ; et, sans nul doute, chacun pensait comme moi que la circonstance était des plus graves. Tous les gens de la flotte se trouvaient dans leur camp, près duquel les canots étaient amarrés.

Les parlementaires s'étant approchés d'Innghira, l'un d'eux fit avec les Vouavouma un échange de paroles dont le résultat fut une invitation d'atterrir. Tandis qu'ils avançaient doucement au milieu des roseaux qui bordaient l'île, je remarquai que tous les Vouavouma se réunissaient près de l'endroit où nos gens devaient aborder, et que plusieurs canots se dirigeaient de façon à couper la retraite aux arrivants.

L'événement ne se fit pas attendre. A peine le canot avait-il touché l'île, que nous entendîmes les cris déchirants des infortunés et les cris de triomphe des Vouavouma. Bientôt après, nous vîmes des hommes courir vers la pointe de l'île la plus proche de la chaussée, montrer à Mtéça les têtes sanglantes de ses ambassadeurs, puis les jeter dans le lac, au bruit des rires et des railleries de ceux qui les entouraient. L'Empereur se leva d'un air sombre et regagna ses quartiers après avoir ordonné au katékiro de continuer la chaussée.

D'une placide obéissance, le katékiro transmit l'ordre à deux chefs; les deux chefs le transmirent à leurs vouatonngoleh, ceux-ci à leurs lieutenants; et le résultat de toutes ces transmissions fut que l'on vit à peu près cent hommes, sur cent cinquante mille, flâner paresseusement à la pointe du cap; et ce fut tout, l'attrait de l'œuvre ayant perdu la nouveauté qui en faisait le prix.

Il n'en fut plus question; Mtéça avait conçu une nouvelle idée: celle de s'instruire dans les sciences d'Europe. Je devais être pour lui une encyclopédie vivante.

Ne voulant pas lui répondre par un refus, j'essayai dans l'après-midi du massacre, de lui parler des secrets de la nature et des œuvres de la Providence, des merveilles du ciel, de l'air et de la terre. Nous causâmes des roches, des métaux, de leurs nombreuses applications, de la quantité infinie d'objets qu'a inventés l'industrie des Européens. Le despote redouté, les yeux largement ouverts, semblait dévorer mes paroles; et, par déférence pour ses sentiments, ses chefs affectaient de prendre à mes explications autant d'intérêt que lui-même, bien que pour les plus âgés, tels que Kanngaou et Sabagannzi, tout cela fût parfaitement ennuyeux et l'homme blanc, je n'en doute pas, une véritable scie. Plus polis et plus courtisans, le katékiro, Tchammbaranngo et Kaouta rivalisaient de bouche ouverte et de grands yeux, exprimant l'admiration que leur inspirait cet entretien encyclopédique.

De la mécanique, je passai à la théologie; car mon intention à cet égard n'avait pas changé. Dans ma conférence, il m'arriva de mentionner les anges. A ce mot, Mtéça poussa un cri de joie, et, à ma grande surprise, les patriciens d'Ougannda firent chorus, comme s'ils avaient entendu la chose la plus excellente. Ayant déployé tant de savoir pendant toute l'après-midi, je n'osai pas condescendre à m'informer de la raison d'une pareille joie, et j'attendis prudemment la fin des cris et des claquements de cuisses.

Enfin le calme se rétablit, et Mtéça prit la parole.

— Stammli, commença-t-il, j'ai toujours dit à mes chefs que les hommes blancs savent tout et sont experts en toutes choses. Un grand nombre d'Arabes, quelques Turcs [1] et quatre hommes blancs m'ont rendu visite; je les ai vus agir et les ai entendus parler. En sagesse et en bonté, les blancs sont supérieurs à tous les autres. Pourquoi les Arabes et les Turcs viennent-ils dans l'Ougannda? Pour acheter de l'ivoire et des esclaves? Et les hommes blancs, pourquoi viennent-ils? Pour voir notre lac, nos rivières et nos montagnes Les Arabes apportent de la toile, des perles et du fil de fer, pour acheter ce qu'ils veulent avoir, ils ont également de la poudre et des fusils; mais qui fait toutes ces choses que les Arabes nous apportent? Les Arabes eux-mêmes disent qu'elles sont faites par les hommes blancs; et je n'ai encore rien vu de ce qu'ils apportent qui n'ait été fait par les blancs. C'est pourquoi je demande qu'on m'envoie des hommes blancs, puisque, si vous voulez vous instruire il faut parler avec eux. Maintenant, Stammli, dites-nous, à moi et à mes chefs, ce que vous savez des anges.

La question était ardue et mes réponses n'auraient certes pas satisfait des Européens. Toutefois me rappelant cette déclaration de saint Paul : qu'il était toute chose pour tous les hommes, je m'efforçai de dire aussi clairement que possible l'idée que généralement on se fait des anges ; et, grâce à Michel-Ange et à Gustave Doré, avec l'aide d'Ezéchiel et de Milton, je crois avoir réussi à satisfaire et à étonner le roi et sa cour. Afin de prouver à Mtéça que j'étais parfaitement dans le vrai, j'envoyai chercher ma Bible, et lui fis la traduction de ce qu'Ezéchiel et saint Jean ont écrit sur les anges.

Ce petit incident, quelque futile qu'il paraisse, eut des résultats d'un vif intérêt. Le souvenir de la conférence encyclopédique s'effaça devant le thème plus grandiose et plus sublime, que fournissaient la théologie et les Écritures. L'Empereur jeta des regards d'envie sur la Bible et sur mon *Prayer-book* de l'Église d'Angleterre. Comprenant son désir, je lui présentai un jeune garçon nommé Dallington, élève de la Mission des Universités de

---

1. Dans tout le bassin du Nil Blanc, cette dénomination est appliquée aux Égyptiens, aux Nubiens, à tous les sujets du Khédive. (H. L.)

Zanzibar, qui pourrait lui traduire la Bible en kissouahili, et en outre lui transmettre tout ce que j'aurais à lui expliquer.

Depuis lors, pendant les moments de loisir que nous laissait la guerre, on aurait pu nous voir — le roi, la cour, Dallington et moi — occupés à faire un extrait des Saintes Écritures et à le traduire. Ces extraits ne manquaient pas de lecteurs ; mais Mtéça était le plus assidu et le plus ardent de tous.

Comme j'avais du papier en abondance, je lui fis un gros livre sur lequel les traductions furent copiées fidèlement par un écrivain nommé Idi. Le volume terminé, Mtéça eut un abrégé de la Bible, abrégé comprenant tous les principaux événements de l'histoire sainte, depuis la création, jusqu'au crucifiment du Christ. L'Évangile selon saint Luc, donnant une relation plus complète de la vie du Sauveur, fut traduit en entier.

Son livre achevé, Mtéça convoqua tous ses chefs, ainsi que les officiers de sa garde, et lorsqu'ils furent réunis, prit la parole en ces termes.

— Quand je succédai à mon père, j'étais un mchennsi (un païen), et je me plaisais à répandre le sang, parce que je ne connaissais rien de meilleur ; en cela je ne faisais que suivre la coutume de mes pères. Mais lorsqu'un marchand arabe, qui était aussi un Moualim (un prêtre), m'eût enseigné la croyance de l'Islam, je renonçai à l'exemple de ceux qui étaient venus avant moi ; les exécutions devinrent moins fréquentes, et depuis ce jour personne ne peut dire qu'il a vu Mtéça ivre de pombé.

« Mais il y avait beaucoup de choses que je ne pouvais pas comprendre ; par exemple, pourquoi la circoncision était nécessaire pour gagner le Paradis ; comment il se pouvait que des hommes morts pussent jouir, dans le ciel, des plaisirs terrestres, et comment on pouvait marcher sur un pont n'ayant que l'épaisseur d'un cheveu ; car tels sont quelques-uns des articles qu'enseignent les fils de l'Islam. Je ne pouvais comprendre ces choses que condamnait ma raison, et il n'y avait, dans l'Ougannda, personne qui fût capable de m'éclairer. Mais comme il était dans mon cœur de devenir bon, j'espérais que Dieu me pardonnerait mes fautes et m'enverrait des hommes sachant me dire ce qui était bien. Jusque-là, ajouta-t-il en souriant, je refusai de me faire circoncire, bien que les Arabes disent que c'est la première chose à faire pour devenir un vrai fils de l'Islam. Depuis lors, Dieu soit loué ! un blanc, Stammlt est venu dans l'Ougannda avec un livre beaucoup plus ancien que le Koran de Mahomet. Stammlt dit que Mahomet est un menteur et que beaucoup de son livre est emprunté à la Bible. Idi et le garçon que voilà m'ont lu, de ce dernier livre, tout ce qui leur en a été lu par Stammlt ; et je trouve que c'est bien préférable au livre de Mahomet, outre que c'est plus ancien. Le prophète Moïse en a écrit une partie, longtemps, bien longtemps avant la naissance de Mahomet. De même que Kinntou, le premier roi d'Ougannda, vivait bien longtemps avant moi, de même Moïse a vécu très-longtemps avant Mahomet. Maintenant, je vous demande, à vous, mes chefs et mes soldats, de me dire ce que nous devons faire : Faut-il croire en Issa et en Moussa (Jésus et Moïse) ou en Mahomet ?

— Prenons ce qui vaut le mieux, répondit Tchammbaranngo.

— Mais nous ne savons pas ce qui vaut le mieux, dit le premier ministre. Les Arabes assurent que leur livre est le meilleur ; les hommes blancs disent de même pour l'autre. Comment pouvons-nous savoir, ceux qui disent la vérité ?

Kaouta, l'intendant impérial, dit à son tour :

— Lorsque Mtéça fut devenu un fils de l'Islam, il m'instruisit et je devins comme lui un fils de l'Islam. Si mon maître dit qu'il m'a appris une chose fausse, comme il a reçu de nouvelles connaissances, que maintenant il m'apprenne ce qui est vrai; j'attends ses paroles.

L'Empereur sourit.

— Kauota a bien parlé, dit-il ; si je lui ai appris à devenir musulman, c'est parce que je croyais que c'était bon. Tchammbaranngo nous dit: « Prenons ce qui vaut le mieux, » c'est là ce que je désire; je demande le vrai livre. Mais, dit le katékiro : « Comment saurons-nous quel est le vrai livre ? » Je vais lui répondre. Écoutez-moi. Les Arabes et les blancs, n'est-il pas vrai, agissent conformément à ce que leur enseignent leurs livres ? Les Arabes viennent ici pour de l'ivoire et des esclaves, et nous, nous avons vu qu'ils ne disent pas toujours la vérité; ils achètent des hommes de leur propre couleur, ils les maltraitent, les chargent de chaînes et les battent. Les blancs, quand on leur offre des esclaves, les refusent toujours, en disant : « Avons-nous le droit de faire des esclaves de nos frères ? Non, nous sommes tous les fils de Dieu. » Je n'ai pas encore entendu un blanc dire un mensonge. Speke est arrivé dans l'Ougannda, il s'y est bien conduit et s'en est allé avec son frère Grant. Ils n'ont pas acheté d'esclaves, et ont été bons, très-bons, pendant tout leur séjour. Stammlt est venu et il ne veut pas un seul esclave. Abdoul Aziz Bey (M. Linant de Bellefonds) est venu également; et il est parti sans emmener d'esclaves. Quel Arabe aurait agi comme ces hommes blancs? Bien que nous fassions le commerce d'esclaves, ce n'est pas un motif pour dire qu'il est bon; et quand je pense que les Arabes et les blancs agissent comme ils ont été enseignés, je dis que les blancs sont de beaucoup supérieurs aux Arabes, et je pense, que leur livre vaut mieux que celui de Mahomet. Dans tout ce qui m'a été lu par Stammlt, je ne trouve rien de difficile à croire. Le livre commence à la création du monde : il nous dit comment et en combien de jours le monde a été fait, nous donne les paroles de Dieu même, de Moïse, du prophète Salomon et de Jésus, fils de Marie. J'ai tout écouté avec plaisir; et, maintenant, je vous demande : Accepterons-nous, pour guide, ce livre ou celui de Mahomet?

Voyant de quel côté penchait évidemment le Kabaka, tous répondirent :

— Nous prendrons le livre de l'homme blanc.

A cette réponse, une joie profonde éclaira les traits de l'Empereur.

C'est ainsi que Mtéça abjura l'islamisme et embrassa la foi chrétienne. Il déclara immédiatement qu'il adhérait à la nouvelle religion, qu'il était résolu à bâtir une église, à faire tous ses efforts pour répandre les sentiments chrétiens parmi son peuple, et à se conformer, du mieux qu'il pourrait le faire, aux saints préceptes contenus dans la Bible.

D'autre part, fier de mon prosélyte que j'avais ardemment catéchisé pendant trois mois, je promis que, suivant son désir, Dallington resterait dans l'Ougannda pour aider l'Empereur à se confirmer dans sa nouvelle croyance et remplir, auprès de lui, l'office de lecteur de la Bible, jusqu'à ce que le bon peuple d'Europe lui eût envoyé un prêtre pour le baptiser et lui enseigner les devoirs du chrétien.

— Stammlt, me recommanda Mtéça, lorsque deux mois après, je lui fis mes adieux, ne manquez pas de dire aux blancs, quand vous leur écrirez, que je suis comme un homme vivant dans les ténèbres, ou comme un aveugle de naissance; que tout ce que je demande est qu'on m'apprenne à voir; et que je resterai chrétien tant que je vivrai.

CHAPITRE XIII

Le tambour de guerre est battu. — Les sorciers jouent leur rôle. — Peintures de guerre. — Balles contre lances. — Retraite des Vouavouma. — Fureur de Mtéça. — La victoire ou le bûcher. — Rude combat. — Le chef captif. — Lutte entre païen et chrétien. — Un mystère flottant. — La guerre est terminée. — Incendie du camp. — Fuite devant les flammes

Les Vouavouma devenaient de jour en jour plus audacieux, plus arrogants; et le 14 septembre l'Empereur se décida à les attaquer. Conformément à ses ordres, quarante canots se détachèrent de la plage, vinrent se ranger en face du camp et se formèrent en ligne de bataille, devant la chaussée, l'arrière tourné vers Innghira, la proue vers la pointe de Nakarannga.

L'Empereur, suivi des trois quarts de l'armée, s'avança dans la direction de la pointe, afin de voir le combat. Il était accompagné des grands tambours de guerre, au nombre de cinquante, d'une centaine de fifres, d'une quantité d'hommes secouant des gourdes remplies de cailloux, des crieurs de la cour et des conjureurs de maléfices, foule étourdissante, amenée pour faire du bruit et pour célébrer la victoire.

Une case de grande dimension avait été construite sur la pente qui dominait le détroit; l'Empereur s'y retira avec ses femmes. Dès qu'il fut assis, les prophètes de Baal — les prêtres ou prêtresses des Mouzimous — arrivèrent au nombre de plus de cent, et vinrent l'un après l'autre, avec le cérémonial le plus fastidieux, offrir les talismans à Mtéça, qui daigna tendre son index impérial à chacun des objets présentés.

Il est d'usage, avant de livrer bataille, et dans le but de se rendre propices les redoutables Mouzimous, c'est-à-dire les mauvais esprits, de porter au monarque toutes les puissantes médecines (les charmes) de l'Ougannda, pour qu'il les touche,

Bataille navale entre les Vouagannda et les Vouavouma, livrée dans le canal qui sépare l'île d'Inughira du cap Nakaraanga.

ou dirige son index vers chacun d'eux. Des lézards morts, des lambeaux de cuir, de petits morceaux de bois, des ongles de trépassés, des griffes de tel ou tel animal, des becs d'oiseaux, hideux mélange auquel s'ajoutent des drogues mystérieuses, composées d'herbes et de feuilles soigneusement enfermées dans des vases ornés de perles de couleurs diverses, constituent ces charmes vénérés.

Pendant le combat, les sorciers et les sorcières chantent leurs incantations et montrent leurs talismans à l'ennemi, tandis que les porteurs de gourdes font sonner leurs abominables grelots, sonnerie d'alarme capable d'énerver subitement tout autre individu qu'un Africain.

Le grand-prêtre avait le costume le plus fantastique que puisse revêtir un vieux fou. L'Empereur et son armée étaient complétement peints en guerre, et les principaux chefs portaient de magnifiques peaux de léopard qui leur couvraient le dos. Mais, pour la splendeur du costume et l'ornementation de l'équipement, les Vouassoga emportaient la palme.

Annkori, leur chef, et ses officiers étaient vraiment superbes. Des plumes d'autruche d'un blanc de neige formaient leur coiffure; des peaux de lion et de léopard leur tombaient des épaules, et des fourrures de chèvre ou de singe à long poil, d'une blancheur éblouissante, leur ceignaient les reins; même les hampes de leurs lances étaient décorées de plumes et d'anneaux de peau de singe.

J'eus amplement le loisir d'examiner toutes ces choses et d'y prendre un plaisir extrême, avant que mon attention fût absorbée par la bataille.

Les spectateurs étaient assis, à l'abri de tout danger, sur la pente du mont Nakarannga, depuis le bord de l'eau jusqu'au sommet, rangée sur rangée, étage sur étage, milliers sur milliers.

Les canots, s'étant formés en ligne, se dirigèrent lentement, par la poupe, vers Innghira. Les Vouavouma ne restaient pas spectateurs inactifs de cette manœuvre; mais leurs combattants n'avaient pas encore embarqué; ils se rassemblaient, tandis que les hommes désignés pour la défense de l'île étaient assis avec les femmes et les enfants sur le versant de la montagne d'Innghira, formant en face de nous un groupe de plusieurs milliers d'individus. La grève était entourée d'une ceinture d'herbes et de roseaux trop haute et trop épaisse pour que l'on pût estimer exactement le nombre des canots de l'ennemi; mais de longues proues incurvées et de couleur brune sortaient en grand nombre du brillant feuillage des bananeraies, ou s'apercevaient sur la grève montante de l'île, en deçà de la marge de roseaux.

S'étant avancés en ligne parfaitement régulière et approchés de l'ennemi à belle portée de mousquet, les Vouagannda ouvrirent le feu avec calme et, en peu de temps, réussirent à inquiéter l'ennemi et à le forcer de leur répondre.

Alors, à un signal donné par les chefs et au milieu des cris de guerre les plus perçants, de tous les points de la ceinture de grandes herbes, cent quatre-vingt-quatorze canots fondirent avec la rapidité de la flèche sur les Vouagannda, qui commencèrent leur mouvement de recul, et se retirèrent lentement vers la chaussée.

A l'extrémité de celle-ci, se trouvait une force de cent mousquets et de quatre petits obusiers, placés sous le commandement du Katékiro et de Tori, le factotum de l'Empereur.

La fougue des Vouavouma força bientôt les Vouagannda à presser leur retraite. En approchant de la chaussée, ils se divisèrent, se jetant à droite et à gauche, et donnant à l'artillerie une belle occasion de foudroyer ceux qui les poursuivaient ; mais la maladresse des canonniers et l'émotion des tireurs rendirent la décharge à peu près inoffensive ; toutefois, le bruit de la canonnade, le sifflement du fer et du plomb, arrêtèrent les Vouavouma, qui se retirèrent de l'air désappointé de crocodiles à qui sa proie échappe.

Ce fut toute la bataille, mais, si brève qu'elle eût été, elle me suffit pour me prouver que Mtéça serait incapable de s'emparer de l'île d'Innghira, défendue comme elle l'était par un ennemi aussi déterminé.

Mtéça quitta la scène ; l'armée rentra dans ses quartiers, et les canots des Vouagannda, serrant de près la côte, regagnèrent le mouillage, laissant les Vouavouma maîtres de la situation.

Dans l'après-midi, Mtéça eut une grande audience ; quand tous ses chefs furent rassemblés, il annonça publiquement que dans quelques jours il y aurait une autre bataille, mais qu'ayant appris des nouvelles fort importantes, il attendrait qu'il en eût vérifié l'exactitude avant de livrer le combat.

Il était pour moi très-ennuyeux d'attendre, mais j'employais une partie du jour à instruire l'Empereur et ses chefs ; le reste du temps à glaner des informations qui me permissent de comprendre l'organisation compliquée de l'Empire.

Tout à coup, le 18 septembre, au point du jour, les chefs reçurent l'ordre de se préparer pour la bataille. Je n'eus connaissance du fait que par le bruit des énormes tambours qui appelaient au combat les marins et les guerriers.

Tout d'abord il fut tenu un bourzah ou conseil. Bien que très-avide d'apprendre les nouvelles, je m'abstins d'y aller, n'osant pas paraître trop intéressé dans la guerre. Sabadou, qui devait être là pour cause de service, me dirait certainement ce qui se serait passé et dans tous les détails.

Le soir, — cette intercalation est faite pour l'intelligence du récit, — Sabadou, le bon conteur, dont la mémoire m'inspirait toute confiance, me fit un rapport complet de la délibération. Je ne crois pouvoir mieux faire que de lui laisser la parole :

— Ah ! maître, me dit-il, vous avez perdu une scène curieuse. Jamais je n'ai vu Mtéça comme aujourd'hui ; c'était effrayant. Ses yeux étaient gros comme mes poings ; ils sautaient hors de leur boîte et brillaient comme du feu. Aussi tremblaient-ils, les grands chefs ! Ils étaient comme de petits enfants, pleurnichant et demandant pardon. « Quand me suis-je montré dur pour vous, leur disait Mtéça, que vous ne vouliez pas combattre pour moi ? et cependant mes esclaves envoyés dans l'Oussoga, sont revenus disant qu'il n'y avait pas un homme de la contrée qui ne m'eût rejoint, ou ne fût allé aux Vouavouma. Qui vous a donné les vêtements que vous portez, les fusils que vous possédez ? N'est-ce pas moi ? Mon père Souna a-t-il jamais donné à ses chefs d'aussi belles choses ? Non ; et cependant ils ont combattu pour lui ; et le plus hardi d'entre eux n'eût pas osé lui conseiller de fuir, comme vous me l'avez conseillé à moi-même. Ne suis-je pas le Kabaka ? Ce pays n'est-il pas l'Ougannda, aussi bien que ma capitale ? N'ai-je pas ici mon armée ? Et toi, Katékiro, étais-tu autre chose qu'un paysan, avant que je t'eusse habillé et nommé chef de l'Ouddou ? Et toi, Tchammbaranngo, qui t'a fait chef ? Et toi, Mkouennda, toi, Sékébobo, et vous tous, Kimmbougoué, Kitouennzi, Kagou, Kaïma, Kanngaou, parlez : n'est-ce pas Mtéça qui vous a faits chefs ? Étiez-vous des princes pour devenir chefs, ou des paysans que mon bon plaisir a élevés à cette dignité ? Ah ! ah ! je verrai aujourd'hui celui qui ne voudra pas combattre ; je verrai celui qui osera fuir devant les Vouavouma. Par la tombe de mon père, je brûlerai à petit feu celui qui se sauvera ou tournera le dos, et le paysan qui se distinguera aujourd'hui aura tous ses biens. Prenez garde à vous, chefs. Aujourd'hui je serai là, guettant le lâche, et le lâche sera brûlé ; je le jure.

« Alors le Katékiro tomba à ses pieds, se frotta la figure dans la terre, et s'écria : « Kabaka, envoie-moi combattre aujourd'hui, surveille mon étendard, et, si je tourne le dos aux Vouavouma, prends-moi et brûle-moi, ou coupe-moi en petits morceaux. » L'exemple du Katékiro fut suivi par les autres, et tous ont juré d'être désespérément braves.

Reprenons maintenant le récit au jour où nous l'avons laissé.

Vers huit heures et demie, j'étais à la pointe de Nakarannga, lorsque les tambours, en s'avançant, m'apprirent que le Conseil était fini et que la bataille allait commencer. A en juger par ses regards, Mtéça ne ressemblait à rien moins qu'à un chrétien. Des éclairs s'échappaient de ses yeux ; femmes, chefs et pages, tous semblaient frappés de terreur. A ce moment j'ignorais ce qui s'était passé, mais, ne voyant pas Tchammbaranngo dans le cortége, ni plusieurs des grands vouakoungou, j'en inférai que Mtéça venait de faire une scène.

D'autres tambours battirent au bord du lac, et bientôt apparurent les magnifiques canots d'Ougannda. Toute la flotte — deux cent trente bâtiments de guerre — s'avançait gracieusement sur les eaux calmes et grises du canal.

Cinquante barques sous le commandement de Tchammbaranngo formaient l'aile droite. Cent autres, dirigées par les sous-chefs Moukavya, Sammbouzi, Tchikouata et Sarouti, composaient le centre, sous le commandement suprême de Kaouta, l'intendant impérial. A gauche était le vaillant Mkouennda avec quatre-vingts canots. Sur la chaussée, qui avait alors une longueur de deux cents yards (cent quatre-vingts mètres), stationait Tori, avec cent fusils et les quatre obusiers.

C'est dans cet ordre que la flotte de Mtéça, portant seize mille hommes, ou environ, se mit en marche pour attaquer Innghira. Protégé par les deux ailes, qui devaient tenir les Vouavouma en échec, s'ils tentaient de s'approcher de la jetée, le centre s'avança résolûment jusqu'à moins de quinze brasses de l'île, et ouvrit un feu meurtrier sur les frondeurs qui la défendaient. Ceux-ci, croyant que les Vouagannda voulaient prendre l'île d'assaut, restèrent près de la grève et soutinrent le feu à découvert, résolus à combattre. Mais ils ne purent garder plus longtemps cette courageuse attitude. Mkouennda, avec l'aile gauche, se porta sur la droite des Vouavouma, et avec ses fusils cribla leurs canots, rendant pour eux la position particulièrement dangereuse.

Voyant la crise s'approcher et ne voulant pas périr sans résistance, les Vouavouma restés dans l'île coururent à leurs barques. Cent quatre-vingt-seize canots s'élancèrent, comme la première fois, des roseaux d'Innghira, au bruit assourdissant de cris aigus.

Les Vouavouma reculèrent jusqu'au milieu du canal, où ils maintinrent bravement leur position. Puis, en face de la chaussée, la ligne du centre se divisa, découvrant l'ennemi qui arrivait d'une course ardente. Cette fois, Tori pointa ses obusiers et tira sur un groupe de vingt canots, dont plus de la moitié furent détruits; rechargeant rapidement, il fit une seconde décharge à mitraille — morceaux de fer de trois pouces — qui produisit un effet terrible.

Ainsi repoussés, les Vouavouma regagnèrent leur île, où nous les vîmes débarquer leurs blessés et leurs morts, tandis que les Vouagannda, rappelés au cap, recevaient les applaudissements de la multitude et les félicitations de l'Empereur, qui descendit jusqu'au bord de l'eau pour leur exprimer son contentement de leur belle conduite.

— Retournez vers eux, dit-il, et montrez-leur ce que c'est que combattre.

La ligne de bataille se reforma, et, de nouveau, les Vouavouma s'élancèrent de leur fourré d'herbes, avec la vitesse de requins affamés, faisant écumer l'eau sous leurs pagaies et fendant l'air de cris perçants. Jamais je n'ai vu de scène plus animée, plus émouvante. Les Vouavouma déployèrent la même audace, le même courage qu'à leur première sortie; et sous la terreur du bûcher dont les avait menacés le redoutable monarque, les Vouagannda se firent remarquer par leur sang-froid et l'habileté de leurs manœuvres.

Une troisième fois, ils furent envoyés au combat; une troisième fois, les Vouavouma revinrent avec le même élan se faire écraser dans une lutte où ils ne pouvaient rendre coup pour coup, sans être balayés par les canons et les fusils de la chaussée.

Une nouvelle bataille eut lieu quelques jours après, entre cent soixante dix-huit canots des rebelles et cent vingt-deux de la flotte impériale. Si les Vouagannda avaient eu l'audace et l'élan de l'ennemi, ils auraient pu ce jour-là terminer la guerre; car à la fin de l'action les Vouavouma étaient fort abattus.

Le lendemain, après le délai habituel et la provocation d'usage, il y eut une quatrième bataille entre deux cent quatorze canots de Mtéça et deux cent trois des alliés. Cette fois, les Vouavouma remportèrent une victoire éclatante; ils poursuivirent la flotte de l'Empereur jusqu'à moins de vingt brasses du cap Nakarannga, et en auraient fait leur proie sans l'artillerie de la jetée, qui, à si courte distance, leur fit éprouver d'énormes pertes.

Démoralisés par l'échec qu'ils venaient de subir, les Vouagannda n'essayèrent pas de réparer leur défaite : la flotte regagna ses cantonnements, poursuivie par les rires et les moqueries des intrépides Vouavouma.

En recherchant la cause du désastre, j'appris que la poudre de Mtéça était presque entièrement épuisée : il lui restait à peine un coup par fusil.

Très-alarmé du fait, il en vint à me demander de lui prêter la poudre que j'avais au camp de Doumo. A cette requête j'opposai un refus si péremptoire qu'il n'osa pas la renouveler.

Nous étions alors au 5 octobre, et c'était le 22 août que j'avais quitté mes hommes. Il devenait nécessaire que je prisse à la guerre une part quelconque, afin de la terminer. Je voulais que ce fût à l'avantage des deux partis; et je ne savais comment faire pour atteindre ce but. Bien que mes propres intérêts et ceux de l'Expédition dépendissent en quelque sorte du succès de l'Empereur, les Vouavouma, par leur magnifique audace, leur superbe courage, avaient complétement gagné mes sympathies. Toutes mes forces, toutes mes pensées furent donc employées à découvrir une solution à ce problème : ne faire tort à personne et contenter tout le monde.

Il était clair que les Vouavouma ne se rendraient pas sans une effroyable perte de vies humaines; il n'était pas moins évident que Mtéça ne lâcherait prise qu'après entière satisfaction, et qu'il ne m'assisterait dans mes projets que si moi-même je lui venais en aide d'une façon quelconque.

A la fin, j'imaginai un plan dont la réussite me parut certaine; mais avant que j'eusse pu le mûrir survint un incident qui appela mon intervention immédiate.

Au moyen de ses éclaireurs, Mtéça était parvenu à capturer l'un des principaux chefs des Vouavouma, et il avait invité ses vouakoungou, ainsi que les plus notables de ses hôtes, à être témoins de l'exécution de ce chef, qui devait être brûlé vif.

Un grand nombre de fagots avait été réuni pour composer le bûcher. Mtéça croyait ainsi frapper de terreur l'esprit des Vouavouma.

Lorsque j'entrai dans la salle du conseil, je le trouvai rayonnant; il ne pouvait cacher la joie que lui inspirait la vengeance qu'il allait tirer du massacre de son page et de ses plénipotentiaires.

— Stammli, me dit-il, quand le vieux chef sera au poteau — c'était un homme d'environ soixante ans — vous verrez comment sait mourir un chef de l'Ouvouma. Il va être brûlé. Les Vouavouma trembleront lorsqu'ils apprendront son genre de mort.

— Ah! Mtéça, répondis-je, avez-vous oublié les paroles du bon livre que je vous ai lu si souvent? « Si ton frère t'offense, tu lui pardonneras beaucoup de fois. » « Aime tes ennemis. » « Fais du bien à ceux qui te haïssent. » « Tu aimeras ton prochain comme toi-même. » « Pardonne-nous nos offenses comme nous pardonnons à ceux qui nous ont offensés. »

— Mais cet homme est de l'Ouvouma, et l'Ouvouma est en guerre avec moi. Avez-vous oublié Vouebba?

— Non, je ne l'ai pas oublié. Je l'ai vu mourir, et j'en ai éprouvé une grande douleur.

— Et je n'aurais pas du sang en échange du sien, Stammli?

— Non.

— J'en aurai, Stammli. Je brûlerai cet homme et n'en laisserai que des cendres. Je brûlerai tous ceux que je prendrai. Je veux du sang, du sang, du sang! Je veux le sang de tous les gens de l'Ouvouma.

— Non, Mtéça, non; plus de sang. Il est temps que la guerre finisse.

— Qu'elle finisse! s'écria-t-il dans un de ces paroxysmes de fureur si pittoresquement décrits par Sabadou. Je tuerai tout ce qui est dans l'Ouvouma, je couperai tous les bananiers, je brûlerai tous les hommes, toutes les femmes, tous les enfants de cette île. Par la tombe de mon père! je ferai ce que j'ai dit.

— Non, Mtéça, pas de ces pensées toutes païennes. Un païen seul rêve de massacre et veut répandre le sang. Le Mtéça que j'entends est le jeune païen d'autrefois; ce n'est pas l'homme que j'ai vu et dont j'ai fait mon ami. Ce n'est pas le Mtéça qui se dit aimé de son peuple. Ce n'est pas Mtéça le chrétien, c'est le sauvage. Bah ! J'en ai assez de vous ; je vous connais maintenant.

— Stammli ! Stammli ! Un peu de temps, et vous verrez. Qu'attendez-vous ? dit-il en se tournant vers le bourreau qui épiait son visage.

Immédiatement le pauvre vieillard fut lié au poteau ; et m'adressant à Mtéça :

— Encore un mot, lui dis-je. L'homme blanc vous parle pour la dernière fois ; écoutez-le. Vous vous rappelez l'histoire de Kinntou, que vous m'avez dite l'autre jour. Il quitta la terre d'Ougannda parce qu'elle puait le sang. Comme lui, je vais quitter l'Ougannda pour n'y jamais revenir. Aujourd'hui, Kinntou vous regarde du haut de la terre des Esprits ; de même qu'il a fait des reproches à Ma'annda pour avoir assassiné son fidèle serviteur, de même aujourd'hui il vous fait des reproches par ma bouche. Tuez ce pauvre vieillard ; je vous quitte immédiatement, à moins que vous ne me tuiez aussi ; et, de Zanzibar au Caire, je dirai à tous les Arabes que je rencontrerai quelle bête féroce vous êtes ; dans tout le pays des blancs, je raconterai à haute voix l'abominable action que j'ai vu faire à Mtéça, et je dirai comment Mtéça voulait s'enfuir, parce qu'une vieille femme disait que les Vouassoga marchaient contre lui. Combien l'illustre Kamanya a dû pleurer dans la terre des Esprits en apprenant que Mtéça voulait prendre la fuite ! Combien a dû gémir Souna au cœur de lion, en voyant trembler son fils, parce qu'une vieille femme avait fait un mauvais rêve ! Adieu, Mtéça. Vous pouvez tuer le vieux chef ; je m'en vais, et je ne le verrai pas. »

Mtéça avait gardé la même expression de fureur brutale : la soif de sang se peignait sur son visage ; mais lorsque je lui dis que Souna et Kamanya le regardaient de la terre des Esprits, les larmes remplirent ses yeux, puis débordèrent, et il se mit à sangloter comme un enfant.

Les chefs et le bourreau gardaient un morne silence et paraissaient éprouver un profond malaise. Néanmoins Tori et Kaoula se levèrent, et, déroulant leurs coiffures, essuyèrent officieusement le visage du maître. Comme je me retirais, j'entendis le pauvre Empereur murmurer d'une manière intelligible :

— Stammli n'a-t-il pas parlé de la terre des Esprits et dit que

Le vieux prisonnier.

Souna était fâché? Oh! il a dit vrai, trop vrai! O père! pardonne-moi, pardonne-moi!

Et immédiatement il quitta le conseil.

Une heure après, il me fit appeler par un de ses pages. A mon arrivée :

— Stammli, dit-il, ne dira pas maintenant que Mtéça est mauvais; car il a pardonné au vieux chef et ne lui fera aucun mal. Stammli dira-t-il maintenant que Mtéça est bon, et pense-t-il que Souna soit content?

— Mtéça est très-bon, répondis-je en lui serrant la main avec chaleur; et Kinntou et Souna doivent être contents de voir que Mtéça est bon pour ses hôtes. Ayez patience, tout finira bien. J'ai beaucoup pensé à cette guerre; je veux la terminer, et à votre avantage, sans plus d'embarras pour vous. Je construirai une machine qui frappera de terreur les Vouavouma et fera qu'ils seront contents de demander la paix. Mais il faut qu'on m'aide; donnez-moi beaucoup d'hommes, et dans trois jours je serai prêt. En attendant, criez aux Vouavouma, de l'extrémité de la chaussée, que vous possédez quelque chose de si terrible que la guerre finira tout à coup.

— Prenez tout le monde; faites ce que vous voudrez. Je vous donnerai Sékébobo et tous ses hommes.

Le lendemain matin, Sékébobo m'amena deux mille soldats et me demanda mes ordres. Je lui dis d'envoyer mille hommes couper de longues perches d'un pouce d'épaisseur (vingt-cinq millimètres), trois cents hommes couper des perches de neuf pouces de tour et de sept pieds de long, cent hommes abattre des arbres élevés, de quatre pouces d'épaisseur; enfin de charger cent hommes d'enlever l'écorce de ces arbres et d'en fabriquer des cordes. Lui-même, avec cinq cents hommes, devait me suivre au bord du lac, pour m'aider dans mon travail. Le chef transmit mes instructions et ordonna de se hâter, l'ordre de l'Empereur étant que le travail se fît rapidement. Puis, nous nous dirigeâmes ensemble vers la flotte.

Je choisis trois canots des plus solidement construits, chacun de soixante-dix pieds de long et de six et demi de large. Après avoir fait préparer le terrain près du bord de l'eau, je plaçai mes bateaux parallèlement, à quatre pieds l'un de l'autre. Sur ces trois canots j'établis une plate-forme; les grands arbres placés en travers furent solidement fixés aux bancs des rameurs. A mesure qu'arrivaient les perches de sept pieds, je les faisais attacher verticalement sur les bancs des deux canots extérieurs; les perches d'un pouce de diamètre furent placées en travers des perches verticales. Une fois achevée, la construction eut l'aspect d'une estacade oblongue de soixante-dix pieds de long sur vingt-sept de large, et fut impénétrable à la lance.

Dans l'après-midi du second jour, la forteresse flottante fut terminée; l'Empereur et ses chefs descendirent pour assister à la mise à l'eau et à une navigation d'essai. En voyant la machine, les chefs s'écrièrent qu'elle irait à fond, et communiquèrent leurs craintes à Mtéça. L'Empereur fut inquiet, mais ses femmes lui dirent :

— Laissez faire Stammli, il n'aurait pas construit cette chose, s'il n'était pas sûr qu'elle flotterait.

Triple canot.

L'ordre du lancement ayant été donné, je choisis soixante rameurs et cent cinquante hommes de la garde qui devaient s'embarquer dès que la machine serait à flot; je désignai Tori, avec l'un de mes bateliers les plus sûrs, pour diriger la navigation, et leur recommandai de bien fermer la porte du fort, sitôt que celui-ci quitterait la rive.

Un millier d'hommes furent mis à l'œuvre, et peu d'instants après la forteresse était à flot. L'équipage et la garnison y montèrent — deux cent quatorze personnes — et il fut évident qu'elle fendait les eaux du lac avec aisance et en toute sûreté. Un tonnerre d'applaudissements récompensa l'inventeur.

Des pavillons d'étoffe bleue, rouge, blanche, furent arborés sur l'étrange construction, qui, lorsqu'elle fut entièrement close, sembla se mouvoir d'elle-même d'une façon mystérieuse, et

Le canal Napoléon et la flottille de Mtéça allant de l'Oussoga à l'Ougannda. (D'après une photographie de l'auteur.)

renfermer dans ses murs silencieux quelque chose de redoutable, bien fait pour terrifier de simples sauvages.

Le 13 octobre, à huit heures du matin, l'armée se réunit à Nakarannga avec une pompe exceptionnelle, et du bout de la jetée on proclama qu'une chose terrible approchait, que cette chose allait réduire en poussière les Vouavouma, s'ils ne faisaient pas immédiatement la paix et ne reconnaissaient pas la puissance de Mtéça. Je crois même qu'il fut annoncé que tous les esprits et les talismans protecteurs de l'empire se trouvaient dans la machine, car j'entendis parler de Mouzimous et d'Ougannda.

Le vieux chef mvouma, placé bien en vue, fut aussi invité à presser ses compatriotes d'accepter l'offre du Kabaka, à savoir : pardon pour tous, sous la seule condition de se soumettre, en observant toutes les formalités d'usage. Cette annonce faite avec toute la gravité désirable, la machine mystérieuse fit son apparition, au bruit assourdissant des tambours et d'une multitude de trompes.

Ce fut pour moi, et par beaucoup de motifs, un moment de vive anxiété.

Cependant le fortin, parfaitement capable de résister aux plus furieux assauts de gens armés de lances, s'approcha hardiment de la pointe de Nakarannga, d'où il se dirigea vers l'île. Arrivé à cinquante mètres de l'ennemi, il s'arrêta.

— Parlez, cria une voix de stentor s'élevant de l'intérieur de la machine, au milieu du silence le plus complet. Qu'avez-vous décidé? Voulez-vous faire la paix et vous soumettre à Mtéça, ou devons-nous faire sauter l'île? Répondez vite.

Les Vouavouma épouvantés se consultèrent. Cette machine était énorme, rien de pareil n'avait jamais été vu sur le Nyanndja. On ne voyait personne; et cependant une voix claire et puissante avait parlé. Était-ce l'Esprit des eaux plus favorable aux prières de l'ennemi qu'à celles des Vouavouma? N'y avait-il pas dans cette machine tous les vouazimou de l'Ougannda. Elle renfermait certainement une chose diabolique, terrible, semblable aux mauvais esprits qu'évoquait leur imagination aux heures de tristesse et d'effroi? Il y avait dans les mouvements de ce monstre une audace et une confiance terrifiantes.

— Parlez, répéta sévèrement la voix; nous ne pouvons attendre.

Aussitôt, à notre grand soulagement, un homme, évidemment un chef, répondit :

— Assez ! que Mtéça soit satisfait. Nous allons recueillir le tribut et le porter à Mtéça. Esprit, éloigne-toi ; la guerre est terminée.

Sur quoi, la mystérieuse machine commença solennellement son retour vers l'anse où elle avait été construite ; et les deux cent cinquante mille spectateurs de la scène poussèrent une acclamation qui sembla fendre le ciel même et que nous renvoyèrent les hauts rochers d'Innghira.

Trois heures après, un canot monté par cinquante hommes, dont plusieurs étaient des chefs, apportait au Nakarannga une certaine quantité d'ivoire et deux jeunes beautés, filles des deux principaux chefs d'Ouvouma. C'était le tribut. L'ivoire fut délivré à l'intendant, et les jeunes filles furent admises dans le harem de Mtéça, où pas un homme, sous peine de mort, ne peut pénétrer. Le vieux chef gracié fut rendu à sa tribu. C'est ainsi que se termina cette guerre, dans la soirée du 13 octobre 1875.

Des cris de joie, partis des deux camps, annoncèrent que tout le monde était satisfait. Dans l'après-midi, la flotte de l'Ougannda, réduite à deux cent soixante-quinze canots, fut escortée jusqu'au Djindja par vingt canots d'Ouvouma. Quand elle eut disparu, après avoir doublé la pointe de Namagonngo, les Vouavouma, délivrant leur récent ennemi de toute crainte de trahison, nous donnèrent une représentation pacifique de leur dextérité, nous fournissant ainsi l'occasion de les voir plus distinctement que nous n'avions pu le faire d'abord à travers la fumée de la poudre.

Le surlendemain, 15 octobre, à trois heures du matin, nous fûmes réveillés par le formidable *Djodjoussou*, le roi des tambours de guerre ; c'était pour le départ. Je fis immédiatement empaqueter nos effets ; mais à peine étais-je habillé que mes gens vinrent m'avertir que l'immense camp était en feu. Je m'élançai au dehors et vis des flammes parties de cent endroits différents, dévorer les cases d'herbe sèche avec tant de rapidité qu'à moins de fuir en toute hâte nous serions brûlés avec les huttes. Saisissant mes pistolets, j'ordonnai aux Voua-ngouana de prendre leurs ballots et de me suivre à l'instant, s'ils voulaient sauver leur vie.

Des vagues de feu, vagues furieuses, bondissant et se croisant, rendaient impraticable la grande route qui, du quartier impérial, se rendait à la pointe du cap. Un seul chemin restait ouvert, celui qui gagnait la montagne à travers le camp des Vouessoga.

L'incendie du camp.

Nous ne fûmes pas les seuls qui tentèrent de se sauver par cette voie; soixante mille individus y coururent et s'y pressèrent jusqu'à former une masse solide, tant la nécessité de fuir l'océan de flammes qui rugissait en bas était impérieuse.

Scène grandiose, mais terrible. En la regardant du haut de la montée, je pensais que les Vouagannda vengeaient de leurs propres mains les Vouavouma qui avaient péri dans cette guerre. Parmi les deux cent cinquante mille âmes que renfermait le camp, il devait y avoir un nombre considérable de blessés et de malades dans l'impossibilité de se mouvoir. Combien de femmes et d'enfants, ayant perdu la tête, ont dû périr; combien ont dû être écrasés par la foule dans cette course affolée?

Les langues de feu qui dévoraient ces trente mille huttes de chaume, attisées par une forte brise du lac, nous empêchaient de respirer; il me sembla plusieurs fois que l'intérieur même de mon corps brûlait. Mais, tête baissée, nous allions aveuglément, n'ayant d'autre guide que l'instinct de la conservation.

Dès que cela me fut possible, je m'occupai des traînards de ma bande, que je m'efforçai de rallier; trois ou quatre faillirent renoncer à la lutte avant que nous pussions avoir un air moins ardent et nous féliciter d'être sortis sains et saufs de la fournaise.

Révolté de cet acte de criminelle folie, que j'attribuais à Mtéça, je conduisis mes gens en dehors de la route que suivait l'armée; et bien qu'à plusieurs reprises l'Empereur m'eût fait dire de me joindre à lui, je refusai jusqu'à ce qu'il m'eût expliqué pourquoi il avait donné l'ordre d'incendier le camp sans en prévenir les gens qui s'y trouvaient, ni ses hommes ni ses hôtes.

Son messager le déchargea aussitôt de cette accusation en déclarant que l'Empereur avait déjà fait arrêter quelques individus soupçonnés d'avoir allumé l'incendie, et que lui-même avait perdu dans les flammes plusieurs de ses femmes et beaucoup de ses bagages.

Heureux qu'il ne fût pas l'auteur de la catastrophe, je lu envoyai mes salams, en lui promettant de le rejoindre à Ougoungou, sur la rive occidentale des chutes Ripon, ce que je fis le 18 octobre.

CHAPITRE XIV

Légende du Prêtre sans reproche. — Les héros de l'Ougannda. — Tchoua. — Kiméra, le géant. — Nakivinnghi. — Kibaga, le guerrier volant. — Ma'anda. — Vouakinagourou, le champion. — Kamanya, le vainqueur des Vouakédi. — Souna le Cruel. — Son massacre des Vouassoga. — Namoudjouriloua, l'Achille de l'Ougannda. — Sétouba et ses lions. — Kasinndoula le héros, paysan et premier ministre. — Mtéça aux doux yeux.

Étant parvenu sain et sauf dans l'Ougannda, à travers des scènes aussi extraordinaires que nouvelles, il peut m'être permis de suspendre le récit de nos voyages et de nos aventures dans cette contrée, pour renseigner le lecteur sur certains points de l'histoire du pays, en commençant par Kinntou, à la fois prêtre, patriarche et premier souverain de l'Ougannda.

Ce que le présent chapitre peut renfermer d'incroyable ou de merveilleux ne doit pas être reproché à l'auteur, mais à Sabadou et aux anciens qui sont responsables de l'histoire du patriarche, de celle des guerres de Kamanya, de Souna et de Mtéça, du récit des exploits de Namoudjouriloua, de Sétouba et de Kassinndoula. Mtéça lui-même, nous a fourni les noms des rois, ses ancêtres, ainsi que beaucoup des faits que nous allons rapporter.

Quant à moi, je ne regrette qu'une chose : c'est que le manque d'espace m'oblige à condenser en quelques pages, les renseignements que j'ai recueillis sur cette curieuse contrée. Mais si brève qu'elle soit, j'ose croire que cette relation intéressera beaucoup de lecteurs.

L'Ougannda fut peuplé, dans l'origine, par des immigrants venus du Nord, vers le treizième ou quatorzième siècle de notre ère. Mais, la date que j'assigne à l'établissement du patriarche Kinntou est peut-être inexacte ; il est possible que celui-ci soit arrivé à une époque beaucoup plus ancienne, et que les noms d'un grand nombre de ses successeurs n'aient pas été conservés.

La tradition, autant qu'elle en était capable, a gardé la mémoire des faits et gestes du premier de ces immigrants, bien qu'elle ait dédaigneusement omis les actes de ses successeurs et que, suivant l'usage, elle ait doté ses favoris d'un pouvoir merveilleux et de qualités extraordinaires.

Kinntou, le fondateur de l'Ougannda, ainsi que nous l'avons dit, arrivait du Nord. Peut-être descendait-il de quelque famille africano-arabe ou éthiopienne. C'était un homme doux, humain, irréprochable, et, d'après son caractère, probablement un prêtre d'un ancien culte oublié depuis longtemps. Il amenait avec lui une épouse, une vache, une chèvre, un mouton, et apportait une racine de bananier et une patate. Cherchant un pays qui lui offrît une demeure convenable, il finit par s'établir sur la rive occidentale du Mouéranngo, à Magonnga, près de la frontière actuelle de l'Ounyoro [1]. Il trouva le pays inhabité, car, à cette époque, il n'y avait pas un seul homme dans toute la région qui se déploie entre le lac Victoria, le lac Albert et le Mouta Nzighé. L'Oussoga était un désert, l'Oukédi une plaine désolée, et les fertiles vallées de l'Ounyoro n'avaient pas d'habitants.

Le prêtre Kinntou était donc seul dans son royaume. Mais celui-ci ne devait pas rester longtemps sans population, car la femme du roi était d'une fécondité remarquable. Elle eut tous les ans quatre jumeaux; chaque garçon venait au monde avec une barbe naissante et toutes les facultés d'une vigoureuse adolescence. A deux ans, les filles étaient mères; et, au même âge, leurs enfants mirent au jour des fils et des filles; de sorte que, bientôt, le pays fut largement peuplé, la forêt abattue, et que le sol, étant cultivé, donna des bananes et du grain.

La vache, la brebis, la chèvre et la poule du prêtre multiplièrent également leur espèce d'une façon prodigieuse, tellement que chacun des enfants de Kinntou fut en possession de grands troupeaux et d'un nombre infini de volailles.

La racine de bananier, plantée dans le sol de l'Ougannda par les mains sacrées du patriarche, donna presque instantanément une énorme tige. Du haut de cette tige extraordinaire pendait une grappe de fruits comme on n'en voit plus maintenant. A son tour, cette racine se propagea sur une large étendue; le

---

1. Quelques-uns des Vougannda croient, toutefois, que Kinntou ou Cham, c'est le nom que lui donne actuellement Mtéça, fut enterré à Magonnga; mais je préfère m'en tenir à la légende telle qu'elle m'a été racontée. (*Note de l'auteur.*)

terrain se couvrit aussitôt de grands bananiers ayant des feuilles si luxuriantes qu'on aurait dit une ancienne plantation. Il en fut de même de la patate; si grande était sa vitalité, si rapide était la croissance de la plante que les tiges semblaient ramper sur le sol.

Quand sa progéniture fut si nombreuse que Magonnga eut trop d'habitants, Kinntou coupa des morceaux de la racine de banane et de la patate originelles; il donna à chaque famille un de ces morceaux; et après avoir enseigné aux gens qui devaient partir « à ensemencer la terre et à planter la vigne généreuse[1] », il leur ordonna de se chercher une demeure et de s'établir dans les pays voisins.

Ceux qui avaient reçu la banane se casèrent au sud de Magonnga; ceux qui avaient la patate allèrent au nord et s'établirent dans les vallées de l'Ounyoro. C'est pour cela que, depuis ce jour, les habitants du sud de l'Ougannda, ainsi que les gens des environs de Magonnga, préfèrent la banane, tandis que les Vouanyoro ont une prédilection marquée pour la patate.

Comme il était prêtre, Kinntou avait pour le meurtre une aversion profonde, que ce fût celui d'un homme, d'un quadrupède, d'un oiseau ou d'un insecte; mais bien qu'il eût horreur du sang versé, il n'enseigna pas à ses descendants de s'abstenir de tuer les bêtes. Seulement, quand un animal devait être abattu pour servir de nourriture, on avait l'ordre de l'emmener bien loin du voisinage de la maison de Kinntou. Si un homme devait être exécuté pour meurtre, le bourreau n'osait mettre sa victime à mort près de la demeure du roi ou du jardin royal, et il lui était défendu d'approcher en aucun temps de la personne du patriarche. Si, en allant au lieu d'exécution, le condamné parvenait à se présenter devant Kinntou et pouvait lui toucher les pieds ou les vêtements, il n'était pas mis à mort; il suffisait même, pour qu'il eût la vie sauve, que le patriarche jetât les yeux sur lui.

Quand le bon prêtre fut devenu vieux, ses enfants oublièrent ses pieux exemples; car ils avaient trouvé le moyen de tirer de la banane du vin et des liqueurs fortes, avec lesquels ils se

---

1. *Generous wine;* le mot vigne se dit en anglais de toute plante sarmenteuse, ou volubile, de toutes les lianes; il s'applique ici à la patate qui est un convolvulus. Nous avons traduit littéralement parce que la phrase est une allusion à la plantation de la vigne par Noé; la légende de Kinntou, pour l'auteur, étant un écho affaibli de celle de la Bible. (H. L.)

Le Nil Victoria, vue prise du côté de l'Oussoga, au nord des chutes Ripon.

débauchèrent. S'enivrant tous les jours, ils commirent des indécences, devinrent grossiers, paresseux, violents ; ils s'endurcirent dans l'impiété, et plus mal que tout cela, ils poussèrent l'ingratitude et la rébellion jusqu'à menacer le patriarche de le déposer et de le tuer.

Pendant longtemps, Kinntou supporta avec douceur et chagrin cette conduite dénaturée ; toutefois il avertit ses enfants qu'ils seraient punis un jour de leur impiété et de leur violence ; mais ils ne l'écoutèrent pas, le vin les ayant rendus fous.

Au bout d'un temps plus ou moins long, voyant que ses paroles ne produisaient aucun effet, il dit à sa femme :

— Vois, les fils que j'ai mis au monde sont devenus méchants, leur cœur s'est endurci, et ils menacent de chasser leur père ou de le tuer, disant qu'il est devenu vieux et inutile. Je suis comme un étranger haïssable parmi mes propres enfants. Chaque jour, ils répandent le sang de leurs frères ; ils ne rêvent que meurtre et carnage. Tout ce sang m'écœure ; il est temps pour nous de quitter ce pays ; viens, partons.

Et, pendant la nuit, Kinntou et sa femme s'éloignèrent, prenant avec eux la vache, la brebis, la chèvre, la poule, qu'ils avaient amenées, ainsi que la banane et la patate originelles.

Le matin, les enfants apprirent que leur père n'était pas dans sa maison, qu'on ne le trouvait nulle part et qu'il avait quitté le pays avec tout ce qu'il possédait quand il était venu. Leur chagrin fut extrême ; et il y eut de grandes lamentations dans toute la contrée.

Au bout de trois jours, pendant lesquels on chercha partout le patriache perdu, Tchoua, l'aîné des fils, saisit sa lance et son bouclier :

— Je suis le premier-né, dit-il ; c'est mon droit de prendre la place de mon père. Maintenant, mes frères, soyez bons, ou prenez garde à ma lance.

Tchoua étant d'une grande force, ses frères le craignaient et lui rendirent hommage, le reconnaissant pour roi.

Bien qu'il eût gagné le pouvoir, Tchoua n'abandonna pas la recherche de son père. Il semble avoir espéré qu'on découvrirait celui-ci dans quelque pays lointain, où il pourrait l'aller trouver et lui demander pardon.

De temps à autre il lui revenait qu'on avait vu le patriarche ; mais aucun de ses nombreux messagers ne réussit à voir

Kinntou de ses yeux; et le roi mourut sans avoir pu réaliser son espoir.

Tchoua eut pour successeur son fils Kamiéra; ce nom a été conservé jusqu'à ce jour par les membres de la famille impériale. De même que son père, Kamiéra chercha le patriarche jusqu'à sa propre mort, et sans plus de succès.

Kamiéra fut remplacé par son fils Kiméra, un géant qui se rendit célèbre comme chasseur. Il fut le premier à se servir de chiens pour la chasse; il avait tant d'affection pour ces animaux qu'il en conduisait toujours un en laisse. C'est de lui que ses successeurs ont tenu leur partialité pour la race canine; beaucoup de Vouagannda se rappellent encore l'attachement extraordinaire que Souna avait pour ses chiens, à la subsistance desquels il consacra des districts entiers. Speke a vu Mtéça témoigner également d'une vive affection pour un chien; mais le présent monarque a depuis longtemps abjuré cette prédilection traditionnelle et, aujourd'hui, la présence des chiens est interdite à la cour.

Kiméra était d'une si grande taille, d'une telle force et d'un tel poids que ses pieds laissaient leur marque sur la pierre; une de ses empreintes est montrée encore à présent par les antiquaires de l'Ougannda, sur un rocher situé à peu de distance de la nouvelle capitale de Mtéça. Elle provient, dit-on, du glissement d'un de ses pieds au moment où il jetait sa lance à un éléphant.

De même que son père et son grand-père, Kiméra explora tout le pays, battant les forêts, les déserts, les plaines, fouillant les montagnes, le sommet des collines, le fond des grottes, suivant le bord des fleuves, à la recherche de Kinntou, et ne fut pas plus heureux que les autres.

Tout le monde semblait être persuadé que le patriarche n'était pas mort, qu'il était seulement perdu, car il était immortel; et plus encore que ses prédécesseurs, Kiméra fut infatigable dans ses recherches ne se lassant pas de vérifier la croyance à l'immortalité de Kinntou. Il dirigea en personne de grandes expéditions, offrit aux paysans de riches récompenses, promettant à celui qui découvrirait Kinntou la première place après le roi, celle de katékiro de l'Ougannda. Mais lui aussi mourut sans avoir réussi dans ses recherches.

Almass succéda à Kiméra le chasseur. Le nom de ce roi est très-commun chez les Arabes, où il signifie *diamant,* ce qui me semble une nouvelle preuve que le fondateur de la monarchie Kigannda avait du sang asiatique dans les veines. D'Almass, la tradition ne dit rien autre chose, sinon que, de même que son père, il nourrit vainement l'espoir de retrouver Kinntou. A sa mort, il fut remplacé par son fils Temmbo.

Après Temmbo vinrent Kigara, Vouannpammba, Kaïmo et Nakivinnghi ; ce dernier est célèbre par son héroïque valeur et ses nombreuses conquêtes.

Nakivinnghi attaqua et soumit les Vouanyoro qui, d'après leur goût marqué pour la patate, s'imaginaient depuis longtemps être un peuple distinct des Vouagannda, théorie que ne soutient nullement l'autorité d'une tradition vénérable. Après Nakivinnghi, nous avons une longue suite de rois sur lesquels la tradition, la fable et l'histoire gardent le même silence. Moronndo succéda à Nakivinnghi, le Charlemagne de l'Ougannda ; puis régnèrent successivement Sékamanya, Djemmba, Souna 1ᵉʳ, Kimmbougoué, Katéréga, Ntéhoui et Djouko. Ce dernier, dit-on, avait un fils rebelle, opiniâtre et violent, nommé Kyemmba, auquel il fut contraint de donner l'île d'Ouvouma ; Kyemmba revint dans l'Ougannda, déposa son père Djouko et, après l'avoir assassiné, s'empara du trône.

Un guerrier du nom de Kibaga, l'un des serviteurs héroïques de Nahivinnghi, possédait l'étrange faculté de voler. Pendant la guerre qu'il fit aux Vouanyoro, le roi envoya Kibaga dans les airs pour s'assurer de la position de l'ennemi. Celui-ci, ayant été découvert par cet être prodigieux, fut attaqué dans sa retraite, sur terre, par Nakivinnghi, et d'en haut, par le fidèle Kibaga, qui lui tua un grand nombre de guerriers en faisant pleuvoir sur eux des quartiers de roche.

Parmi les captifs faits dans l'Ounyoro se trouvait une femme très-belle que le roi recherchait en mariage. Kibaga la désirait également, te Nakivinnghi, lui devant beaucoup pour les services exceptionnels qu'il en avait reçus, lui donna la prisonnière, lui recommandant toutefois de ne pas faire connaître à sa femme le don qu'il possédait, de peur qu'elle ne le trahît. Pendant longtemps l'épouse ignora la précieuse faculté dont jouissait Kibaga ; mais les absences et les retours soudains de celui-ci lui faisant soupçonner quelque chose d'étrange, elle se mit aux aguets, et un matin, à sa grande surprise, elle vit son mari s'envoler avec une charge de grosses pierres attachée sur le dos. Elle se souvint alors que les Vouanyoro s'étaient plaints de perdre beaucoup plus de monde par des pierres tombant du ciel que par les lances de Nakivinnghi; et, nouvelle Dalilah, aimant mieux sa race que son époux, elle se rendit en toute hâte au camp des Vouanyoro et raconta ce qu'elle venait de découvrir.

Pour se venger de Kibaga, les Vouanyoro placèrent des archers en embuscade au sommet de chacune de leurs plus hautes montagnes, avec ordre de surveiller les airs, d'écouter le bruissement des ailes et d'envoyer leurs flèches dans la direction du bruit, qu'ils vissent ou non quelque chose. Ils en résulta qu'un jour, pendant que Nakivinnghi marchait au combat, Kibaga reçut une flèche qui le blessa à mort. On vit tomber sur la route de larges gouttes de sang, et, en arrivant près d'un grand arbre, le roi aperçut un cadavre retenu au milieu des branches. Quand on eut coupé l'arbre, Nakivinnghi, à son extrême désespoir, vit que c'était le corps de Kibaga, son fidèle guerrier volant.

A Kyemmba succédèrent Tihouanndéké, Mdaoura, Kagourou, Kikourouhoué et Ma'annda. Ce dernier eut la bonne fortune d'obtenir, de la façon la plus extraordinaire et la plus romanesque, des nouvelles du patriarche perdu.

Bien que l'histoire et la fable gardent le silence sur les actes du plus grand nombre des prédécesseurs de Ma'annda, il est permis de supposer que chacun d'eux s'efforça de retrouver Kinntou, la foi à son existence n'ayant pas moins de force sous le règne de Ma'annda qu'aux temps de Tchoua et de Kiméra. Chez Ma'annda cette croyance était absolue ; et aiguillonné par l'espoir du succès, il poursuivit ses recherches avec une extrême ardeur, pénétrant dans les forêts, traversant les plaines et les vallées, ostensiblement pour chasser le gibier, mais en réalité pour avoir des nouvelles de Kinntou.

Un certain jour, il arriva qu'après une de ces expéditions de Ma'annda, alors que celui-ci était revenu dans sa capitale, un paysan du voisinage, ayant besoin de combustible pour sa famille, entra dans une forêt afin de couper du bois. Sa provision faite, comme sa fatigue était grande et qu'il était loin de chez lui, il résolut de coucher dans la forêt, à côté de ses fagots. Dans un but de sécurité et pour n'être pas troublé dans son sommeil, il construisit une cabane, l'entoura d'une palissade faite avec des branches d'arbres; puis il se coucha et s'endormit.

Le rude travail et la fatigue lui procurèrent un sommeil profond, mais non pas sans rêve. On raconte que pendant qu'il dormait il eut un songe étrange dans lequel il entendit une voix lui dire ces paroles :

« Va, dans cette forêt, à l'endroit où les arbres sont très-serrés et entourent une clairière, traversée par un cours d'eau. Tu y verras quelque chose qui te donnera une grande fortune et fera de toi un grand chef. »

Trois fois le même songe se reproduisit. Les paroles prononcées firent bondir de joie le cœur du paysan, tellement qu'il se réveilla; il regretta alors que tout le bien qui lui avait été promis ne fût qu'un rêve. Mais réfléchissant qu'il connaissait l'endroit signalé, qu'il y était allé souvent, et qu'il n'en était pas très-loin, il pensa qu'il ferait aussi bien d'obéir à la voix, ne fût-ce que pour satisfaire sa curiosité. Il avait rêvé trois fois la même chose, et chaque fois les paroles lui étaient arrivées nettes et précises, d'où il pensa qu'elles pouvaient avoir un fond de vérité.

Au bout de quelques heures d'une marche rapide, il approcha de la localité décrite; alors il avança avec précaution, de peur qu'il ne survînt quelque événement qui fût tout l'opposé de ses espérances, les rêves étant souvent le contraire de la réalité. Il entendit le murmure du cours d'eau; et le frémissement des branches, dans un lieu aussi solitaire, remplit son cœur d'une grande crainte. Il se sentit effrayé, sans savoir pourquoi, et avait presque envie de revenir sur ses pas. Cependant cette alarme instinctive pouvait être sans motif; il entra donc dans la clairière et vit tout à coup un spectacle qui le pétrifia.

Rangés sur deux lignes, de chaque côté d'un homme vénérable couché sur une espèce de trône, de nombreux guerriers étaient assis sur des nattes. Ils tenaient des lances et des boucliers, et le teint de ces hommes était si clair qu'il ressemblait à celui des hommes blancs. Le personnage placé sur le trône portait une longue barbe blanche et avait le teint pâle des guerriers assis sur les nattes. Tous étaient revêtus de manteaux d'une blancheur éclatante.

Pendant un instant, personne n'ouvrit la bouche; tous les yeux étaient fixés sur le paysan frappé d'une crainte respectueuse, et arrêtaient sur lui des regards sévères et imposants. Enfin le silence fut rompu par la voix du vieillard, laquelle sonna tout à fait comme celle que le paysan avait entendu en rêve.

— Paysan, dis-moi quel est ce pays? demanda le vieillard.

Le paysan, tremblant et baigné d'une sueur que lui donnait la crainte, répondit :

— Eh! ne le savez-vous pas? C'est l'Ougannda.

— Quel en fut le premier roi? continua le vieillard. Allons, dis-moi son nom.

— Kinntou.

— C'est vrai. Et le roi actuel, comment se nomme-t-il?

— Ma'anda.

— Eh bien, pars à l'instant; va trouver Ma'anda; dis-lui de venir ici ; Kinntou, y sera pour le recevoir; car Ma'anda a longtemps cherché Kinntou, et Kinntou a quelque chose à dire à Ma'anda. Dis-lui de venir accompagné seulement de sa mère et de toi-même; fais bien attention, il ne doit même pas être suivi par son chien. Hâte-toi ; raconte au roi Ma'anda tout ce que tu as vu et entendu; et si tu es fidèle, ta récompense sera grande.

Le paysan ne se souciait pas d'en entendre davantage; il tourna les talons et s'enfuit avec la rapidité d'une antilope. Le lendemain au point du jour, il arriva à la capitale et courut directement chez le katékiro.

— J'apporte, dit-il, au roi Ma'annda des nouvelles que personne autre que lui ne doit entendre. Menez-moi près de lui sans retard.

Cet homme, en dépit de sa pauvre apparence, avait le ton si impérieux, que le katékiro n'osa pas repousser sa requête; il se leva et conduisit le paysan au roi.

Chose bizarre, au même instant, Ma'anda racontait à sa mère un songe étrange qu'il avait eu la nuit précédente. Il venait à peine d'achever son récit lorsqu'on annonça le katékiro.

— Roi, dit le ministre, voici un individu, un paysan, qui prétend avoir de grandes nouvelles à vous apprendre, et ne veut les dire qu'à vous seul.

Ce qu'entendant, et après avoir regardé le messager, le roi dit à sa mère :

— Voici précisément l'homme qui m'est apparu dans mon rêve et qui m'a appris des choses si étonnantes.

Puis se tournant vers le paysan :

— Parle, lui dit-il, qu'as-tu à m'annoncer?

— O roi, je ne puis parler que devant vous et devant votre mère; c'est l'ordre que j'ai reçu.

Ma'anda congédia vivement le katékiro; et, pour ne pas être dérangé, il lui ordonna de faire garder la porte extérieure, afin que, sous aucun prétexte, personne, homme, femme ou enfant, ne pût entrer dans la cour.

Quand ils furent seuls, le paysan se mit à dérouler son histoire du commencement jusqu'à la fin, telle que nous l'avons racontée, et il conclut par les propres paroles du vieillard :

« Dis au roi de venir avec sa mère et toi seulement ; fais bien attention, il ne doit pas même être suivi par son chien. »

— Allons, s'écria Ma'annda, partons seuls tous les trois, puisque c'est l'ordre du vieillard. »

Et, prenant sa lance et son bouclier, il sortit de la cour intérieure par une porte secrète, suivi par sa mère et par le paysan, sans dire à personne l'endroit où il allait.

Malgré cette discrétion, le bruit courut bientôt que le roi Ma'annda et sa mère avaient quitté le palais, seuls avec un paysan, et qu'ils avaient pris le chemin de la forêt, vers laquelle un individu, qui en informa le katékiro, les avaient vus s'avancer d'un pas rapide.

Cette nouvelle plongea le ministre dans une grande perplexité. Au premier moment il ne sut quel parti prendre, car si le roi eût désiré une autre compagnie, il l'aurait certainement fait connaître. D'autre part, cette conduite ne s'expliquait pas ; il était possible qu'on eût induit le roi, par quelque ruse spécieuse, à gagner de la sorte un lieu retiré où l'on pourrait le détruire sans risque d'être découvert.

Aussitôt que la pensée d'une trahison lui vint à l'esprit, il résolut de suivre le roi, sans qu'on soupçonnât sa présence, et de veiller à la sûreté du monarque. Si le paysan avait des intentions criminelles, lui au moins serait là, prêt à défendre son maître. Le katékiro prit donc sa lance et son bouclier et alla vivement à la poursuite du roi.

Il aperçut bientôt Ma'annda, sa mère et le paysan ; ralentissant sa marche, il ne chercha plus qu'à ne pas les perdre de vue et à éviter les regards scrutateurs que le roi jetait fréquemment en arrière.

Ils allèrent ainsi tout le jour et la moitié du jour suivant ; le paysan dit alors au roi qu'ils approchaient du lieu du rendez-vous.

Ma'annda, pour s'assurer que lui et ses compagnons n'avaient été suivis par personne, regarda une fois encore dans toutes les directions, et, persuadé qu'ils étaient bien seuls, il ordonna au paysan de les conduire à l'endroit indiqué. Glissant sous l'ombre épaisse des grands arbres qui entouraient la clairière, ils sortirent bientôt du fourré et se trouvèrent en présence de l'étrange assemblée, dont les membres ne semblaient pas avoir changé d'attitude depuis le départ du paysan.

Quand ils se furent avancés jusqu'à l'extrémité des rangs de guerriers assis, le vieillard, couché sur le trône, demanda au roi, qui se trouvait en avant des deux autres et regardait la scène avec le plus grand étonnement :

« Qui es-tu ?

— Je suis Ma'annda.

— Es-tu le roi ?

— Oui.

— Et cette femme qui est avec toi ? reprit le vieillard.

— C'est ma mère.

— Très-bien ! Mais comment se fait-il que vous n'ayez pas obéi à mes ordres ? Pourquoi n'être pas venus seuls ?

— Nous avons fait exactement ce qui nous a été dit, répliqua le roi : je ne suis accompagné que de ma mère et de ce paysan; et personne n'a connu mon départ.

— Mais j'ai vu un autre homme derrière vous, qui est-il ?

— Sois certain, reprit Ma'annda qu'il n'y a pas avec moi d'autre homme que celui-ci ; car, hier et aujourd'hui, j'ai regardé plusieurs fois derrière nous pour m'assurer que personne ne nous suivait.

— Quel fut le premier roi d'Ouganda ? fit brusquement le vieillard.

— Kinntou.

— Tu dis vrai ; et Kinntou, ajouta le vieillard d'une voix lente et d'un air réfléchi, Kinntou était bon. Il n'a fait de mal à aucun être vivant. Ni l'homme, ni les bêtes, ni l'oiseau, ni l'insecte, aucun n'a eu à se plaindre de lui. Jamais il n'a levé la main sur personne, jamais il n'a causé la moindre douleur. Il aimait ses enfants comme un tendre père les aime ; mais ses fils devinrent d'une extrême méchanceté, désobéissants, opiniâtres, absolument ingouvernables, et se complurent à répandre le sang. D'abord, ils tuèrent des animaux et s'accoutumèrent si bien au meurtre, qu'ils finirent par massacrer leurs frères et leurs sœurs. Ils en arrivèrent, tant leur soif de sang était grande, à vouloir tuer leur père.

« Alors Kinntou s'aperçut qu'il ne pouvait plus vivre dans l'Ougannda ; la contrée ne lui convenait plus. Quand il l'avait regardée pour la première fois elle était si belle et si pure qu'il en avait été ravi ; mais lorsqu'elle fut devenue rouge, souillée du sang de créatures innocentes, lorsqu'on y eut tué des hommes, des femmes, des enfants, elle devint odieuse à Kinntou, et il s'éloigna de ce pays horrible et cruel. De Tchoua à Ma'annda, chacun de ses rois a essayé de le retrouver et n'y est pas parvenu. Toi Ma'anda, tu verras Kinntou face à face et tu l'entendras parler. D'abord, j'ai quelque chose à te dire de sa part. Écoute et retiens bien mes paroles. — Mais quel est l'homme qui t'a suivi jusqu'ici ? demanda-t-il brusquement. »

Charmé d'être le seul des successeurs de Kinntou auquel il eût été donné de voir le patriarche perdu, Ma'annda était tout oreilles ; chacune de ses fibres, chacun de ses nerfs tressaillait pendant qu'il écoutait l'annonce de sa présentation. Mais quand le vieillard lui fit pour la seconde fois une question à laquelle il croyait avoir répondu clairement, il s'écria d'un ton d'impatience :

« Pourquoi me redemander ce que j'ai dit ? Personne n'a pu me suivre, puisque personne ne savait où j'allais.

— Moi, répondit tranquillement le vieillard, j'ai vu un homme te suivre pas à pas. Pourquoi l'as-tu laissé venir, quand je t'avais expressément recommandé de ne prendre avec toi que ta mère et ce paysan ? »

La mère du roi et le paysan déclarèrent que Ma'annda avait dit vrai et que personne ne les avait suivis.

« Je l'ai vu qui écoutait, derrière cet arbre. Tenez, le voilà ! » s'écria tout à coup le vieillard, en montrant du doigt le katékiro qui, se voyant découvert, se présenta immédiatement. Le roi, sa mère et le paysan avaient tourné les yeux. A la vue du katékiro, Ma'annda, transporté de colère, saisit sa lance et perça le cœur de son fidèle ministre qui, poussant un cri aigu, tomba mort à ses pieds.

Mais quand le roi et ses compagnons se retournèrent pour juger de l'effet produit par ce châtiment sur le vieillard et sur son entourage, toute l'assemblée avait disparu sans laisser aucune trace de sa présence.

Ma'annda et les deux autres se regardèrent avec stupeur ; puis le roi, se remettant de sa surprise, se jeta la face contre terre et pleura amèrement, en appelant Kinntou. Sa mère et le paysan joignirent leurs cris aux siens, pleurant comme si leur cœur allait se rompre. Mais Kinntou, l'ennemi du sang versé ne leur répondit pas ; seuls les bois profonds leur renvoyèrent leurs cris : Kinntou, Kinntou-ou, comme pour railler leur douleur.

Toute la nuit, ils veillèrent, gémissant et se lamentant de la nouvelle perte du patriarche. Depuis lors, Kinntou n'a plus reparu dans l'Ougannda ; jusqu'à ce jour personne ne l'a revu, personne n'a entendu parler de lui.

Après la mort de Ma'annda, Msannghi monta sur le trône, puis Namougara, ensuite Tchabagou. Au temps de ce dernier roi, vivait un héros appelé Vouakinngourou, dont le nom, resté dans la mémoire des hommes par suite de ses exploits incomparables, a été conservé jusqu'à présent. Lorsque Tchabagou envahit l'Oussoga, il paraît que les habitants de ce pays étaient fort nombreux et que n'ayant jamais été soumis aux Vouagannda, ils se montraient aussi audacieux qu'intrépides. Les défis continuels des gens de l'Oussoga déterminèrent enfin Tchabagou à leur déclarer la guerre. Pour leur faire connaître la bravoure du peuple qu'ils provoquaient avec tant d'insolence, Tchabagou permit à Vouakinngourou de se rendre seul de l'autre côté des pierres (le Djinndja, les chutes Ripon) afin qu'il montrât en sa personne, aux Vouassoga, les qualités guerrières de sa nation.

Vouakinngourou, nous devons le croire, était un homme d'une très-grande taille, d'une très-grande force et d'un courage plus qu'ordinaire. Il se rendit au Djinndja, gagna la hauteur, portant sur son dos une grosse charge de lances. Son bouclier était si grand et si épais qu'il fallait deux hommes pour le soulever.

Arrivé à un endroit où il pouvait avoir du camp ennemi une vue distincte, il cria fièrement aux Vouassoga d'approcher de lui, soit un à un, soit tous ensemble, afin qu'il leur montrât de quel genre étaient les hommes qu'ils avaient si souvent insultés. Plusieurs des Vouassoga, répondant au défi, s'élancèrent pour mettre à l'épreuve la bravoure de l'étranger. Mais les lances de Vouakinngorou étaient si formidables, la force du héros était si grande qu'avant que les Vouassoga fussent arrivés à la distance d'où un homme ordinaire peut jeter ses armes avec succès, tous étaient morts. Vouakinngourou vint reprendre ces lances qu'il arracha des cadavres, et se prépara à recevoir d'autres Vouassoga, qui accouraient pour venger leurs amis. Le redoutable guerrier jeta de nouveau ses lances, et de nouveau, les Vouassogas eurent à déplorer la mort de leurs hommes.

Transporté de rage, l'ennemi s'avança alors en masse, et forma un grand cercle autour du héros. Vouakinngourou, se riant de cette manœuvre, continua à frapper et à tuer, jetant ses longues hampes sifflantes d'un effet mortel, puis ramassant les lances de ses ennemis, dont le sol était couvert, il les renvoya aux Vouassoga avec autant de rapidité et de justesse qu'il eût fait de simples flèches. Sa force extraordinaire lui permit de soutenir ce combat inégal depuis le lever du soleil jusqu'au soir. On vit alors que Vouakinngourou avait tué six cents hommes de sa propre main. A la nuit il repassa le Djinndja à Ougoungou, sans avoir reçu la plus légère blessure. Là, il se rafraîchit avec du lait mêlé d'eau, mangea des bananes de l'Ougannda et reçut les plus vives félicitations du roi et de son armée.

Le lendemain matin, la bataille recommença. Elle dura toute la journée; Vouakinngourou tua encore six cents hommes. Le troisième jour, il combattit avec le même succès; et les Vouassoga furent obligés de reconnaître qu'ils n'étaient pas capables de lutter contre lui.

Alors Tchabagou passa l'eau qui est au-dessus de Djinndja (le canal Napoléon) et compléta la conquête de l'Oussoga.

A Tchabagou succédèrent Djoundjou, Vouassédjé et Kamanya. Ce dernier, le grand-père du roi actuel, est renommé pour ses victoires sur les Vouakédi, gens féroces et guerriers qui demeurent au nord de l'Oussoga. Les Vouakédi portaient, dit-on, des armures et avaient dressé pour la guerre un nombre immense de chiens, aussi grands que de jeunes lions. En outre, la contrée des Vouakédi était entourée de larges rivières ou de petits lacs [1]. Ces divers avantages faisaient que les Vouakédi étaient craints par les Vouagannda. Mais fatigué des incursions répétées qu'ils faisaient au cœur même de son pays, et de l'impunité avec laquelle ils les accomplissaient, Kamanaya se décida à leur faire la guerre et à combattre jusqu'à ce que l'on pût déclarer, sans aucun doute, lequel des deux peuples était le plus fort.

Dans ce but, il réunit ses chefs, et après leur avoir démontré les avantages dont jouissait l'Oukédi sous le rapport de la situation, il les invita à lui indiquer la manière de conduire la campagne.

Stimulés par la promesse de grandes récompenses, les chefs proposèrent différents moyens pour envahir l'Oukédi; mais ce

---

1. J'ai été frappé de la fréquence des indications géographiques données par Sàbadou. (*Note de l'auteur.*)

fut le plan du grand-père de Sabadou, notre historien, qui fut jugé le meilleur. Ce chef conseilla au roi d'ordonner à cent canots de se rendre au Djinndja, où ils seraient démontés et portés à travers l'Oussoga jusqu'à la Nagommboua [1]. De là, après avoir été reconstruits, ils iraient attaquer les Vouakédi par derrière, tandis que le roi et son armée gagneraient Ouronndogani, en suivant la rive occidentale du Nil-Victoria, et menacerait l'ennemi de ce côté.

Ce sage conseil fut vivement applaudi et immédiatement adopté par Kamanya. Le grand-père de Sabadou reçut le commandement des canots.

Comme on peut le croire, les Vouakédi, en se voyant attaqués dans une direction aussi inattendue, furent grandement découragés. Ils s'enfuirent et se réfugièrent dans leurs villages entourés de palissades, laissant leurs vaches entre les mains des Vouagannda, qui conduisirent ces troupeaux dans l'Oussoga en leur faisant passer la rivière.

Mais la vengeance des Vouagannda n'était pas complète. Ils allèrent donc attaquer les Vouakédi dans leurs villages, employant des flèches rougies au feu et enveloppées de toile d'écorce, ce qui incendia les cases. Chassés par les flammes, les habitants sortirent des palissades et rencontrèrent les lances des Vouagannda.

S'apercevant que la présence de Kamanya sur l'autre rive du Nil, n'était qu'une ruse, les Vouakédi réunirent leurs forces pour repousser les Vouagannda qui étaient venus en bateau. Quand les deux armées se rencontrèrent, il y eut un combat désespéré qui ne fut pas avantageux pour les Vouagannda, l'ennemi portant des armures de fer que les lances ne pouvaient pas traverser.

Après consultation, il fut décidé par les Vouagannda qu'à la prochaine bataille, ils ne perdraient pas leur temps à envoyer des lances, mais qu'ils se jetteraient les mains libres sur l'ennemi, pour le saisir et le garrotter.

Ayant reçu des renforts considérables, les Vouagannda recommencèrent la lutte; et au lieu d'envoyer leurs armes comme à l'ordinaire, ils se couvrirent simplement de leurs boucliers et

---

[1]. Autre indication géographique, vérifiée ultérieurement. Je ne doute pas que l'exploration future du pays ne prouve que la Nagommboua est la même rivière que l'Assoua. (*Note de l'auteur.*)

se précipitèrent sur leurs ennemis embarrassés par de lourdes armures, les saisirent et les lièrent avec des cordes.

Voyant que l'affaire tournait mal pour eux, les Vouakédi réunirent tous leurs chiens de guerre, qui, pendant que les Vouagannda luttaient contre leurs maîtres, s'élancèrent sur eux de tous côtés, la gueule ouverte, aboyant avec fureur, puis les déchirèrent de telle sorte que les Vouagannda s'enfuirent et regagnèrent leurs canots.

Les chiens, dont la fureur n'était pas apaisée, suivirent les canots à la nage; et les Vouagannda, qui, paraît-il, avaient repris leur sang-froid, en tuèrent facilement un nombre considérable. Craignant de perdre ainsi tous leurs chiens, les Vouakédi les rappelèrent. Ils reconnurent la supériorité des Vouagannda, leur payèrent tribut; et jusqu'à ce jour, ils leur sont restés fidèles.

Plus on approche de l'époque où nous vivons, plus l'histoire d'Ougannda, naturellement, devient précise et digne de foi. Ainsi, en arrivant à Souna II, fils de Kamanya, prédécesseur et père de Mtéça, on nous dit qu'il avait environ seize ans quand il hérita du pouvoir, et quarante ans lorsqu'il mourut; son règne fut donc de vingt-quatre ans. Comme Mtéça monta sur le trône dans sa dix-neuvième année, et qu'en 1875, il l'occupait déjà depuis quinze ans, Souna doit être né en 1820, avoir commencé à régner en 1836 et être mort en 1860.

Ainsi que me l'ont appris ses amis intimes encore vivants, Souna était de petite taille, mais très-bien fait et solidement bâti, extrêmement cruel et despotique, d'un grand courage et d'humeur belliqueuse.

Il avait une façon particulière de s'asseoir; ayant alors la tête baissée et levant rarement les yeux, son attitude était celle d'un homme absorbé par les plans qu'il trace sur le sol, bien qu'en réalité, il fut très-attentif à ce qui se passait autour de lui. Souvent il faisait décapiter ses sujets par centaines. On rapporte qu'un jour, il fit mettre à mort huit cents Vouagannda pour le crime d'un seul. Il infligeait d'autres châtiments effroyables, tels que l'arrachement des yeux, l'ablation des oreilles, du nez et des lèvres. On dit qu'il levait si rarement la tête que, lorsqu'il regardait quelqu'un, les bourreaux, surnommés les *Seigneurs de la Corde*, interprétaient ce regard comme une condamnation.

Tout messager apportant des nouvelles était tenu de s'approcher en rampant sur les genoux et de parler agenouillé à l'oreille du souverain. Quand celui-ci passait dans un sentier, il suffisait du cri : « Souna arrive » pour que, frappés de terreur, tous les gens du voisinage prissent immédiatement la fuite.

Pour les étrangers, qu'il accueillait de la façon la plus hospitalière, il était extrêmement généreux ; et beaucoup d'Arabes ont eu l'occasion de bénir le hasard qui les avait conduits auprès de Souna.

Cet empereur ou *Kabaka*, titre que les souverains de l'Ougannda prirent à la suite de leurs grandes conquêtes, aimait passionnément les chiens. Pour la subsistance de l'un de ses favoris, il fit planter et cultiver un district entier en patates, aliment de prédilection de l'animal ; et à la mort de celui-ci, il obligea tous ses chefs à donner de l'étoffe d'écorce pour enterrer le défunt.

Il avait aussi un lion, un léopard et une autre bête qui, d'après la description qui m'a été faite, me semble avoir dû être une espèce de loup ou de lynx ; les deux premières s'apprivoisèrent complétement, mais l'autre bête se montra d'une férocité si indomptable que finalement le Kabaka donna l'ordre de la tuer.

Avec son humeur belliqueuse, il était naturel que Souna fit souvent la guerre ; et connaissant la résolution et la cruauté de sa nature ardente, nous ne serons pas étonnés d'entendre dire que ses guerres furent terribles. Il subjuga l'Annkori, dévasta l'Ounyoro et l'Oussoga, et, le premier, il soumit les nations confédérées de l'Ouzonngora. Les intrépides Vouavouma le reconnurent pour suzerain ; les Rouannda eux-mêmes, malgré leur éloignement, entendirent parler de lui ; ils l'attaquèrent et durent reconnaître sa puissance.

J'ai recueilli de la bouche de Sabadou les détails de ces deux dernières expéditions ; je les reproduis textuellement afin de mieux faire comprendre le caractère de l'homme qui nous occupe et la nature des guerres dans l'Afrique centrale [1].

Ayant appris que l'Oussoga s'était révolté et refusait de lui payer tribu, Souna, après avoir rendu aux mouzimous les hommages ordinaires, leva une armée considérable, marcha sur le Djindja et s'y arrêta pendant quatre jours. A la nouvelle de l'approche de Souna, les Vouassoga s'enfuirent à l'île de Kitennteh, située dans le canal qui sépare l'île d'Ouvouma de l'Oussoga,

---

1. Peut-être dois-je informer le lecteur que le récit de Sabadou a été sténographié à mesure qu'il m'était fait devant le feu de mon camp. Ainsi qu'on peut le voir, il renferme de nombreux détails ethnologiques ne manquant pas d'intérêt. (*Note de l'auteur.*)

à sept milles environ du cap Nakarannga. Ils y placèrent leurs femmes et leurs enfants, ainsi que de grands troupeaux de vaches; et, d'après les mesures qu'ils adoptèrent, il fut évident qu'ils avaient l'intention de faire une résistance désespérée.

Souna passa dans l'Oussoga et campa sur la rive à un demi-mille environ de l'île de Kitennteh. Répondant à ses ordres, les Vouagannda lui amenèrent plus de cent canots de guerre, montés par des indigènes d'Ouziri, de Vouéma et de Kibibi. Les îles de Loulammba d'Irouadji et de Sessé lui en fournirent deux cents; et il en obtint deux cents autres de la côte d'Ougannda; si bien qu'en tout, Souna eut cinq cents canots.

L'Oussoga, pays étendu par lui-même, fit de son mieux pour envoyer une flotte puissante contre le monarque de l'Ougannda; avec l'aide de ses îles, Namounghi et Neygano, l'assistance de l'Oussougourou, du Tchaga, du Mouihouannda et de l'Ougana, il fut en mesure d'opposer à Souna canot pour canot.

Mais l'esprit qui animait les guerriers des deux nations était bien différent: d'un côté, un peuple déterminé à être libre; de l'autre un monarque résolu à imposer la sujétion, mais n'ayant pas d'hommes pour lutter sur l'eau contre les Vouassoga, et ne pouvant contraindre ses guerriers à combattre sur cet élément qu'en ayant recours aux plus horribles menaces.

Ayant réuni sa flotte, Souna donna le signal de l'attaque. Les Vouassoga rencontrèrent les Vouagannda au milieu du canal et, après un combat désespéré, les forcèrent à regagner précipitamment la côte.

Pendant un mois, Souna s'efforça de débarquer dans l'île, et sans y parvenir; ses canots furent chaque fois repoussés avec de grandes pertes. Ajoutant l'insulte au mal qu'ils faisaient à l'ennemi, les Vouassoga s'approchaient du rivage et lançaient au roi des paroles amères, lui disant d'aller trouver les tombeaux de Kagourou et de Kamanya et de s'y ensevelir pour cacher sa honte [1].

À la fin, mis en fureur par ces injures, Souna réunit ses chefs, et, en pleine assemblée, les accabla de reproches, leur demandant s'il n'était pas l'Empereur; et s'il était l'Empereur, pourquoi il était permis aux Vouassoga de l'insulter. Puis, arrivant à la rage par le souvenir des injures qu'il avait reçues dernièrement, il ordonna à ses chefs de conduire le lendemain leurs canots à l'at-

---

1. C'est de la même façon que les Vouavouma insultaient journellement Mtéça. (Note de l'auteur.)

taque de l'île de Kitennteh, leur disant qu'ils seraient rôtis, ou auraient la tête coupée s'ils ne réussissaient pas.

Les Vouakoungou se prosternèrent l'un après l'autre et jurèrent de mettre, le jour suivant, le pied dans l'île.

Le matin arriva; chacun des chefs était dans son canot avec ses plus intrépides guerriers. Il y eut une bataille; mais quatre chefs seulement furent fidèles à leurs promesses, le katékiro, Namoudjouriloua (le père de Madjouara)[1], et deux autres d'une égale bravoure et d'un rang aussi élevé. En abordant, le katékiro tua deux hommes d'un seul jet de lance, tant la foule des Voussaoga qui se précipitaient vers lui était grande. Namoudjouriloua perça trois ennemis de la même façon; mais ne pouvant retirer son arme des trois corps, il eut les deux bras traversés d'une javeline et ne fut sauvé que par l'arrivée de ses guerriers, qui l'emportèrent dans son canot. Les deux autres chefs tuèrent chacun deux hommes; mais n'étant pas soutenus par leurs gens, ils furent obligés de se retirer. Beaucoup d'autres chefs se distinguèrent, et plusieurs périrent en essayant de mettre le pied dans l'île.

Ce jour-là, les Vouassoga s'étaient formés sur quatre rangs. Le premier se composait de frondeurs, le deuxième, d'hommes portant des lances, le troisième, d'autres frondeurs, placés sur un terrain plus élevé, et le quatrième, d'une réserve de lanciers, pour la lutte finale.

Trois jours de suite, les chefs de l'Ougannda conduisirent en personne leurs guerriers à l'assaut. Enfin le père de la reine supplia Souna de ne pas sacrifier tous ses chefs, quand il y avait là des paysans, spectateurs oisifs du combat. Souna accueillit cette requête; et comprenant que la bravoure ne servait à rien contre la résistance désespérée des Vouassoga, il imagina d'entourer l'île nuit et jour avec ses canots et de soumettre les rebelles par la faim.

Ce que les malheureux Vouassoga pouvaient se procurer de nourriture était loin d'être suffisant et leur coûtait beaucoup de peine et beaucoup d'hommes, à la fois dans le canal et sur le rivage; car Souna avait élevé des camps sur toute la côte de l'Oussoga, et ses canots surveillaient sans relâche l'île de Kitennteh.

---

1. Madjouara est le petit garçon qui assista seul aux derniers moments de Livingstone. (*Note de l'auteur.*)

Les Vouassoga supportèrent cet état de choses pendant deux mois, au bout desquels étant près de mourir de faim, ils dépêchèrent quatre de leurs chefs à Souna avec des offres de soumission.

Souna refusa de les voir; mais il leur fit donner trente têtes de gros bétail, en leur recommandant de manger, et ensuite de bien penser à ce qu'ils venaient d'offrir, ajoutant que si, dans quatre jours, ils n'avaient pas changé d'avis il consentirait à les écouter.

A la fin du quatrième jour, vingt chefs arrivèrent de Kitennteh, disant qu'ils consentaient à se soumettre à l'Empereur, à lui payer tribut et à le servir à la guerre; Souna les reçut gracieusement et leur ordonna de commencer, dès le lendemain, avec l'assistance de ses propres canots, le transport de tous leurs guerriers au camp impérial, afin que tous les Vouassoga pussent lui rendre hommage.

La flotte de l'Ougannda et celle des autres furent occupées, dit-on, pendant trois jours à ce service. A mesure qu'arrivaient les Vouassoga, on les menait dans une grande enceinte construite exprès pour eux, la nuit même de la capitulation.

Le quatrième jour, ayant tous ses anciens ennemis dans son camp, Souna, entouré de ses propres guerriers, appela les chefs des Vouassoga et leur dit qu'il serait content de les voir le lendemain exécuter devant lui leur danse guerrière avec tous leurs gens. Ne soupçonnant aucun piége, les chefs promirent de satisfaire l'Empereur.

Quand ils furent partis et rentrés dans leur estacade, Souna, dit à ses Vouakoungou d'amener, le lendemain matin de bonne heure, tous leurs hommes, chacun d'eux muni d'une corde, de les ranger sur deux lignes de quatre hommes de profondeur et, à son signal, de se jeter sur les Vouassoga avec leurs gens et de les garrotter.

Le matin du cinquième jour, tous les Vouagannda se trouvèrent rangés comme Souna l'avait dit. Les Vouassoga ne virent dans cet arrangement qu'un désir de l'Empereur de montrer sa puissance et sa pompe; et sans avoir la moindre idée de ce qui les attendait, ils s'avancèrent entre les lignes fatales, armés seulement de bâtons, ainsi qu'il avait été convenu, sous le prétexte que les Vouagannda pourraient s'offenser de les voir jouer devant Souna avec des armes tranchantes. La bienveillance que leur avait témoignée l'Empereur, la quantité de bœufs et de bananes qui leur avait été fournie depuis leur soumission les avaient mis complétement hors de leurs gardes.

On s'imagine avec quels visages souriants les malheureux Vouassoga s'avancèrent vers l'Empereur, et comme ils s'appliquèrent à bien danser pour plaire au terrible despote.

Tout à coup, pendant que leurs voix chaleureuses (on dit qu'ils étaient trente mille) s'unissaient dans un grand chœur, célébrant la fin triomphante du combat qu'ils venaient de figurer, l'Empereur donna le signal. Aussitôt cent mille guerriers se jetèrent sur les Vouassoga, et, malgré la résistance désespérée que firent ces malheureux, quand la trahison de Souna fut évidente, ils leur attachèrent les pieds et les mains.

On choisit dans ce nombre immense de prisonniers, soixante des principaux chefs qui furent amenés devant Souna.

« Vous vous êtes révoltés contre moi, leur dit l'Empereur, vous avez tenté de vous soustraire à mon autorité. Pendant trois mois vous m'avez fait attendre votre soumission. Vous avez tué plus de la moitié de mes principaux chefs; vous m'avez insulté, me disant d'aller trouver les tombes de Kagourou et de Kamanya et de m'y ensevelir pour cacher ma honte. Vous m'avez tourné en dérision, moi, que l'on nomme Souna, Souna le Kabaka (l'Empereur). Je mourrai un jour ou l'autre; mais vous, par la tombe de mon père Kamanya, vous mourrez aujourd'hui, et vous pourrez dire à vos pères que c'est Souna qui vous a envoyés les rejoindre. »

Puis, se tournant vers les Vouagannda, il s'écria d'un ton féroce :

« Coupez-les par petits morceaux, et faites de leurs restes une pile en dehors du camp. »

Il fut fait ainsi que l'Empereur avait commandé. Les Vouagannda employèrent cinq jours à cette horrible besogne, car ils obéirent exactement à l'ordre qu'ils avaient reçu; et, commençant par les jambes et les bras, ils dépecèrent leurs victimes sans se donner la peine de les tuer d'abord.

En apprenant ce fait épouvantable, les Vouassoga envoyèrent leurs anciens et leurs chefs implorer leur pardon et offrir leur soumission et leur hommage, qu'il plût à Souna d'accepter.

Cet événement termina la guerre et l'Empereur rentra dans son palais d'Ougannda, traînant derrière lui cinq mille captives et huit mille enfants.

Peu de temps après, les Vouassoga se révoltèrent de nouveau, sous la conduite de Roura, chef de Nakarannga. Quand cette nouvelle lui fut apportée, Souna eut un affreux sourire.

« Roura, dit-il, a mis beaucoup de temps à se décider; puisqu'il a tardé jusqu'à présent, qu'il attende encore un peu, et je lui montrerai qui est son maître. »

A la même époque, Namoudjouriloua, chef de l'Ouddou, apprit que son voisin, le roi d'Annkori ou d'Oussagara, se préparait à envahir sa province avec une nombreuse armée. Toujours prêt pour le pillage et pour la bataille, Namoudjouriloua n'attendit pas les Vouassagara sur son propre terrain; il fit battre son tambour de guerre, rassembla ses hommes, traversa le Bouéra, pénétra au cœur même de l'Annkori et surprit ses ennemis dans leur propre camp où ils étaient réunis sous cinq princes.

Il tomba sur eux avec une rage et une vigueur auxquelles les Vouassagara ne purent résister, bien qu'ils fussent plus nombreux. Le combat durait depuis cinq heures sans avantage marqué d'un côté ni de l'autre, quand Namoudjouriloua fut rencontré par l'un des princes d'Annkori.

« Pas encore tué, Namoudjouriloua, » s'écria le prince. Attends un peu!

Disant ces mots, il prit l'arc d'un de ses serviteurs et lança une flèche qui vint frapper le bord du solide bouclier fait de deux peaux de bœuf que portait le chef de l'Ouddou.

Namoudjouriloua n'attendit pas une seconde flèche. Il bondit en criant :

« Non, mlannghira (prince), je ne suis pas mort et ne mourrai pas avant toi. »

Et sa lance, dont le fer était comme une dague, traversa du même coup le bouclier et le corps de l'infortuné jeune homme.

Un autre prince, voyant tomber son frère, fit partir une flèche qui perça la peau de léopard du chef de l'Ouddou. Celui-ci rendit la politesse avec une de ses grandes lances, qui atteignit l'archer, lui entra dans la poitrine et lui sortit par le dos.

La mort de ces deux princes termina la bataille; car les Vouassagara saisis de frayeur, prirent tous la fuite, laissant entre les mains de Namoudjouriloua une immense quantité de bestiaux et d'effets de toutes sortes.

Dès qu'il fut de retour dans l'Ouddou, le chef victorieux envoya trois cents femmes, six cents enfants des deux sexes et mille têtes de gros bétail au Kabaka pour sa part de butin. A la vue de ce magnifique présent, Souna dit à ses chefs en pleine assemblée :

« Namoudjouriloua est vraiment un brave ; il n'y en a pas deux comme lui dans tout l'Ougannda. »

Sétouba, un grand chef qui gouvernait au nom de Souna une étendue de terrain considérable[1], sur la frontière de l'Ounyoro, murmura à l'oreille de son voisin :

« Hem ! Vous entendez les paroles du Kabaka; allons dans l'Ounyoro et montrons à Souna qu'il possède d'autres chefs aussi braves que Namoudjouriloua. »

Après avoir demandé et obtenu la permission de visiter sa province, Sétouba s'éloigna de la capitale. En arrivant à son principal village, il fit battre son tambour de guerre et appela aux armes tous ses gens.

Prenant avec lui trois cents têtes de gros bétail, il franchit la frontière de l'Ounyoro, tua ses bêtes et les fit manger à ses hommes pour leur donner des forces. Quand ils eurent mangé la viande, tous les guerriers lui déclarèrent qu'ils étaient maintenant aussi forts que des lions et tout prêts à combattre.

Sétouba leur dit en souriant :

« Je vous ai donné trois cents bêtes de mes propres troupeaux; allez et ramenez-moi trois mille têtes de bétail; je me considérerai comme payé de ce que vous avez mangé. »

Les guerriers répondirent à ces paroles de leur chef par des acclamations, et partirent sans retard pour faire du butin chez les Vouanyoro, tandis que Sétouba restait dans le camp avec une troupe choisie.

Mais bientôt les Vouagannda rencontrèrent les Vouanyoro en tel nombre qu'après un combat de quelques heures, ils furent défaits et poursuivis jusqu'à l'endroit où était le camp de Sétouba.

Le chef reçut les fugitifs d'un air grave et leur dit d'un ton sévère :

« Où sont les lions que j'ai nourris de mon bétail? Rentrerez-vous dans l'Ougannda les mains vides ? Oui; eh bien, partez; et en fuyant, dites partout que Sétouba, votre chef, est mort. »

---

1. Chaque mkoungou, en recevant ce titre, est investi d'une baronnie ou d'un comté, ainsi que d'une autorité absolue sur la personne et les biens de tous les habitants de son territoire, à la seule condition de servir le souverain dès qu'il en est requis. La moindre désobéissance lui fait perdre ses terres et souvent est punie de mort. (*Note de l'auteur*.)

En disant ces mots, Sétouba prit ses armes, et, suivi de ses guerriers de choix, il bondit hors du camp et se précipita au devant des Vouanyoro.

Enflammé de colère et de honte, il ne tarda pas à rencontrer l'ennemi et l'attaqua avec un prodigieux succès.

De la première lance il tua trois hommes, de la seconde il en tua deux. Voyant le courage et la vigueur de leur chef, les fuyards s'arrêtèrent, se demandant l'un à l'autre :

« Qui osera aller dire à Souna que Sétouba est mort? Mieux vaut combattre et mourir avec lui ! »

Le nom de Sétouba, devenu cri de guerre, *Sétouba, touba, touba!* répété de près et de loin, ramena les fuyards contre ceux qui les avaient poursuivis, et qu'à leur tour ils mirent en fuite. Pendant deux jours, les Vouangannda se baignèrent dans le sang des Vouanyoro; ceux-ci, frappés de terreur, cherchèrent un refuge au sommet des montagnes, laissant dans la vallée leurs familles et leurs troupeaux, dont s'empara l'ennemi.

A son retour dans l'Ougannda, Sétouba envoya à l'Empereur, pour sa part de butin, deux mille femmes, quatre mille enfants, deux mille têtes de gros bétail, des chèvres et des moutons sans nombre; et il entendit Souna déclarer fièrement qu'il ne connaissait pas de monarque qui pût montrer des héros semblables à Sétouba et à Namoudjouriloua, et que son cœur était plein d'orgueil.

Le jour où l'Empereur fit cette déclaration publiquement, il y avait là un jeune homme qui résolut d'éclipser les deux chefs. C'était Kassinndoula, mtonngoleh ou sous-chef dans le pays de Tchagoué, pays gouverné par le grand Sékébobo.

Kassinndoula n'avait ni naissance ni fortune. C'était simplement un digne jeune homme qui, s'étant fait remarquer dans plusieurs combats, avait été élevé par Sékébobo, de l'humble condition de paysan au rang de mtonngoleh.

Quelques jours après la réception du butin, Kassinndoula se rendit auprès de Sékébobo et le pria de demander, pour lui, à l'Empereur la permission de reconstruire le camp de Sa Majesté au Djinndja, un grand nombre de cases tombant en ruines et beaucoup de femmes de Souna se trouvant forcées de dormir en plein air.

Sékébobo conduisit Kassinndoula à l'Empereur et présenta la requête du jeune mtonngoleh. Souna l'accueillit gracieusement, ajoutant qu'il était rare qu'on vînt lui demander la permission de lui rendre service, qu'on ne l'abordait généralement que pour solliciter un don.

Après de longs touiyannzis, Kassinndoula partit avec deux mille hommes que lui donna Sékébobo, pour l'aider à reconstruire le camp de l'Empereur ; et le bon vieux chef y ajouta plusieurs grands bateaux pour la traversée du canal.

Le jeune mtonngoleh ne perdit pas de temps. Dès son arrivée au Djinndja, il se mit à l'œuvre, et quelques jours lui suffirent pour reconstruire les cases, les entourer des cours qu'elles devaient avoir, enlever les débris accumulés dans le camp, en un mot, pour que celui-ci pût satisfaire un homme aussi difficile que l'était le Kabaka.

Il fit alors battre le tambour de guerre. A cet appel, répondirent tous les hommes qui, dans le voisinage du Djindja, étaient capables de jeter une lance. Quand il les eût réunis, Kassinndoula prit la parole :

« Guerriers de l'Ougannda, enfants de Souna, leur dit-il, écoutez-moi. Après que Souna eût massacré les rebelles Vouassoga devant l'île de Kitennteh, vous savez que les chefs de l'Oussoga vinrent tous lui jurer d'être fidèles. Vous savez aussi qu'après le retour de l'Empereur dans l'Ougannda, Roura se mit à la tête d'une nouvelle rébellion, et défia Souna de revenir dans l'Oussoga le combattre. En apprenant le défi de l'insolent chef, Souna se contenta de sourire et dit : « Qu'il attende un peu. »

« Souna est trop grand pour se battre avec Roura; Kassinndoula, un mtonngoleh de Sékébobo, est suffisant pour cette tâche. Nous allons donc nous mettre en marche; ce soir, nous serons au Nakarannga; et demain matin, avant le lever du soleil, Roura dormira avec ceux de ses frères qui sont morts devant Kitennteh. Guerriers, préparez-vous. »

Bien que le Nakarannga fût à une distance de trente milles, Kassinndoula avait gagné vers minuit le principal village du chef, village qu'il enveloppa complétement. Au point du jour, il mit le feu aux cases, forçant ainsi les Vouassoga, brusquement réveillés, à quitter leurs demeures, ce qui les fit tomber sous les lances des Vouagannda. Après avoir balayé tout le district de Roura, Kassinndoula recueillit un énorme butin et, avant le milieu du jour, il était reparti pour Djinndja.

A la nouvelle de cette expédition et de la mort de Roura et de ses fils, les confédérés de l'Oussoga se rendirent en toute hâte au Nakarannga, pour venger le massacre ; mais ils n'y trouvèrent que le vide et la désolation ; déjà les tueurs étaient arrivés au Djinndja, où ils n'osèrent pas les suivre ; et les chefs regagnèrent leurs districts.

Kassinndoula ayant pris quelques jours de repos, fit une nouvelle razzia dans une direction toute différente et avec le même succès. Cette fois encore les Vouassoga accoururent ; mais seulement pour voir leurs maisons consumées, leurs guerriers morts, et ne plus trouver leurs femmes, leurs enfants, leurs troupeaux, que l'ennemi avait enlevés.

De quelle espèce est-il donc, se demandaient l'un à l'autre les Vouassoga étonnés, cet homme qui arrive la nuit comme une hyène, et disparaît au jour, gorgé de sang.

Ils se consolèrent en pensant qu'ils auraient bientôt l'occasion de se venger ; et ils rentrèrent dans leurs villages.

Mais Kassinndoula, aussi avisé que résolu, était sur leurs talons ; et ravageant de nouveau un district entier, tuant tous les mâles, il emmena en captivité les enfants et les femmes.

Ce dernier fait enleva tout courage aux Vouassoga. Ils commencèrent à craindre que toute leur nation ne fût détruite en détail. Comptant leurs pertes, et voyant que leurs principaux chefs étaient morts, ils expédièrent à Souna des ambassadeurs chargés d'implorer son pardon, et de lui offrir un tribut composé des plus belles femmes du pays et d'une grande quantité de vin de banane.

De son côté, Kassinndoula ayant les mains pleines, réunit toutes ses prises et, faisant aller ses captifs et ses troupeaux à marches forcées, il les conduisit à Souna, qui, averti de son retour, se prépara à le recevoir avec grand honneur, au milieu de tous ses chefs.

Ayant rangé devant Souna les femmes et les enfants, et parqué le bétail à portée de la vue de l'Empereur, Kassinndoula, vêtu d'une étoffe brune, étoffe d'écorce, se prosterna en disant :

« Grand Kabaka, je suis allé au Djinndja, j'ai reconstruit votre camp et logé vos femmes, ainsi que vous me l'avez commandé. Puis ayant appris comment Namoudjouriloua et Sétouba vous avaient vengé des Vouassagara et des Vouanyoro, je me suis cru assez fort pour répondre au défi que Roura et ses amis vous avaient adressé.

« Mon cher seigneur, Namoudjouriloua et Sétouba sont de grands chefs qui, chaque jour, sont debout devant vous. Moi, suis un simple mtonngoleh sous les ordres de Sékébobo. Je n'ai ni terre, ni maison, ni femmes, ni enfants: mon bouclier et ma lance, voilà toute ma richesse; mon seul vêtement est ce *mbougou* tout usé. Namoudjouriloua et Sétouba vous ont procuré des esclaves, des bœufs et des vaches par centaines; le Kopi Kassinndoula vous en amène par milliers. Regardez, les voilà! le Kopi les donne tous à Souna. »

Et, joignant les mains, il s'écria : « Touiyannzi, yannzi, yannzi, yannzi ! » avec toute la ferveur d'un homme qui aurait reçu le plus magnifique présent.

L'empereur ayant demandé à quel chiffre s'élevait le butin. On lui répondit qu'il y avait sept mille esclaves, deux mille têtes de gros bétail, trois mille chèvres, et cinq cents moutons.

— Kassinndoula a dit vrai, s'écria l'Empereur. Il a apporté plus que Namoudjouriloua et Sétouba. En retour, je le fais aujourd'hui chef de premier ordre, avec terres, bestiaux et esclaves, à lui appartenant.

Et Kassinndoula, immédiatement revêtu d'étoffe blanche, eut tous les honneurs, les priviléges et la puissance d'un *mkounngou* d'Ougannda.

Après cette époque turbulente, il y avait eu des mois de tranquillité, lorsqu'un jour, arriva un défi de Kytahoua, le puissant roi d'Ouzonngora, qui avait fait alliance contre Souna avec les rois Kyozza, Rougouméro, Kamirou et Anntari, celui-ci roi d'Ihannghiro.

L'Empereur renvoya le messager de Kytahoua avec une balle de fusil et une houe, en lui disant:

— Donne cela à ton maître, et qu'il choisisse; qu'il voie s'il veut prendre la balle et faire la guerre, ou garder la houe, et cultiver ses champs en paix; puis apporte-moi sa réponse.

Kytahoua et ses alliés, se croyant assez forts pour lutter contre Souna, gardèrent la balle. Quand le messager revint avec cette réponse, Souna ordonna à son katékiro de composer trois cents charges de houes et de vieux fer et de les envoyer à Kytahoua, en lui disant :

— Souna te fait remettre ce fer, car il se peut que tu sois à court de lances, de pointes de flèches et de haches. Travaille pendant trois mois à faire des armes pour tes gens, prépare-toi à la guerre; le quatrième mois, Souna et ses guerriers iront dans ton pays; Souna le mangera jusqu'au sol, et il n'y restera rien de vivant.

Ce fut la dernière guerre de Souna. Après trois jours d'un combat désespéré, les Vouazonngora furent complétement défaits; Kytahoua et ses alliés, contraints de fuir, se réfugièrent dans l'île de Kichakka, où Souna vint les assiéger. Alors tous les rois implorèrent leur pardon et jurèrent de payer tribut.

Atteint de la petite vérole, l'Empereur accepta leurs serments; et, levant le siége, il partit pour l'Ougannda.

Quand il sentit qu'il allait mourir, Souna réunit ses chefs et leur ordonna de prendre Kadjoumba, son fils aîné, pour empereur.

Mais ce Kadjoumba, le prince impérial, n'était pas en faveur auprès des Vouagannda; c'était un jeune homme violent, opiniâtre, d'une taille gigantesque, d'une force extraordinaire.

Ces qualités le recommadaient vivement à Souna qui pensait qu'avec un tel souverain, l'Ougannda conserverait son prestige et sa suprématie. Il ne croyait pas que son peuple eût rien à craindre d'un monarque de ce caractère; et, de fait, comme il avait toujours eu une autorité incontestée et l'avait exercée avec la plus extrême licence, il est permis de douter qu'il regardât la violence des passions comme une chose à laquelle on dût attacher la moindre importance.

Kadjoumba était le favori de Souna; et à son lit de mort, l'Empereur qui avait aimé la guerre, vanta avec orgueil à ses chefs les qualités héroïques du prince; il leur rappela que celui-ci, tout jeune encore, avait tué un buffle avec un bâton, un éléphant avec une seule lance; et, en expirant, il leur dit que Kadjoumba acquerrait plus de renommée que Kiméra au cœur-de-lion, ou le célèbre Nakivinnghi.

Après la mort de Souna, le prince saisit sa lourde lance, son énorme bouclier, se proclama lui-même successeur de son père et annonça qu'il était résolu à soutenir son droit jusqu'à la mort. Mais les chefs, qui redoutaient sa violence, s'emparèrent de sa personne, lui lièrent les pieds et les mains et choisirent le jeune Mtéça, à la parole douce et aux grands yeux, qu'ils acclamèrent empereur d'Ougannda.

Souna fut enterré avec toute la pompe et tout le cérémonial usités dans le pays en pareille circonstance. Après avoir rendu à son père les honneurs funèbres, le jeune Kabaka, se sentant fermement établi sur le trône, commença à montrer la véritable nature que cachaient le doux langage et les grands yeux.

Il trouva bientôt des motifs pour faire massacrer tous ses frères. Après s'en être débarrassé, il se tourna vers les chefs qui l'avaient élu empereur d'Ougannda et les fit mettre à mort, donnant pour raison qu'il ne voulait pas avoir près de lui des gens qui pussent lui dire : « Tu me dois la souveraineté. »

Suivant la coutume de son père, il faisait tuer tous ceux qui l'offensaient; et le katékiro, ainsi que Namoudjouriloua, ce guerrier au cœur de lion, eurent la tête coupée. Souvent, dans un accès de colère, il prenait sa lance, se précipitait dans son harem, et frappait ses femmes jusqu'à ce qu'il fût rassasié de sang.

Il est probable que Mtéça avait toujours le même caractère lorsqu'il reçut la visite de Speke, probable qu'il le conserva jusqu'à l'époque où l'Arabe Muley-ben-Sélim en eut fait un chaleureux musulman. Dans tous les cas, après sa conversion, il devint plus humain, s'abstint de la forte bière indigène qui enflammait ses esprits, et renonça à la coutume qu'avaient ses pères de répandre le sang.

Mtéça, comme ses prédécesseurs, a remporté de grandes victoires sur beaucoup de peuples, tels que les Vouanyannkori, les Vouanyoro, les Vouassouï, les Vouazonngora, les Vouassoga; et son katékiro a porté son drapeau victorieux jusqu'au Rouannda et à l'Oussonngora, pays riverains du Mouta Nzighé.

Mtéça a envoyé des ambassadeurs, à Gondokoro, au pacha du Khédive; à Zanzibar, aux sultans Medjid et Barghash; et après avoir reçu avec l'hospitalité la plus large les capitaines Speke et Grant, le colonel Long, de l'armée égyptienne, M. Linant de Bellefonds et moi-même, il désire nouer des relations avec l'Europe, voudrait introduire le numéraire dans ses États, et avoir des ouvriers européens, pour instruire ses sujets.

C'est, je le répète, à Sabadou que le lecteur doit de connaître les faits intéressants relatés dans les pages précédentes. Jusqu'au jour où ces faits m'ont été communiqués, l'Ougannda et une large portion de l'Afrique équatoriale étaient — pour me servir de l'expression du vieux Pistol — comme une huître close. Maintenant, grâce à mon conteur, l'huître est partiellement ouverte, et nous laisse entrevoir, bien que d'une manière insuffisante, l'origine, les coutumes et la chronique du pays. La légende du patriarche perdu pourrait fournir la donnée d'un poème épique, ou celle d'un roman; car dans le récit que m'a fait Sabadou, il ne manque pas de matériaux pour un grand ouvrage.

Si nous nous demandons quel a pu être ce Kinntou, le prêtre sans reproche, et si la légende n'offre pas quelque vague ressemblance avec l'histoire d'Adam et celle de Noé, transmise de génération en génération, depuis les temps les plus anciens chez un peuple illettré, nous nous égarons bientôt dans le labyrinthe des conjectures et des théories à perte de vue. On aurait, cependant, pour édifier ces suppositions et pour établir d'une manière plausible leur raison d'être, un fond aussi solide que celui sur lequel reposent beaucoup de fables que l'on accepte aujourd'hui pour des vérités.

En écoutant l'histoire de Kinntou, le prêtre sans tache, il est impossible de ne pas songer à Adam et à Noé; tous les deux ont trouvé la terre déserte, comme le patriarche de notre légende trouva, dit-on, l'Ougannda ainsi que les contrées voisines; et les mauvais enfants de Kinntou, rappellent l'irrévérent Cham.

La merveilleuse fécondité de la femme, de la vache, de la chèvre, de la brebis, de la patate et du plant de bananier, a sa contre-partie dans les traditions de tous les peuples. Nous-mêmes, ne croyons-nous pas « que tout commença sous les ombrages de l'Eden, par la création d'un seul homme? »

Un esprit ingénieux pourrait également voir dans Kiméra, l'homme gigantesque, « le puissant chasseur » un souvenir de Nemrod, et trouver le prototype du miraculeux Kibaga, le *héros volant*, dans l'ange exterminateur qui tua les premiers nés des Égyptiens, ou dans celui qui détruisit l'armée de Sennachérib? Nakiwinnghi ou Tchabagou et son puissant guerrier Vouakinngourou, peuvent rappeler David et ses champions, et la disparition finale de Kinnton peut représenter la fin de l'âge des miracles.

Mais toute spéculation sur ces différents points ne saurait conduire qu'à de vaines théories; et il suffit à l'objet de ce livre que la légende du patriarche perdu soit présentée comme une simple tradition de l'Afrique centrale.

Il y a néanmoins de fortes raisons pour croire que si Kinntou n'est pas un mythe, c'est un personnage beaucoup plus ancien que ne le fait supposer la liste des prédécesseurs de Mtéça. Dans tous les cas, j'ai, d'après d'autres sources, relevé les noms de trois rois omis par l'empereur actuel, de qui je tiens cette liste: Sémi-Kokiro, Karago et Kimmgouvou.

Pour que le lecteur puisse se faire une idée de l'ancienneté de la monarchie ouganndienne, voici la table de ses rois, y compris les trois noms que Mtéça n'a pas mentionnés.

1. Kinntou.	13. Moronndo.	25. Kagourou.
2. Tchoua.	14. Sékamanya.	26. Kikourouhoué.
3. Kamiéra.	15. Kimmgouvou.	27. Ma'anda.
4. Kiméra.	16. Djemmba.	28. Msannghi.
5. Almass.	17. Souna Ier.	29. Namougara.
6. Temmbo.	18. Kimmbougoué.	30. Tchabagou.
7. Kigara.	19. Katéréga.	31. Djoundjou.
8. Vouannpammba.	20. Ntéhoui.	32. Vouassedjé.
9. Kaïma.	21. Djouko.	33. Kamanya.
10. Sémï-Kokiro.	22. Kyemmba.	34. Souna II.
11. Karago.	23. Tihouanndéké.	35. Mtéça.
12. Nakivinnghi.	24. Mdaoura.	

Cette liste de souverains est fort respectable pour une contrée de l'Afrique centrale et prouve que l'Ougannda est une monarchie d'ancienne origine. Il est possible, en outre, que beaucoup de noms ne m'aient pas été donnés et soient ajoutés un jour par quelque voyageur qui aura le temps et la patience nécessaires pour les tirer de l'oubli.

CHAPITRE XV

Mœurs et coutumes de l'Ougannda. — Le paysan. — Le chef. — L'empereur.
Le pays.

Pour voir, dans toute leur plénitude, la vitalité et la beauté de la race africaine, il faut visiter les régions de l'Afrique équatoriale, où la population vit à l'ombre fraîche des bananeraies et au milieu de l'abondance que produit cette terre féconde.

Après avoir été frappé de la teinte merveilleuse, de la puissance, de l'éclat de cette frondaison gigantesque, de la grosseur des tiges, de la profusion des fruits du bananier, de la fraîcheur de cette végétation constamment printanière, sous un ciel de feu ; après avoir admiré la richesse du sol et son inépuisable fécondité, le voyageur remarque que les habitants sont en complète harmonie avec le paysage et non moins parfaits, dans leur genre, que les fruits gonflés de sève qui pendent au-dessus de leurs têtes.

Tous leurs traits semblent proclamer qu'ils vivent au milieu de grasses prairies, de vallées fertiles, dans un pays de laitage de miel et de vin. La vigueur d'un sol qui ne connaît pas de repos paraît s'être infusée dans leurs veines. Leurs yeux brillants, aux regards rapides, semblent refléter les rayons du soleil. Leurs corps d'une belle nuance de bronze, leur peau fine et veloutée, adoucie par des onctions de beurre ; leurs bras et leurs flancs aux muscles fortement accusés, tout leur être témoignent d'une vie exubérante.

Voyons chez lui de un ces hommes robustes, un indigène de l'Ougannda.

LE KOPI OU PAYSAN.

N'était une seule chose, on pourrait dire que le paysan de l'Ougannda réalise l'idéal de bonheur auquel aspirent tous les hommes. Pour vous le représenter, écartez d'abord de votre esprit l'image du nègre sale, ivre et stupide, entouré de femmes grasses et d'une nichée d'enfants à gros ventre. Peut-être direz-vous qu'il est indolent, mais pas au point de négliger ses intérêts. Ses jardins sont bien tenus, ses champs couverts de grain. Sa maison est neuve et n'a pas besoin de réparation ; ses cours sont soignées, ses palisades en bon état. Levez le rideau, regardez-le, avec ce qui l'environne.

Il sort de sa case. C'est un homme d'un brun foncé, dans toute la vigueur de la jeunesse; il est proprement vêtu, selon la coutume du pays, d'un manteau brun d'étoffe d'écorce, noué sur l'épaule et qui tombe jusqu'aux pieds. Cet homme a l'air content, mieux que cela extrêmement heureux ; car un rayon de soleil étant venu l'éclairer, nous l'avons mieux vu et son visage exprime la satisfaction la plus complète.

Tout en arrangeant son manteau avec le soin qu'exige la décence, il gagne son siége habituel, qui est près de la porte de la cour extérieure, à l'ombre d'un énorme bananier, dont les feuilles couvrent un large espace. Devant lui, au premier plan, s'étend son jardin qu'il regarde avec satisfaction. Dans les plates-bandes que séparent des allées curvilignes, il y a des patates, des ignames, des petits pois, des fèves, des voandzéias, des tomates, des haricots d'espèces diverses, les uns rampant sur le sol, les autres ayant des rames. Une ceinture de caféiers, de ricins, de manioc et de tabac, entoure ce jardin plantureux ; de chaque côté, sont de petits champs de millet, de sésame et de canne à sucre.

Derrière la maison et les cours, qu'ils enveloppent, se trouvent des champs plus étendus et de grandes plantations de bananiers des deux sortes : bananiers du paradis et bananiers des sages; champs et plantations qui fournissent au Mgannda sa principale nourriture, et lui donnent les fruits et le grain d'où il tire son vin et sa bière. Parmi les bananiers, s'élèvent de grands figuiers à large cime, dont l'écorce sert à fabriquer les vêtements. Au delà des plantations, est une prairie commune où les vaches et les chèvres paissent avec celles du voisin.

Notre homme paraît aimer l'isolement, car il a entouré sa demeure et les huttes de sa famille de cours fermées par de hautes et solides palissades, ne laissant apercevoir que le sommet des toitures. Laissons le propriétaire contempler son jardin ; entrons, et jugeons par nous-mêmes de sa manière de vivre.

Dans la première cour, nous trouvons une petite hutte carrée, consacrée au mouzimou de la famille, au génie de la maison. A en juger par les offrandes qui lui sont faites, ce génie domestique n'est d'humeur ni exigeante, ni cupide; car les moindres choses, des coquilles de limaçons, des boules d'argile, des brins de genévrier, une corne de bubale à pointe ferrée et fichée en terre, suffisent à le rendre propice.

De cette première cour nous passons dans une autre, par une entrée latérale, et nous sommes en face d'une grande hutte conique soigneusement bâtie, dont la porte cintrée garnie d'un toron de canne, est coiffée d'une projection de la toiture.

Cette hutte, qui est d'une ample circonférence, a néanmoins quelque chose d'intime. Nous entrons; l'obscurité nous empêche de rien voir. Peu à peu cependant, l'œil s'habitue à l'ombre et nous commençons à distinguer les objets. Ce qui arrête d'abord notre attention c'est la multitude de pilliers qui supportent le toit, piliers si nombreux que l'on dirait un antre en pleine forêt. Ces colonnes, toutefois, ont l'avantage de guider le propriétaire vers son lit de canne, tandis que par leur nombre elles égareraient l'étranger ou le maraudeur nocturne. Par le fait, ces rangées de perches constituent des avenues au moyen desquelles les gens de la maison peuvent se diriger vers tel point ou tel objet.

La hutte est divisée en deux chambres, une devant, l'autre derrière, par une cloison faite en canne et fendue au milieu, de telle façon que le maître du logis, sans être aperçu lui-même, puisse voir toute personne qui arrive.

Dans la pièce du fond, des couchettes sont rangées le long du mur pour l'usage du propriétaire et de sa famille.

Dans la chambre d'entrée, au-dessus de la porte, se voient des talismans; c'est à leur soin et à leur puissance que le paysan confie la garde de sa maison et de ce qu'elle renferme.

Les meubles sont rares, les ustensiles peu nombreux et de pauvre qualité.

Sous le premier titre on peut classer une couple de tabourets, faits d'un seul morceau taillé dans un bloc de bois; et une sorte de trictrac indigène.

Le ménage se compose d'une demi-douzaine de pots de terre et de bassins faits avec des tigelles flexibles ou avec de l'herbe. Quelques lances, un bouclier, une couple de houes, des bâtons à grosse pomme, de l'écorce d'étoffe, des tuyaux de pipe et une auge servant à la fabrication du vin de banane, complètent l'inventaire du mobilier.

Derrière la demeure personnelle du maître s'élèvent deux cases de moindres dimensions, également entourées de cours où l'on peut voir au travail les femmes du kopi. Les unes pétrissent des bananes pour en extraire le jus, qui, après fermentation, est appelé *marammba*, sorte de vin d'une saveur délicieuse quand il est bien fait; d'autres épluchent des herbes pour la cuisine ou en assortissent pour composer des drogues ou quelque charme puissant; d'autres encore font sécher des feuilles de tabac; tandis que les plus âgées fument dans des pipes à long tuyau et entre les bouffées, lentement aspirées, racontent les épisodes de leur existence.

Tel est chez lui le paysan de l'Ougannda. Si le tableau que nous venons de faire ne représente pas tous les individus de sa classe, le kopi qui le fait mentir ne peut l'attribuer qu'à son indolence, ou à une calamité récente. En général, ainsi qu'on vient de le voir, le Mgannda vit dans l'abondance; sa nourriture est copieuse et variée, sa demeure confortable. Il est heureux possesseur d'une quantité d'épouses, et défendu contre l'ennemi du dehors par un monarque puissant et des armées nombreuses. Une seule chose manque à son bonheur : la protection du souverain contre le chef local.

LE MKOUNGOU OU CHEF.

On pourrait supposer que, dans cette contrée où le sort du paysan paraît être si enviable, celui du mkoungou ou chef de première classe est mille fois plus heureux. Ce n'est pas toujours le cas, ainsi que le fera voir l'esquisse suivante de la vie du premier ministre actuel de l'empire, qui, dans l'origine, chose aujourd'hui presque oubliée, s'appelait Magassa. A ce propos, nous ferons observer que tous les Vouagannda, depuis l'empereur jusqu'au paysan, changent de nom à mesure des progrès qu'ils font dans l'estime publique.

A l'époque où Mtéça, ayant succédé à son père, fit décapiter les plus anciens chefs de l'Ougannda, on remarquait, à la cour, un jeune garçon de bonne mine, d'un esprit délié, très-assidu auprès du monarque, et attentif à ses moindres désirs. Il était fils d'un mtonngoleh ou sous-chef, et s'appelait Magassa. A toutes

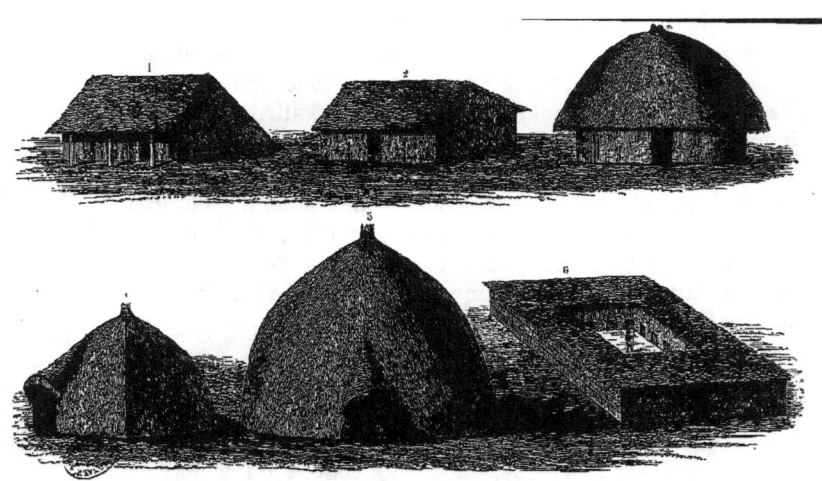

Huttes de l'Afrique centro-orientale.

1. Hutte de campement des Voua-ngouna.
2. —
3. Hutte de l'Ounyamouési.
4. Hutte du Karagoué et de l'Ouddou.
5. Hutte de l'Ougannda.
6. Petit temmbé de l'Ougogo.

ses qualités, se joignaient deux magnifiques rangées de dents blanches, des yeux brillants et des traits d'un ensemble agréable. Mtéça le prit en affection et lui donna le poste de gardien du lavoir impérial, office de haute confiance dans l'Ougannda.

Tandis que Mtéça devenait un homme, Magassa, qui était à peu près du même âge, sortait de l'adolescence, tout en conservant et en développant les qualités qui avaient appelé sur lui l'attention du monarque. Bientôt promu au grade de mtonngoleh dans les gardes du corps, il reçut un fusil à deux coups et, avec la puissance de la poudre, quelques balles et des capsules, présent qui le fit bondir de joie. Peut-être même fut-il plus fier de la possession d'un fusil que de sa nomination ; car il arrive souvent que le mtonngoleh de la garde n'a à se glorifier que de son titre.

Néanmoins, le grade de mtonngoleh, celui de colonel, lui donnait qualité pour être envoyé en mission, à tel ou tel moment, dans quelque partie éloignée de l'Empire. Ce moment arriva.

Imaginez un jeune officier anglais, d'un rang subalterne, choisi tout à coup par la reine pour accomplir un service spécial. Comme son cœur palpite, comme ses nerfs vibrent de joie ! Il repousse la terre du pied, son front aspire aux étoiles. Si un jeune officier britannique éprouve un tel ravissement d'avoir été choisi par un souverain constitutionnel, que ne doit pas ressentir l'élu d'un autocrate aussi despotique que l'empereur de l'Ougannda ?

A peine fut-il hors de la présence du monarque, l'ordre flatteur lui sonnant encore dans l'oreille, que Magassa fut pris de vertige ; il lui sembla que sa tête se gonflait et allait éclater sous l'effort de cette ivresse débordante. Son échine, courbée jusqu'ici par une crainte servile, se redressa et devint subitement aussi raide que le bois de sa lance ; une expression de sévérité remplaça tout à coup le doux sourire qui lui était habituel. N'était-il pas souverain, pendant qu'il remplissait la mission que lui avait confiée l'Empereur ? A son appel, ses soldats qui arrivaient avec une promptitude respectueuse, ne répondaient-ils pas : « Kabaka, nous voici, regardez-nous » ?

Malheur au parti d'où était venue l'offense, si le jeune Magassa lui était envoyé avec ses hommes ! Malheur au guerrier, qui, sous les ordres de Magassa, manquait à la discipline, ou excitait la mauvaise humeur du chef, pendant l'accomplissement de ce service spécial !

Les lances de Magassa étaient affilées et rapides ; ses mains toujours prêtes à saisir le butin savaient le retenir ; et l'on remarqua bientôt que Magassa devenait riche en esclaves, grandissait en renommée et acquérait à la cour une extrême influence.

Des promotions successives récompensèrent l'habileté avec laquelle il exécutait les ordres du maître. Des terres, des esclaves, des troupeaux lui furent donnés, et il arriva à être chef de seconde classe, avec le titre de mkoungou.

Mais tout cela ne pouvait satisfaire longtemps un ambitieux tel que Magassa. Les chefs qui étaient au-dessus de lui possédaient-ils seulement la dixième partie de sa capacité et de son adresse? savaient-ils comme lui, observer et deviner les caprices du despote?

Il arriva qu'un jour un mkoungou de première classe, nommé Pokino, offensa l'Empereur.

Cherchant du regard autour de lui un homme qui pût remplacer le chef tombé en défaveur, Mtéça rencontra la figure radieuse de Magassa, et immédiatement sa décision fut prise.

— Ici, Magassa ! » s'écria-t-il.

Le courtisan se prosterna la face contre terre, pour écouter les ordres du maître.

— Prends des hommes, Magassa, dépêche-toi, et mange la terre et le nom de Pokino, car le vieux Pokino m'a oublié.

— Touiyannzi, yannzi, yannzi ! cria Magassa avec une emphase toujours croissante et en se frottant les joues dans la poussière.

Puis, se relevant d'un bond, il saisit sa lance ; et la brandissant comme pour la jeter, il s'écria d'une voix éclatante :

— Par ordre de l'Empereur, je vais manger Pokino. Je dévorerai sa terre et son nom, et Magassa deviendra Pokino. Empereur, regardez-moi !

Et il se prosterna une seconde fois, criant ses touiyannzis d'une voix aiguë, et s'avilissant loyalement dans la poussière.

Quand l'audience fut terminée, Magassa, impatient d'échanger son nom pour celui de Pokino, fit battre son tambour de guerre, déploya son étendard, rassembla ses gens ; puis, comme le léopard féroce, il fondit sur le malheureux chef, l'homme à vue courte, et eut bientôt fait de lui prendre, avec la vie, ses terres et son nom qu'il s'appropria sur-le-champ.

Mais l'avidité de Pokino le jeune ne fut pas encore satisfaite des riches dépouilles du vieux Pokino. Peu de temps après, l'Empereur lui ordonna « d'avaler » Namoudjouriloua, l'Achille de l'Ougannda ; et c'est ainsi que Madjouara, un fils encore enfant de ce grand chef, devint l'esclave de Ndjara de l'Ounyanyemmbé, auquel je le rachetai en 1871. Je l'envoyai ensuite à Livingstone ; et le jeune Madjouara servit fidèlement le grand voyageur jusqu'à sa mort.

Par la chute de Namoudjouriloua, le jeune Pokino devint seigneur de tout l'Ouddou, depuis la vallée de la Katonnga jusqu'au Nil-Alexandra, district embrassant plus de trois mille milles carrés. Vingt sous-chefs le reconnaissaient pour maître ; il possédait alors deux grandes capitales : Massaka, celle de Namoudjouriloua, et celle de Pokino ; il avait des centaines de femmes, des milliers de jeunes esclaves des deux sexes, d'immenses troupeaux de bêtes bovines, et commandait à une population de plus de cent mille âmes. Quel changement ! de gardien de lavoir, devenir seigneur de l'Ouddou !

Pokino mène dans la capitale de cette dernière province, à Massaka, une existence quasi royale. Il a « avalé » les terres de deux grands chefs ; et aujourd'hui, le mangeur nourrit les affamés, le violent protége les faibles. Sa cour regorge de solliciteurs et de plaignants qui font appel à sa justice et à sa générosité, d'esclaves qui demandent des vivres. Tous ont part à ses bons offices : il donne sans compter et fait tuer les bœufs par centaines. La renommée de sa main ouverte et de son grand cœur s'étend dans tout l'Ougannda ; et cette libéralité politique lui assure, en province, l'affection des habitants de l'Ouddou, à la cour, l'amitié des grands chefs et l'approbation de l'Empereur.

Pokino est-il enfin satisfait ? Pas encore ; car il reste une charge que Mtéça peut donner ; mais pour l'avoir, il lui faut prendre patience.

L'Empereur entend dire qu'il existe quelque part à l'ouest du Gambaragara[1], un pays nommé Oussongora, très-riche en bétail ; et il ordonne à Pokino d'aller lui chercher quelques troupeaux de vaches. Immédiatement le tambour de guerre de Massaka bat l'appel aux armes. Les indigènes des bords de la Kaghéra, ceux des versants du plateau de Koki et de toute la rive du lac, depuis la Kaghéra jusqu'à la Katonnga, y arrivent par milliers ; car

---

[1]. Cet épisode de la vie de Pokino m'a été raconté par Pokino lui-même, par Kitounzi et par Sammbouzi, ses compagnons dans cette campagne, et par son page. (*Note de l'auteur.*)

cette batterie les appelle à recueillir du butin ; et quel est le Mgannda qui résiste à une pareille sommation.

En peu de jours, Pokino se trouve à la tête d'une armée considérable ; d'autres chefs ont fourni leurs contingents: Kitounzi, de la vallée de la Katonnga, est représenté par Sammbouzi ; Mkouennda, Kangaou et Kimmbougoué ont également envoyé des sous-chefs avec des centaines de lances.

Devant l'armée de Pokino, les gens du Gammbaragara se réfugient sur les pentes abruptes de leur montagne neigeuse. En les poursuivant jusqu'à la hauteur que la prudence lui permet d'atteindre, Pokino voit au loin le plateau herbeux et ondulé de l'Oussonngora, et plus loin encore un lac immense, qu'on lui dit être le Mouta Nzighé.

Descendant de la montagne, il gagne l'Oussonngora avec une incroyable rapidité ; et, malgré la résistance désespérée des indigènes, il s'empare de nombreux troupeaux de bêtes bovines, capture des milliers d'enfants et de belles femmes au nez droit, aux lèvres minces, et les pousse devant lui vers l'Ougannda.

Les difficultés se multiplient sur sa route. La plaine d'Oussonngora est couverte de sel et de carbonate de soude, dont l'usage immodéré lui tue beaucoup de monde. Dans les vallées, jaillissent des eaux boueuses. De la cime de montagnes coniques, sortent du feu et de la fumée ; de temps à autre, la terre gronde sourdement et l'on dirait qu'elle tremble.

D'autre part, les Vouanyoro s'unissent aux gens du Gammbaragara pour fermer le passage aux Vouagannda. Ils leur opposent embuscades sur embuscades et les harcèlent nuit et jour.

Mais Pokino n'est pas homme à faiblir ; son courage est toujours présent. Il nargue les bruits surnaturels de l'Oussongora, cette terre des prodiges. Avec une extrême sagacité, il évite les embûches dressées sur ses pas, saisit l'occasion de tendre piège contre piège, annihile les efforts de l'ennemi ; et, finalement, reparaît dans l'Ougannda, où il amène des troupeaux et des esclaves en nombre suffisant pour réjouir même le cœur impérial.

Mtéça indique le jour où il recevra Pokino, avec ses guerriers ; et, récompense qui ne peut être donnée qu'aux victorieux, il fait brasser une énorme quantité d'un pommbé très-fort, qui doit servir de pierre de touche et faire connaître les braves.

Le jour est venu. L'Empereur est assis sur son trône, au milieu d'une pompe inusitée. Derrière lui, son harem ; de chaque côté, ses chefs alignés d'après leur rang, sa garde sous les armes, ses tambours et ses musiciens. Au-dessus de sa tête, flottent les drapeaux aux couleurs de l'empire, drapeaux rayés de rouge et de blanc. Devant le monarque sont déposées les jarres contenant la bière d'épreuve.

Pokino s'avance, se prosterne le front dans la poussière et commence le récit de ce qui lui est arrivé et de ce qu'il a fait dans l'Oussonngora. Les héros de cette campagne, massés derrière lui, sont en vue et assez près pour l'entendre.

Le discours achevé, l'Empereur dit d'un ton bref :

« Bois, si tu l'oses. »

Pokino se relève, s'avance vers les jarres, reçoit la cuiller et la plonge dans le pommbé ; puis, la retirant, il la porte haut et, s'adressant à ses guerriers :

« *Tékeh ?* s'écrie-t-il (suis-je digne ou non?).

— *Tékeh* » (tu es digne), répond la multitude, en l'acclamant.

Après une seconde adjuration, accueillie avec le même enthousiasme, il boit le contenu de la cuiller, adresse à l'Empereur ses touiyannzis reconnaissants, et recule pour permettre aux autres d'approcher et, à leur tour, de subir l'épreuve. Ceux que l'on trouve dignes sont récompensés; les indignes sont condamnés à mort par la voix du peuple.

Quelque temps après, Myanndja, le katékiro, fut convaincu d'avoir eu l'imprudence de s'approprier les plus belles des esclaves, sans égard pour le maître qui a le droit de choisir avant tout le monde. Le résultat de cette conduite insolente fut la disgrâce de Myanndja, qui ne tarda pas à être décapité.

La place de premier ministre, alors étant vacante, fut donnée à Pokino. C'est ainsi que Magassa, jadis si humble, devint l'homme le plus puissant du pays, après le Kabaka. Son ambition était enfin satisfaite.

Il est maintenant assis à la droite du souverain, sur le tapis impérial ; il a le contrôle sur toute chose, le commandement sur tous les hommes. Quand il sort du conseil, de l'audience ou d'une réception de la cour, tous les chefs lui font escorte jusqu'à sa demeure ; et sur son passage, la multitude s'incline avec respect. Après la guerre, il choisit parmi les captives celles qui lui conviennent, prend la fleur du bétail enlevé à l'ennemi, et a sa part dans tous les présents que reçoit Mtéça, part de vin, d'étoffe, de grains de verre ; car le katékiro, *alias* Pokino, *alias* Magassa, est aujourd'hui Premier Seigneur, Premier Ministre et Secrétaire d'État.

Mais après?

Un jour qu'il était chez moi, je lui permis d'examiner ma caisse de médicaments. Comme je lui expliquais les divers effets du laudanum, il soupira et me dit, à ma grande surprise :

« Ah ! voilà la médecine que je voudrais avoir. Ne pourriez-vous pas m'en céder un peu ? »

Pauvre Magassa! pauvre Pokino ! pauvre katékiro ! Jeune encore, dans toute la plénitude de sa force, il pense à l'heure inconnue où, peut-être, il verra le bourreau l'appeler d'un signe.

Quelque voyageur nous racontera, un jour, la dernière entrevue de Pokino avec Kossoudjou, l'exécuteur en chef.

LE KABAKA OU EMPEREUR.

Le rideau se lève; vous voyez une colline couverte de grandes huttes coniques, dont les toits apparaissent au-dessus de l'épais feuillage des bananiers et des grandes clôtures de roseau. Sur les flancs de cette colline, montent de larges avenues en pente douce, avenues au sol uni, bordées de palissades de canne, derrière lesquelles sont groupées des huttes qui, sous l'éclat du soleil, paraissent grises au milieu de la verdure qui les entoure.

De nombreux indigènes, vêtus de costumes pittoresques, se pressent dans les avenues. Les robes blanches, inondées de lumière, contrastent vivement avec le rouge et le brun des manteaux. Tous ces gens se dirigent vers le palais qui est en haut de la colline. On n'entre pas encore ; la foule entoure les portes et cause en attendant; les bonjours s'échangent, les nouvelles se racontent.

Tout à coup les voix s'arrêtent, un roulement prolongé de timbales annonce que le monarque vient de prendre place au bourzah.

Les portes s'ouvrent et la foule, composée de chefs, de soldats, de paysans, d'étrangers, se précipite bruyamment à travers huit ou dix cours, vers la salle d'audience. Dans leur empressement tumultueux se remarquent les premiers symptômes de cette abjecte servilité qui caractérise les sujets d'un despote.

Nous nous trouvons en face d'une section d'un grand bâtiment à toiture aiguë, bâtiment de paille d'environ vingt-cinq pieds de hauteur et de soixante de long sur dix-huit de large.

Au fond de la salle qui est devant nous, s'aperçoit, à la

La capitale de Mtéça.

lumière fournie par la grande porte, un homme vêtu d'une jaquette brodée de couleur écarlate, portée sur une robe blanche : c'est le Kabaka. De chaque côté du fauteuil sur lequel il est assis, se tiennent deux gardes armés de lances et deux autres portant des mousquets.

Les grands de la cour franchissent l'entrée et s'inclinent profondément devant l'Empereur ; quelques-uns, selon la coutume musulmane, lui baisent la paume et le dos de la main droite ; les autres, conservant l'ancien usage du pays, se jettent par terre et lui tendent les mains en s'écriant : Touiyannzi, yannzi ! puis, ils vont prendre leurs siéges respectifs, chacun à la place

Salle d'audience du palais.

que son rang lui assigne. Deux longues rangées d'hommes, assis sur des nattes, se forment de la sorte le long du mur de canne, en face de la partie centrale qui reste libre. C'est dans cette partie vacante que sont admis les étrangers et les plaignants, que se rend la justice, que se traitent les affaires de toute nature.

Étant privilégié, nous entrons avec les chefs et prenons un siége à droite, près du katékiro, d'où nous pouvons à loisir examiner l'Empereur.

Les traits et la peau unie, lisse, sans rides, sont ceux d'un jeune homme, qui peut avoir de vingt-cinq à trente-cinq ans. La tête rasée est couverte d'un fez ; les pieds sont nus et posent sur un tapis de léopard ; au bord de ce tapis, est couchée une dent d'éléphant polie et blanche, et une paire de babouches écarlates, babouches turques. Les longs doigts de la main droite du monarque tiennent fortement la poignée d'or d'un cimeterre arabe ; la gauche est étendue sur le genou, et rappelle l'attitude du Rhamsès de Thèbes. De très-grands yeux, d'un vif éclat, toujours en mouvement et qui semblent tout embrasser d'un regard, distinguent seuls la figure impériale des autres visages qui m'entourent. La physionomie, toutefois, est plus mobile et passe rapidement d'un extrême à l'autre. Au repos, elle est digne et intelligente. Une pensée désagréable ou mauvaise traverse l'esprit, les coins des lèvres se contractent, les yeux grandissent et se projettent, les mains ont des mouvements nerveux, la cour appréhende une explosion de fureur. Le contentement succède, les yeux reculent, reprennent leur dimension ordinaire, les lèvres se détendent et un rire sonore traverse la salle.

Mais chut! dix ou douze étrangers s'avancent et se prosternent. Leur chef commence un discours que, chose étrange, l'Empereur ne semble pas écouter.

J'apprends au moyen d'un interprète que c'est une ambassade de Mirammbo. Celui-ci a entendu dire que Mtéça a le projet d'expédier contre lui quelque cinquante mille lances, et il fait humblement déclarer par cette ambassade, qu'il n'a aucun sujet de querelle avec l'Ougannda. Les présents sont apportés et comptés : tant de pièces d'étoffe, tant de fil métallique, six assiettes de fabrique européenne, un grand plateau de cuivre, une dague arabe à poignée d'argent et une veste écarlate.

Depuis l'arrivée des ambassadeurs, Mtéça parle négligemment de chose et d'autre avec ses chefs ; il n'a pas regardé les présents. Tout à coup il tourne vers l'orateur ses yeux pleins d'éclairs, et, d'un ton décisif, il prononce vivement ces paroles :

« Dites de ma part à Mirammbo que je n'ai pas besoin de ses présents, mais qu'il me faut la tête de l'homme qui a tué mon chef Sinnghiri, l'année dernière, sur la route de Zanzibar ; sinon, je mettrai à sa poursuite plus de Vouagannda qu'il n'y a d'arbres dans son pays. Allez ! »

Un autre groupe se présente : ce sont des indigènes. Leur chef est mort ; ils désirent savoir qui doit lui succéder et ils amènent les fils du défunt pour que l'Empereur choisisse.

Le monarque sourit et invite ses grands dignitaires à nommer

Maour-Ougonngou, jurant d'avaler Namionndjou et sa terre.

le successeur. L'un indique Bougommba, un autre Tannzihoua, celui-ci Kassédjé, celui-là Semmpa.

Les dignitaires ne peuvent se mettre d'accord.

« Quel sera le chef? » demande Mtéça avec enjouement.

La majorité se déclare pour Tannzihoua dont nous entendons aussitôt les touiyannzis et le serment de fidélité à l'Empereur.

Au même instant, apparaît une longue procession de femmes; les unes sont jeunes, les autres plus ou moins âgées. L'Empereur se lève, tout le monde suit son exemple.

Curieux de savoir quelles peuvent être ces femmes, nous nous informons et l'on nous dit que ce sont les descendantes de Kamanya et de Souna, par conséquent, membres de la famille impériale, et comme telles, pupilles de l'Empereur.

Ces dames, paraît-il, savent choisir le moment de leurs visites et s'arranger pour arriver tard à la cour, de même que les dames européennes entrent à l'église au milieu de l'office, afin, à ce que l'on suppose, d'attirer l'attention.

Les pupilles impériales s'avancent jusqu'au bord du tapis; Mtéça adresse à chacune un mot aimable; puis, quand elles sont assises, il va se poser sur leurs genoux et les embrasse l'une après l'autre. En retour de cette politesse, elles lui offrent des poulets vivants qu'il passe à l'un de ses chefs, après les avoir tous reçus un à un, en témoignage d'égale estime pour chacune des donatrices. Un pareil despote qui peut condescendre à être aussi bienveillant, aussi affable pour des femmes de tout âge, doit certainement avoir beaucoup de bon.

Mais l'Empereur, ce matin, s'est enrhumé du cerveau. Les chefs attentifs ont vu le malaise causé par cette légère indisposition; cinq ou six d'entre eux se précipitent, s'agenouillent et offrent leurs turbans pour que le nez impérial puisse se soulager.

L'Empereur se renverse dans son fauteuil et dit en riant :

« Oh! je n'ai pas besoin de tout cela.

— Prenez le mien, s'écrie l'un des officieux.

— Non, prenez le mien, Kabaka, il est blanc, et d'une étoffe fine et douce, » dit un autre.

Et le Kabaka, séduit par la blancheur et la souplesse du tissu, le prend, se mouche, et rend l'étoffe à son propriétaire, qui frotte durement l'endroit où l'empereur s'est soulagé, comme s'il voulait punir la cause du mal qui tourmente son maître.

Tout à coup, de l'un des coins de la salle, s'échappe un bruit rauque, provenant de quelqu'un affligé d'un rhume de poitrine. Les yeux de l'Empereur se fixent vivement sur l'enrhumé ; et les chefs de s'écrier avec indignation :

« Dehors ! dehors tout de suite ! »

Aussitôt une demi-douzaine de « Seigneurs de la Corde » saisissent le malheureux et d'une façon péremptoire et brutale le jettent à la porte.

Après cet incident, les sons de la harpe indigène se font entendre. L'Empereur appelle le ménestrel et lui ordonne de jouer de son instrument, ce que l'artiste consommé s'empresse de faire. Pendant que nous écoutons cette musique monotone, un coup de feu nous fait tous tressaillir.

Une douzaine d'exclamations retentissent, et autant de chefs sortent précipitamment pour s'enquérir du fait ; mais déjà les adroits Seigneurs de la Corde ont jeté leurs nœuds coulants à la gorge du coupable ; et celui-ci, à demi étranglé, est traîné devant l'Empereur, dont les nerfs ont été quelque peu troublés par cette détonation inattendue.

Les bourreaux s'agenouillent, disent que cet homme, l'un des gardes, a laissé tomber son fusil qui s'est déchargé, et leurs yeux semblent demander : « Qu'allons-nous faire à ce misérable ? »

« Cinquante coups de bâton, » dit l'Empereur avec colère.

Le malheureux est emmené et va recevoir un châtiment qui l'immobilisera pendant un mois.

Ce sont ensuite des beuglements qui viennent de l'extérieur. Un homme s'avance et, après les génuflexions et les touiyannzis d'usage, dit qu'il amène de la part de Mankoronngo, roi d'Oussouï, un présent de bœufs gras et de vaches laitières.

« Allez voir ces bœufs, katékiro, dit simplement Mtéça ; que Kaouta l'intendant en prenne un, pour l'accommoder ; que chacun de mes chefs ait aujourd'hui un bœuf ; et donnez-en dix à mes gardes. »

Tous les chefs s'élancent, se prosternent et s'avilissent dans la poussière en criant leurs plus chaleureux touiyannzis.

A peine ont-ils repris leurs siéges, qu'un messager arrive des bords du Nil-Victoria et raconte, à la grande surprise du monarque, que Namionndjou, un principicule, vassal de l'Ougannda, a rompu son serment de fidélité et a ouvert des négociations avec Kabba Réga, roi de l'Ounyoro.

A cette nouvelle, les yeux de Mtéça s'ouvrent démesurément

Amazones de Mtéça (d'après une photographie de l'auteur).

et semblent jaillir de l'orbite. « Tous mes guerriers sont-ils morts à Nakaranga? s'écrie l'Empereur. N'ai-je plus de chefs, plus de peuple, que Namionndjou me traite ainsi ? »

La réponse ne se fait pas attendre. Tous les grands dignitaires se lèvent, courent à l'entrée de la salle, saisissent leurs lances ou leurs cannes, et crient à l'Empereur de regarder ses chefs et de les compter. Ils brandissent leurs armes avec des gestes si expressifs qu'un étranger pourrait croire qu'une révolution vient d'éclater.

« C'est bien, » répond tranquillement l'Empereur.

Sur quoi tous les chefs reportent leurs armes dehors et regagnent leurs sièges.

Mtéça jette les yeux autour de lui, et d'une voix calme appelle Maour-Ougonngou.

Un jeune homme à l'œil ardent s'élance et répond, en se prosternant :

« Kabaka, me voici !

— Va, Maour-Ougonngou, prends cinq vouatonngoleh avec leurs hommes, et « avale » Namionndjou et son territoire. »

Prompt comme la foudre, Maour-Ougonngou se relève, saisit son bouclier, ses deux lances, prend l'attitude héroïque d'un véritable enfant de Mars, et d'une voix retentissante :

« Regardez-moi ! s'écrie-t-il. L'Empereur l'ordonne : Namionndjou mourra; j'aurai sa dépouille; j'avalerai toute sa terre. Touiyannzi — yannzi — yanzzi, yannzi ! » et ainsi de suite *ad infinitum.*

L'Empereur se lève, Tori, le tambour en chef, exécute un long roulement; tout le monde est debout, chefs, courtisans, pages, étrangers; et, sans dire un mot, l'Empereur se retire par une porte latérale. Le bourzah du matin est fini.

Êtes-vous curieux d'en savoir plus long sur le genre de vie de l'Empereur : il vous faut, au milieu d'une multitude de gardes, de pages, d'exécuteurs, à l'œil vigilant, passer de la cour de la salle d'audience, dans les cours de la demeure particulière, cours nombreuses qui paraissent n'avoir d'autre but que d'isoler les bâtiments qu'elles précèdent et de dérouter l'étranger.

Dans l'un de ces préaux, on pourra voir Mtéça faire manœuvrer ses Amazones et jouer au soldat avec ses favorites. Elles sont toutes avenantes, simplement brunes, et ont de belles poitrines virginales. Mais ce qui frappe davantage, c'est l'effet de la discipline. Ces regards timides et attentifs qu'elles jettent sur le monarque, pour deviner son moindre désir, prouvent qu'elles sont dévouées à sa personne, mais aussi qu'elles ont assisté à d'autres scènes qu'à des scènes d'amour.

Dans une autre cour, à midi, on trouvera Mtéça faisant un léger repas de bananes mûres et de lait caillé; ou riant et babillant avec ses épouses préférées et avec ses filles qui, assises en cercle autour de lui, semblent régler leurs visages d'après l'humeur du despote. Ou peut-être le verrez-vous avec un de ses pages favoris, dans la case du trésor, examinant les objets qu'il tient des voyageurs dont il a reçu la visite : Européens, Turcs[1] et Arabes; ou bien il est avec Tori, son factotum, projetant quelque nouveauté sous forme de charrette, de voiture, de navire, de bateau, ou poursuivant l'idée qui s'est, pour le moment, emparée de son esprit.

LE PAYS

On sait maintenant quelque chose de la condition du paysan, de celle du chef, de l'autorité et du caractère du monarque; il nous reste à jeter un coup d'œil sur le pays, afin d'en connaître l'étendue, la nature et l'aspect.

Le territoire gouverné par Mtéça peut être décrit comme ayant la forme d'un croissant. Il a environ trois cents milles géographiques de longueur et soixante de large (cinq cent cinquante-cinq kilomètres sur cent treize). Sa superficie, y compris les îles de Sessé, de Loulammba, de Boufoué, de Sadzi, de Loulamha, de Dammba, de Loukomeh, d'Irammba, d'Irouadji, de Kivoua, de Kibibi, de Vouéma, d'Ouziri, de Vouannzi, d'Ourouma, d'Outammba, de Mvouama, d'Oughéyéga, d'Oussamou et de Mamounghi, est de trente milles carrés. Si l'on y joint l'Ounyoro, l'Oukédi et l'Annkori, qui reconnaissent la suzeraineté de Mtéça et payent, bien que d'une façon irrégulière, tribut à l'Ougannda, il faut ajouter à ce chiffre une étendue de quarante milles carrés, ce

---

1. Nous rappellerons que cette qualification de Turcs s'applique aux sujets du Khédive et désigne ici les traitants de Nubie, de Khartoum, du Ghazal, etc.; tous ceux qui viennent des établissements situés dans le bassin du Nil. (H. L.)

qui donne à l'empire une superficie de soixante-dix mille milles (plus de 180 000 kilomètres).

L'estime du nombre des habitants ne peut être qu'approximative, faite qu'elle a été par un voyageur qui, pour établir son calcul, n'a eu d'autre base que le chiffre de l'armée rassemblée à Nakarannga et l'énumération des districts et des villages qu'il a trouvés sur sa route.

Ougannda proprement dit, des chutes Ripon à la Katonnga.	750.000 âmes
Ouddou	100.000 —
Bouéra	30.000 —
Koki	70.000 —
Oussoga	500.000 —
Oukédi	150.000 —
Ounyoro	500.000 —
Oussagara ou Annkori	200.000 —
Karagoué	150.000 —
Oussouï	80.000 —
Ouzounngora, y compris Ihannghiro et le groupe de Bammbireh	200.000 —
Ile de Sessé	20.000 —
Ile d'Ouvouma	15.000 —
Les autres îles, ensemble	10.000 —
	2.775.000 âmes.

Ce qui donne environ trente-huit individus par mille carré (15 et une légère fraction par kilomètre).

Les produits du pays sont très-variés et seraient d'un facile écoulement s'ils se trouvaient à portée des Européens; ils consistent en ivoire, café, résines, gommes, myrrhe, peaux de lion, de léopard, de loutre, de chèvre[1], de bœuf, de peaux de singe d'un blanc de neige, en étoffe d'écorce, en bétail : bêtes bovines, moutons et chèvres.

Parmi les productions végétales, nous citerons le fruit du papayer, la banane paradisiaque et celle des sages, l'igname, la patate, les pois, les haricots d'espèces diverses, le melon, le concombre, la moelle végétale, le manioc et la tomate.

On trouve dans les environs de la capitale, du froment, du riz, du maïs, du sésame, des millets[2] et d'autres graines voisines des haricots et des fèves[3].

1. Les chèvres blanches de l'Oussoga, ainsi que les chèvres d'Angora, ont un poil fin et soyeux d'une longueur de quatre à huit pouces (de 10 à 20 centimètres). (*Note de l'auteur.*)

2. *Millets*; la marque du pluriel nous fait supposer qu'il s'agit de différentes sortes de grain comprises sous cette dénomination très-vague, qui s'applique au sorgho, au pennisetum, au panis, à l'aurax veira, à l'éleusine. (H. L.)

3. Le texte dit *vetches*, des *vesces*; probablement des fèves de différents genres. Peut-être la *voandzeia* est-elle au nombre des plantes ainsi désignées. (H. L.)

Le sol de la région du littoral, depuis l'extrémité de l'Oussoga jusqu'au Nil-Alexandra, est d'une inépuisable fertilité. Les forêts sont épaisses et formées d'arbres de haute futaie, parmi lesquels le teck, le peuplier, le tamarinier et certains gommiers atteignent une hauteur extraordinaire. Les parties basses et inhabitées de la côte se font remarquer par l'épaisseur, la puissance et la variété de leur végétation.

Les hautes terres, pour la plupart dénuées d'arbres et couvertes d'herbe, paraissent mieux convenir à l'élève du bétail, bien que le bananier des sages et le figuier croissent au sommet des collines avec la même vigueur qu'au bord du lac.

A l'ouest du pays herbeux et pastoral qui caractérise l'intérieur de l'Oussoga et de l'Ougannda, le terrain perd son revêtement de prairies et ses molles ondulations; il se soulève en collines aux pointes nombreuses, aux flancs abrupts et rocailleux. A mesure que l'on avance du côté de l'Ouest, les collines grandissent et deviennent des montagnes d'un type saisissant, dont on ne peut distinguer la cime à l'œil nu que par un temps clair. Ces montagnes sont coupées par des vallées profondes, où rugissent des torrents et des cataractes. Sur les versants longuement allongés, on voit de grands quartiers de roche d'une blancheur étincelante, à demi enterrés dans une couche de débris, où ils se trouvent depuis qu'ils se sont détachés du sommet qui s'élève si fièrement au-dessus d'eux.

Plus loin encore, le terrain semble s'être contracte, et avoir fondu toutes ses collines et ses montagnes secondaires en une masse dont la hauteur et l'énormité réduisent à des proportions de nains tous les monts vus jusque-là, et qui dédaignant, les regards vulgaires, couvre sa tête de neige et l'enveloppe de nuées grises.

Le changement qui s'opère depuis le lac Victoria jusqu'au Mouta Nzighé est tellement graduel, la transition si bien ménagée, que cette bande de cent milles de large (161 kilomètres) pourrait être divisée en cinq zones d'égale largeur, classées conformément aux limites indiquées ci-dessus.

Imaginons un chemin de fer reliant les deux lacs, courant de la baie de Murchison au golfe de Béatrice, quels paysages sans rivaux par leur douce beauté, leur fertilité exubérante, leur sublime grandeur!

Partant des bords du Victoria, cette mer intérieure, on pénétrerait dans les profondeurs d'une forêt dont les cimes s'entrecroisant, créent une nuit éternelle, abîmes de verdure où le sycomore gigantesque[1], le majestueux mvoulé, le gommier touffu se disputent l'espace; tandis que sous leur ombre, luttent entre eux, avec une égale ardeur, des arbres plus modestes, des buissons, des plantes, des lianes et des palmiers.

Revenu au jour, sous un soleil éblouissant, on aurait devant les yeux une plaine ouverte et ondulée, des collines arrondies, des cônes tronqués, des sections de plateaux coupés carrément; mamelons, cônes et tables entremêlés de prairies et de vallées, émaillées de nombreuses fourmilières couvertes de buissons. Là, il y a peu d'arbres, et ceux qu'on aperçoit sont très-probablement le candélabre[2] ou le tamaris avec un léger semis d'acacias. Du sommet de tel ou tel cône interceptant la route, on découvrirait un vaste panorama de collines et de vallées, de plaines herbues se gonflant en longues croupes, se creusant en molles dépressions, éminences et bassins herbeux, voilés, ainsi que toute la région, d'une vapeur ardente.

Il se trouverait ensuite au milieu de collines sauvages, où la roche primitive se montre à nu par grandes masses arrondies, d'un bleu grisâtre qu'elles doivent à des mousses et à des lichens, ou par fragments entassés comme en un chaos cyclopéen et que la pluie et le soleil ont fendus et divisés. A leur base, une couche épaisse de débris de gneiss veinés de quartz, d'éclats de granit et d'une roche colorée par l'oxyde de fer encombrent le lit de quelque ruisseau qui s'irrite de l'obstacle, et s'efforce de traverser l'amas pierreux pour gagner la vallée, puis la rivière paisible que défend une bordure de papyrus et de roseaux.

Le voyageur remarquerait alors que les vallées deviennent graduellement plus profondes, les collines, les montagnes plus hautes jusqu'au moment où il se trouverait tout à coup en présence du Gordon-Bennett, qui lance hardiment vers le ciel sa couronne voilée de blanc; mont superbe qu'entoure un groupe de cimes et de crêtes sauvages, et devant lequel le spectateur se sent comme accablé.

S'échappant du voisinage de ce roi de la montagne, on courrait pendant une heure à peine sur un plateau brun que le soleil a desséché, et l'on s'arrêterait brusquement au bord d'un précipice de quinze cents pieds de profondeur. Dans cet abîme, dont

---

1. Un figuier, non pas l'érable que nous connaissons. (H. L.)
2. Euphorbe candélabre, euphorbe en arbre qui arrive à une hauteur de douze à treize mètres. (H. L.)

elles réfléchissent la falaise, sommeillent, calmes et sereines, les eaux bleues du Mouta Nzighé.

REMARQUES GÉNÉRALES

Il me reste encore à ajouter quelques détails intéressants.

Mtéça, que j'ai présenté au lecteur dans son rôle de kabaka, n'a eu jusqu'ici qu'une personnalité vague et indistincte; je vais essayer de compléter son portrait.

Au premier abord, comme je l'ai dit au début, il séduit le voyageur par ses manières, son accueil, son prestige; et si l'arrivant songe à arracher l'Afrique au paganisme, l'empereur de l'Ougannda lui paraît être de tous les Africains celui qui doit le plus aider à l'œuvre de rédemption. Son intelligence et ses facultés natives sont d'un ordre très-élevé, son affection pour les blancs est réelle, l'assurance qu'il en donne est sincère, et son hospitalité ne connaît pas de limites. Élevé en Europe, il n'est pas douteux qu'il ne fût devenu un membre très-honorable de la société; mais nourri au sein du paganisme, de la superstition et de l'ignorance, il n'est rien de plus aujourd'hui qu'un Africain extraordinaire.

Quelque flatteur qu'il soit pour moi d'avoir converti au Christianisme l'empereur de l'Ougannda, je ne saurais me cacher à moi-même que cette conversion est purement nominale, et que, pour mener l'œuvre à bonne fin, il faut un missionnaire patient, assidu et zélé.

Quelques mois d'entretien sur le Christ et sur sa mission bénie, malgré l'effet qu'ils ont pu produire, ne suffisent point pour déraciner le mal que trente-cinq ans d'une vie brutale et sensuelle ont fait naître dans l'esprit d'un despote. L'ardeur soutenue, le dévouement infatigable, la sollicitude paternelle d'un pasteur d'une piété sincère pourraient seuls effectuer une véritable conversion. C'est parce que je suis convaincu de l'insuffisance de mon œuvre, et que je connais la force des mauvais penchants de mon prosélyte, que je n'hésite pas à le montrer sous son vrai jour. La grande qualité de Mtéça, qualité rédemptrice bien que fondée sur l'intérêt personnel, est son admiration pour les hommes de race blanche.

A son entrée dans l'Ougannda, l'Européen trouve un accueil inespéré; sa route semble jonchée de fleurs; les compliments et les dons de bienvenue se suivent sans interruption, des pages et des courtisans s'agenouillent devant lui; le moindre de ses désirs est immédiatement satisfait, car adresser une demande au Kabaka, c'est faire honneur à sa libéralité, à sa puissance. Tant que le voyageur a l'attrait de la nouveauté, que ses talents et sa valeur personnelle conservent leur prestige, son existence dans l'Ougannda est un long jour de fête.

Pendant ce temps-là, les pages, les curieux, les messagers, les courtisans prennent sa mesure, d'après des règles et suivant une méthode qui leur appartiennent. Tous ses actes sont observés, ses facultés estimées; sa capacité pratique, son adresse, ses connaissances, les services qu'il peut rendre, tout cela est exactement jaugé.

Il est toujours entretenu royalement, choyé, courtisé au delà de son attente. Mais le moment arrive où il lui faut payer de retour, remplir les promesses qu'il a tacitement faites en acceptant les dons et les faveurs dont il a été comblé. A sa grande surprise, on lui demande s'il peut faire de la poudre, fabriquer un fusil, fondre un canon, construire un vaisseau, bâtir une maison de pierre ou de brique.

Si c'est un prêtre, et que son costume et ses allures douces et tranquilles le prouvent, il n'a qu'à enseigner et à prêcher : on n'attend pas de lui autre chose. Mais si c'est un soldat, pourquoi ne saurait-il pas faire des fusils, des canons, des vaisseaux, des maisons? S'il avoue son ignorance en pareilles matières, il doit payer en autre monnaie. Il a des armes, il faut les donner; des montres, les donner; divers objets de valeur, bague ou porte-crayon en or, « donner »; de bons vêtements, « donner »; il a des perles, de l'étoffe, du fil de laiton, donner, donner, donner; donner, donner toujours, jusqu'à ce qu'il tombe dans la misère.

S'il ne donne pas avec la générosité d'un Speke ou d'un Stammlt, dont on lui citera sans cesse les noms pour le confondre et l'humilier, on trouvera d'autres moyens de lui prendre ce qu'il refuse. Ses serviteurs, séduits par les cadeaux de Mtéça et par des rapports exagérés sur la libéralité de l'Empereur, déserteront. Et un jour, au moment où il va se féliciter d'avoir été plus heureux que les autres, il se trouvera tout à coup dépouillé de la moitié ou des trois quarts de ce qu'il possédait.

Si le voyageur dit connaître les procédés de quelque industrie, il est tenu d'en donner la preuve aux dépens de son temps et de sa patience; puis quand il aura perdu de la sorte des mois précieux, le peu qu'il aura été capable de faire avec des flâneurs tels que les Vouagannda, paraîtra insuffisant; et il sera lui aussi, artificieusement allégé de quelques fusils et de quelques ballots d'étoffe.

Seul, le missionnaire résident sera affranchi de ces exactions; il compensera tout ce qui pourra lui manquer en instruisant et en prêchant; et, avec le temps, il deviendra le véritable empereur. Mtéça s'inclinera devant lui avec la docilité d'un enfant et le traitera avec autant de respect que d'affection. Sa nature particulière, nature violente pleine de contradictions, changerait totalement; ce serait un être nouveau, qui se présenterait aux voyageurs européens sous un aimable aspect, mieux que cela : il se ferait aimer. Mtéça est l'homme le plus intéressant de l'Afrique; il est digne de nos plus vives sympathies. C'est par lui seul, je le répète, que l'Afrique Centrale peut être christianisée et civilisée.

On a dû remarquer que j'ai donné à Mtéça le titre d'empereur et non celui de roi, sous lequel l'ont désigné Speke et Grant. Mais le lecteur peut se rappeler que, dans les pages précédentes, j'ai fait observer, à propos du premier ministre, que tous les Vouagannda, depuis le souverain jusqu'au paysan, changeaient de titres et de noms à mesure qu'ils s'élevaient dans l'opinion publique.

Mtéça, avant la mort de son père, était mlannghira, c'est-à-dire prince; quand il monta sur le trône, il reçut le titre de moukavya ou mkavya, équivalent de roi; mais quand il se fut distingué par ses conquêtes, et que, par ses victoires, il eut imposé aux rois voisins sa suzeraineté, son titre fut changé en celui de kabaka ou kavouaka, qui signifie empereur; car ses états, ainsi qu'on l'a vu plus haut, embrassent plusieurs contrées en dehors de l'Ougannda proprement dit.

La valeur de ces différents termes ne me devint familière qu'après un long séjour à la cour. Le titre de mkama, donné à Roumanika du Karagoué, à Mannkoronngo de l'Oussoui, est synonyme de *vice-roi* ou *sous-roi*, bien que littéralement il signifie seigneur. Des courtisans bien dressés, prompts à se rouler dans la poussière aux pieds de Mtéça, l'appellent souvent *Mkama annghé* (mon propre seigneur).

Les enfants de Mtéça ont tous la qualification d'*oulannghira*, qui veut dire princes. En dehors de ce titre, il ne semble pas qu'il y en ait d'autre indiquant une situation héréditaire, excepté celle de paysan désignée par le mot de kopi. Les vouakoungou et les vouatonngoleh sont nés paysans, et ils restent paysans, malgré leur rang de chef, de sous-chef, de gouverneur, de vice-gouverneur, de général ou de colonel. Ainsi, à Nakarannga, lorsque Mtéça promit à celui qui, le premier, débarquerait à Innghira, la place de premier ministre, il demanda à ses chefs assemblés :

Qu'est-ce que c'est que Pokino ? N'est-ce pas un paysan ?

Sous le rapport des qualités morales, Mtéça est très-supérieur à son peuple. Sans lui, aucun étranger n'oserait venir dans l'Ougannda; ses biens et sa personne n'y seraient pas en sûreté. Même entre eux, les Vouagannda ne reconnaissent que la force, et l'on pourrait pardonner à Mtéça de se montrer, à leur égard, encore plus sévère qu'il ne l'est; car pour les conduire il faut l'implacable autorité dont Souna faisait si cruellement usage.

Pris en masse, les Vouagannda sont de rusés chenapans, menteurs, voleurs et fourbes; ils semblent nés avec le désir irrésistible de s'enrichir violemment par la rapine et le meurtre : ce en quoi ils ressemblent à presque tous les Africains des autres tribus, avec cette différence qu'ils ont l'instinct du brigandage poussé à un plus haut degré qu'on ne le trouve chez la plupart des autres. Que le mot *nganya* (butin) soit prononcé devant eux par un chef, on sera surpris de l'avidité qui éclatera dans tous les regards. Mais, grâce à la terreur que leur inspire le maître, le voyageur peut parcourir le pays en toute sécurité; et en sa qualité de *mghéni* (hôte du Kabaka) il trouve partout une réception hospitalière.

Il y a longtemps que le proverbe : « tel père, tel fils, » est accepté; il serait également vrai de dire : tel roi, telles gens. Du moins dans l'Ougannda, les chefs en fourniraient la preuve; car, imitant le monarque, ils agissent en despotes et veulent être obéis avec autant de servilité que de promptitude. Comme l'Empereur, ils aiment la pompe et le faste, et en déploient autant que le permettent leur rang et leurs moyens.

Ainsi, l'Empereur a toujours quarante tambours, vingt fifres, dix joueurs de guitare, des saltimbanques, des clowns, des nains, des albinos, des messagers, des courriers, une foule de pages, de courtisans et de solliciteurs, des gardes du corps et deux porte-étendard qui l'accompagnent dans toutes ses sorties, pour témoigner de son rang et de sa puissance. Conséquemment les chefs ont une suite aussi nombreuse que possible, leurs porte-étendard et leurs pages ; et il en est ainsi pour tous les autres, jusqu'au paysan ou vacher qui fait trotter derrière lui un enfant, un petit esclave, qui porte ses lances et son bouclier.

Les Vouagannda sont de beaux hommes, grands et minces; j'en ai vu des centaines qui avaient plus de six pieds deux pouces (1 mètre 87) et j'en ai mesuré un dont la taille était de six pieds et demi (près de deux mètres, 1 mètre 976). Il faut naturellement faire une distinction entre les Vouagannda originaires du pays même, et les étrangers, les esclaves et leurs descendants, importés des provinces conquises, gens dont, en général, le vrai Mgannda diffère par des traits plus agréables, un ensemble plus avenant. Cette différence peut tenir à l'amour de la propreté, au soin, à la modestie, à la bonne tenue, qui se rencontrent chez les véritables indigènes, du plus élevé jusqu'au plus humble. Pour un membre de la cour de Mtéça, la nudité ou l'impudeur est une abomination ; le plus pauvre des paysans, lui-même, regarde d'un mauvais œil et bafoue l'homme qui est absolument nu.

J'ai mentionné plus haut qu'en fait de ruse et de fourberie, les Vouagannda surpassent les autres Africains ; mais on peut y voir un indice de la supériorité de leur intelligence, supériorité dont les preuves sont nombreuses. Leurs étoffes sont plus fines et leurs vêtements mieux faits, leurs habitations mieux construites et plus propres; leurs lances sont les plus parfaites que j'aie vues en Afrique, et ils déploient une adresse, un art merveilleux dans le maniement de cette arme meurtrière; leurs boucliers seraient admirés partout et leurs barques n'ont d'égales chez aucun peuple sauvage.

Il leur arrive souvent de recourir au dessin, pour compléter une description insuffisante, et l'exactitude de ces illustrations, l'habileté avec laquelle elles sont tracées sur le sol m'ont fréquemment surpris.

Dans la conversation, ils ont une façon curieuse d'appuyer leurs arguments. Ils prennent une baguette, la brisent en petit morceaux. L'un de ces morceaux, présenté avec emphase gravement reçu par l'auditeur dans la paume de la main, indique la fin du premier raisonnement; un autre morceau annonce la conclusion du deuxième; quand le troisième est exprimé, celui qui parle lève les deux mains, la paume en dehors, comme pour dire : « Voilà! Je vous ai donné mes raisons, vous devez nécessairement les comprendre. »

La plupart des gens de la cour connaissent les caractères arabes. L'Empereur et beaucoup de ses chefs les lisent et les écrivent couramment, et en font souvent usage soit pour correspondre entre eux, soit pour écrire au loin à des étrangers. Ils se servent pour cela de plaques très-minces et très-unies de bois de peuplier. Mtéça possède plusieurs vingtaines de ces feuillets sur lesquels sont écrits ce qu'il appelle « ses livres de sagesse », livres où les résultats des visites que lui ont faites les hommes blancs sont consignés. Quelque jour, un voyageur curieux pensera peut-être que ces chroniques valent le temps qu'on passerait à les traduire.

La puissance visuelle des Vouagannda est prodigieuse. Il m'est arrivé fréquemment de voir un Mgannda distinguer des objets qui échappaient à une lunette de campagne, lunette de six guinées (cent cinquante francs).

L'ouïe également est chez eux d'une extrême finesse.

Une chose vraiment étonnante est la multiplicité des services que l'ingénieux habitant de ce pays sait tirer d'un simple végétal.

Prenons par exemple le bananier.

A première vue, pour l'homme civilisé qui arrive, cette plante ne semble destinée qu'à porter des fruits, puisque sa tige ne peut être employée comme combustible, et que ses feuilles se fanent et se déchirent promptement; le civilisé, je le crains, ne lui accorderait qu'une valeur secondaire; et cependant, pour qui sait l'utiliser, quelle plante, dans cette région, est plus utile?

1. Ses fruits constituent la principale nourriture de l'indigène. Avant leur maturité, le Mgannda les pèle, en fait un paquet qu'il enveloppe dans une feuille verte (feuille de bananier), et mettant dans sa marmite une faible quantité d'eau, les fait cuire à la vapeur. Ce mode de cuisson rend la banane verte farineuse et sucrée, et lui donne très-bon goût. Quand elle est mûre, c'est un excellent dessert; prise le matin, avant le café, elle forme pour certaines constitutions un agréable laxatif.

Il y a plusieurs variétés de bananes, désignées chacune sous un nom particulier. Les unes, dont la longueur est de trois pouces seulement, ont la peau d'un vert foncé et sont gonflées de pulpe. D'autres, longues de six pouces et d'une nuance plus claire, sont regardées comme les meilleures. D'autres encore, également très en faveur, sont courtes et charnues. Une espèce que l'on reconnaît au point noir qui la distingue, est amère et ne se mange pas; elle est exclusivement employée pour la fabrication du vin.

2. C'est le fruit de cette dernière espèce, la banane amère, qui donne le marammba, vin sucré, doux comme le miel et d'une saveur de cidre. Mêlée avec un peu de millet, la pulpe de ce fruit donne également une bière douce. Fermentée, celle-ci devient si capiteuse qu'un litre suffit chez beaucoup d'hommes pour troubler l'équilibre. Il est cependant de vieux buveurs, le prince Kadouma, par exemple, qui en absorbent un gallon (plus de quatre litres) sans en paraître ébranlés. Pris le matin, au point du jour, un verre de marammba est excellent pour la santé; j'en ai fait l'expérience.

3. Les frondes du bananier servent à couvrir les cases, à faire des clôtures, et composent la literie; on en fait des couvercles, pour garantir le lait, l'eau et la farine; on les emploie en guise de nappe et de papier d'emballage; c'est dans une de ces feuilles qu'est enveloppé le cadeau qu'on vous envoie, bananes mûres, viande, beurre, œufs frais, poisson, etc. Nous avons vu que dans tous les ménages kiganndas, elle remplaçait le linge qui, ailleurs, enveloppe le pudding. L'ombre épaisse et fraîche que donnent les bananeraies est bien connue.

4. Avec les tiges, on fait quelquefois des palissades et des clôtures défensives, fréquemment des rouleaux pour le transport des troncs d'arbres ou celui des canots, lorsque les nécessités de la guerre l'exigent. Le cœur du tronc est râpé et transformé en éponges, que l'on rencontre dans presque tous les lavoirs du pays. Souvent un indigène indolent aime mieux pétrir un de ces gâteaux spongieux, et en user pour sa toilette, que d'aller faire ses ablutions au lac, à la rivière, à l'étang, ou de se donner la peine de puiser de l'eau.

Les fibres de la tige servent de ficelle et sont employées à tous les usages auxquels nous employons celle-ci. Avec la tige également, le paysan pauvre se fait un bouclier de texture grossière, mais d'un bon service, et les pêcheurs du lac se fabriquent de grands chapeaux qui les garantissent du soleil.

Beaucoup d'autres usages de cette plante précieuse pourraient

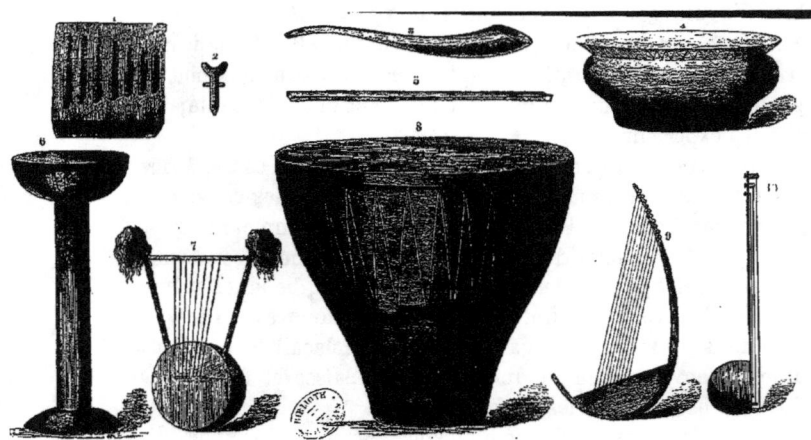

Instruments de musique.

1. Kinannda.
2. Sifflet de l'Ouboudjoué.
3. Cornet du guide de caravane.
4. Tambour de l'Ouzimmba.
5. Flûte du paysan de l'Ougannda.
6. Tambour de l'Ougannda.
7. Guitare de l'Oussaga.
8. Grand tambour de guerre de l'Ougannda.
9. Harpe de l'Ougannda.
10. Banndjo de l'Ounyamouésie (guitare monocorde).

être mentionnés ; mais ce que je viens de dire suffit à prouver, qu'en outre de la fraîcheur de son ombre, le bananier fournit au paysan de l'Ougannda du pain, du vin, de la bière, des légumes verts, des fruits, un médicament, les matériaux de sa toiture et de ses palissades, un lit, du linge, du papier, du fil, de la corde, du savon, des éponges, des bains, des boucliers, des chapeaux, même une embarcation ; à peu près tout ce dont il a besoin, à l'exception de la viande et du fer. Avec le bananier, il est riche, heureux, bien portant; sans lui, ce serait un être misérable, voué à la famine et attendant la mort d'heure en heure.

Ngogo, poisson trouvé dans le golfe de Speke (lac Victoria). Dix pouces de longueur, trois pouces de hauteur ; peau sans écailles ; opercule armé d'une corne horizontale ; deux filaments longs et épais sur la lèvre supérieure, quatre barbillons à la lèvre inférieure.

CHAPITRE XVI

VOYAGE AU MOUTA NZIGHÉ ET RETOUR DANS L'OUGANNDA

Les dames de la famille de Mtéça. — Sammbouzi reçoit l'ordre de me conduire au Mouta Nzighé. — Ma dernière soirée avec Mtéça. — En route pour le Mouta Nzighé. — Sammbouzi, le général. — Nous finissons par nous entendre. — Population blanche de Gammbaragara. — Musique guerrière. — Villages déserts. — Sinistres augures. — Conseil de guerre. — Panique. — Sammbouzi m'abandonne. — Retour. — Le spoliateur dépouillé. — Proposition de Mtéça. — A Kafourro.

Le 29 octobre, l'Empereur et son armée arrivèrent à Oulagalla, ancienne capitale du pays. Le retour du monarque provoqua peu de démonstrations de la part des habitants ; il ne fut guère salué que par les femmes de la maison impériale, rassemblées en grand nombre sous la conduite de Nana Mazourie, la mère de Mtéça, une vieille dame d'un esprit franchement masculin et d'une humeur violente et vindicative.

Mtéça, qui honore beaucoup sa mère, l'embrassa chaleureusement, ainsi que les autres veuves de son père, amenées à sa rencontre pour lui faire honneur, et qui reçurent le fils de l'héroïque Souna avec un respect mêlé de crainte.

Les acclamations, les chants, les paroles de bienvenue, les sourires étaient à l'ordre du jour. Puis la bière forte et le vin de banane coulèrent à flots ; et des salves de mousqueterie, un échange de présents, une tuerie de bœufs et de chèvres terminèrent la journée.

Après quelques jours consacrés au repos, je rappelai à l'Empereur le but de ma visite et la promesse qu'il m'avait faite de me donner des guides pour me conduire au Mouta Nzighé. Il consentit à mon départ et m'autorisa gracieusement à choisir, parmi ses chefs, le commandant des forces qui devaient venir en aide à l'Expédition pendant la traversée du pays qui est entre les deux lacs.

Je désignai Sammbouzi, jeune homme d'une trentaine d'années, qui s'était fait remarquer par sa bravoure pendant la guerre contre les Vouavouma, et dont le rang et la situation me garantissaient des forces plus que suffisantes pour résister à celles que le roi d'Ounyoro, alors en guerre avec Gordon-Pacha, pourrait nous opposer.

Mtéça approuva mon choix et me dit, avec l'exagération habituelle à un Africain ou à un Oriental, que Sammbouzi aurait cinq mille guerriers; tous les chefs présents à l'audience appuyèrent ses paroles. Sur ma requête de vouloir bien donner publiquement ses ordres à Sammbouzi, l'Empereur appela le commandant, qui, la face contre terre, écouta les paroles suivantes prononcées d'une voix ferme et sonore :

« Sammbouzi, Stammli, mon hôte, se rend au Mouta Nzighé. Il m'a demandé de vous donner le commandement des Vouagannda qui doivent l'accompagner au lac; j'y ai consenti.

« Maintenant, écoutez mes paroles. Presque tous les hommes blancs qui ont accepté de mes hommes pour escorte se sont plaints du tourment que leur ont causé les Vouagannda. Que je n'entende pas dire de vous pareille chose. J'enverrai des messagers à Kabba Réga pour lui faire connaître le but du voyage et lui ordonner de s'abstenir de vous inquiéter. Allez maintenant réunir vos hommes; je vous donnerai pour vous soutenir quatre sous-chefs, ayant chacun mille hommes, sous les ordres de Vouatonngoleh. Écoutez Stammli : tout ce qu'il dira devra être fait; et, sous aucun prétexte, ne revenez dans l'Ougannda avant que mes ordres soient absolument exécutés. Si vous reveniez sans une lettre de Stammli, qui vous en donnerait l'autorisation, vous auriez à affronter ma colère. J'ai dit.

— Merci, merci, merci, oh ! merci, mon seigneur ! » répondit Sammbouzi en se frottant le visage dans la poussière. »

Puis, se relevant, et braquant ses lances contre un ennemi invisible :

« Sur l'ordre de l'Empereur, s'écria-t-il, je vais conduire Stammli au Mouta Nzighé. Je le mènerai au lac à travers le cœur de l'Ounyoro. Je construirai un *Boma* (camp fortifié) et j'y resterai jusqu'au jour où Stammli aura terminé son œuvre.

Qui me résisterait? Mon tambour sonnera l'appel aujourd'hui, et réunira sous ma bannière tous les jeunes hommes de la vallée de la Katonnga ! En voyant l'étendard de Sammbouzi, les Vouanyoro prendront la fuite et lui laisseront la route blanche et libre, car c'est le Kabaka qui l'envoie; Sammbouzi marche au nom du Kabaka. Merci, merci, oh ! beaucoup de fois merci, mon seigneur, mon cher seigneur ! »

Je passai la veille de mon départ avec l'Empereur, qui semblait éprouver un chagrin réel de voir arriver le moment où je prendrais congé de lui d'une manière définitive.

Le principal objet de la conversation fut le temple chrétien que l'on commençait à bâtir, et où les cérémonies de l'Église seraient accomplies, jusqu'à l'arrivée d'un officiant plus digne, par Dallington, suivant le rite qui lui avait été enseigné à Zanzibar, par la Mission des Universités.

Nous nous rendîmes sur le terrain où s'érigeait le temple. A ma demande, l'Empereur me répéta tout ce que je lui avais dit des avantages que devait lui procurer l'adoption de la foi chrétienne, et ce qu'il savait de la supériorité de cette religion sur l'islamisme. Ses observations me prouvèrent qu'il avait une mémoire excellente et qu'il était passablement instruit de ses articles de foi. Je le quittai le soir, en l'adjurant de rester ferme dans sa nouvelle croyance, d'avoir souvent recours à la prière, et de demander à Dieu d'éloigner de lui toute tentation de violer les commandements écrits dans la Bible.

Le lendemain matin, mon prosélyte m'envoya en témoignage de son estime et de son affection, quatre boucliers, seize lances, douze couteaux, dix serpes, six cannes, douze belles peaux préparées et des fourrures d'animaux sauvages, vingt livres de myrrhe, quatre peaux de singe à camail blanc, dix bœufs, seize chèvres, des bananes, de la bière, du vin, et une escorte de cent guerriers qui devaient me suivre jusqu'à Doumo, où je devais me rendre par le lac.

A notre ami commun, le roi d'Oukéréhoué, il adressa, sur ma demande, cinq grandes dents d'éléphant, vingt livres de fil de fer, six peaux de singe à camail, un canot tout neuf pouvant tenir cinquante hommes, et comme épouse digne d'un roi, une jeune fille d'une quinzaine d'années, appartenant à la belle race des Gammbaragaras.

Il envoya les mêmes présents à mon autre ami, le roi de l'île de Komeh et du littoral de l'Ouzinndja, et fit distribuer des

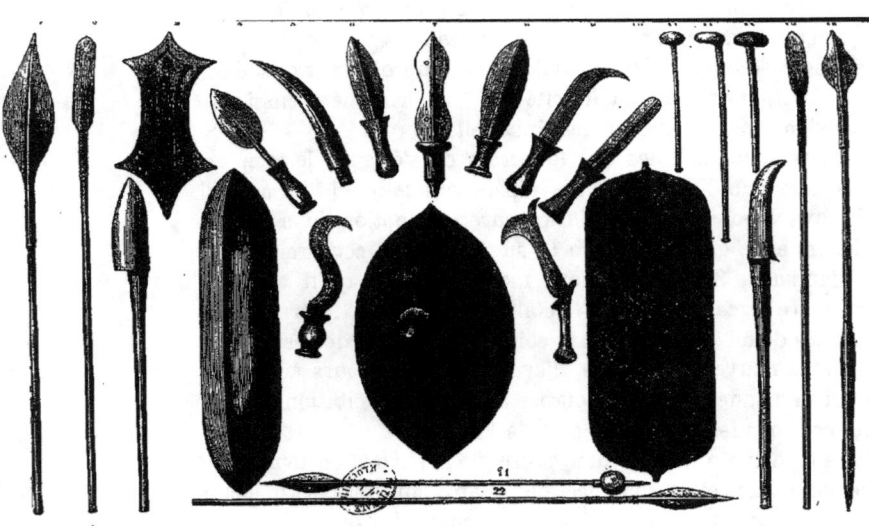

1. Lance du Manyéma oriental. — 2. Lance de l'Ouroundi, du Karagoué et de l'Ouhha. — 3. Bouclier des gens de l'Ounyoro. — 4. Couteau de l'Ouregga. — 5. Couteau du Roua. — 6 Couteau du Louvouma et de l'Oussoga. — 7. Couteau du Manyéma. — 8. Couteau de l'Ouregga. — 9. Couteau de l'Ougannda. — 10. Couteau de l'Oukéréhoué. — 11. Massues et cannes. — 12. Lance ordinaire des Vouanyamouési. — 13. Lance de l'Ouregga. — 14. Machette (coutelas) des Vouagannda. — 15. Bouclier des Manyémas. — 16. Serpe des Vouayéya. — 17. Bouclier de l'Ougannda. — 18. Serpe des Vouanyamouési. — 19. Bouclier des Vouassongora et des gens de Bammbireh. — 20. Machette des Vouassongora et des gens de Bammbireh. — 21. Lance du Manyéma. — 22. Lance de l'Ougannda.

bœufs aux ambassadeurs que j'avais amenés pour recevoir ces dons.

De mon côté, j'adressai à Loukonngheh un ballot d'étoffes assorties, deux rouleaux de fil de laiton, soixante livres de verroterie de belle sorte, un habillement de flanelle bleue, un autre de flanelle rouge et un tapis de velours.

Heureux d'avoir pu remplir, et au delà, les promesses que j'avais faites aux rois d'Oukéréhoué et de Komeh, heureux d'être arrivé à mes fins, malgré le délai vexatoire que la guerre avait rendu inévitable, je partis de Ntéhoui avec cinq canots remplis de guerriers vouagannda, cinq autres pour mon escorte particulière, deux pour l'escorte de l'ambassade d'Oukéréhoué, deux pour celle de Komeh, et onze canots qui devaient ouvrir des relations commerciales avec l'Ounyanyemmbé par le lac, via Kaghébyi : une idée que j'avais suggérée à l'Empereur.

Le jour même de mon départ de Ntéhoui, Sammbouzi quitta Oulagalla avec mille hommes, pour se rendre par terre à notre rendez-vous sur la Katonnga ; il devait y être rejoint par l'Expédition venant de Doumo, et par les quatre sous-chefs, Sékadjougou, Mkoma, Kourdji et Nghézi.

Pendant la traversée, nous fûmes généreusement traités à Nakavidja, par le grand amiral Gabounga, et à Oudjadjou, par Djoumba, le vice-amiral, qui tous deux nous offrirent du lait, du vin, de la bière, des bœufs, des bananes, des tomates et des patates.

A Oudjadjou, notre ponton en caoutchouc fut condamné et remplacé par un léger canot tout neuf, que je nommai le *Livingstone* et qui devait servir de conserve au *Lady Alice* dans l'exploration du Mouta Nzighé.

Après avoir suivi la côte pendant quatre jours, nous arrivâmes à Doumo, où je retrouvai le personnel de l'Expédition, après un absence de trois mois et cinq jours. Frank et tous mes gens étaient dans un état splendide ; mes Voua-ngouana prouvaient par leurs formes rebondies que leur régime s'était composé de ce qu'il y avait de meilleur dans l'Ouddou, et que les ordres de l'Empereur à leur égard avaient reçu leur entière exécution. Pendant ces trois mois ils ne m'avaient rien coûté, et je n'eus pas le courage de renvoyer l'escorte sans la charger pour Mtéça de l'expression de ma gratitude. J'envoyai donc à l'Empereur quatre ballots d'étoffe et cent quarante livres de perles de choix.

Quelques jours suffirent pour réorganiser la bande, réempaqueter les marchandises et préparer le bateau qui, après un rude service de neuf mois sur le lac Victoria, allait être porté à dos d'homme jusqu'au Mouta Nzighé.

Le *Livingstone* fut également divisé par sections portatives. Ce canot, de vingt-trois pieds de long sur trente-quatre pouces de large, avait deux pieds de profondeur; il se composait de quatre planches et d'une quille, assemblées par des coutures faites avec des fibres de canne; y compris les bancs et la proue, il pouvait être facilement porté par sept hommes.

Le septième jour de mon arrivée à Doumo, je me mis en marche vers le rendez-vous général de l'armée, rendez-vous situé au bord de la Katonnga. Nous traversâmes l'Ouddou dans la direction du Nord-nord-ouest. Arrivés à la Kyoghia, nous suivîmes le cours de cet affluent de la Katonnga jusqu'au village de Kikoma, où, traversant la rivière, nous entrâmes dans le Bouéra qui s'étend du Koki à la Katonnga, parallèlement à l'Ouddou.

A Kikoma, nous fûmes obligés d'attendre que Sammbouzi fût informé de notre arrivée et qu'il nous envoyât des guides pour nous conduire au rendez-vous.

Je profitai de cet arrêt pour me mettre en chasse et fournir de la viande à l'Expédition. La halte dura cinq jours, pendant lesquels je fus assez heureux pour tuer cinquante-sept bubales, un waterbuck (*kobus ellipsiprymnus*) et deux zèbres.

Cette frontière déserte, que les lions, les léopards et le voisinage des maraudeurs de l'Annkori protègent contre les incursions de l'homme, regorge de gibier, ce qui explique mon succès. Le premier jour, je tuai cinq grosses bêtes en quelques minutes, exploit qui, non-seulement surprit les gardes de Mtéça, mais dont je fus étonné moi-même.

Nous avions entendu dire que les lions étaient nombreux dans le voisinage de Kikoma; cependant, bien que mes excursions m'aient conduit à une grande distance de la route, je n'ai pas vu la moindre trace de lion ni de léopard.

L'arrivée des guides de Sammbouzi nous fit reprendre la marche, et le surlendemain nous atteignîmes la Katonnga. Cette rivière ou plutôt cette lagune, car je n'ai pu y découvrir de courant, cette rivière d'une largeur d'un demi-mille (huit cents mètres) était encombrée de papyrus et de roseaux; dans ce lit herbeux, dormait une eau stagnante, généralement de trois à quatre pieds de profondeur, et de sept par endroits. Il nous fallut un jour entier pour gagner l'autre rive, le *Lady Alice* ayant à s'ouvrir un passage à travers l'épais fouillis de roseaux.

À Rouhouéhoua, sur la rive nord de la Katonnga, Sammbouzi nous fit encore attendre pendant cinq jours; délai qui s'accordait peu avec mes désirs non plus qu'avec les instructions de Mtéça, et qui soumit ma patience à une rude épreuve. Nous étions toutefois si avancés dans l'entreprise, et si dénués de tout moyen de la poursuivre autrement, que je dus faire contre fortune bon cœur, me disant qu'il fallait souffrir ce qu'on ne pouvait empêcher, mais maudissant in petto le retardataire.

Le paysage, entre Doumo et la Katonnga, présente des chaînes de collines aux pentes unies, chaînes de mamelons ayant entre elles des vallées parsemées de fourmilières et maigrement revêtues de buissons. Une belle contrée pastorale, éminemment propre à l'élève du bétail, et qui en l'absence d'une population suffisante, constitue un repaire de premier ordre pour le noble gibier, si peu farouche en cet endroit qu'il est facile de l'approcher à portée convenable. Dans les parties désertes, on rencontre peu d'arbres, en dehors de l'euphorbe.

De grandes étendues ondulées, des collines et des vallées herbeuses se succédant en séries régulières, composaient la scènerie.

Comme pendant notre voyage à travers cette région nous jouissions d'une bonne santé exceptionnelle, nous ne pouvons nous empêcher de croire que ces longues perspectives, qui s'ouvraient de toute part, ne fussent pour beaucoup dans cette plénitude de bien-être.

Il est certain, que notre sang coulait plus vite, que notre regard était plus brillant, notre respiration plus libre quand nous nous trouvions au sommet de l'une de ces chaînes herbeuses, et qu'avec une certaine affection pour elle, nous comparions cette contrée à d'autres que nous avions parcourues et où la fièvre est moins commune.

Décrire en détail l'Ouddou et le Bouéra serait une chose fastidieuse; car il y a une grande ressemblance entre toutes ces vallées, ces collines, ces chaînes, ces rampes, ces dépressions; mais vue dans son ensemble de quelque point élevé, la scène a vraiment autant de noblesse que d'étendue.

J'ai remarqué que, généralement, les chaînes et le sommet des collines tabulaires sont habités par les Youagannda, et que les

Vouahouma, qui sont pasteurs et mènent une vie errante, occupent les bassins et les vallées.

Enfin, le cinquième jour, à Rouhouéhoua, district de Kahouanngaou, j'appris que le général avec son millier d'hommes se rendait à Laougouroué, où nous le trouvâmes en effet le lendemain. Notre camp fut établi à huit cents pas de celui des Vouagannda, et occupa tout un village dont les bananeraies furent mises à notre complète disposition. Sammbouzi et ses Vouagannda avaient pris, pour se loger, des villages situés au nord du nôtre.

Dans l'après-midi, j'allai rendre mes devoirs au général, pensant que le meilleur moyen d'atteindre mon but était de ménager la susceptibilité de cet Africain, et d'observer à son égard toutes les règles d'une politesse scrupuleuse.

Pendant la guerre avec l'Ouvouma, alors que j'assistais constamment au lever de l'Empereur, dont j'étais l'hôte honoré, Sammbouzi occupait avec ses troupes un emplacement contigu à ma résidence, et à cette époque cultivait mon amitié d'une manière assidue; c'était l'un des motifs qui me l'avaient fait choisir. Aujourd'hui, je le trouvais copiant les manières de l'Empereur, en les exagérant, et sans avoir la courtoisie et la bienveillance du monarque.

Lorsque j'entrai dans sa cour disposée en vue de rehausser sa dignité, si l'espace toutefois peut produire cet effet, je le vis se lever froidement, attendre au milieu de son entourage que je vinsse lui serrer la main, et ne répondre à mon salut que par quelques mots à peine intelligibles.

Je ne fus pas absolument surpris de cet accueil, résultat de sa récente promotion. Cependant il me glaça, m'irrita même, je dois l'avouer, ce qui me porta à lui demander si quelque chose allait mal.

— Non.

— Alors, pourquoi cette froideur avec votre ami? Vous déplaît-il de venir au Mouta Nzighé? Si vous éprouvez le moindre regret, je puis demander un autre chef.

— Que le voyage me plaise ou non, répondit-il, cela ne change en rien les ordres du Kabaka. J'ai reçu l'ordre de vous conduire au lac, et je vous y conduirai. Je ne suis pas un enfant; je suis un homme, dont le nom est assez connu dans l'Ounyoro; les Vouanyoro et les Vouassonngora ont senti l'acuité de ma lance, et il n'est pas supposable qu'ils me fassent reculer. Mais ici, je tiens la place de *Kabaka*, c'est lui que je représente; et c'est moi qui commande l'armée. Sammbouzi, votre ami de Nakarannga, est maintenant Sammbouzi le général. Comprenez-vous?

— Parfaitement. A mon tour j'ai à dire quelques mots que vous comprendrez vous-même, aussi bien que j'entends les vôtres. Je désire aller au Mouta Nzighé; vous avez reçu l'ordre de m'y conduire; si vous suivez ponctuellement l'ordre du Kabaka, j'aurai pour vous tout le respect qui est dû à l'Empereur, et je vous ferai un don qui vous rendra un objet d'envie pour le Katékiro lui-même. Tant que nous serons dans l'Ougannda, je n'ai pas à me mêler de votre conduite, je n'ai rien à voir à votre mode de marche et de campement; mais dès que nous entrerons dans l'Ounyoro, puisque nous serons dans le pays contre la volonté des habitants, je vous conseille en ami de ne pas séparer vos hommes des miens, de ne faire qu'un seul camp, d'occuper de fortes positions; et, si quelque danger était à craindre, de ne pas agir sans prendre les conseils de ceux qui peuvent vous en donner et qui sont disposés à le faire. C'est tout.

— Très-bien! Nous nous sommes compris. Nous gagnerons lentement la frontière, afin que les autres chefs aient le temps de nous rejoindre. Vous jugerez alors par vous-même si les Vouagannda savent marcher.

Au point de vue européen, il n'y avait pas à blâmer Sammbouzi d'un excès de dignité; aussi lui pardonnai-je ce qu'en d'autres circonstances, j'aurais regardé comme une insulte de sa part. Le nombre de ses soldats était vingt fois plus grand que celui des miens, et lui seul pouvait me donner le moyen de traverser l'Ounyoro. La prudence me conseillait de ne pas écouter un faux orgueil qui mettrait obstacle au succès de l'entreprise, et je suivis son conseil.

Pour nous rendre à Kahouannga, sur la frontière de l'Ounyoro, nous longeâmes la rive septentrionale de la Katonnga, à travers une contrée découverte et ondulée, coupée à de fréquents intervalles par les affluents de la rivière. Ces affluents, bien que désignés sous le nom de cours d'eau, sont plutôt des marais, larges drains herbeux, remplis de papyrus et de roseaux de la même nature que ceux de la Katonnga. Au nord et au sud de cette dernière, à une distance d'environ dix milles, le terrain s'élève rapidement. Là, de nombreux ruisseaux prennent naissance; mais dans leur descente pour gagner la vallée, ces eaux vives, limpides et douces sont absorbées par de grands lits marécageux, dont l'égouttement se fait dans la Katonnga [1].

Celle-ci conserve le caractère de lagune jusqu'au pied d'une colline basse qui sépare les affluents du Mouta Nzighé de ceux du lac Victoria. La crête de ce point de partage n'est qu'à deux cent cinquante pieds au-dessus du lit de la rivière, et la base de la colline, de l'Est à l'Ouest, n'a pas plus de deux milles de large. Néanmoins elle est contournée au levant par la Katonnga, qui vient du Nord-ouest, et baignée au couchant par le Roussanngo, qui, du pied d'une montagne que j'ai appelée *Lawson*, court au midi vers le Mouta Nzighé.

Excepté dans le voisinage de la Katonnga, c'est à peine si l'on voit un espace d'un mille qui soit uni : partout des dépressions herbues, des pentes et des crêtes. Chaque jour l'horizon était fermé par des rangées de collines bleues qui, à mesure que nous avancions vers l'Ouest, prenaient des proportions de montagnes.

Quand toutes les forces de Sammbouzi furent rassemblées, ce qui eut lieu à Kahouannga, le total de nos troupes fut de deux mille deux cent quatre-vingt-dix hommes, total ainsi composé :

Expédition du *Daily Telegraph* et du *New-York Herald*...	180 hommes.
Sammbouzi, général..	1 000 —
Mkoma, colonel...	250 —
Nghézi, colonel...	250 —
Sékadjougou, colonel...	450 —
Mróla, capitaine...	100 —
Kourdji, capitaine...	40 —
Gardes-du-corps de Mtéça sous le commandement de Sabadou, sergent...	20 —
Total..........	2 290 —

Environ cinq cents femmes et enfants suivaient cette petite armée et en portaient le chiffre à près de deux mille huit cents personnes.

Dans le nombre, et sous les ordres du colonel Sékadjougou, se trouvaient quatre hommes dont la couleur, très-claire, se rapprochait de celle des gens du Midi de l'Europe. Leurs habitudes et leurs manières différaient également de celles des Vouagannda; ils avaient leurs propres vaches, et semblaient vivre exclusive-

---

1. Au confluent du Vouakassi et de la Katonnga, le point d'ébullition a indiqué une altitude de quatre mille cent onze pieds (1250 mètres) au-dessus du niveau de la mer, dix-huit pieds seulement au-dessus des chutes Ripon. (*Note de l'auteur.*)

ment de laitage. Enfin, outre leur complexion, leur figure d'une régularité des plus remarquables les rendait pour moi d'un extrême intérêt. J'avais déjà vu, à la cour de Mtéça, plusieurs représentants de cette race ; mais il ne m'avait pas été possible de recueillir sur eux des renseignements précis. Cette fois j'obtins de nos quatre individus eux-mêmes et du colonel Sékadjougou, l'homme le mieux informé de l'Ougannda, les détails que je désirais depuis longtemps.

Ces gens, au teint clair, aux traits réguliers, sont natifs du Gammbaragara, pays situé entre l'Oussonngora et l'Ounyoro. Leur territoire comprend toute la contrée qui est à la base de la haute montagne que j'ai appelée Gordon Bennett, et comprend la montagne elle-même. En traversant l'Ounyoro, j'ai aperçu cette haute montagne qui s'élève au nord-ouest du Bennga occidental ; mais la distance était trop grande pour que je puisse en donner personnellement une description exacte.

D'après Sékadjougou, le mont Bennett, qui m'a paru être un énorme cône tronqué, d'environ quatorze à quinze mille pieds de hauteur (4000 à 5000 mètres), surgit d'une plaine où il s'élève par une série de terrasses ; il faut deux jours pour en atteindre le dernier sommet ; de nombreuses cascades tombent de ses flancs escarpés. En temps de guerre, Nyi-ika, le roi du pays, ses principaux chefs et leurs familles habitent le haut de la montagne, qui paraît être un ancien cratère. C'est un creux entouré d'une muraille de rochers, m'ont dit mes informateurs ; au fond, il y a une pièce d'eau ronde, d'où s'élève une haute colonne rocheuse, qui en occupe le centre. Il y fait très-froid, souvent il y tombe de la neige.

Les versants, la base et le sommet sont très-peuplés. Mais, en dépit de leur nombre, les Gammbaragaras, en tant que guerriers, sont l'objet des railleries des Vouagannda, qui leur reprochent de se réfugier dans des cavernes et à la pointe de leurs rochers inaccessibles, plutôt que d'accepter la bataille.

Bien que probablement inférieurs aux Vouagannda, sous le rapport du courage, il faut cependant qu'à une certaine époque ils aient fait la guerre, et avec succès ; autrement on ne s'expliquerait pas comment les Vouassonngora, peuple d'un caractère belliqueux et d'une bravoure éprouvée, sont devenus sujets de Nyi-ika, roi du Gammbaragara.

Ce souverain possède plusieurs villages dans diverses parties de la montagne et semble passer de l'un à l'autre, à mesure que l'herbe des pâturages environnants devient insuffisante pour ses nombreux troupeaux.

Le lait étant la principale nourriture des Gammbaragaras, il est facile de croire que le bétail abonde dans leur pays, ainsi que dans l'Oussonngora. On rapporte que, dans la grande razzia qu'il a faite dans cette région, le Katékiro d'Ougannda a enlevé cinquante mille têtes de gros bétail. Sammbouzi qui l'accompagnait alors, a souvent amusé mes loisirs par le récit animé de cette brillante campagne.

Les Gammbaragaras sont d'une race particulière; d'après ce que l'on raconte, ils seraient venus de l'Ounyoro septentrional, et, dans l'origine, tous auraient eut la peau blanche; aujourd'hui, parmi eux, les noirs sont aussi nombreux que les autres; ce qui provient de guerres successives, fort anciennes, et de mariages entre les vainqueurs et les captives. Il est résulté de ces unions des métis dont le corps est très-mince et la jambe singulièrement longue.

Les gens de la famille royale et de celles des chefs ne se marient qu'entre eux, ce qui a conservé la couleur primitive. On dit que les femmes de cette race sont d'une beauté remarquable. J'en ai vu plusieurs, et bien que je ne les aie pas trouvées belles dans toute l'acception du mot, tel qu'il est compris en Europe, elles étaient beaucoup mieux que pas une des femmes que j'ai rencontrées en Afrique, et à part la chevelure, n'avaient rien de commun avec la race nègre.

On dit aussi que les Gammbaragaras ont la garde des talismans de Kabba Réga, et le privilége héréditaire de fournir à l'Ounyoro les prêtres des Mouzimous.

A mon grand désappointement, je n'ai rien appris qui puisse me faire présumer que, sous le rapport des mœurs, ils soient au-dessus de leurs voisins, moins favorisés à l'égard du physique.

Le 1er janvier 1876, l'armée d'exploration, forte de près de deux mille huit cents individus, sortit des bananeraies de Kahouannga, chaque détachement sous la bannière de son commandant respectif, et chacun au son de la fanfare spéciale adoptée par le grand chef duquel il dépendait. Ainsi, les gens de Sammbouzi s'annonçaient de fort loin par un air particulier, qui, d'après l'explication que m'ont donnée les Vouagannda, signifiait : « Mtaoussa, Mtaoussa (le Spoliateur, le Spoliateur), approche ! » De même, ce que jouaient les musiciens de Loukoma voulait dire :

A travers l'Ounyoro.

« Mkoma ! (attention !) Loukoma n'est pas loin. » D'autre part, le nom de Sékadjougou était scandé à la manière de digue-dingdon : « Sé-Ka-Djou-Gou, Sékadjougou ! »

En émergeant de l'ombre des bananiers, l'armée se déploya en longue file sur un chemin étroit, Sékadjougou en tête, Sammbouzi et l'Expédition anglo-américaine au centre, Loukoma à l'arrière-garde. A droite et à gauche, sur les flancs de la colonne, en prévision des embuscades, les petits détachements des colonels Kourdji, Mrôla et Nghézi. Les rangs s'étaient formés avec promptitude ; et au lever du soleil, le grand tambour de Sammbouzi avait donné e signal du départ. A midi, nous occupions un ancien camp, désigné sous le nom de *Salt-Bannder*, marché du sel (bannder signifie grand marché) et situé au bord du Naboutari ou Nabouari, qui sépare l'Ounyoro de l'Ougannda.

La douce scènerie pastorale que nous avions eue constamment sous les yeux depuis Doumo, s'arrête sur cette rive. De l'autre côté du Naboutari, commence un pays accidenté qui, à mesure que l'on avance vers l'Ouest, prend un caractère de plus en plus montueux et finit par n'être plus qu'un massif de hautes chaînes dentelées et nues, de monts détachés et rocailleux, entre lesquels roule un terrain fortement ondulé, dont la surface présente de grandes nappes de fer carbonaté, mêlées à des fragments de granit. Chaque étape nous faisait rencontrer deux ou trois montagnes d'une altitude exceptionnelle qui, dominant toutes les autres, nous servaient de points de repère et m'étaient d'une grande utilité pour le relèvement de la route.

Le 2 janvier, nous traversâmes le Naboutari, ce qui nous fit entrer dans l'Ounyoro et nous mit en pays hostile ; les hauteurs étaient gardées par un grand nombre d'hommes.

Nous fîmes cependant sans encombre, une marche de seize milles qui nous conduisit à des villages du Rouoko méridional, où nous nous arrêtâmes. N'eussé-je pas été informé du changement de territoire que j'aurais immédiatement reconnu que nous arrivions chez un autre peuple ; l'architecture était différente et la base de l'alimentation n'était plus la même ; tandis que la banane, aliment que nous avions trouvé très-bon, très-sain, très-digestif, constitue dans l'Ougannda le fond de la nourriture, c'est la patate cuite avec du sel, qui, dans l'Ounyoro, jointe à d'autres légumes, tels que nous pouvions nous les procurer, formait notre régime.

Il fut amusant de voir la hâte avec laquelle notre armée déterra ses rations. On aurait dit à première vue, tant les piocheurs étaient nombreux dans les champs, que nous les avions amenés simplement pour défricher l'Ounyoro. Les fouilles se prolongèrent jusqu'au coucher du soleil, et il arriva au camp une telle profusion de patates, que le plaisir de piller les Vouanyoro me parut avoir animé nos gens, autant que le besoin de satisfaire leur appétit.

Toutefois, de même que rien n'avait arrêté notre marche, notre occupation du Rouoko méridional ne rencontra aucun obstacle.

Sammbouzi et Sékadjoudgou en tiraient de sinistres présages.

Ordinairement, disaient-ils, quand nous entrons chez eux, les Vouanyoro nous hèlent du haut de leurs collines, afin d'apprendre le motif qui nous amène. Aujourd'hui tout est désert et silencieux ; on ne voit personne ; les habitants doivent s'être réunis quelque part pour nous attaquer.

Ils résolurent, conséquemment, d'envoyer des espions de tous côtés, chargés de reconnaître les dispositions des indigènes à notre égard ; et pour donner le temps à nos éclaireurs de s'informer, il y eut un jour de halte.

Le surlendemain, 5 janvier, les tambours et les fanfares annoncèrent la reprise de la marche.

Les Vouagannda, qui n'avaient d'autres bagages que leurs nattes, leur literie, leurs vêtements de rechange, bagages portés par les femmes, allaient d'un pas rapide, et soumettaient à une rude épreuve ceux de l'Expédition qui avaient de lourdes charges. Néanmoins, habitués aux pénibles efforts, mes gens ne se laissèrent pas distancer. Les porteurs des sections du *Lady Alice* et du Livingstone eux-mêmes couraient comme des chevaux, et arrivèrent au bivouac presqu'en même temps que l'avant-garde.

Traversant le Rouoko méridional, nous entrâmes dans un pays montageux, pays inhabité ; et, après une marche de onze milles, nous nous arrêtâmes à Kazinnga, dans le Bennga oriental.

Le lendemain nous retraversâmes la Katonnga, notre direction étant alors au Couchant, et nous occupâmes le Bennga occidental. Du sommet d'une haute colline, j'aperçus vaguement, dans le lointain, une énorme masse bleue, qu'on me dit être la Grande Montagne des Gammbaragaras. Je l'appelai le Gordon-Bennett, en l'honneur de mon chef américain.

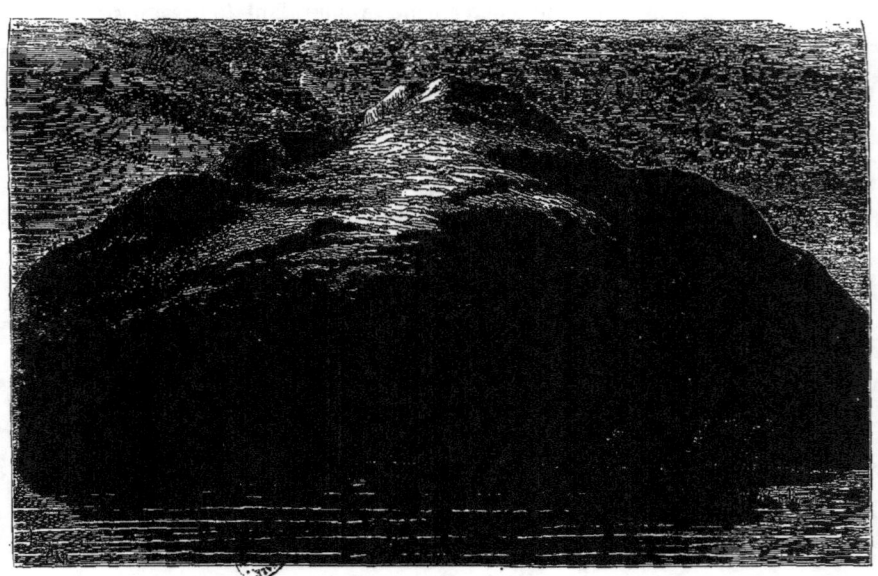

Le mont Edwin Arnold.

Ici, pour la première fois, nos fourrageurs aperçurent des habitants. Ceux-ci leur crièrent que nous pouvions avancer sans crainte, mais qu'ils doutaient de la possibilité de notre retour, à moins que, comme les oiseaux, nous n'eussions des ailes pour passer haut dans l'air.

Des cachettes d'indigènes furent aussi découvertes par hasard, dans les grandes herbes qui succédaient aux champs; et à peu de distance du village, nous trouvâmes une quantité de fosses profondes, à ouverture étroite et circulaire, qui nous conduisirent dans autant d'excavations plus larges : des chambres spacieuses. Ces demeures souterraines sont en grand nombre dans le sud de l'Ounyoro.

Le 8 janvier, après une marche de seize milles en pays sauvage, nous dressâmes le camp sur la rive orientale de la Mpannga. Ce dernier cours d'eau prend sa source près du Gordon-Bennett, passe à quelques milles au levant du mont Arnold, et rencontre le Roussanngo qui vient du mont Lawson, situé au Sud-est, dans le Kibannga, district de l'Annkori; les deux rivières réunies précipitent leur cours impétueux dans la direction de l'Ouest nord-ouest et, après plusieurs chutes, plongent dans le golfe de Béatrice. Le mont Edwin Arnold, d'une altitude de quelque neuf mille pieds (2,700 mètres) au-dessus du niveau de la mer, s'élevait à l'ouest de notre camp, et à six milles environ de la Mpannga.

Nous avions alors quitté l'Ounyoro proprement dit pour entrer dans l'Oussagara ou Annkori. Une vieille clôture en bois, complétement délabrée, montrait que les pâtres du pays amenaient quelquefois leurs troupeaux à cette extrémité de la province.

L'altitude moyenne des camps que nous avions occupés depuis notre départ du Victoria, n'excédait pas quatre mille six cents pieds (1,398 mètres), mais plus nous avancions vers le Couchant, plus les nuits étaient froides. Dans celle du 8 janvier le thermomètre n'atteignit pas treize degrés centigrades; la nuit précédente il n'en avait pas marqué plus de onze et demi; cet abaissement de température était dû probablement à des vents nocturnes, soufflant du Gordon Bennett.

Tous les matins, règle générale, une brume pouvant rivaliser avec les brouillards de Londres en novembre, rendait les premières heures de marche plus que désagréables. A cinquante pas un homme était invisible, et seuls les cornets et les tambours guidaient la bande.

Dans l'après-midi, l'atmosphère s'éclaircissait un peu ; et le soleil luttant dans l'Ouest contre des bancs épais de lourdes nuées, essayait de nous apprendre que le jour était à son déclin.

Le 9 janvier, le tambour nous éveilla deux heures avant l'aube, car nous avions une longue route à faire : nous devions, le jour même, entrer dans l'Ouzimmba, dont le chef était Rouighi.

Nous longeâmes le Roussanngo qui, par le bruit de ses rapides et de ses chutes multipliées, nous disait la furie de sa course : Le point du jour nous trouva dans un pays singulièrement sauvage et pittoresque, une Suisse africaine.

Des cônes, des pics, des coupoles, des croupes dans toutes les directions ; des torrents d'eau glaciale roulant entre des roches démantelées, ou sous des ponts naturels, d'où ils s'échappaient avec des rugissements furieux. Ces masses de grès, dont le cours du Roussanngo est obstrué, présentent les formes les plus tourmentées, les plus excentriques et prennent souvent l'aspect d'un amas de scories.

Dans le chaos qui vous entoure, et qui paraît formé de débris de montagnes, les traces de l'agent qui a convulsionné cette région sont encore visibles. Des filons de quartz blancs parcourent en différents endroits, dans le sens primitif de la couche, les strates devenues verticales. Ailleurs, le quartz paraît avoir été encastré dans des moules circulaires, d'où l'action impétueuse des eaux, action incessante, l'a balayé, laissant dans le grès de larges cavités et des fissures profondes.

Un petit affluent du Roussango, venant du Sud, fuyait sur une coulée de basalte poli, qui renfermait également de larges veines de quartz.

Peu de temps après midi, la colonne atteignit le centre d'une dépression de la chaîne de l'Ouzimmba, dépression située à cinq mille six cents pieds (1702 mètres) au-dessus de la mer et d'où nous vîmes, à un niveau très-inférieur, les champs, les jardins, et les villages de Rouighi. La contrée était populeuse, mais l'arrivée subite de notre avant-garde, tambours battant et bannières déployées, avait dépeuplé cette vallée si riante et fait la place entièrement libre au principal corps d'armée. Si les indigènes avaient été informés de notre approche, ils auraient pu tirer de nous une vengeance facile en tombant sur notre arièregarde, car cette marche de dix-neuf milles avait dissous l'Expédition, jusqu'alors si compacte, et en avait fait de petits groupes de traînards exténués et démoralisés. Un de mes gens, un appelé André, élève de la Mission anglaise de Zanzibar, avait jeté bas son fardeau et s'était caché dans les brousailles pour y dormir à l'aise. Arrivé au camp, j'expédiai à sa recherche vingt hommes, qui heureusement parvinrent à le sauver, malgré les menaces d'une bande de gens du pays. Le même jour, dans la soirée, des malades appartenant à l'armée d'escorte, furent victimes de la colère d'un autre parti d'indigènes que notre présence avait exaspérés.

Notre descente dans les champs de l'Ouzimmba se fit tellement à l'improviste, que les habitants ne savaient qui nous étions. En s'enfuyant, ils demandèrent à notre avant-garde pourquoi le Mkama d'Annkori leur envoyait ses guerriers, et l'avertirent qu'ils reviendraient le lendemain pour nous combattre. Le soir, toutefois, le grand tambour de Sammbouzi annonça au loin le caractère de nos troupes, et fit savoir aux indigènes que c'étaient des Vouagannda qu'ils avaient parmi eux.

Le lendemain, les chefs de l'Expédition tinrent conseil. Il fut décidé qu'on enverrait, pendant la nuit, deux cents hommes capturer quelques indigènes, au moyen desquels nous pourrions faire connaître nos intentions à Rouighi, chef de l'Ouzimmba, et à Kachéché, roi d'Ounyammpaka, dont le pays, situé à l'ouest de l'Ouzimmba, est riverain du Mouta Nzighé. Le lac n'étant plus qu'à une distance de quatre milles (six kilomètres et demi) il devenait urgent de s'assurer des dispositions des indigènes, et de savoir si nous pouvions séjourner tranquillement dans le voisinage pendant un mois.

On nous amena le lendemain une dizaine de prisonniers. Après leur avoir donné des étoffes et des perles, nous les renvoyâmes dire à leurs chefs respectifs que les Vouagannda accompagnaient un homme blanc qui désirait visiter le lac, et demandait la permission de passer quelques jours dans le pays; qu'il n'occuperait aucun village et ne ferait de tort à personne; qu'il payerait tout ce qui serait mangé par ses compagnons, et que tous les indigènes qui avaient des vivres à vendre étaient priés de les apporter au camp, où ils recevraient en échange de l'étoffe, des perles, du fil de laiton ou du cuivre; qu'ils pouvaient être assurés que, tant qu'ils resteraient paisibles, ils n'auraient rien à craindre; enfin, que nous attendions une réponse avant deux jours.

Le 11 janvier nous nous avançâmes jusqu'à un mille du bord du plateau, qui dominait le lac d'une hauteur de quinze cents pieds.

Fidèles à notre promesse, nous n'entrâmes dans aucun village ; notre camp fut établi au sommet d'une chaîne de collines d'où nous commandions tous les alentours[1]. L'Expédition occupait l'extrémité de la chaîne la plus rapprochée du lac; les Vouagannda étaient postés au centre et à l'extrémité orientale. Au Nord et au Sud, les pentes allaient rejoindre des fonds herbeux. Aucun arbre, aucune obstruction de quelque nature que ce fût, n'arrêtait le regard et ne masquait nos approches. Les camps des Vouagannda furent entourés de huttes, dont les portes tournées vers l'extérieur permettaient aux occupants de voir se qui se passait au dehors sans être vus eux-mêmes.

Le lendemain, nous reçûmes la réponse que nous attendions ; les indigènes nous faisaient dire qu'ils n'avaient pas l'habitude de recevoir des étrangers ; que notre venue leur déplaisait ; que l'Ouzimmba et l'Ounyammpaka appartenaient à l'Ounyoro ; que le roi d'Ounyoro se trouvant en guerre avec les blancs, on ne comprenait pas comment un blanc pouvait venir dans son royaume et espérer qu'il y aurait la paix ; que nos paroles étaient bonnes, mais que nos intentions étaient mauvaises, cela ne faisait aucun doute ; ce pourquoi nous devions nous attendre à être attaqués le lendemain.

Cette réponse nous était apportée par environ trois cents indigènes, qui avaient pris leurs précautions pour ne pas être victimes d'un guet-apens. Leur message délivré, ils se retirèrent dans la direction du mont Ouzimmba.

La déclaration de guerre troubla singulièrement les chefs vouagannda, surtout les chefs de rang inférieur, et les gardes du corps de Mtéça. Il en résulta une séance très-orageuse, dans laquelle Sabadou et Bougommba, le frère du katékiro, épuisèrent leur éloquence pour persuader à Sammbouzi de revenir sur ses pas. De leur côté, Sékadjougou et Loukama firent ressortir par d'habiles arguments, la nécessité d'un retour immédiat. Tous, néanmoins, exprimèrent l'intention de rester avec Sammbouzi et de le soutenir jusqu'à la mort.

---

1. D'après l'altitude indiquée par le point d'ébullition, notre camp se trouvait à quatre mille sept cent vingt-quatre pieds (1 436 mètres) au-dessus du niveau de la mer.

Maison et ustensiles de l'Ouzimmba et de l'Ankori.

1. Tabouret de bois.
2. Vase en bois pour la traite des vaches.
3. Tabouret en bois.
4. Gobelet.
5. Ecuelle en bois où se met la bouillie.
6. Plat.
7. Vase pour la traite des vaches (Ankori).
8. Petite sebille.
9. Pot de terre servant de marmite.
10. Pot de terre servant de casserolle.
11. Cruchon en terre pour l'eau.
12. Plat de bois.
13. Tasse de bois.
14. Plat de bois pour servir les bananes et les patates au dîner de famille.
15. Maison de l'Ouzimmba.
16. Aiguière.
17. Bol en bois.

Une panique était imminente; à mon tour, je priai Sammbouzi de m'entendre.

— Bien que nous ne soyons qu'à une portée de fusil du Nyannza, lui dis-je, nous n'avons pas encore vu le lac, et l'Empereur vous a ordonné de m'y conduire. Avant même que nous eussions cherché la place où devait être le camp, vous parliez déjà de rentrer dans l'Ougannda. Si vous êtes tous décidés à partir, je ne saurais l'empêcher, mais je vous demande deux jours; après cela, je vous donnerai une lettre qui vous justifiera aux yeux de l'Empereur. Dans cet intervalle, cinq cents Vouagannda et cinquante de mes gens iront choisir un sentier par lequel je puisse faire porter mes bateaux et mes bagages à un endroit où ils pourront être descendus et gagner le lac sans avarie. A leur arrivée au Nyannza, vos gens et les miens verront s'il est possible de me procurer des canots pour embarquer tous mes hommes.

Cette proposition convint aux chefs; et comme il n'y avait pas de temps à perdre, à 8 heures du matin, cinq cents Vouagannda, sous les ordres de Loukoma, et cinquante de mes hommes, commandés par Manoua Séra, furent expédiés vers le lac, avec recommandation d'agir prudemment et de prendre bien garde d'alarmer les riverains. Moi-même, j'allai avec cinquante hommes, explorer le bord du plateau, à la recherche d'un endroit où la descente fût possible et n'offrît pas de danger.

Pareil à un vaste miroir, le lac se déployait devant nous, tranquille et bleu, hormis près du rivage que marquait une ligne d'écume provenant du ressac. Bien que l'atmosphère ne fût pas très-pure, j'estime que la côte opposée, formée par les hautes montagnes de l'Oussonngora, était à une distance de quinze milles. L'Oussonngora borne, à l'ouest, le golfe de Béatrice.

A midi, Loukoma et Manoua Séra étaient de retour; ils rapportaient qu'à la première escale, la hauteur de la falaise était de cinquante pieds, et que sans cordes très-longues et très-solides, il serait difficile de faire descendre aux bateaux cet escarpement; que les indigènes, revenant du marché par le lac, hissaient jusqu'en haut leurs sacs de sel, enveloppés dans des peaux de bœuf; qu'il n'était pas possible à un homme de monter ou de descendre la muraille avec une charge sur le dos, ses deux mains lui étant nécessaires pour se retenir ou pour grimper. Ils ajoutaient qu'ils n'avaient pu trouver que cinq petits canots de pêche, absolument incapables de transporter nos hommes et nos bagages. Sur les bords du lac, ils avaient vu de grands dépôts de sel apportés de l'Oussonngora, ainsi que du maïs, du millet, des patates, des bananes et de la canne à sucre en abondance.

Ces nouvelles donnèrent aux Vouagannda la fièvre du départ. Des groupes nombreux d'indigènes, postés au sommet de toutes les collines environnantes, ajoutèrent à la frayeur qui s'était emparée de leur esprit. Enfin des gens malintentionnés ayant fait courir le bruit qu'une armée considérable venait du Sud pour le combat du lendemain, les Vouagannda emballèrent immédiatement des provisions de patates en vue de leur traversée des solitudes de l'Annkori. Mes gens eux-mêmes furent saisis de panique et, sans rien dire, se préparèrent à suivre les Vouagannda, le simple bon sens leur faisant comprendre que, si une troupe de plus de deux mille combattants ne se croyait pas assez forte pour défendre ses positions, la nôtre, qui ne se composait que de cent quatre-vingts hommes, ne pouvait offrir la moindre résistance. Je les vis se disposer ouvertement au départ, avant d'avoir reçu aucun ordre à cet effet, avant même que la chose eût été discutée.

Les capitaines de mes Voua-ngouana vinrent me trouver dans l'après-midi, pour me demander ce que j'avais résolu ; leur abattement était complet. Je leur répondis que, par le sacrifice d'un quart des marchandises qui restaient encore à l'Expédition, je tâcherais d'obtenir de Sammbouzi de passer deux jours de plus avec nous ; que, pendant ce temps-là, j'espérais pouvoir faire descendre la falaise à nos deux barques et les mettre à flot, ce qui me permettrait de consacrer soixante hommes à la garde de ceux des membres de la caravane qui voyageraient à pied. Le *Lady Alice* et le *Livingstone* longeraient la côte, pour servir d'auxiliaires à ceux-ci, en cas d'attaque, ou pour leur faire traverser les rivières, jusqu'à ce que nous fussions dans le voisinage d'une île déserte. La caravane serait alors conduite dans cette île, où elle attendrait en toute sécurité que le parti explorateur eût découvert une province plus pacifique, ou trouvé un autre moyen de continuer le voyage. Ce projet reçut l'approbation de mes capitaines.

A 5 heures du soir, un messager de Sammbouzi vint m'appeler à un conseil, auquel assistaient tous les chefs de l'armée d'escorte, réunis pour discuter nos moyens d'attaque ou de défense et la question du combat ou de la fuite.

Sabadou, capitaine du détachement des gardes du corps, fut

prié de prendre la parole, ce qu'il fit avec la couardise malicieuse d'un Thersite. Aucun des arguments susceptibles d'étouffer toute résolution d'obéir aux ordres de Mtéça ne fut négligé par l'orateur; il les développa avec l'autorité que lui donnaient sa situation de capitaine de la garde et l'influence qu'on lui supposait sur l'esprit du monarque; il se targua de pouvoir conjurer la colère du maître et de la détourner sur la tête de Kabba-Réga, le roi de l'Ounyoro. Bougommba, frère du premier ministre, qui, malgré son âge,— il n'avait que seize ans —, jouissait dans le conseil d'une faveur encore plus grande, et était doué d'une habileté qu'un Européen ne saurait concevoir, prenant un air modeste, appuya humblement ce discours, et jeta adroitement dans la discussion, lui, le jeune page, des arguments omis par Sabadou, arguments qui tous concluaient au départ.

Le conseil l'écouta avec une approbation évidente; beaucoup de chefs furent d'avis qu'il était préférable de partir à l'instant même. Loukoma et Sékadjougou, les colonels de Sammbouzi, prièrent gravement le général de songer au nombre des guerriers que l'on nous opposerait dans le combat du lendemain; de se rappeler que nous étions loin de toute assistance; que tous les avantages de la guerre se trouvaient du côté de l'ennemi : celui-ci combattrait sur son propre terrain, avec la pensée qu'il défend sa demeure. En admettant qu'il fût battu le premier jour, il reviendrait les jours suivants en nombre de plus en plus considérable; et avant peu toutes les forces de l'Ounyoro, un pays aussi grand que l'Ougannda, se réuniraient pour nous déloger et nous massacrer. Toutefois, Sammbouzi était leur général; s'il croyait devoir rester auprès de Stammli, ils n'abandonneraient pas leur chef et mourraient à ses côtés.

Sammbouzi m'invita alors à dire mon opinion. La colère m'étouffait : me demander mon avis quand tous ceux qui m'entouraient étaient si bien décidés à agir contrairement au but du voyage, que la crainte même de l'Empereur ne suffisait pas à les retenir ! Je ne comprenais pas qu'un chef comme Sammbouzi, d'une expérience consommée, d'une bravoure reconnue, daignât prêter l'oreille aux raisons d'un enfant tel que Bougommba, et d'un homme tel que Sabadou. Néanmoins, faisant un effort sur moi-même, et appelant ma patience à mon aide :

— Je ne vois pas, dis-je, quelle utilité peuvent avoir mes paroles, puisque vous avez tous résolu d'agir contrairement à l'avis que je peux donner. Mais pour que vous n'ayez pas à me reprocher de vous avoir refusé mon conseil, et laissé oublier le péril auquel vous vous exposez en vous retirant, je consens à parler.

« Vous, Sammbouzi, vous m'avez dit, à Laougouroué, que vous étiez un homme, et non pas un enfant. Si vous êtes un homme comment permettez-vous à un gamin comme Bougommba, à qui la peur fait perdre la raison, de parler dans un conseil de guerriers, tels que ceux que je vois ici? Croyez-vous que Bougommba puisse sauver votre tête, quand Mtéça apprendra votre conduite? Non; l'amitié que cet enfant professe pour vous s'évanouira devant un froncement de sourcil de l'Empereur. Croyez-vous que le Katékiro vous tiendra compte de l'affection que vous portez à son frère? Non; le Katékiro reniera Bougommba, et sera le premier à demander votre mort. Si vous êtes un homme, si vous êtes un chef, comment prêtez-vous l'oreille aux paroles de Sabadou, cet esclave qui n'oserait pas plus s'approcher du tabouret de l'Empereur, qu'affronter demain les Vouanyoro dans le combat? Quel est ici le général? Est-ce Sabadou? N'est-ce pas Sammbouzi, le guerrier qui s'est battu si vaillamment dans l'Ouvouma? Si Loukoma et Sékadjougou, vos lieutenants, vous conseillent de prendre la fuite, vous avez tort de les écouter, car c'est vous que punira Mtéça, et non pas eux.

« Comme ami, je vous conseille donc de rester ici deux jours encore, le temps qui m'est nécessaire pour remonter ma barque et mon canot. Après cela, j'écrirai à l'Empereur une lettre qui vous dégagera de toute responsabilité. Si vous m'accordez ces deux jours, vous recevrez le quart de tout ce que je possède, la moitié même, pour vous et pour vos amis. Ne redoutez pas les Vouanyoro; nous pouvons, cette nuit, établir une estacade tellement forte, que, fût-il présent, Kabba Réga lui-même ne pourrait rien contre nous. Il n'y a pour vous aucun danger à rester ici un jour ou deux; tandis que, si vous retournez dans l'Ougannda sans lettre de moi, vous courez à une mort certaine. J'ai parlé.

Après une pause, pendant laquelle il échangea quelques observations avec ses chefs, Sammbouzi me fit cette réponse:

—Stammli, vous êtes mon ami, l'ami de l'Empereur, un fils de l'Ougannda, et je tiens à remplir mon devoir envers vous dans toute la mesure de mes forces. Mais vous devez entendre la vérité: ce que vous me demandez est impossible. Vous ne connaissez pas les gens de ce pays et leur haine de l'étranger. Nous ne pouvons pas rester ici deux jours, ni même un seul. Nous aurons demain un combat, cela est certain ; et si vous croyez que c'est la peur qui me fait parler, vous me verrez devant l'ennemi. Ces gens-là me connaissent depuis longtemps ; ils savent que ma lance est affilée et fatale.

« Nous combattrons demain au lever du soleil ; et, pour rentrer dans l'Ougannda, il faudra nous ouvrir un chemin à travers les Vouanyoro. Nous ne pouvons pas combattre un jour et demeurer dans le pays ; une fois commencée, la guerre durera tant que nous vivrons ; car les Vouonyoro ne prennent pas d'esclaves comme le font les Vouagannda. La seule chance qui nous reste est de faire cette nuit nos paquets et, demain, au point du jour, de nous mettre en marche et de forcer le passage.

« Maintenant parlez-moi comme à votre ami. Que comptez-vous faire? Resterez-vous ici, ou reviendrez-vous avec nous et chercherez vous une autre route ? Car, je dois vous le dire, si vous ne le savez pas ou si vous ne le voyez pas vous-même : jamais, de cet endroit, vous ne mettrez vos bateaux sur le Nyannza. Comment pourrez-vous les descendre, pendant que vous combattrez et que des milliers d'ennemis vous presseront de toute part? Quand même vous atteindriez le bord de l'eau, comment ferez-vous pour travailler et combattre en même temps ?

— D'après la conduite que j'ai vu tenir précédemment aux Vouanngada, répondis-je, je m'attendais à votre décision. Lorsque Magassa fut chargé de m'accompagner dans l'Oussoukoma, il prit la fuite et me laissa combattre seul à Bammbireh. Quand les Vouagannda furent envoyés à Gondokoro avec Abdoul-Assiz-Bey (M. Linant de Bellefonds), ils le suivirent jusque dans l'Ounyoro ; et quand ils virent s'approcher les gens de Kabba Réga, ils l'abandonnèrent en lui volant presque toutes ses caisses, le laissant combattre seul pour s'ouvrir la route. Les hommes blancs sauront bientôt qu'il n'y a pas d'hommes plus lâches que les Vouagannda. Quant à votre conseil, je vous en remercie ; vous aurez ce soir ma réponse.

Dès que je l'eus quitté, Sammbouzi fit battre le grand tambour de guerre pour annoncer la marche et le combat présumé du lendemain. Il apprenait ainsi aux membres de l'Expédition que les Vouagannda étaient décidés à partir. En arrivant au camp, je vis l'anxiété peinte sur tous les visages. Je fis venir Pocock et mes capitaines, je les informai de la décision de Sammbouzi ; je leur fis connaître les dangers qui nous menaçaient, les chances que nous pouvions avoir, et les priai de me dire leur opinion en toute franchise, en toute liberté.

Après un long silence, le brave et fidèle Katchétché me répondit :

— Maître, je ne sais ce que pensent mes frères ici présents; mais je vois clairement que nous avons été amenés au bord d'une fosse profonde et que les Vouagannda nous y pousseront si nous ne les suivons pas. Pour ma part, je n'ai rien à dire, sinon que je ferai exactement ce que vous ordonnerez ; vivre ou mourir, pour moi, c'est la même chose. Si vous dites : » « Laissons par-« tir les Vouagannda et continuons le voyage », je dirai comme vous. Si vous dites qu'il faut retourner, je le dirai également. voilà mon opinion. Mais j'aimerais à vous demander, dans le cas où nous nous déciderions à marcher seuls, si nous avons quelque chance de sortir de notre camp, entourés comme nous le sommes d'habitants qui veulent la guerre. Si, avec notre aide, tous les Vouagannda ne sont pas capables d'assurer la position, comment une bande aussi petite que la nôtre pourrait-elle y réussir? Voilà ce qui est dans mon cœur, et ce qui, je le crois, est la cause de l'effroi de vos hommes. Je dois vous dire une chose : demain, quand Sammbouzi fera battre la marche, plus de la moitié de l'Expédition partira avec lui, et vous ne pourrez pas l'empêcher.

— Très-bien, répondis-je ; voici ma décision. J'ai été envoyé pour explorer le lac. A mon départ de l'Oussoukouma, je doutais que je pusse le faire sans l'assistance des Vouagannda, parce qu'il n'existe, sur les bords de ce Nyannza, aucun peuple ami des étrangers. C'est pour cette raison que j'ai demandé à Mtéça de me prêter une escorte aussi nombreuse. Comme il n'y a pas, sur cette rive d'endroit hospitalier où je puisse vous laisser pendant que je naviguerais sur le lac, j'avais pensé à m'emparer d'un port et à le garder pendant un mois ou deux. Les troupes sur lesquelles je comptais m'abandonnent et les indigènes veulent la guerre. Il ne me reste donc plus qu'à partir avec Sammbouzi et à essayer de gagner le lac par une autre route. Si nous n'en trouvons pas, nous aurons encore lieu d'être contents de ce que nous avons fait.

Les Vouangouana apprirent cette décision avec joie :

— Plaise à Dieu, s'écrièrent-ils, que nous trouvions un autre chemin ; et, la première fois que nous partirons, nous le ferons sans les Vouagannda.

Sammbouzi fut informé de notre résolution et prié en même temps de nous envoyer vingt hommes pour aider nos gens exténués à porter notre matériel.

Au point du jour, nous rassemblâmes nos forces, et nous nous préparâmes à quitter les falaises du Mouta Nzighé en meilleur ordre que nous n'étions entrés dans l'Ounyammpaka. Un millier d'hommes armés de lances et de boucliers furent mis en avant; mille hommes, également armés de lances, et trente de mes Voùa-ngouana, gens d'élite pourvus de boucliers, formaient l'arrière-garde. Les porteurs, les femmes, les enfants, toute la caravane, composèrent le centre. Enfin les tambours, les fifres, les musiques des différents chefs, donnèrent le signal de la marche.

Au lieu de nous attaquer, ainsi que nous nous y attendions, les indigènes se contentèrent de nous suivre à distance respectueuse jusqu'à notre sortie de l'Ouzimmba; voyant alors que nos rangs étaient trop serrés pour qu'ils pussent nous assaillir avec avantage, ils nous laissèrent nous éloigner tranquillement.

La route que nous suivions pour revenir se trouvait au sud de celle que nous avions prise pour gagner le lac. Elle pénétrait dans l'Annkori; et notre premier camp, où nous arrivâmes à quatre heures, fut dressé au bord du Roussanngo.

Dans la matinée du 15, après avoir traversé une chaîne d'une faible hauteur, ayant deux milles de large, nous passâmes la Katonnga, qui, en cet endroit, venait du Nord-ouest, et nous rentrâmes dans l'Ounyoro.

Ce jour-là, l'Expédition formait l'arrière-garde. A quelques milles de Kazinnga, dans le Bennga, elle fut attaquée avec furie par des Vouanyoro sortis d'une embuscade, et qui furent bientôt repoussés sans nous avoir fait subir aucune perte.

Le 27, la couchée avait lieu à Kissossi, dans l'Ougannda, un peu à l'est de l'endroit où Sammbouzi nous avait rejoints, avec ses troupes. Ici, nous nous séparâmes; le général, pour regagner ses domaines, situés dans le voisinage; moi, pour aller à ce que me réservait la bonne ou la mauvaise fortune. Sammbouzi, surnommé le Spoliateur, justifia son nom en oubliant de me rendre trois charges de perles — cent quatre-vingt livres — que je lui avais confiées pour les rapporter dans l'Ougannda, ce qui ajouta un grief de plus à ceux que j'avais contre lui.

Je fis une halte de trois jours à Kissossi, pour donner à l'Expédition un peu du repos qu'elle avait si bien gagné. Pendant ce temps-là, j'envoyai Katchétché et deux autres de mes gens à

Mtéça, avec une lettre dans laquelle j'informais ce dernier du mépris que Sammbouzi avait fait de ses ordres, du vol des trois sacs de perles et de l'étrange conduite de Sabadou et de Bougommba.

D'après ce que me rapporta Katchítché, qui me rejoignit au bout de quelques jours à Tcharougahoua, la lecture de ma lettre causa à l'Empereur une surprise mêlée de honte et de rage, que partagea toute sa cour. Katchétché fut appelé au Bourzah et reçut l'ordre de répéter à voix haute tout ce qui s'était passé entre Sammbouzi et moi, depuis notre réunion à Laougouroué. Ce rapport, attentivement écouté, fut souvent interrompu par les violentes exclamations de l'Empereur, exclamations pleines de menaces.

Lorsque le récit fut terminé :

« Voyez, dit Mtéça, à quel point je suis couvert de honte par mes hommes ? Voici la troisième fois que l'on me fait manquer à la parole que j'avais donnée aux hommes blancs. Mais, par le tombeau de mon père (serment terrible chez les Vouaganda), j'apprendrai à Sammbouzi et à vous tous qu'il n'est pas permis de se moquer du Kabaka. Stammlí s'est rendu au lac pour moi aussi bien que pour lui, et je suis contrecarré par un Stammbouzi, un vil esclave, qui, vis-à-vis de mon hôte, a eu la prétention d'être plus que moi-même. Quand ai-je osé être aussi impoli envers un visiteur, que ce misérable l'a été à l'égard de Stammlí ? Toi, Sarouti, cria-t-il tout à coup au chef de sa garde, prends des guerriers, va trouver Sammbouzi, mange ses terres, et amène-le moi enchaîné. »

Sarouti se prosterna en faisant le serment qu'il « avalerait » les terres du « Spoliateur », qu'il deviendrait spoliateur à son tour et qu'il ramènerait Sammbouzi chargé de chaînes comme un esclave. Notez bien que jusqu'alors, Sarouti et Sammbouzi — je l'avais vu au Nakarannga — s'étaient aimés comme deux frères.

— Et toi, Katékiro, reprit Mtéça, en fixant sur le premier ministre des yeux pleins d'éclairs, comment se fait-il que ton frère Bougommba — un simple page — joue le rôle d'un homme chargé d'une mission ? Dis-moi où il a pris *cette grosse tête*[1] ?

— *Mkama anghé* (mon seigneur), Bougommba est un enfant qui mérite le fouet, et je veillerai moi-même à ce qu'il soit puni.

---

1. Expression que nous retrouverons plus tard dans la bouche de Mirammbo et qui exprime un orgueil insensé. (H. L.)

— Très-bien. Envoie chercher Bougommba et Sabadou, et amène les moi sur-le-champ ; ils ont la langue trop longue ; je verrai à ce qu'ils ne s'en servent plus contre un de mes hôtes. Maintenant, Katchétché, qu'est-ce que va faire Stammlt? Croyez-vous que si je lui donnais cent mille hommes avec Sékébobo et Mkouennda, il retournerait au Mouta Nzighé?

— C'est possible, Kabaka ; mais je ne pense pas qu'il se fie encore aux Vouagannda ; car c'est la seconde fois qu'il est trompé par eux. Magassa l'a abandonné, Sammbouzi également, et, peut-être, croira-t-il que Sékébobo fera de même. Devant vous, Kabaka, les Vouagannda sont très-bons ; mais dès qu'ils sont loin, ils oublient vos ordres, et volent les marchandises, les bœufs et les chèvres.

A ces franches paroles de Katchétché, Sékébobo et Mkouennda, se précipitant vers l'Empereur, s'écrièrent :

— Kabaka, laissez-nous aller à travers le cœur de Kabba Réga de l'Ounyoro, ou à travers Mtammbouko, roi d'Annkori ; et toutes les nations environnantes ne nous feront pas reculer.

— C'est bien, dit l'Empereur. Maintenant Dallington, ajouta-t-il, en s'adressant à l'élève de la Mission anglaise que je lui avais laissé, écrivez à Stammlt. Dites-lui de revenir à la Katonnga, et que Sékéboko et Mkouennda, avec soixante mille hommes, avec cent mille, le conduiront au Mouta Nzighé et ne le quitteront pas qu'il n'ait fini son travail. Dites-lui qu'il aura tout pouvoir sur mes chefs et qu'il pourra traiter suivant son bon plaisir ceux qui voudraient rentrer dans l'Ougannda sans son ordre.

J'étais à Tcharougahoua, près du Nil Alexandra, lorsque je reçus la lettre de Dallington m'engageant à revenir et à tenter une seconde fois de gagner le lac.

Cette lettre me plongea dans une grande perplexité. Mais, après mûre délibération, je pensai qu'il y aurait imprudence à perdre mon temps de la sorte ; puis, des troupes aussi peu disciplinées seraient ingouvernables, et ruineraient sans aucun doute le pays où elles feraient séjour. D'autre part, j'étais trop loin du Mouta Nzighé, et y retourner avec l'incertitude, qu'en dépit des promesses de l'Empereur, me donnait la connaissance du caractère des Vouagannda, aurait été, selon moi, un acte de folie.

J'écrivis donc à Mtéça dans ce sens. Je le remerciai de son offre généreuse et terminai ma lettre en lui adressant un amical adieu.

En venant me retrouver à Tcharougahoua, Katchétché avait

rencontré le malheureux Sammbouzi chargé de fers. Loin de le plaindre, le franc et loyal soldat n'avait pu s'empêcher de lui dire :

— Ah ! ah ! Sammbouzi, vous allez jouer devant Mtéça lui-même le rôle de Kabaka ; mais vous n'êtes pas si beau que vous l'étiez il y a peu de temps. Adieu, Sammbouzi ; portez-vous bien !

Sarouti, le « mangeur » avait eu de riches dépouilles ; il possédait maintenant deux cents femmes et trois cents vaches laitières, en surplus d'un grand et fertile district de la vallée de la Katonnga, district largement peuplé de paysans robustes et laborieux, et de guerriers qui tous, désormais, lui étaient soumis.

Ma lettre d'adieu à Mtéça termina mes relations avec le puissant monarque de l'Ougannda, et fut le dernier acte de mon séjour dans ce pays de bananes et de large hospitalité. A partir de ce moment, l'Expédition ne devait plus être soumise qu'à une seule volonté, et serait guidée par un homme bien résolu à n'assujettir, désormais, sa personne ou son temps au caprice, à la puissance ou à la faveur d'un autre homme, quel qu'il fût.

A Ndonngo, près du Nil Alexandra, cette vertueuse résolution faillit être mise à l'épreuve. Les émigrants établis dans cette localité déclarèrent que nous ne passerions pas avant d'avoir obtenu la permission de leur chef, et que nous ne pouvions l'obtenir qu'en payant. Toutefois, sur notre refus décisif, ils nous permirent de traverser la rivière sans plus nous inquiéter.

Les rapports que m'avaient faits sur l'Alexandra, sur sa largeur et sa puissance, des indigènes de l'Ougannda, du Kizihoua et du Karágoué, dont quelques-uns paraissaient fort intelligents avaient éveillé en moi le vif désir d'examiner cette rivière avec, plus de soin que je ne l'avais fait l'année précédente.

A l'endroit où nous l'avons traversé, la Kaghéra, qui porte aussi les noms de Kitanngoulé et d'Innghézi, et que j'ai appelée *Nil Alexandra*, avait alors quatre cent onze mètres de large ; dans les trois quarts de cette largeur, elle glissait lentement au milieu de carex, de papyrus et de roseaux ; dans la quatrième partie, c'était une rivière profonde, ayant une vitesse de trois nœuds et demi à l'heure. L'eau était d'un roux brun et de nuance terne, néanmoins extrêmement pure relativement à sa masse, telle que pouvait l'être celle d'une rivière sortant d'un lac peu éloigné.

Les Vouagannda, ainsi que les Vouanyammbou (gens du Karagoué), nomment la Kaghéra « la Mère de la rivière qui est au

Canois et pagaies.

1. Oussoukouma. — 2. Oudjidji et Ouroundi. — 3. Golfe de Béatrice. — 4. Manyéma (sur la Louama). — 5. Ougannda. — 6. Oukéréhoué. 7. Karagoué (sur le Nil Alexandra). — 8. Daou arabe (sur le Tanganika). — Gravures tirées de l'édition anglaise.

Djinndja ; » mais ils diffèrent dans les renseignements qu'ils donnent à son sujet. Les premiers ont, à l'égard de sa source, des idées extravagantes. Suivant eux, la Kaghéra sort du Mouta Nzighé, dans le Mpororo, se dirige vers le Sud, coupe en deux le Rouannda, puis, contournant le Kishakka, va au Nord et sépare le Karagoué du Rouannda.

Roumanika, le roi du Karagoué, a une théorie non moins étrange; il fait sortir sa rivière du lac Tanganika, et lui fait traverser l'Ouroundi.

Toutefois, ces renseignements, joints à beaucoup d'autres, me rendaient la Kaghéra d'autant plus intéressante et augmentaient mon désir de l'explorer sérieusement. Quelques sondages faits en 1875, après ma circumnavigation du lac, et l'examen des différents cours d'eau qui se jettent dans celui-ci, me permettaient d'établir que l'Alexandra ou Kaghéra est le principal affluent du Victoria, celui dont l'apport est le plus considérable.

Une marche de quatorze milles dans la direction du Sud, à partir du bord méridional de la rivière, nous conduisit au pied des hautes montagnes du Karagoué.

Ce pays comprend toutes les chaînes qui, du Levant au Couchant, s'étendent de l'Oussonngora au Nil Alexandra. Il semble qu'à une époque reculée, ces chaînes ont fait partie intégrante des hautes terres du Koki et de l'Annkori, situées au nord, et de celles du Rouannda, qui est à l'ouest. Mais quand le lac Victoria, s'ouvrant une issue dans les argiles et les schistes de l'Oussoga et de l'Ougannda, baissa de niveau, le courant fougueux de l'Alexandra ou Kaghéra se creusa un lit plus profond au cœur de la contrée qui ne formait alors qu'un seul plateau d'une grande altitude ; et ses milliers d'affluents se précipitèrent dans cette dépression, creusant eux-mêmes plus profondément leurs lits respectifs.

Le 24 février, nous étions à Nakahannga ; et, le lendemain, après une marche de treize milles, nous entrions à Kafourro, village du Karagoué.

CHAPITRE XVII

Kafourro et ses magnats. — Le lac Windermere. — Roumanika, le bon roi du Karagoué. — Son pays. — L'Innghézi. — Au milieu des moustiques. — Ile d'Ihéma. — Le triple cône de l'Oufoumbiro. — Un rhinocéros bicorne. — Les sources chaudes de Mtagata. — La Société géographique du Karagoué. — Philosophie des nez. — Le trésor de Roumanika. — Détails nouveaux sur l'éléphant et le rhinocéros. — L'Ouhammba. — Coup d'œil rétrospectif.

Kafourro doit son importance à trois riches Arabes qui s'y sont établis : Saïd-ben-Saïf, Hamed Ibrahim et Saïd de Mascate. Il est situé dans une vallée profonde, à douze cents pieds au-dessous du faîte des montagnes environnantes et à la source d'un cours d'eau, qui se dirige vers l'Est, puis va au Nord se jeter dans le Nil Alexandra.

Hamed Ibrahim est riche en bétail, en esclaves et en ivoire. Si nous en croyons les chiffres qu'il donne lui-même, il possède cent cinquante bœufs et vaches laitières, quarante chèvres, cent esclaves et quatre cent cinquante dents d'éléphant. La plus grande partie de cet ivoire est, dit-on, emmagasinée dans l'Ouranngoua, province de l'Oumyamouési, et confiée à la garde du chef, ami du propriétaire.

Hamed occupe une maison spacieuse et confortable; il a de nombreuses concubines et plusieurs enfants. C'est un beau gentleman arabe de nuance claire, généreux et hospitalier envers ses amis, bon pour ses esclaves et doux pour ses femmes. Il habite l'Afrique depuis dix-huit ans et en a passé douze au Karagoué. Il a connu Souna, le valeureux père de Mtéça, a fréquemment visité l'Ougannda et a fait plusieurs fois le trajet qui sépare l'Ounyanyemmbé de Kafourro. Établi au Karagoué depuis si longtemps, il est ami intime du roi qui, ainsi que Mtéça, aime à voir des étrangers à sa cour.

Hamed a cherché plusieurs fois à nouer des relations commerciales avec l'Impératrice du Rouannda; mais a toujours échoué. Quelques-uns de ses esclaves sont arrivés jusqu'à la cour et ont été empoisonnés ; deux seulement ont pu échapper à la mort, en prenant la fuite, tant la trahison et la ruse sont habilement pratiquées dans cette capitale.

D'après ce que me disait Hamed, cette puissante Impératrice serait une femme de grande taille, entre deux âges, avec le teint clair et de grands yeux brillants. Il y a quelques années, son fils, un garçon de dix-huit ans, s'est empoisonné parce qu'elle lui avait fait une scène tellement blessante que « la mort soule, disait-il, pouvait guérir sa douleur. »

Hamed est persuadé que tous les membres de cette famille descendent de quelque race du Nord, peut-être d'origine arabe. — Comment, sans cela, me disait Hamed, le roi de Kichakka posséderait-il un cimeterre arabe, qu'il a eu par héritage, et que vénèrent tous les membres de la famille royale, parce que c'était le sabre du fondateur de la dynastie ?

« Entre les gens des pays qui nous entourent et les Vouachennzi [1] ordinaires, ajoutait Hamed, il n'y a pas moins de différence qu'entre eux et moi. J'épouserais aussi volontiers une femme du Rouannda qu'une femme de Mascate. Tu verras des Vouaya-Rouannda chez Roumanika et tu en jugeras toi-même. Les gens de ces pays ne sont pas des lâches, machallah ! ils ont pris le Kichakka, le Mouvari et viennent de s'emparer du Mpororo. Les Vouagannda se sont mesurés avec eux et ont été obligés de se retirer. Ah ! les Vouana-rouannda sont un grand peuple ; mais des hommes cupides, malfaisants, fourbes et traîtres. Ils n'ont jamais permis à un Arabe de trafiquer dans leur pays, ce qui prouve que ce sont de mauvaises gens. L'ivoire abonde chez eux ; pendant les huit dernières années, Khamis-ben-Abdallah, Tippou-Tib, Saïd-ben-Habib et moi nous avons souvent essayé d'entrer là sans jamais y réussir. Les gens de Roumanika eux-mêmes, qui ouvrent leur pays à tout le monde, ne peuvent pas y pénétrer au delà de certaines limites, voisines de la frontière ; et cependant Roumanika est de leur propre race, de leur propre sang et parle la même langue à peu de différence près.

La perspective que m'ouvraient ces paroles d'Hamed n'était pas brillante. Je résolus néanmoins de chercher à gagner cet étrange

---

1. *Païens*, nègres de l'intérieur, par opposition à *Voua-ngouana*, habitants de Zanzibar, nègres musulmans (H. L.)

pays par quelque route connue, et à me rendre directement à Nyanngoué en le traversant.

Le troisième jour de mon arrivée, ayant fait prévenir Roumanika de la visite officielle que j'avais l'intention de lui faire, je partis accompagné de Hamed Ibrahim et de Saïd-ben-Saïf.

Kafourro, d'après l'anéroïde, est à trois mille neuf cent cinquante pieds (1200 mètres), au-dessus du niveau de la mer. Gravissant la pente escarpée de la montagne qui est au couchant de Kafourro, nous atteignîmes une altitude de cinq mille cent cinquante pieds ; une demi-heure après, nous nous arrêtions à cinq mille trois cent cinquante pieds au-dessus de l'Océan (1626 mètres), au sommet d'une crête d'où l'on découvre une scènerie des plus imposantes.

A quelque six cents pieds au-dessous de l'endroit où nous étions alors, une terrasse herbue dominait le petit lac Windermere[1] situé à mille pieds plus bas, et dont la surface unie réfléchissait l'azur d'un ciel sans nuage. De l'autre côté d'une rampe étroite, se déployait la vallée du Nil Alexandra, large tapis de papyrus, moucheté, dans la direction nord et sud, de petits lacs bleus, reliés par le fil sinueux et argenté de la rivière, et donnant à penser qu'il y avait là un sujet d'exploration du plus haut intérêt; exploration indispensable pour bien comprendre les rapports qui existent entre la rivière, la vallée et le lac.

Au delà de cette vallée, des crêtes successives, chaîne après chaîne, séparées l'une de l'autre par de profonds bassins parallèles ; puis de hautes montagnes, allant se perdre dans le vague de l'horizon. Au Nord-ouest, à une distance d'environ soixante milles, s'élevait un massif de cônes énormes, que l'on me dit être les monts d'Oufoumbiro. A leur base, du côté du Nord, s'étend le Mpororo ; du côté de l'Ouest, commence le Rouannda.

De l'extrémité septentrionale du petit lac Windermere part un chaînon irrégulier, qui se prolonge vers le Nord, jusqu'à l'Ougoï, et se termine par l'Issossi, montagne en forme de dôme. Au sud du point où nous étions alors, se dressait à une distance d'environ huit cents mètres, le mont Kazcuiro, aux lignes hardies, et dans la même direction, à une trentaine de milles, s'apercevaient les masses irrégulières et confuses des montagnes du Kichakka.

---

1. Nommé ainsi d'après un lac anglais, le Winder Mere ou Winander Mere, ce pourquoi nous avons conservé à ce nom l'orthographe sous laquelle il est connu (H. L.).

Sur la terrasse herbeuse qui se trouvait à nos pieds, se voyait un village entouré d'une estacade circulaire ; c'était la résidence royale. Nous y descendîmes, après avoir joui longuement du magnifique panorama que j'ai essayé de décrire.

Notre cortége ne tarda pas à attirer des centaines d'indigènes, surtout des jeunes gens, dont une partie, ceux qui n'avaient pas encore atteint l'adolescence, étaient absolument nus.

Je demandai au cheik Hamed, quels étaient ceux-là.

— Quelques-uns des plus jeunes, me dit-il, sont fils de Roumanika ; les autres sont de jeunes Vouanya-rouannda. »

Les fils du roi, nourris de laitage, étaient en admirable condition. Leur peau onctueuse et fine, singulièrement tendue sur leurs formes arrondies, brillait au soleil, comme si la chaleur eût dissous le tissu graisseux qu'elle recouvrait. Leurs yeux étaient grands, lumineux, rayonnant d'une vie débordante, et cependant d'une extrême douceur. Un artiste aurait trouvé dans n'importe lequel de ces jeunes princes, le modèle d'une statue pouvant rivaliser avec celle de l'Antinoüs.

Tandis qu'après nous avoir souhaité la bienvenue de la façon la plus gracieuse, ils nous faisaient escorte, ce distique qui leur était si bien approprié, me revint à l'esprit :

« Race trois fois heureuse, qui, innocente du sang versé, cherche dans un lait pur sa simple subsistance. »

Nous fûmes bientôt introduits dans une case où Roumanika était assis, attendant notre visite et où il nous reçut avec le sourire le meilleur, le plus paternel qu'on puisse imaginer.

A la vue de ce vénérable et doux païen, je l'avoue, je fus aussi touché que si j'avais eu sous les yeux la figure sereine de l'un des patriarches que l'Église vénère, ou de l'un des saints dont elle honore la mémoire. Son visage me faisait penser à une source profonde et limpide ; sa parole était si calme que je baissais la voix et l'imitais sans en avoir conscience, tandis que les gestes violents et le verbe haut du cheik Hamed me semblaient tout à fait déplacés et me faisaient souffrir.

Je ne m'étonnais plus du respect et de l'affection que le vif et impérieux Mtéça professait pour ce païen d'un caractère si doux. Ils ne s'étaient jamais vus ; mais les pages de Mtéça l'avaient dépeint à celui-ci ; et, avec leur puissance de mimique, avaient reproduit les modulations de la voix de Roumanika aussi fidèlement qu'ils rapportaient ses paroles.

Quel plus grand contraste pourrait-on imaginer que celui qui existe entre ces deux natures! Quand il se livre à l'un de ses emportements volcaniques, Mtéça est la fureur personnifiée. S'il devait être représenté sur la scène dans l'un de ses accès de colère, je craindrais que l'acteur qui voudrait l'imiter ne se rompît une veine, ne se déboîtât les yeux et finalement n'arrivât à la folie. Quand ils me racontaient un des accès de rage de l'Empereur, les Vouagannda recouraient toujours à une pantomime animée, pour suppléer à l'insuffisance de leur description. Ses yeux, disaient-ils, étaient « des balles de feu grosses comme le poing, ses paroles éclataient comme la poudre ».

La nature qui a doué Mtéça d'un tempérament vigoureux et passionné, d'une extrême violence, d'une impressionnabilité excessive, a donné à Roumanika, la douceur, le calme et la bonté d'un père.

Roumanika était drapé d'une couverture rouge. Tant qu'il fut assis, il me sembla de taille moyenne. Quand il se leva, je ne lui allai pas à l'épaule; il doit avoir six pieds six pouces (1 mètre 98). Il a la figure longue, le nez aquilin; son profil est franchement d'un type élevé.

L'entrevue fut extrêmement agréable. Toutes mes questions, toutes mes réponses éveillaient chez le roi l'intérêt le plus vif. Quand je parlais, il imposait silence à ses amis, et se penchait vers moi avec une attention avide. Si je demandais quelque détail géographique, il envoyait immédiatement chercher l'individu le mieux informé à cet égard, et l'interrogeait lui-même de la façon la plus pressante. Quand il me vit prendre des notes, il se mit à rire tout bas, d'une façon approbative, comme s'il avait eu à cela quelque intérêt personnel; sa joie augmenta à mesure qu'il vit s'accroître le nombre des lignes que j'écrivais, et il fit remarquer aux Arabes, d'un air de triomphe, combien les hommes blancs leur étaient supérieurs.

Il me dit qu'il était trop content que je voulusse bien visiter le Karagoué; « un pays, poursuivit-il, que tous les hommes blancs devraient connaître. Il a un grand nombre de lacs et de rivières, des montagnes, des sources chaudes, et beaucoup d'autres choses que pas une autre contrée ne peut se vanter d'avoir. Dites-moi, Stammli : du Karagoué ou de l'Ougannda, quel est celui que vous aimez le mieux?

— Le Karagoué est un noble pays, répondis-je, ses montagnes sont hautes et ses vallées profondes. Sa grande rivière est belle et ses lacs sont charmants. Le Karagoué est plus riche en bétail que l'Ougannda, à part l'Ouddou et le Koki, et le gibier y abonde. Mais l'Ougannda est une belle et riche contrée; ses plantations de bananiers sont des forêts; il n'est pas un homme qui ait à craindre d'y mourir de faim; et Mtéça est bon — et bon aussi est le père Roumanika, ajoutai-je en souriant.

— L'entendez-vous, Arabes? Ne parle-t-il pas bien? Oui, le Karagoué est beau, reprit-il avec un soupir de satisfaction. Stammli, apportez votre bateau et mettez-le sur le Rouérou (le lac); vous pourrez remonter la rivière jusqu'au Kichakka, et redescendre jusqu'au Moronngo (aux chutes), où l'eau se jette contre un grand rocher, saute par dessus et va, ensuite, rejoindre le Nianndja de l'Ougannda. Vraiment, ma rivière est une grande rivière; c'est la mère de la rivière du Djinndja (les chutes Ripon). Vous verrez tout mon pays; et quand vous aurez fini d'examiner la rivière, je vous donnerai à voir quelque chose de plus : les sources chaudes de Mtagata. »

Le 6 mars, le bateau, remonté au village de Kazinnga, fut lancé par Franck sur le Windermere[1], le Rouérou de Roumanika; et, le lendemain, je me rendis au bord de l'eau, accompagné du roi qui venait en grande cérémonie. Une demi-douzaine de lourds anneaux de cuivre brillant lui ornaient les jambes, des bracelets du même métal lui entouraient les poignets, un manteau de flanelle cramoisie lui tombait des épaules. Sa canne avait sept pieds de long, ses pas étaient d'un mètre. Il était suivi de tambours et de fifres, exécutant une musique barbare. Cinquante hommes armés de lances, ses fils, ses parents, des gens de l'Ougannda, de l'Oussoui, du Rouannda, de l'Ounyoro, de l'Ounyamouési, des Arabes et des Vouangouana, formaient son cortége.

Quatre canots, montés par des Vouanyammbou, (des indigènes), étaient là, prêts à lutter de vitesse avec le *Lady Alice*, dont Frank commandait l'équipage. Nous allâmes nous asseoir sur les pentes herbues de Kazinnga pour jouir du spectacle; j'avais recommandé à mes hommes de faire tous leurs efforts pour soutenir l'honneur des Enfants de l'Océan, et ne pas permettre aux Enfants du Lac de l'emporter sur nous.

Une régate au Karagoué, pour spectateurs, douze cents gentlemen indigènes, échelonnés sur les pentes herbues de Kazinnga,

---

1. Ce lac fut ainsi nommé par le capitaine Speke, sur l'observation du colonel Grant, que cette nappe d'eau ressemblait au lac Windermere, petit lac anglais. (*Note de l'auteur.*)

une fête internationale au bord du Rouérou — Afrique et Europe! Roumanika était dans son élément; toutes ses fibres tressaillaient de joie. Ses fils, assis autour de lui, le regardaient et reflétaient le ravissement paternel. La foule prenait part à la satisfaction générale.

Au signal donné, les indigènes, debout dans leurs canots et stimulés par les cris de leurs compatriotes, manœuvrèrent leurs longues pagaies avec toute l'énergie dont ils étaient capables; tandis que mes Voua-ngouana, excités par leurs camarades restés sur le rivage, faisaient voler notre bateau.

La course ne dura pas longtemps; elle s'arrêtait à la pointe de Kannkorogo et n'était guère que de huit cents mètres. La vitesse fut à peu près égale des deux parts. Peu de chose que cette course, mais le plaisir fut immense.

Le lendemain, je commençai la circumnavigation du Windermere. Pendant la saison pluvieuse, ce lac a huit milles de longueur, sur deux et demi de large; sa direction est nord et sud. Il est entouré de montagnes herbeuses, qui s'élèvent à une hauteur de douze à quinze cents pieds au-dessus de la surface, et renferme une île appelée Kannkorogo; île qui est placée à mi-chemin entre le mont Issossi et l'extrémité méridionale du lac.

Trois sondages, effectués sur des points différents, m'ont donné quarante-huit, quarante-quatre et quarante-cinq pieds de profondeur.

Le sol des rives est fortement coloré par l'oxyde de fer, et, en dehors des alentours des villages, ne produit que des euphorbes, des gommiers épineux, des acacias et des aloës.

Le 9, passant devant l'île de Kannkorogo, et prenant un canal de cinq cents à huit cents mètres de large, nous nous dirigeâmes vers la Kaghéra, où nous eûmes à lutter contre un courant de deux nœuds et demi à l'heure.

La largeur de la rivière en cet endroit variait de cinquante à cent mètres. La moyenne de dix sondages faits ce jour-là, 9 mars, fut de cinquante-deux pieds au milieu du chenal, et de neuf au bord des papyrus, qui s'élevaient comme un bois touffu au-dessus de nos têtes. De temps à autre, nous croisions des passées d'hippopotame, formant de chaque côté, au milieu des roseaux, des criques d'une centaine de pieds de longueur. Nous nous arrêtâmes pendant quelques instants à Kagayyo, sur la rive gauche, pour regarder le paysage; car du milieu de la rivière on ne voyait que le ciel, le haut des monts et les papyrus qui nous enfermaient. Je découvris alors, pour la première fois, le véritable caractère de ce que j'avais pris pour une vallée, quand je l'avais vu du sommet de la montagne qui se trouve entre Kafourro et le village de Roumanika.

Tout l'espace qui me semblait être la vallée de la Kaghéra, espace compris entre les montagnes du Mouvari et celles du Karagoué, est appelé *Innghézi* par les indigènes. Il est complétement occupé par la rivière, par le *founzo* ou fourré de papyrus, et par les Rouérous (les lacs) qui sont au nombre de dix-sept en comptant le Windermere; sa plus grande largeur, de la base d'une chaîne à l'autre, est de neuf milles. Sa partie la plus étroite, n'a guère qu'un mille de large. Depuis les chutes de Moronngo, situées dans l'Ihouannda et qui le bornent au nord, jusqu'à l'Ouhimmba, qui le limite au sud, l'Innghézi a une superficie d'environ trois cent cinquante milles (906 kilomètres carrés.)

Ses papyrus couvrent de neuf à quatorze pieds d'eau. Chacun de ses lacs a une profondeur de vingt à soixante-cinq pieds, et sont tous reliés entre eux, ainsi qu'avec la rivière, sous le tapis flottant.

Vers cinq heures du soir, le bateau fut amené contre les papyrus, et nous prîmes nos dispositions pour la nuit; les Vouanyammbou firent de même. Nous étions à peu près à trois milles au nord de Kizinnga.

Mes gens abattirent quelques-uns des papyrus les plus desséchés, en coupèrent les têtes en forme de balais, et étendirent leurs nattes sur cette litière, espérant y passer une bonne nuit. Ils allumèrent leurs feux entre trois tiges qui soutenaient leurs marmites. L'idée n'était pas fort heureuse: les tiges ayant besoin d'être fréquemment remplacées; à la fin cependant, les bananes furent suffisamment cuites. Mais la nuit arriva, des nuées de moustiques d'une voracité extraordinaire assaillirent mes hommes; et, pendant une heure ou deux, on n'entendit que des plaintes de ne pas pouvoir dormir, mêlées au flicflac incessant des têtes de papyrus servant de chasse-mouche. Mes gens commencèrent alors à sentir l'humidité, puis le contact de l'eau; peu à peu leurs litières enfonçaient sous les herbes; et finalement, ils furent contraints de se réfugier dans la barque, où ils passèrent la nuit la plus misérable; car les moustiques pullulaient et ne cessèrent jusqu'au matin de les attaquer avec l'obstination particulière à ces vampires toujours affamés.

Le lendemain, vers midi, nous découvrîmes un canal étroit et tortueux qui nous conduisit à un lac allongé ressemblant à une rivière. Sortis de ce lac, dont la longueur était de cinq milles, nous suivîmes un autre canal pareil au précédent; et, poussant nos bateaux à la perche, nous gagnâmes l'île d'Ounyamoubi, riche en bétail.

D'une crête s'élevant d'environ cinquante pieds au-dessus de l'Innghézi, je calculai que nous nous trouvions à environ quatre milles du Kichakka et à pareille distance, droit à l'Est, d'une pointe de terre projetée par le Mouvari.

Le lendemain, nous remontâmes la Kaghéra sur une longueur d'une dizaine de milles; puis nous redescendîmes, et une course de quatorze milles nous fit gagner le lac d'Ihéma, nappe d'eau d'environ cinquante milles carrés, où le camp fut dressé dans une île du même nom, située à un mille environ du Mouvari.

Là, il nous fut dit par les indigènes que le Mouta Nzighé n'était qu'à onze jours de marche de la côte du Mouvari. Mes informateurs ajoutèrent qu'ils étaient fréquemment visités par les Vouanya-rouannda, qui venaient leur demander du poisson en échange de lait et de légumes. Ils me dirent aussi que le Mouoronngo, nommé par d'autres Nahouaronngo, prend sa source dans les montagnes de l'Oufoumbiro, passe au cœur du Rouannda et se jette dans la Khagéra au Sud-ouest 1/4 ouest d'Ihéma. Enfin, ils me parlèrent du lac nommé Akanyarou, lac très-grand, dont on ne peut faire le tour qu'en trois journées de rame, et qui est placé entre le Rouannda, l'Ouhha et l'Ouroundi. Au milieu de ce lac est une île où, toujours d'après les mêmes renseignements, les canots venant de l'Ouhha ont l'habitude de passer la nuit et d'où, le lendemain, ils gagnent le Rouannda au milieu du jour.

C'étaient de braves gens que ces insulaires d'Ihéma, des gens sociables et gais; mais malheureusement sujets à deux horribles maladies: la lèpre et l'éléphantiasis. Leur île est formée d'un schiste revêtu d'une couche d'alluvion peu épaisse. L'eau du lac d'Ihéma est bonne et agréable au goût; mais, comme toutes les eaux du bassin de l'Alexandra, elle se distingue par sa couleur ferrugineuse d'un brun terne.

Le lendemain, ayant quitté l'île d'Ihéma, nous longeâmes la côte du Mouvari ou Rouannda qui commence à l'extrémité sud du lac; un petit village était près de la rive, nous essayâmes d'atterrir; aussitôt les indigènes nous montrèrent les dents avec une colère de chiens hargneux, et bandèrent leurs arcs d'une façon menaçante, ce qui, en notre qualité d'hôte de Roumanika, nous obligea de nous éloigner et d'abandonner ces gens à leur féroce exclusivisme.

Revenus à la Kaghéra, nous la descendîmes; et à sept heures du soir nous rentrions dans notre petit campement de Kazinnga, à l'extrémité sud du Windermere.

Le 11, descendant toujours la Kaghéra, nous arrivâmes à Ougoï; puis, dans la soirée du 12, nous revînmes à notre camp du Windermere.

Le lendemain, après avoir dit à Frank de ramener le *Lady Alice* à Kafourro, je demandai à Roumanika de me fournir des guides pour me conduire aux sources chaudes de Mtagata. Fidèle à sa promesse, le roi mit à ma disposition trente de ses sujets.

La route que nous suivîmes se déroulait, dans la direction du Nord, à la crête d'une chaîne élevée, située entre Kafourro et le lac Windermere. De quelque côté que se tournât le regard, on ne voyait qu'herbages : des chaînons, des pentes, des sommets, des vallées herbues, un pays éminemment pastoral. Dans un petit nombre seulement de gorges ou de ravins, s'apercevaient les cimes foncées des arbres.

Arrivés au sud du lac Windermere et de l'Issossi, qui est sa montagne septentrionale, nous descendîmes dans une vallée herbue et sinueuse. De l'Issossi à Kassya, — marche de dix milles — je comptai trente-deux troupeaux distincts de gros bétail, dont l'ensemble pouvait donner un chiffre de neuf cents bêtes. Je vis également dans cette course, sept rhinocéros, dont trois blancs et quatre d'un brun-noir. Les guides me prièrent d'en abattre un; mais j'avais peu de munitions; et comme je n'étais pas sûr du coup, je refusai, ne voulant pas blesser inutilement l'animal et perdre une cartouche.

Le jour suivant, à huit heures du matin, près de l'endroit où la vallée finissait, nous trouvâmes le lac Mérouré, dont la longueur est d'environ deux milles. De là, franchissant trois montagnes différentes, nous arrivâmes au mont Kihouanndaré. Du sommet de ce dernier mont, qui s'élève à cinq mille six cents pieds (1700 mètres) au-dessus du niveau de la mer, j'aperçus assez distinctement, à l'Ouest-nord-ouest magnétique, le triple cône de l'Oufoumbiro. Celui-ci, d'après mon estime, se trouverait à quarante-cinq milles du Kihouanndaré et à soixante environ de la crête qui domine la capitale de Roumanika. Plusieurs chaînes de montagnes, que séparent des vallées latérales, s'élèvent entre la vallée du Nil Alexandra et le massif de l'Oufoumbiro.

Suivant la crête du Kihouanndaré, qui forme une pente graduelle, nous arrivâmes à une terrasse inférieure. Vers cinq heures du soir, un de nos gens aperçut un rhinocéros d'un brun foncé, rhinocéros bicorne. La viande nous manquait; la nature du terrain permettant d'arriver aisément à belle portée, je me glissai inaperçu jusqu'à cinquante pas de la bête et lui envoyai, près de l'oreille, une balle de zinc qui la tua raide.

La quantité de viande fournie par l'animal était plus que suffisante pour mes dix-huit Voua-ngouana; et, accédant aux désirs de ceux-ci, je consentis à camper sur le lieu même, lieu exposé aux vents froids de la montagne qui ne manquèrent pas de nous visiter pendant la nuit.

Mais il y avait un ravin dans le voisinage; mes hommes s'y procurèrent du bois en abondance; et absorbés par l'intéressante occupation de faire rôtir leur viande devant des feux ardents, ils n'eurent pas beaucoup à souffrir.

Enfin, le jour suivant, à 9 heures du matin, nous atteignîmes la gorge de Mtagata, après avoir fait, depuis Kafourro, trente-cinq milles presque droit au Nord. Cette gorge est située dans l'angle que forme la rencontre de l'extrémité nord du Kihouanndaré avec une chaîne transversale. Elle est remplie d'arbres auxquels les vapeurs des sources et l'échauffement du sol ont fait acquérir des proportions gigantesques et un feuillage d'une extrême épaisseur. Un fourré d'arbustes, de lianes, de plantes grimpantes de toutes les dimensions, a surgi à l'ombre de ces arbres énormes; il en résulte une obscurité d'un effet saisissant. Je m'imagine qu'une personne qui, le soir, serait seule dans cette gorge ténébreuse, la trouverait singulièrement fantastique et y éprouverait une étrange émotion.

De grands babouins et des singes à longue queue hurlaient et babillaient dans la ramée, courbant les branches et faisant bruire les feuilles en se poursuivant d'arbre en arbre.

Au moment de notre visite, les eaux de Mtagata, qui jouissent, paraît-il, d'une grande réputation dans tout le Karagoué et dans les contrés voisines, étaient fréquentées par des malades de l'Ihouannda, du Mgoï, de Kizivoua, de l'Oussonngora et de l'Oussouï.

Les bassins sont au nombre de six; à la source même, j'ai trouvé à l'eau une température d'un peu plus de 57° cent. Dans les piscines, qui ont environ douze pieds de diamètre et de deux à cinq pieds de profondeur, le thermomètre n'a plus annoncé que 43° 3/9, et dans la plus reculée vers le Nord, seulement 41° 6/9.

Je recueillis huit onces de l'eau d'un de ces bassins et, en arrivant à Londres, je les envoyai à MM. Savary et Moore, chimistes bien connus, qui, peu de jours après, m'adressèrent l'analyse suivante :

« Le liquide est clair, incolore, sans odeur. Reposé, il a donné, en petite quantité, un sédiment rouge de matière granuleuse.

« Examiné chimiquement, il a produit une faible réaction alca-

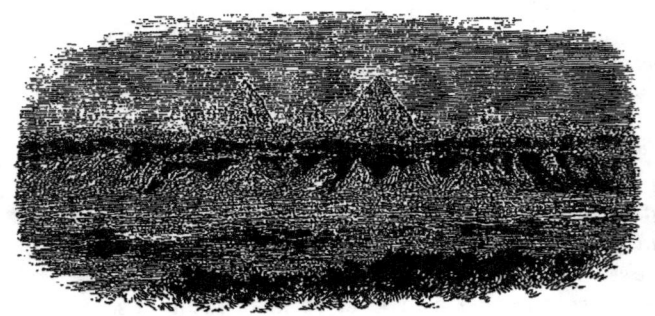

Montagnes d'Oufoumbiro.

line. Sa gravité spécifique, rectifiée à 60° Fahrenheit (Centigrades 15°56), est de 1004, l'eau étant prise pour 1000.

« L'évaporation de 100 grammes a laissé un résidu blanc, cristallin, du poids d'un trente-septième de gramme et composé de carbonate de soude, de carbonate de chaux, de sulfate de chaux et de chlorure de soude. Cet ordre représente la proportion des sels : le carbonate de soude tenant la première place ; les autres se présentent en plus minime quantité.

« Le dépôt fut enlevé et examiné micro-chimiquement ; il consiste en un sable ferrugineux et en des parcelles de cellulose.

« C'est donc une eau légèrement alcaline, dont l'alcalinité est due à la présence du carbonate de soude, qui peut y exister en solution à l'état de bicarbonate, l'eau contenant en solution du gaz acide carbonique, qui s'en est dégagé quand elle a été chauffée. »

Les indigènes faisaient un si grand éloge de ces eaux, que je résolus d'en essayer pendant trois jours afin de connaître les vertus qu'elles pouvaient avoir. J'en absorbai des quantités énormes; mais bien loin d'en retirer aucun bénéfice, je fus pris, quelques jours après, d'un violent accès de fièvre intermittente, occasionné, je suppose, par la malaria, qui résulte de la moiteur de l'atmosphère. Toutefois, matin et soir, je me baignais longuement dans le bassin que m'avait fait réserver Louadjoumba, fils de Roumanika ; c'est l'unique avantage que m'ait procuré le séjour aux sources.

Les malades atteints d'affections cutanées y voyaient leur état s'améliorer promptement; ce qui, je le crois, était dû à la propreté exceptionnelle, résultant du bain, plutôt qu'aux vertus médicales de la source. Chaque jour des quantités de baigneurs arrivaient ou partaient, et les propos joyeux, le bain, le nettoyage, la flanerie occupaient les heures, tandis que la musique et les chants barbares tenaient éveillés les échos de la gorge.

Mon séjour aux sources me fut également rendu fort agréable par la présence de Louadjoumba, qui, à l'exemple de son père, est hospitalier et de manières douces et agréables. Il m'envoya deux chèvres, dix poulets, des bananes, des patates, de la farine, quatorze gourdes de marammba, qui furent reçus avec reconnaissance et bien payés.

Le 18 mars, nous partîmes pour revenir à Kafourro. Sur la route, je tuai un rhinocéros blanc que mes hommes dépecèrent pour le porter à leurs camarades ; et, le lendemain, chacun d'eux arrivait avec une charge de plus de vingt livres de viande.

Après deux jours de repos, je rendis à Roumanika une seconde isite, qui donna lieu à une nouvelle séance de la Société de géographie du Karagoué. Il n'est pas nécessaire de reproduire les renseignements qui me furent demandés par le roi touchant la distribution des tribus et des races sur la terre africaine ; mais persuadé que le monde géographique trouvera quelque intérêt aux informations que j'ai reçues de Roumanika et des voyageurs de son entourage, je transcris ici littéralement les notes que j'ai prises en les écoutant.

Ce fut Hamed Ibrahim qui parla le premier.

« Mes esclaves, dit-il, sont allés très-loin. Ils assurent que le Ni-Nahouaronngo prend naissance sur le versant occidental des monts Oufoumbiro, qu'il traverse une partie du Rouanda et

Eaux chaudes de Mtagata.

entre dans l'Akanyarou, lac où il rencontre la Kaghéra venant du Sud. Les deux rivières réunies sortent du lac entre l'Ouhha et le Kichakka, séparent le Karagoué du Rouannda, et vont se jeter dans le Nyannza.

« Le Rouizi, qui vient également de l'Oufoumbiro et prend sa source à la base septentrionale de ces monts, dans le Mpororo, traverse l'Igara, puis le Chéma, puis l'Anukori, puis le lac du roi de Koki, Louammpoula, et devenant le Tchibarré ou Kihouaré, se joint à la Kaghéra, au-dessous de Kitanngoulé.

« Si, du Mpororo, vous allez vers le Couchant, vous arrivez au Mouta Nzighé, le Nyannza de l'Ounyoro, qui renferme des îles nombreuses. L'Outoumbi est un pays d'îles; et les gens y sont très-bons; mais vous ne pourrez pas traverser le Mpororo, car les indigènes sont des *chaïtans* (des diables). Les Vouanyarouannda sont aussi très-méchants; et quelque malheur étant arrivé, la première fois que les Voua-ngouana ont essayé de pénétrer dans leur pays, ils ne veulent pas que les étrangers viennent chez eux. Un singulier peuple, et vraiment plein de ruse.

« A l'ouest du Rouannda, est une contrée appelée Mkinyaga; on y trouve un grand lac, à ce que j'ai entendu dire; aucun Arabe n'y est jamais allé. »

A la requête de Roumanika, un indigène de l'Oussoui occidental prit alors la parole et s'exprima ainsi:

— Le Mkinyaga est au couchant du lac de Kivou ou Nianndja Tcha-Ngoma, d'où sort le Roussizi, qui va se jeter dans le lac d'Ouzighé (le lac Tanganika). Pour gagner le Mkinyaga, il faut d'abord traverser l'Ounyammboungou; on voit ensuite le grand lac de Mkinyaga.

« Le lac de Kivou communique avec le lac d'Akanyarou, bien qu'il y ait là beaucoup d'herbe, comme il y en a ici dans l'Innghézi. Un canot pourrait se rendre du Kichakka au lac Kivou; mais ce serait un rude travail.

« Le lac d'Akanyarou, que les Vouahha nomment Nianndja Tcha-Ngoma, est très-grand. Pour le traverser dans sa largeur, il faut un jour et demi de canot, et dans sa longueur, deux ou trois journées.

« L'Akanyarou est situé entre le Rouannda, l'Ouhha et l'Ouroundi. Il reçoit la Kaghéra qui sépare l'Ouhha de l'Ouroundi. Le Nahouaronngo se jette dans le Rouvouvou, entre l'Ougoufou et le Kichakka. Le Rouvouvou se jette dans la Kaghéra entre le

Kichakka et le Karagoué. La Kaghéra entre dans l'Innghézi, passe auprès de Kitanngoulé et se jette dans le Nianndja d'Ougannda.

« Le lac Kivou est situé à l'ouest-sud-ouest de la capitale de Kibogora, dans l'Oussoul occidental ; il n'a pas de communication avec le lac de l'Ounyoro, le Mouta Nzighé. »

Après cela un natif de Zanzibar, qui avait accompagné Khamis-ben-Abdallah au nord de l'Ouhha occidental, fut entendu.

— Je suis allé, dit-il, à l'ouest de l'Ouhha du roi Khannza et j'ai vu un grand lac. Ce pays vraiment renferme beaucoup d'eau. A ma gauche était l'Ouroundi ; j'avais le Rouannda en face de moi et je me trouvais dans l'Ouhha. »

Roumanika prit ensuite la parole et développa longuement toutes ses informations, dont je ne donnerai que la substance :

— De Mpororo vous pouvez, en une demi-journée de canot, arriver chez Makinnda, dans l'Outoumbi. L'île où vous serez alors se nomme Kabouzzi. De là, trois heures de canot vous conduiront à l'île de Karara, et de cette île, une demi-journée vous fera gagner l'Oukonndjou, où il y a une tribu de cannibales.

« Le Mkinyaga est au bout du Rouannda et son lac est le Mouta Nzighé, par lequel vous pouvez aller dans l'Ounyoro. Il y a quelque part, à l'ouest du Mkinyaga, une race de nains qu'on appelle les Mpoundous, et une autre qu'on nomme les Batoua ou Vouatoua ; ces gens là n'ont que deux pieds de haut. Dans l'Ouriammboua, se trouve une race de petits hommes qui ont une queue.

« L'Ouitoua, ou Batoua, ou Vouatoua, est situé à l'extrémité méridionale de l'Ouzonngora.

« Du Boutoua, à l'extrémité d'une pointe de terre située dans le Rouannda, vous pouvez voir l'Ouitoua Oussonngora.

« Du Boutoua, le Mkinyagou est à votre gauche, à une distance d'environ trois jours de marche.

« Quelques Vouazihoua ont vu, dans l'une de ces contrées lointaines, des gens étranges dont les oreilles descendent jusqu'aux pieds. Pour dormir, une oreille leur sert de natte, avec l'autre, ils se couvrent pour se garantir du froid, ainsi qu'ils le feraient avec une peau préparée. Les Vouazihoua ont essayé de m'amener un de ces hommes ; mais le voyage était trop long et il est mort en route. »

Cher bon Roumanika ! avec quelle joie il présidait sa Société de géographie, et comme il souriait en rapportant ce dernier trait de *Münchhausenisme*. Il tenait à être reconnu pour le mieux informé de tous les assistants, et jouissait par avance du plaisir qu'éprouverait la vieille Europe, quand on lui raconterait ces merveilles de l'Afrique équatoriale. Il ambitionnait aussi de voir mon livre de notes s'emplir de ses paroles, et je crains qu'il n'ait eu quelque tendance à en imposer à la crédulité d'honnêtes chrétiens. Toutefois, grâce à cet avis au lecteur, ses contes deviennent inoffensifs et nous pouvons le remercier de nous avoir fourni ces renseignements.

Puisque je publie ces notes géographiques, je peux aussi bien y ajouter le résumé d'informations recueillies, autre part, sur le Mouta Nzighé; je tiens celles-ci d'un indigène de l'Oussongora, que j'ai trouvé à Kahouannga, parmi les gens de Sékadjougou, l'un des chefs qui m'ont accompagné au golfe de Béatrice.

— Quand vous quittez le Rouoko, district de l'Ounyoro, me disait cet indigène, vous avez le Gammbaragara à votre droite, et l'Oussagara ou Annkori à votre gauche. L'Ouzimmba, pays de Rouighi, est alors à quatre journées de marche vers le Couchant.

« En arrivant à l'Ouzimmba, si vous prenez à gauche, vous gagnerez le Louhola, et vous aurez l'Oussonngora, à votre droite.

« A votre gauche également, se trouveront l'Ounyammpaka, le Kassita, le Kichakka, le Tchakiomi, le Nytéré, le Bouhoudjou, le Makara, l'Ounyamourourou, le Mounya, le Tchambiro, et les Bouammbou, qui sont des cannibales.

« Si en partant du pays de Rouighi, vous prenez à droite, vous atteindrez l'Oussonngora, puis le Mata; deux jours après, le Nabouérou, ensuite le Boutoua, d'où à votre gauche, vous verrez le Rouannda.

« Le pays de Rouighi se nomme Ouzimmba.

« Kitagouennda est le nom du pays voisin.

« L'Ounyanourougourou se trouve entre le Rouannda et l'Oussonngora.

« Tous les Vouassonngora ont émigré de l'Ounyoro. »

Les détails suivants sur le Mouta Nzighé me viennent d'un indigène de l'Ounyammpaka.

— Le nom de mon roi, dit celui-ci, est Bouléma. Kachéché est le grand roi d'Ouzimmba, Rouighi est mort. De la résidence de Kachéché, si vous regardez vers le Couchant, vous aurez devant vous l'Oussonngora. Pour se rendre de la capitale de Kachéché à l'Oussonngora, il faut gagner l'île de Nkoni, ensuite l'île d'Ihoundi, puis vous arrivez à l'Oussonngora.

« Bien loin à votre gauche, toujours en regardant le coucher du soleil, vous aurez l'Outoumbi, le Mahinnda, le Karara et les des de Kabouzzi.

« Il y a abondance de sel dans l'Oussongora; nous en allons chercher de l'Ounyammpaka (mon pays), pour le vendre dans toutes les contrées voisines.

« L'Annkori ne s'étend pas jusqu'au Mouta Nzighé; entre lui et le lac, il y a le Bouhoudjou et l'Ounyamourougourou.

« Nyika est roi du Gammbaragara et de l'Oussonngora. Au nord du Gammbaragara, se trouve le Torou ou Tori, contrée qui fait partie de l'Ounyoro. Kabba Réga est le grand roi de toutes ces terres. Les médecines (les talismans) de l'Ounyoro sont gardées par Nyika, tout en haut de sa grande montagne. Sur le sommet de celle-ci est un petit Nianndja, au milieu duquel s'élève un grand rocher tout droit. Il tombe des côtés de la montagne, une grande quantité d'eau, quelquefois directement en bas, et avec un très-grand bruit. Il y a là autant d'hommes blancs que de noirs, et des bœufs et des vaches, troupeaux sur troupeaux, des centaines dans le Gammbaragara et l'Oussonngora. Les gens de ce dernier pays sont de grands guerriers; ils portent chacun un bouclier et trois lances et ne vivent que de lait et de patates. »

Je vais maintenant donner quelques « réflexions » d'un jeune philosophe de l'Ougannda, qui était page de Sammbouzi, et avait accompagné son maître dans l'Oussonngora, lors de la grande razzia faite trois ans avant par le Katékiro.

Ce jeune garçon m'avait fait perdre l'idée que le raisonnement était une chose peu commune et que la faculté d'observation caractérisait la race blanche; il m'avait, dis-je, fait perdre cette idée en m'adressant la question suivante :

— Stammlt, comment se fait-il que tous les hommes blancs ont le nez long et tous leurs chiens le nez court, tandis que presque tous les hommes noirs ont le nez court et leurs chiens le nez très-long ?[1]

Je pensai qu'un jeune Mgannda, capable de poser une semblable question, méritait d'être remarqué.

— Dites-moi, lui dis-je, tout ce que vous savez sur le Mouta Nzighé et sur la Kaghéra.

1. Le jeune philosophe avait remarqué les nez larges et courts de mon bouledogue et de mon boule terrier, et il en avait tiré cette conclusion que tous les chiens des blancs étaient camus. (*Note de l'auteur.*)

— Eh bien, répondit-il, vous voyez la Kaghéra; elle est large, profonde et rapide et son eau, qui est brune, est cependant claire. D'où peut-elle venir? Elle a une énorme quantité d'eau; c'est la mère de la rivière du Djinnga, puisque, sans elle, notre Niyannza se dessécherait.

« Dites-moi d'où elle vient? Il n'y a pas de pays assez grand pour l'alimenter, puisque, en la remontant jusqu'au pays de Roumanika, vous la trouvez toujours une grande rivière. Si vous allez au Kichakka, pays plus au Sud, vous la voyez encore large, et de même chez Kibogora. L'Ouroundi n'est pas loin, et après l'Ouroundi c'est le Tanganika.

« Dites-moi, où va l'eau du Mouta Nzighé? Naturellement, dans la Kaghéra, qui va dans notre Niyannza; et la rivière du Djinndja (Nil Victoria) va à Kaniessa (Gondokoro). Je vous dis que vraiment cela doit être ainsi.

« Vous avez vu, n'est-ce pas, le Roussanngo et la Mpanngo se rendre au Mouta Nzighé? Eh bien? il doit y avoir beaucoup de rivières comme celles-là, qui se jettent également dans le Mouta Nzighé. Et quelle est la rivière qui boit toutes ces rivières, si ce n'est la Kaghéra? demanda-t-il d'un air triomphant.

« L'Oussonngora est un pays merveilleux. Ses habitants sont braves; et lorsque le Katékiro, qui était accompagné des chefs de Mkouennda, de Sékébobo et de quelques-uns de Kitounzi, eut à les combattre, il s'aperçut qu'ils étaient bien différents des Gammbaragara. Ce sont des hommes très-grands, avec de longues jambes; et ils sont armés de lances et de boucliers. Ils essayèrent contre nous de toutes les ruses. Un jour que nous étions au bord d'une rivière se dirigeant au Nord, à travers un Tinnka-tinnka[1] pareil à celui qui est dans la Katonnga, les Vouassonngora nous crièrent de la rive opposée qu'ils étaient prêts. Sammbouzi faillit être tué le lendemain et nous perdîmes beaucoup d'hommes. Mais le Katékiro ne se bat pas comme les autres chefs; il est excessivement brave et voulait plaire à Mtéça. Nous combattîmes pendant six jours.

« Les Vouassonngora avaient une quantité de grands chiens, qu'ils lâchèrent sur nous. Comme nous emmenions leur bétail du côté de Gammbaragara, la terre se mit à trembler, des

---

1. Fourré de grandes herbes, papyrus et autres, flottant sur la rivière; tinnghi-tinnghi du Tanganika, le sett du Nil Blanc. Voy. dans Cameron, *A travers l'Afrique*, p. 154 et 204, et dans Schweinfurth *Au cœur de l'Afrique*, v. I, p. 98 et suiv. (H. L.)

sources de boue jaillirent du sol. L'eau de la plaine était très-amère et tua beaucoup de Vouagannda; elle laissait sur ses bords une chose de couleur blanche, qui ressemblait à du sel.

« La première fois que nous vîmes le Mouta Nzighé, ce fut en poursuivant Nyika sur sa grande montagne, dans le Gammbaragara. Nous n'avons pas pu gagner tout à fait le sommet, il était trop haut [1]. Mais nous avons vu l'Oussonngora et un grand lac qui l'entourait de tout côté. Nous revînmes dans l'Ougannda avec notre butin. Quelque temps après, Mtéça, nous renvoya dans l'Annkori, et de la cime d'une haute montagne, située près de Kibannga (le mont Lawson), nous aperçûmes, à l'Ouest, le Mouta Nzighé. Oh! c'est un grand lac, pas si large que notre Niyannza, mais très-long. Nous tirons tout notre sel de l'Oussonngora. C'est avec du sel que Nyika paye son tribut; mais il le récolte dans les plaines, et ce sel n'est bon à manger que quand il a été lavé et nettoyé.

Ce jeune homme m'accompagna dans le Karagoué; et par son intelligence, par sa curiosité sans cesse en éveil, il sut tirer des gens de la cour de Roumanika, des renseignements qu'il me rapporta de la manière suivante :

— Maître, j'ai fait des questions à un grand nombre de Vouanyammbou. Ils disent que vous pouvez conduire vos canots d'ici à l'Oudjidji, en n'ayant à les traîner que sur une faible distance. Ils disent aussi que Ndagara, le père de Roumanika, voulant trafiquer avec les Vouadjidji, a essayé de creuser un canal pour ses canots. Ils disent encore que le lac de Kivou, communique avec le lac d'Akanyarou, et que le Roussizi va du Kivou au Tanganika, en traversant l'Ouzighé; mais que la Kaghéra passe dans le Karagoué pour venir dans l'Ougannda. Le croyez-vous?

Pour clore cette intéressante journée, Roumanika pria Hamed Ibrahim de me montrer les trésors, les trophées, les curiosités contenus dans le musée royal, ce que Hamed fit avec d'autant plus d'empressement qu'il m'avait fréquemment vanté les objets en question.

Le musée ou l'arsenal était une case circulaire, d'environ trente pieds de diamètre, en forme de coupole et soigneusement revêtue de chaume.

---

[1]. Cette montagne est le Gordon Bennett. (*Note de l'auteur.*)

Les armes et les divers articles de la collection étaient rangés dans un ordre parfait, qui témoignait du soin que Roumanika prenait de ses trésors.

Il y avait là quinze ou seize canards d'airain ayant des ailes de cuivre, dix curieux objets du même métal qui, disait-on, représentaient des élans; dix vaches en cuivre rouge et sans tête, produits d'un art très-primitif; puis des serpes en fer, d'une excellente facture, plusieurs lames énormes excessivement tranchantes, de dix-huit pouces de long, sur huit de large; des lances magnifiques, les unes à double lame, les autres à lame et hampe de fer, quelques-unes de ces hampes étaient en forme de chaîne; plusieurs avaient un groupe de petits anneaux rigides à la base de la lame et au bout de la tige; d'autres, enfin, à lame de cuivre, et dont la hampe se composait de baguettes de fer curieusement enlacées. Il y avait aussi de grands chasse-mouches, montés en fer, dont les manches offraient d'admirables spécimens de l'art indigène; des couteaux massifs ressemblant à des couperets, et parfaitement polis; un objet en cuivre, ayant la forme d'une ancre et muni de quatre longues griffes de fer; des étoffes indigènes fabriquées avec des herbes délicates, teintes en noir ou en rouge, à dessins ou à bandes, et pouvant lutter de finesse avec le *sheeting*[1]. Le tabouret royal, taillé d'un seul morceau dans un bloc de peuplier, était un véritable chef-d'œuvre d'ébénisterie africaine.

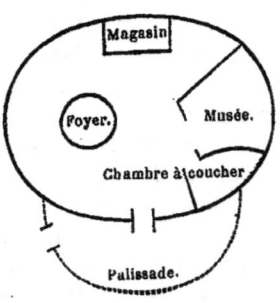

Plan de la maison de Roumanika.

L'art indigène était encore représenté par des coupes, des gobelets, des tables, des jattes en bois pour le laitage, tout cela d'une merveilleuse propreté.

Le foyer circulaire, construit avec beaucoup de goût, occupait le centre de l'édifice. Près de la muraille étaient rangés les présents faits par des Arabes, entre autres des plateaux de cuivre et plusieurs couvercles de soupière en faïence anglaise, évidemment de Birmingham. N'oublions pas la carabine-revolver offerte au roi par le capitaine Speke; elle a dans le musée une place

---

[1]. Cotonnade écrue apportée du Massachussetts (H. L.).

d'honneur, et le bon Roumanika aime à la regarder « parce qu'elle lui rappelle ses amis Speke et Grant. »

Les énormes tambours, au nombre de cinquante-deux, rangés à l'extérieur de la hutte, me firent juger par leur simple aspect du bruit assourdissant qui salue la nouvelle lune ou qui donne le signal de guerre.

Ma séparation d'avec Roumanika, ce vieillard sympathique qui devait avoir alors une soixantaine d'années, fut très-touchante. L'excellent homme me serra les mains à de nombreuses reprises, disant chaque fois qu'il était désolé de me voir partir aussi vite. Il me donna plusieurs de ses fils pour me conduire, et leur enjoignit formellement d'avoir pour moi les plus grandes attentions, jusqu'à ce que je fusse arrivé chez Kibogora, roi de l'Oussouï occidental, « par lequel, il en avait l'assurance, je serais reçu avec plaisir, en ma qualité d'ami de Roumanika. »

Le 26 mars, après un mois de séjour à Kafourro, temps que j'avais entièrement consacré à l'exploration du Karagoué occidental, l'Expédition se remit en route; elle fit une étape de cinq milles et passa la nuit à Nakahouannga, près de la base méridionale du mont Kibonnga.

Le jour suivant, une marche de treize milles nous conduisit à l'extrémité nord du lac d'Oukimmba, nappe d'eau ressemblant à une rivière et qui est alimentée par le Nil Alexandra.

Le 27, j'eus la bonne fortune de tuer trois rhinocéros qui nous fournirent une ample provision de viande pour notre traversée des solitudes de l'Ouhimmba. L'une de ces énormes bêtes avait une corne de deux pieds de long, accostée d'une autre corne de neuf pouces, à pointe aiguë comme celle d'un poignard. L'animal paraissait avoir eu quelque démêlé avec une bête féroce, car un morceau de cuir de la largeur de la main lui avait été arraché de la croupe.

Les Voua-ngouana et les Vouanyammbou de l'escorte m'assurèrent, avec le plus grand sérieux, que l'éléphant, par suite d'une jalousie extrême, maltraite fréquemment son farouche cousin.

On dit que quand l'éléphant trouve les laissées du rhinocéros non éparpillées, il entre en fureur, se met immédiatement à la recherche du criminel; et malheur à la bête cornue si elle est de mauvaise humeur et se sent disposée à maintenir son droit d'abandonner ses excréments où elle les dépose. En pareil cas, l'éléphant casse une forte branche, ou déracine un jeune arbre

La maison et le trésor de Roumanika.

de la grosseur d'un mât de bâteau, et en fustige le malheureux animal, à tel point que celui-ci est trop content de lui échapper par une prompte retraite. C'est pour cela, disent les indigènes, que le rhinocéros tourne en rond et disperse soigneusement ses laissées.

Quand il rencontre un éléphant, il doit lui céder le passage et s'éloigner, car l'éléphant ne souffre pas d'égal; si le rhinocéros est entêté et veut passer quand même, l'éléphant le pousse contre un arbre et le tue à coups de défense, ou le renverse et l'écrase sous ses pieds.

Notre troisième camp fut installé à vingt-six milles de Kafourro, près d'affleurements et de loupes de porphyre veiné de brun, et à côte d'un bras du lac d'Ouhimmba où pullulaient les hippopotames.

Ce dur porphyre, dont les nappes étaient usées par les vagues, portait les traces de l'action de l'eau à une cinquantaine de pieds au-dessus du niveau actuel du lac. Quelques-unes des loupes émergeaient de celui-ci, et montraient des effets de l'eau semblables à ceux que présentaient les roches situées derrière notre camp.

Dans les deux marches suivantes, notre bande fit vingt-sept milles à travers une dépression ou vallée longitudinale, qui s'étendait parallèlement au lac d'Ouhimmba et au cours de l'Alexandra, dont une chaîne de collines seulement la séparait. Çà et là, se dressaient de petits cônes tronqués ayant entre eux une singulière ressemblance, et de la même élévation que les rampes herbues qui les flanquent. Le sommet de ces cônes est plat; mais la roche ferrugineuse indique fidèlement la nature de la force qui, après avoir creusé la vallée, a séparé ces collines des chaînes latérales.

L'Ouhimmba, placé par Roumanika sous la direction de ses fils Kakoko, Kanannga, et Rouhinnda, est à soixante huit milles au sud de la capitale et se compose de quelques établissements de pasteurs. C'était, il y a peu d'années, un territoire contesté entre l'Oussouï et le Karagoué; mais après la conquête du Kichakka par le Rouannda, Roumanika se hâta de l'occuper dans la crainte que Mankoronngo, roi d'Oussouï, voisin jaloux et d'humeur difficile, ne vînt à s'y établir.

Ici, je reçus des messagers envoyés par Mannkoronngo pour m'inviter à l'aller voir. Avec l'impudence dont les Vouassouï font preuve à l'égard des Arabes, ces messagers me déclarèrent que si j'essayais de traverser un pays quelconque du voisinage, sans aller rendre mes devoirs à leur maître, ce serait courir à ma perte.

Je les renvoyai avec un message pacifique disant que mon intention était de gagner la capitale de Kiboroga, d'où je chercherai une route qui pût me conduire à l'Ouest, en passant par l'Ouroundi; que si je ne réussissais pas, je songerai à l'invitation de Mannkoronngo; j'ajoutai que si, dans la forêt, je trouvais en embuscade quelque troupe nombreuse venue avec l'intention de m'intimider, on pourrait être sûr que cette bande aurait à s'en repentir.

J'avais entendu parler des extorsions de Mannkoronngo par les Arabes et les Vouagannda, et je savais jusqu'à quel point il s'était montré le digne successeur du rapace Souarora, qui avait causé tant de soucis à Speke et à Grant.

Le second jour de mes relations courtoises avec Kakoko, je gagnai le sommet d'une montagne située à quelque trois milles du camp et ayant environ six cents pieds de hauteur, afin de relever la position de différents traits du pays que Kanannga fut prié de me désigner. Cinq contrées se déroulèrent alors sous nos yeux : le Karagoué, le Kichakka, le Rouannda, l'Ougoufou et l'Oussouï. Parallèlement à l'Oussouï, on m'indiqua l'Ouhha du roi Khannza. « Après l'Ouhha, me dit Kanannga, on trouve l'Ouroundi, après l'Ouroundi, le Tanganika et l'Ouzighé ; mais personne ne peut dire quelles sont les terres que l'on rencontre ensuite. L'Akanyarou s'étendait au Sud-ouest, entre le Rouannda, l'Ouhha et l'Ouroundi. Le Kivou était, disait-on, au Sud-ouest; à l'Ouest ¹/₄ nord-ouest, le Mkinyaga; et à l'Ouest, l'Ounyammboungou.

« L'Ougoufou était séparé du Kichakka par le Nahouaronngo ou Rouvouvou, et de l'Ouhha et de l'Oussouï par le Nil Alexandra, qui passe entre l'Ouhha et l'Ouroundi. Une rivière d'une certaine importance, qui vient de l'Ounyammboungou, se jette, dit-on, dans l'Akanyarou (¹). »

Le jour suivant, nous entrions dans l'Oussouï occidental et nous nous arrêtions chez Kafourra. Il y avait disette dans l'Oussouï, et les rations de quatre jours nous coûtèrent trente-deux dotis (soixante-quatre brasses) d'étoffe. Après cela vint le tribut;

1. Trois mois plus tard, j'appris des Vouarouandi et des Vouazighé que cette rivière venant du couchant était la Rouannda, qui se jette dans le Roussizi, affluent du Tanganika. (*Note de l'auteur.*)

Kibogora demanda et reçut trente dotis, un rouleau de fil de laiton et quarante colliers de perles : Kafourra, son principal chef, réclama dix dotis et une quantité de perles ; un autre chef, cinq dotis, la reine un supplément d'étoffe ; ensuite les princes émirent leurs prétentions et les guides réclamèrent leur récompense. Bref, en quatre jours, il me fallut débourser deux ballots sur les vingt-deux qui me restaient de l'énorme cargaison emportée de Zanzibar (¹).

Dans cette situation, quel espoir avions-nous de continuer notre voyage si nous étions obligés de traverser l'Ouhha, qui, en 1871, m'avait consommé deux balles d'étoffe par jour ? En moins de trois semaines nous serions réduits à la mendicité. Ses moutouarés, ses mkamas rapaces et autres gens non moins avides ne peuvent être apaisés que par de l'étoffe et des perles, distribuées d'une main princière. Cent ballots de cotonnade suffiraient à peine, dans l'Ouhha, pour nourrir cent hommes pendant six semaines. Après l'Ouhha, se trouvaient l'Ouroundi et le Rouannda, pays impénétrables où l'étranger est considéré comme un ennemi.

Je me détournai en soupirant de cette région intéressante ; mais avec la résolution de plus en plus ferme de ne me laisser arrêter par rien, la troisième fois que je chercherai dans ces parages la route de l'Ouest.

Le 7 avril, je fis donc, bien qu'à contre cœur, reprendre la marche dans la direction du Sud. Tout d'abord, nous longeâmes, en le remontant un ravin au fond duquel murmurait le Lohougati, alors au début de son cours. Après avoir fait cinq milles, nous trouvâmes, à l'endroit où celui-ci prend sa source, une pente abrupte qui nous conduisit au sommet d'une chaîne herbue de cinq mille six cents pieds (1702 mètres) d'altitude.

Ce ne fut qu'après une descente d'un mille, aboutissant à la vallée d'Ouyagoma, que je reconnus l'importance de cette chaîne, qui est le point de partage entre l'un des tributaires du lac Victoria, et la source du Malagarazi, principal affluent du lac Tanganika.

Bien qu'une marche à travers l'Ouhha, dans la direction de l'Ouest ou du Sud-ouest, nous eût fait retrouver l'Alexandra et

---

1. Toutefois, Kibogora et Kafourra me firent un aimable accueil et se montrèrent gracieusement communicatifs. J'arrivais chez eux sous les meilleurs auspices, recommandé que j'étais par le bon Roumanika, l'homme doux et vénéré.

(*Note de l'auteur.*)

les affluents de l'Akanyarou, nous ne devions plus voir de rivière ou de ruisseau alimentant le grand fleuve qui gagne la terre d'Égypte et la traverse pour atteindre la Méditerranée.

Du 17 janvier 1875 au 7 avril 1876, nous nous étions consacrés à la recherche des sources les plus méridionales du Nil, depuis les plaines marécageuses et les plateaux cultivés où le fleuve prend naissance, jusqu'au puissant réservoir qui porte le nom de Victoria Nyannza Nous avions fait la circumnavigation de l'énorme lac, pénétré dans chaque baie, dans chaque bras, dans chaque crique ; fait connaissance avec toutes les variétés sauvages d'humaine espèce qui peuplent ses bords ou habitent ses îles, avec les tribus paisibles et douces, les insociables, les féroces, les inhospitalières et les généreuses. Nous avions été témoins de leur manière de combattre, nous les avions vus tremper avec une joie farouche leurs mains dans le sang les unes des autres ; nous avions souffert cinq fois de leur humeur belliqueuse, de leur soif de meurtre, perdu beaucoup de nos hommes par suite de leur fourberie et de leur férocité. Nous avions fait à pied, çà et là, des centaines de milles sur la côte nord du Victoria, exploré, avec une bande nombreuse, les pays étranges situés entre ce, Nyannza et le Mouta Nzighé, découvert le bras de ce dernier lac, bras que j'ai nommé *golfe de Béatrice*, et nous avions bu de ses eaux.

Après avoir cherché vainement un lieu de séjour sur ses bords, nous avions dû renoncer à poursuivre nos travaux dans cette direction ; et prenant au Sud, à partir de la Katonnga, nous avions gagné le Nil Alexandra, qui est le principal affluent du Victoria et reçoit presque toutes les eaux venant de l'Ouest et du Sud-ouest.

Nous avions patiemment relevé la moitié de son cours ; et ne pouvant pas satisfaire la rapacité des tribus voisines de l'Alexandra Nyannza (l'Akanyarou), répugnant à nous ouvrir un chemin par la force, à traverser un pays malgré les habitants, à opposer, sans y être contraints, nos carabines à des lances et à des flèches, nous avions dit adieu aux contrées qui alimentent le Nil et nous nous étions tournés vers le Tanganika.

Je me suis efforcé de dépeindre fidèlement la nature, animée et inanimée, telle que, dans ses étranges manifestations, elle se développait à mes yeux. Je n'ai pas, je le sais, pénétré ses secrets ; mais en ne l'essayant pas, je suis resté dans les limites qui m'étaient assignées, à savoir, l'Exploration des sources méridionales du Nil et la solution du problème que Speke et Grant avaient laissé pendant : le Victoria Nyannza est-il un seul lac ou en forme-t-il cinq, ainsi que Livingstone, Burton et d'autres, l'ont écrit? La question est aujourd'hui résolue; et Speke a maintenant la gloire pleine et entière d'avoir fait la découverte du plus grand lac d'Afrique, ainsi que de son principal affluent et de son déversoir. Je dois également lui rendre cette justice, qu'il a beaucoup mieux compris la géographie des régions qu'il a traversées, que ne l'a fait aucun de ceux qui n'ont cessé de combattre ses hypothèses; et je proclame ici l'admiration que m'inspire le *génie géographique* qui, d'après les simples renseignements obtenus des indigènes, a tracé d'une main si magistrale le hardi contour du lac Victoria[1].

1. La carte hypothétique de Speke donne au Victoria une étendue de vingt neuf mille milles carrés, chiffre que notre relèvement a réduit à vingt et un mille cinq cents milles (55 660 kilomètres) carrés. (*Note de l'auteur*.)

CHAPITRE XVIII

Rivières jumelles. — Mannkoronngo est frustré de son butin. — Pauvre Bull ! — Fidèle jusqu'à la mort. — Nouveaux méfaits de Msenna. — La terreur de l'Afrique apparaît sur la scène. — Mars fait la paix. — « Arrachez des patates ! » — Visite de Mirammbo, le chef de bandits. — Je fais avec lui l'échange du sang. — Petits rois ayant de « grosses têtes. » — Conversion pratique du chef de l'Oubagoué. — Les Vouatouta, Ismaëls d'Afrique. — Leur histoire. — Nomenclature africaine. — De Mséné à l'Oudjidji. — Passage du Malagarazi. — Tristes souvenirs.

Longeant la vallée d'Ouyagoma, dans l'Oussouï occidental, court, de l'Est à l'Ouest, une chaîne couverte d'herbe, très-belle par endroits, entrecoupée de vallons semés de rocs tapissés de mousses et de fougères, et parés d'un feuillage du vert le plus vif. A mi côte, sur chacune des deux pentes, suinte, en larges gouttes dans un de ces coins charmants, la source d'une rivière impétueuse : au sud, le Malagarazi, au nord, le Lohougati.

Bien que nourries dans le même berceau, et en sortant à deux mille pas l'une de l'autre, les deux rivières jumelles n'ont rien de commun dans leur parcours. Ruisselant chacune à travers la fougère et le feuillage de leur propre versant, murmurant en prenant de la force, elles courent chacune suivant la pente qui lui est assignée : le Lohougati, vers le lac Victoria, le Malagarazi, vers le Tanganika.

Dans son enfance, alors qu'il recueille son premier tribut des ruisselets qui serpentent dans les plis de la montagne, le Malagarazi contourne le bassin d'Ouyagoma, et a si peu de profondeur que les petits enfants le traversent sans peine. C'est alors le Mérouzi, ainsi que l'appellent les gens de l'Oussouï.

En partant d'Ouyagoma, nous le suivons à travers le bassin durant une couple d'heures, pendant lesquelles il devient une rivière *nomine dignum*. Nous le franchissons et nous nous trouvons en face de montagnes, dont les chaînes traversent diagonalement l'Oussouï, du Nord-est au Sud-ouest, et courent en lignes brisées dans l'Ouhha septentrional, où elles se perdent parmi des amas de groupes confus.

Le Mérouzi tourne au milieu de ce massif compliqué, en décrivant des courbes qui s'emmêlent; il tombe de sommet en sommet, de terrasse en terrasse, recevant, sur son passage, des myriades de rivulettes, des filets d'eau limpide, jusqu'au moment où, sous le nom de Loukoké, il atteint la grande région forestière de l'Ounyamouési, province qu'il sépare de l'Ouhha.

En attendant, pour sortir du bassin d'Ouyogama, nous avions à traverser une série de montagnes couvertes de bois. Parvenus à une route conduisant du pays de Kibogora au territoire du turbulent et vindicatif Mannkoronngo, successeur de Souarora, nous rencontrâmes une ambassade qui, du ton le plus insolent, nous demanda de passer par le village du roi. Cela signifiait naturellement que nous devions permettre qu'on nous enlevât deux ou trois balles d'étoffe, une demi-douzaine de fusils, un ou deux sacs de perles et telle autre chose qu'il plairait au roi de nous prendre; et cela pour avoir l'avantage d'allonger notre route d'une quarantaine de milles et de subir une halte de quinze à vingt jours.

Cette demande insolente ne pouvait être accordée, et nous l'accueillîmes par un refus décisif.

Peu satisfaits de la réponse, les ambassadeurs recoururent aux menaces. Dans la forêt libre et déserte, toute menace constitue un *casus belli*; d'où il résulta que les chefs qui m'avaient été envoyés furent contraints de nous quitter à l'instant même, sans un mètre de cotonnade.

Après leur départ, nous pressâmes le pas jusqu'à la nuit. Le lendemain, au point du jour, nous reprîmes notre course, et marchant avec la même vitesse, depuis l'aube jusqu'à trois heures, nous arrivâmes à Nyammbari, dans l'Oussambiro, enchantés d'avoir échappé aux griffes de Mannkoronngo.

Le 13 avril, je fis halte, pour que mes gens pussent se reposer et acheter des vivres. L'Oussammbiro, de même que l'Ounyamouési, produit assez de grain, de sésame, de millet, de maïs, de pois et de haricots pour en fournir à toutes les caravanes. J'ai observé que les pays agricoles sont d'un accès plus facile que les contrées pastorales, ou les provinces ne fournissant que du lait, des bananes et des patates.

Nous rencontrâmes à Nyammbarri des caravanes arabes qui arrivaient de chez Mannkoronngo. Ce qu'elles nous racontèrent de celui-ci était effroyable ; d'où j'inférai que ce chef rapace ne serait pas du tout content lorsqu'il apprendrait comment nous avions déjoué ses projets d'exactions.

Ici, le fameux Msenna se mit, pour la troisième fois, en état de révolte. On me rapporta qu'il excitait un grand nombre de Voua-ngouana et de Vouanyamouési à déserter en masse, offrant de les conduire lui-même dans l'Ounyanyemmbé, et que plusieurs jeunes gens, intimidés par son caractère brutal, avaient cédé à ses sollicitations. Msenna conséquemment, fut dégradé de ses fonctions de capitaine de dix hommes, et condamné à porter une caisse, sous l'œil vigilant de Katchéctché, condamnation qui devait durer six mois.

Le 15 avril, nous partîmes de Nyammbarri pour Gammbahouagao, principal village de l'Oussammbiro. Pendant la marche, le dernier de mes compagnons de race canine que j'avais amenés d'Angleterre, mon vieux Bull, succomba au poids des ans et aux fatigues d'un voyage en Afrique de près de quinze cents milles.

Avec la ténacité particulière aux bouledogues, il persista jusqu'à la fin à suivre mes fusils, qu'il avait l'habitude d'accompagner, et dont les porteurs s'éloignaient de plus en plus. Chancelant, tombant, se plaignant, il se relevait toujours, s'efforçait d'avancer ; puis ses efforts le trahirent ; il se coucha sur la route, gémissant de son impuissance, et mourut l'instant d'après, les yeux fixés jusqu'à la fin sur le sentier qu'il avait si bravement essayé de suivre.

Pauvre Bull ! Quels bons et fidèles services que les siens ! Qui se réjouissait mieux que lui d'entendre le bruit de ma carabine retentir à travers la forêt ! Comme il applaudissait le coup heureux, de sa voix grave et sonore ! Que de longues étendues de bois profonds, de plaines brûlées, de collines et de montagnes il avait franchies ! Comme il plongeait dans le hallier, dans le marais, dans la rivière ! Au plus noir des nuits obscures, sa voix éloignait du camp les maraudeurs et les bêtes féroces. Ses grondements répondaient aux hideux ricanements de l'hyène, et le cri du léopard ne l'effrayait pas. Il étonnait les sauvages par la fermeté de son regard et les faisait reculer par la hardiesse de son attitude. Avec quelle bravoure il nous aida à repousser de notre camp les Vouanyatourou. Adieu, gloire de ta race ! Repose-toi de tes labeurs dans la forêt silencieuse ! Tu ne graviras plus la montagne d'une allure rapide, tu ne fouilleras plus la jungle, tu ne feras plus bruire les grandes herbes, tu ne me suivras plus à travers la savane; car tu es maintenant dans la tombe, comme tous tes compagnons.

Le roi d'Oussammbiro échangea avec nous des présents; il est jeune et me parut être aussi intelligent qu'aimable. Bien que ses sujets se prétendent Vouanyamouési, son peuple est un mélange de Vouahha et de Vouazinndja. Il s'est construit un village qu'il a entouré d'un fossé de quatre pieds de profondeur, sur six de large, et d'une estacade, surmontée d'abris destinés aux tireurs

Portrait de Bull, d'après une photographie de l'auteur.

et placés à intervalles égaux. La population de cette capitale est d'environ deux milles âmes.

Boma-Kienngo ou Mséra, village où nous arrivâmes le surlendemain, est à cinq milles de la résidence royale, au sud-sud-est. Son chef, ayant vu la bonne intelligence qui existait entre nous et le roi, fit tous ses efforts pour gagner notre sympathie.

Le jour suivant, 17 avril, nous étions à Moussonnga, qui se trouve à douze milles au sud-sud-est de Boma, et qui est le village le plus septentrional du pays d'Ouranngoua. Le lendemain 18, une marche de quinze milles nous fit gagner la capitale de cette dernière province, autre grand village entouré d'un fossé et d'une estacade surmontée d'abris pour les tireurs.

Nous faisions alors de longues étapes, et bien que chacun des roitelets dont nous traversions les domaines réclamât un échange de présents, ce qui m'obligeait à dépenser plus d'étoffe qu'il n'était absolument nécessaire, ces rois étaient polis et n'avaient pas assez d'exigence pour empêcher nos relations d'être amicales.

Rien n'entravait donc la marche et ne nous donnait d'inquiétude; mais le jour de notre arrivée à Ouranngoua, tandis que nous causions tranquillement avec le chef, un messager vint en toute hâte nous dire que le fantôme, le cauchemar, la terreur de cette région, l'homme qu'il suffisait de nommer pour faire taire les enfants de l'Ounyamouési et de l'Oussoukouma, et palpiter d'effroi le cœur des femmes, que Mirammbo arrivait ; qu'il n'était qu'à deux campements (une vingtaine de milles) et qu'il venait avec une immense armée de Rougas-Rougas (bandits).

On comprend l'émotion que produisit cette nouvelle, l'effroi, l'abattement des uns, la surexcitation des autres. Des barricades s'élevèrent; des plates-formes, blindées de troncs d'arbres, furent construites au-dessus de l'enceinte pour abriter les plus fins tireurs. Les femmes préparèrent les talismans, les Vouagannga (les magiciens) consultèrent leurs fétiches; les guerriers chargèrent leurs mousquets de Brummagem, mettant dans le coup de baguette qui enfonçait la poudre et bourrait le canon, des intentions d'implacable vengeance, tandis que le roi, drapé de cotonnade flottant derrière lui, allait et venait avec une énergie convulsive.

Outre mes cent soixante-quinze hommes, j'avais avec moi quarante hommes appartenant aux Arabes, et nos caisses de munitions étaient nombreuses. Le roi se souvint du fait, et me dit :

— Vous restez pour combattre Mirammbo, n'est-ce-pas?

— Non, mon ami, je n'ai aucun sujet de querelle avec Mirammbo, et nous ne pouvons pas aider chaque indigène à combattre son voisin. Si Mirammbo attaque le village pendant que nous y sommes, et ne se retire pas quand je lui demanderai, nous nous battrons ; mais nous ne resterons pas ici pour l'attendre.

Le pauvre roi était désolé quand nous le quittâmes le lendemain. J'envoyai en avant mes éclaireurs, ainsi que j'en avais l'habitude quand nous traversions des pays troublés, et en négligeai aucune des précautions nécessaires pour prévenir toute surprise.

Le 19, nous arrivâmes à Sérommbo ou Sorommbo, l'un des plus grands villages de l'Ounyamouési : deux milles et demi de circonférence (plus de quatre kilomètres), et un millier de cases petites et grandes, peuplées d'environ cinq mille âmes.

Le roi actuel, Ndéga, est un garçon de seize ans, fils de Makaka, mort il y a une couple d'années. Trop jeune pour gouverner lui-même ce grand village et le pays qui l'entoure, deux anciens ou manyaparas exercent les fonctions de régents.

On me donna pour logis une case d'une forme particulière, ayant beaucoup de ressemblance avec une demeure abyssinienne.

Demeure du chef et maison de Stanley, à Sérommbo.

La porte d'entrée avait sept pieds de hauteur, et du sol jusqu'à l'extrémité du toit conique, la hutte en mesurait vingt. Faite d'un clayonnage de baguettes enlacées, la muraille était soigneusement recouverte d'un enduit d'argile brune.

La maison du roi, beaucoup plus grande, avait trente pieds de haut, mesurée d'en bas à la pointe du cône, et quarante de diamètre intérieur ; mais une palissade, dont les poteaux soutenaient le bord avancé de la toiture, formait la paroi d'une galerie qui entourait le bâtiment et portait à cinquante-quatre pieds le diamètre de l'édifice.

Grâce à cette disposition particulière, cent cinquante hommes résolus, postés dans la galerie extérieure, pourraient soutenir longtemps l'attaque d'un ennemi de beaucoup supérieur en nombre et probablement le repousser.

La nouvelle de l'approche de l'ennemi s'était déjà répandue ; mais Ndéga, allié par mariage à Mirammbo, eut bientôt calmé tous les esprits, en annonçant que le célèbre guerrier venait de conclure la paix avec les Arabes et ne se rendait à Sérommbo que pour faire une visite d'amitié à son jeune parent.

Naturellement, nous éprouvions tous le plus vif désir de voir le « Mars africain », l'homme qui, depuis 1871, rendait son nom redoutable aux étrangers ainsi qu'aux indigènes, à partir de l'Oussouï jusqu'à l'Ourori et de l'Ouvinnza à l'Ougogo, une étendue de quatre-vingt-dix milles (233,000 kilomètres,) carrés l'homme qui, simple chef de village dans l'Ouhyohoueh, s'est fait, dans toute la moitié de l'Afrique équatoriale, un nom aussi connu que celui de Mtéça, un nom prononcé journellement de Nyanngoué à Zanzibar et qui sert de thème aux chants des bardes de l'Ounyamouési, de l'Oukimmbou, de l'Oukononngo, de l'Ouzinndja et de l'Ouvinnza.

Dans la soirée, ses *Brown-Besses*, ses *Goumehs-goumehs*, ainsi que les indigènes appellent ses fusils, nous annoncèrent que l'homme terrible n'était pas loin.

A la chute du jour, les grands tambours de Ndéga réclamèrent le silence pour les crieurs publics, dont la voix, précédée du tintement de clochettes de fer, fit entendre ces paroles :

— Écoutez, gens de Sérommbo, écoutez ! Mirammbo, le frère de Ndéga, arrive demain matin. Préparez-vous donc à recevoir ses jeunes hommes, car ils auront faim. Envoyez vos femmes arracher des patates. Mirammbo arrive. Arrachez des patates, arrachez des patates, des patates pour demain.

Le jour suivant, à dix heures du matin, les Brown-Besses, fortement chargés et tirés par centaines, proclamèrent hautement l'approche de Mirammbo. Presque tous mes Voua-ngouana suivirent la foule hors du village pour voir le fameux chef.

Les grands tambours de guerre et les acclamations de milliers d'indigènes enthousiastes annoncèrent l'entrée du visiteur. Bientôt le petit Mabrouki, chef de mes garçons de tente, et Katchétché, le *detective*, sur l'intelligence duquel je pouvais compter, m'apportèrent d'intéressantes nouvelles.

— Nous avons vu Mirammbo, s'écria Mabrouki. Il est arrivé. Nous avons vu ses Rougas-Rougas ; il en a beaucoup, beaucoup ; ils sont tous armés de goumehs-goumehs. A peu près cent d'entre eux sont habillés d'étoffe rouge et de chemises blanches, comme nos Voua-ngouana. Mirammbo n'est pas vieux.

Katchétché prit alors la parole :

— Mirammbo, dit-il, n'est pas vieux, il est jeune : je dois être plus âgé que lui. C'est un homme très-bien de sa personne, et bien habillé, tout à fait comme un Arabe. Il a le turban, le fez, l'habit de drap des Arabes, et un cimeterre. Il a aussi des babouches ; la robe qu'il porte sous l'habit de drap est très-blanche. J'estime qu'il a avec lui environ quinze cents hommes ; tous sont armés de mousquets ou de fusils doubles. Il a trois jeunes gens qui portent ses fusils. En vérité, Mirammbo est un grand chef.

Des *lou-lou-lou* prolongés, aigus et retentissants continuaient à être poussés par les femmes, qui témoignaient ainsi de leur respect pour le plus grand roi de l'Ounyamouési !

Katchétché n'avait pas fini son rapport, que Manoua Séra, le commandant en chef de mes Voua-ngouana, entrait dans ma case et me présentait trois jeunes gens, des Rougas-Rougas (des bandits) comme nous les appellions alors, ce que nous ne ferons plus, de crainte de les offenser. Ils étaient vêtus élégamment de belles jaquettes de drap fin, l'une bleue, les autres rouges, portées sur des robes d'un blanc de neige ; pour coiffure ils avaient d'amples turbans. C'était des capitaines de la garde, ayant la confiance du maître.

— Mirammbo, dit le principal d'entre eux, envoie ses salaams à l'homme blanc. Il espère que l'homme blanc ne partage pas les préjugés des Arabes et ne croit pas que Mirammbo est un mauvais homme. Plairait-il à l'homme blanc d'envoyer à Mirammbo des paroles de paix ?

— Dites à Mirammbo, répondis-je, que j'ai le plus grand désir de le voir, que je serai content de serrer la main d'un aussi grand homme, et qu'étant devenu l'ami de Mtéça, de Roumanika et de tous les rois que j'ai trouvés sur ma route, depuis l'Oussoga jusqu'à l'Ounyamouési, je me réjouirai d'avoir aussi Mirammbo pour ami. Dites-lui que j'espère qu'il viendra me voir aussitôt qu'il pourra.

Le lendemain, après m'avoir dépêché un Rouga-Rouga — non, un patriote — pour m'annoncer sa visite, il se présenta, suivi d'une vingtaine de ses principaux chefs.

Je l'accueillis avec une chaleur qui le fit sourire.

— L'homme blanc, dit-il, serre la main en véritable ami.

J'étais complètement subjugué ; j'avais sous les yeux un gentleman africain, très-différent de l'idée que je m'étais faite du chef de bande qui avait porté aux Arabes et aux chefs indigênes des coups si redoutables, avec la rapidité d'un Frédéric le Grand.

Le soir j'écrivais dans mon journal :

« 22 *avril* 1876. — Journée mémorable pour moi, en raison de la visite que m'a faite le célèbre Mirammbo. Il a renversé toutes les idées que j'avais conçues de l'homme terrible que je qualifiais de bandit.

« C'est un homme de grande taille, cinq pieds onze pouces (1ᵐ 80) et d'environ trente-cinq ans, sans une once de chair superflue. Il est beau, a les traits réguliers, la voix douce, la parole grave, le cœur généreux, la main ouverte.

« Le caractère différait tellement de celui que je m'étais figuré, que j'eus un moment le soupçon que j'étais dupe de quelque fraude; mais des Arabes m'affirmèrent que ce personnage aux allures tranquilles était bien le véritable Mirammbo. Je m'étais attendu à voir quelque chose du type de Mtéça, un chef dont l'extérieur annonçait la vie qu'il avait menée et le rang qu'il occupait. Mais cet homme sans prétention, à l'air inoffensif, aux manières paisibles, sans un geste, n'avait rien qui témoignât du génie militaire qu'il avait déployé pendant cinq ans dans l'Ounyamouési, portant au commerce des Arabes un énorme préjudice, faisant doubler le prix de l'ivoire. Rien dans son extérieur, ai-je dit, qui révélât le personnage; mais il faut en excepter les yeux, dont le regard ferme et calme est celui du maître.

« Dans la conversation, il me dit que, pour la guerre, il choisissait toujours des hommes très-jeunes, même des adolescents; que jamais il n'avait pris de vieillards ni d'hommes faits qui, troublés par le souvenir de leurs femmes et de leurs enfants, ne se battent pas moitié si bien que les autres, dont la pensée est tout entière aux ordres qu'ils reçoivent.

« Les jeunes gens ont la vue plus perçante, me dit-il, des membres plus agiles et plus souples, qui leur permettent de se mouvoir avec l'aisance du serpent ou la rapidité du zèbre, et il suffit de quelques mots pour leur donner un cœur de lion. Dans toutes mes guerres avec les Arabes, c'est à une armée de jeunes gens, à des garçons sans barbe, que j'ai dû la victoire. Un jour, quinze de ceux-là se sont fait tuer, parce que j'avais dit que je voulais avoir un morceau d'étoffe rouge qu'on avait jeté devant nous comme défi. Non, non, pas d'autres que des garçons pour le champ de bataille, et des hommes pour la défense des villages fortifiés.

Homme de Mirambo. Homme de la tribu des Younatouta. Homme de l'ouhha.

« — Quel était le motif de votre guerre avec les Arabes? lui demandai-je.

« Beaucoup de motifs, me répondit-il. Les Arabes avaient gagné la *grosse tête* (le mal d'orgueil), il n'y avait plus à leur parler. Mkasihoua de l'Ounyanyemmbé faisait de même ; il pensa que j'étais son vassal, tandis que je ne l'étais pas. Mon père était roi d'Ouhyohouéh, et j'étais son fils. Quel droit Mkasihoua ou les Arabes avaient-ils à me donner des ordres. Mais à présent la guerre est finie. Les Arabes me connaissent; Mkasihoua également. Ils savent ce que je peux faire Nous ne combattrons plus; nous lutterons à qui entendra le mieux le commerce et à qui sera le plus habile. Quiconque voudra traverser mon pays, Arabe ou homme blanc, sera le bienvenu. Je lui donnerai de la viande, de la bière, une maison, et personne ne lui fera de tort »

Mirammbo se retira.

Dans la soirée, j'allai lui rendre sa visite, avec dix des principaux de mes hommes. Je le trouvai dans une tente en forme de cloche, de vingt pieds de hauteur et de vingt-cinq de diamètre. Il avait tous ses chefs autour de lui.

Manoua Séra fut requis de sceller l'amitié qui nous unissait, Mirammbo et moi, en accomplissant entre nous la cérémonie fraternelle de l'échange du sang.

Nous ayant fait asseoir vis-à-vis l'un de l'autre sur une natte, il nous fit, à tous les deux, une incision à la jambe droite, prit à chacun de nous quelques gouttes de sang, qu'il transféra de la jambe de l'un à celle de l'autre; puis d'une voix forte :

— Si l'un de vous, dit-il, manque à la fraternité maintenant établie entre vous, qu'il soit dévoré par le lion, empoisonné par le serpent; que sa nourriture soit amère, que ses amis l'abandonnent; que son fusil lui éclate dans la main et le blesse, que tout ce qui est mauvais le poursuive jusqu'à sa mort!

Mon nouveau frère me donna quinze dotis[1] pour mes chefs, et ne voulut en recevoir que *trois*. Dans mon désir de ne pas sembler moins généreux que lui, j'offris à Mirammbo un révolver, deux cents cartouches et de menues curiosités de fabrique anglaise. Mais ambitieux de me surpasser dans ses dons, il

---

1. Nous rappellerons que le doti, double choukka, est une pièce d'étoffe de deux brasses. (H. L.)

envoya dans l'Ourammbo[1] cinq de ses hommes chargés d'y prendre trois bœufs ainsi que trois vaches laitières avec leurs veaux, et de me les conduire à Oubagoué, l'une des stations suivantes. Il me donna aussi trois guides pour me faire passer le territoire des Vouatouta. Le lendemain matin il m'accompagna à quelque distance de Sérommbo[1], et nous nous séparâmes dans les meilleurs termes. Un Arabe de sa suite, nommé Saïd-ben-Mohammed, me fit présent d'une brique de savon d'Espagne[2], d'un sac de poivre et d'un peu de safran. Un bel âne de selle, que j'avais acheté à Saïd, fut baptisé par moi du nom de Mirammbo, sur la demande de mes Voua-ngouana que l'amabilité du grand chef avait également séduits.

Le même jour nous fîmes halte à Mayannghira (sept milles et demi de Sérammbo), et, le 24, après une marche fatigante de onze milles dans la direction du sud-sud-est, à travers des plaines inondées, nous arrivâmes à Oukoummbeh.

A Massoumboua, où nous conduisit une étape de dix milles, nous nous trouvâmes en face d'un jeune chef des plus arrogants, qui se donnait à lui-même le titre de *Mtémi* (roi), et qui, en l'honneur de sa majesté, réclamait un cadeau de quinze dotis, réclamation qui fut nettement refusée, malgré les vives instances du solliciteur.

A travers des plaines également inondées, où la plupart du temps, nous avions de l'eau jusqu'aux hanches, et après avoir franchi une rivière importante, coulant à l'ouest-sud-ouest pour s'unir au Malagarazi, nous arrivâmes au village de Myonnga, chef du Massoumboua méridional.

Ce Myonnga est le même personnage qui dépouilla le capitaine Grant, alors que celui-ci, à la tête d'une caravane indisciplinée, se hâtait d'aller rejoindre son compagnon. Le fait est raconté par Grant, dans la lettre que nous donnons ici, d'après le journal de Speke.

« Dans les jungles, près du village de Myonnga.

« 16 septembre, 1861.

« Mon cher Speke,

« La caravane a été attaquée, pillée, dispersée à tous les vents, tandis que nous traversions ce matin le pays de Myonnga.

1. Nom qui signifie littéralement pays de Rammbo (abbréviation de Mirammbo) et que le célèbre chef a donné à l'Ouyohouch. (*Note de l'auteur.*)
2. *A bar of bastile soap.*

« Éveillé dès l'aurore, je pressais le départ afin de vous rejoindre plus tôt, lorsque mon attention fut attirée par un violent débat qui venait de s'élever entre mes chefs et sept ou huit gaillards bien armés, que m'expédiait le sultan Myonnga pour me persuader de m'arrêter dans son village. Il fut sommairement répondu aux envoyés qu'ayant déjà reçu de *vous* un présent, leur chef n'avait rien à attendre de *moi*. Sans insister davantage, et d'après les instructions de leur maître, ce qui pour moi ne fait aucun doute, ces hommes se constituèrent nos guides d'office, jusqu'au moment où nous voulûmes sortir du sentier qu'ils avaient pris. Alors, gagnant rapidement de l'avance et faisant volte-face, ils nous barrèrent le chemin, plantèrent leurs lances dans le sol et nous défièrent d'avancer.

« Cette menace n'eut d'autre effet que de nous affermir dans notre détermination, et nous passâmes malgré les lances. Nous avions fait environ sept milles sans être inquiétés, lorsque notre attention fut attirée par une clameur aiguë, partie des bois; et du fourré s'élancèrent quelque deux cents hommes qui vinrent à nous, avec tous les dehors d'une vive allégresse. L'instant d'après, arrivant au centre de la caravane, ils se jetaient sur mes pauvres porteurs.

« La lutte n'a pas été longue. Devant les flèches et les lances qui touchaient leurs poitrines, nos gens se laissèrent dépouiller de leurs fardeaux, de leurs vêtements, de leurs parures, avant que j'eusse pu organiser la résistance; et toute la bande prit la fuite. Trois hommes seulement, sur la centaine, restèrent à mes côtés. Les autres, dont l'unique préoccupation était de sauver leur vie, avaient disparu dans les bois, où j'allai les rappeler. L'un d'eux, notre petit Rahane, le fusil armé, défendait bravement sa charge contre cinq sauvages, dont les lances étaient levées sur lui. Je n'en vis pas d'autre. Deux ou trois des fuyards ont, dit-on, été tués; quelques-uns ont reçu des blessures. Nos caisses, notre étoffe, nos grains de verre, toute la cargaison était semée dans la forêt. Un véritable naufrage.

« Je voulais aller trouver le sultan et lui demander réparation; on m'en empêcha. Désespéré, je dus m'asseoir au milieu de cette foule de gredins, rendus insolents par le succès et qui me raillaient de ma défaite. Quelques-uns portaient déjà les dépouilles de nos gens.

« Dans l'après-midi, quinze hommes et autant de charges m'ont été renvoyées avec un message du sultan Myonnga; celui-ci me faisait dire que l'attaque avait été une *méprise* de ses sujets, que, pour ce fait il avait déjà fait couper la main à l'un des agresseurs, et que tout ce qui m'appartenait me serait restitué[1]. »

« Tout à vous.

« J. A. GRANT. »

L'âge n'avait pas amoindri l'orgueil de Myonnga ni modéré sa cupidité. Il affirmait ses droits et ses priviléges régaliens d'une voix présomptueuse et d'un air grave et sévère. Il exigeait un tribut : vingt-cinq dotis, un fusil et cinquante rangs de perles! Les Arabes qui m'accompagnaient furent requis d'en donner autant.

— Impossible, Myonnga ! répondis-je, bien que frappé d'admiration par cette audace sans pareille.

— D'autres ont été obligés de payer ce que je demandais, dit le vieillard avec un malicieux clignement d'œil.

— Peut-être, répliquai-je ; mais que d'autres l'aient fait ou non, je ne peux pas vous donner autant, et, qui plus est, je ne le veux pas. En signe de notre passage, je vous ferai présent d'un doti, et les Arabes vous en offriront un autre.

Myonnga s'emporta, supplia, menaça, et quelques-uns de ses hommes commencèrent à se mettre en fureur. Je me levai, et dis à Myonnga que crier était le fait d'une vieille femme acariâtre ; que s'il envoyait à notre camp un de ses anciens, je lui ferais remettre par ce dernier deux dotis, l'un venant de moi, l'autre des Arabes, en reconnaissance de son droit sur la contrée.

Immédiatement le tambour du village battit l'appel aux armes Mais l'affaire n'alla pas plus loin. L'ancien qui me fut dépêché reçut le tribut raisonnable des deux pièces d'étoffe promises, et le sage avis qu'il serait dangereux d'arrêter la marche de l'expédition, parce que tous nos fusils étaient chargés.

Pounzé, chef de Mkoumbiro, village situé à dix milles au sud 1/4 sud-est de Myonnga, et le chef d'Ouréhoueh, à quatorze milles du village de Pounzé, ne furent pas moins audacieux dans leurs demandes, et ne reçurent pas un pouce d'étoffe. Mais aucun de ces trois chefs ne se montra à moitié aussi rapace que Oungomiroua, le mtémi d'Oubogoué.

---

1. *Les Sources du Nil*, journal de voyage du capitaine John Hanning Speke; traduit par M. E.-D. Forgues. Paris, Hachette, 1864, p. 142. (H. L.)

Dans cette dernière ville, peuplée de trois mille habitants, nous rencontrâmes un Arabe qui était en route pour l'Ougannda; le récit des extorsions et des vols dont il avait été victime de la part d'Oungomiroua était lamentable. Il lui avait fallu donner cent cinquante dotis, cinquante livres de poudre, cinq fusils à deux coups et trente-cinq livres de grains de verre, le tout d'une valeur de six cent vingt-cinq dollars (3 125 francs), pour obtenir la permission de traverser paisiblement le district d'Oubagoué.

Le chef étant venu me voir, je lui dis ces paroles :

— Comment se fait-il, mon ami, que vous ayez la réputation d'un méchant homme? Comment se fait-il que ce pauvre Arabe ait eu à payer tant que cela pour traverser l'Oubagoué? L'Oubagoué n'est-il pas l'Ounyamouési, pour que Oungomiroua exige autant des Arabes? Les marchands apportent des étoffes, de la poudre et des fusils. Si vous leur prenez ce qui leur appartient, j'enverrai des lettres pour empêcher les trafiquants de venir chez vous. Alors Oungomiroua deviendra pauvre; il n'aura plus ni poudre, ni fusils pour se défendre, ni étoffes pour se vêtir. Quelles paroles Oungomiroua a-t-il à dire à son ami?

— Oungomiroua, répondit-il, n'agit pas autrement que Ouréhoueh, Pounzé, Myonnga, Ndéga, Ouranngoua et Mannkoronngo : il prend tout ce qu'il peut. Si l'homme blanc trouve que c'est mal et veut être mon ami, je rendrai à l'Arabe tout ce qu'il a payé.

— Oungomiroua est bon, repris-je. Non, ne rendez pas tout; gardez un fusil, cinq dotis, vingt rangs de perles et dix livres de poudre; c'est beaucoup, mais ce n'est que juste. J'ai avec moi un grand nombre de Vouanyamouési que j'ai rendus bons. J'ai également deux hommes d'Oubagoué et un homme du village de Pounzé. Que Oungomiroua fasse venir les Vouanyamouési, qu'il s'informe auprès d'eux de la manière dont l'homme blanc les traite et qu'il leur conseille de déserter; il entendra leurs réponses. Ils lui diront que tous les blancs sont bons pour ceux qui sont bons eux-mêmes.

Oungomiroua fit appeler les Vouanyamouési et leur demanda pourquoi ils suivaient l'homme blanc à travers le monde, quittant pour lui leurs pères et leurs sœurs.

Cette question amena la réponse suivante :

— Les blancs savent tout. Ils ont le cœur meilleur que les noirs. Nous avons de la nourriture en abondance, des quantités d'étoffe pour nous vêtir, et de l'argent qui nous reste. En échange, tout ce que nous donnons à l'homme blanc, c'est notre force. Nous portons ses marchandises, et il a pour ses enfants noirs tous les soins d'un père. Que Oungomiroua se lie d'amitié avec l'homme blanc, qu'il fasse tout ce qu'il lui dira, et ce sera bon pour le pays d'Ounyamouési.

Quel que fût le motif auquel il obéit, Oungomiroua restitua à l'Arabe presque toutes ses marchandises et me fit présent de trois bœufs. Pendant tout le temps que je fus son hôte, il me témoigna beaucoup d'amitié et se glorifia de m'avoir pour ami auprès de plusieurs Vouatouta, qui vinrent chez lui à cette époque. En vérité, je ne me rappelle pas de village d'Afrique où mon séjour ait été plus agréable.

L'Ounyamouési est troublé par une foule de roitelets, dont la situation besogneuse, la pauvreté même, a donné à leur audace des proportions telles que chacun d'eux a plus de menaces à la bouche et fait plus de demandes que l'empereur d'Ougannda.

Le proverbe qui dit : « De petites choses naît l'orgueil des natures viles » est vrai en Afrique aussi bien que dans les autres parties du monde. Saïd-ben-Saïf, l'un des Arabes de Kafourro, me supplia, dans l'intérêt de mes marchandises et de ma tranquillité d'esprit, de ne pas traverser l'Ounyamouési pour me rendre dans l'Oudjidji, mais de passer par l'Ouhha. J'attribue ce conseil au désir qu'avait Saïd d'apprendre que j'avais été rançonné par les chefs de Khannza, d'Ihouannda et de Kiti, autant qu'il l'avait été lui-même. Il avait payé, me dit-il, au roi de Kiti, cent vingt brasses d'étoffe, le même nombre à celui d'Ikouannda et deux cent soixante-seize au roi de Khannza, ce qui représentait cinq cent seize dollars et déchirait le cœur de l'estimable traitant.

Dans mon premier voyage, à la recherche de Livingstone, j'avais suffisamment fait l'épreuve de la capacité absorbante des chefs de l'Ouhha, et je m'étais bien promis à l'avenir de les éviter avec soin. Le rapport de Saïd, confirmé par Hamed et par ma propre expérience, ne témoignait que trop bien de l'avidité des Vouahha. Jusqu'à présent, depuis la capitale de Kibogora jusqu'à Oubagoué, je n'avais dépensé que trente dotis, distribués à neuf rois de l'Ounyamouési, sans avoir eu à me donner d'autre peine que celle de faire réduire le chiffre des demandes par mes négociations.

Nul voyageur n'a encore rencontré, dans l'Afrique équatoriale, de race plus redoutable que celles des Mafittés ou Vouatouta. Ce sont les véritables Bédouins de cette partie du monde. Quelque noir Ismaël les a sûrement engendrés ; car leur main est levée contre tous les hommes, et celle de tous les hommes est levée contre chacun d'eux.

Tuer un Mtouta est considéré par un Arabe comme aussi méritoire et beaucoup plus nécessaire que de tuer un serpent. Pour se garantir de ces noirs flibustiers, le voyageur, qui passe près de leurs repaires, a besoin d'autant de sang-froid et d'adresse que de prudence. Il faut que les habitants des lieux qui les avoisinent défendent leurs villages par d'imprenables enceintes, fassent le guet jour et nuit, veillent avec soin sur leurs femmes et leurs enfants. Seules, de fortes bandes vont chercher le bois de chauffage, et l'on ne cultive les terres que la lance à la main, tant la crainte inspirée par ces bandits est constante.

Les Vouatouta, dont nous étions sur le point de traverser le territoire, sont des Mafltés ou Mazitous, qui, se séparant des autres il y a quelque trente ans, marchèrent vers le Nord en quête de butin et de bétail à prendre. Dans leurs incursions, ils rencontrèrent les Vouarori, qui avaient d'innombrables troupeaux de bêtes bovines. Après cinq mois de combats en deux localités différentes, deux mois dans l'une, trois mois dans l'autre, s'apercevant que les Vouarori étaient trop forts pour eux, ayant perdu beaucoup de monde, tant par la guerre que par l'établissement d'un grand nombre des leurs près de l'Ougogo[1], les Vouatouta contournèrent l'Ourori et, s'avançant au Nord-ouest, par l'Oukouonngo et le Kahouenndi, atteignirent l'Oudjidji. Les vieux résidents arabes de cette province gardent la mémoire de la brusque apparition des Vouatouta qui les forcèrent, eux et les indigènes, de chercher un refuge dans l'île de Banngoué.

Non contents de ce succès, les Vouatouta attaquèrent l'Ouroundi ; mais là, ils trouvèrent des ennemis bien différents des nègres du Sud. Ils envahirent ensuite l'Ouhha et y rencontrèrent la même résistance.

Battus dans ces deux provinces, ils poursuivirent leur marche dévastatrice, passèrent dans l'Ouvinnza, entrèrent dans l'Ounyamouési, pénétrèrent dans l'Oussoumboua, l'Outammbara, l'Ouranngoua, l'Ouyofou et, traversant l'Ouzinndja, gagnèrent

---

1. Ces gens, séparés du corps principal pendant la lutte et fixés dans l'Ougogo, sont connus aujourd'hui sous le nom de Vouabéhé.

le lac Victoria, où ils se reposèrent pendant quelques années. Mais les bords du Nyannza ne convenaient pas à leurs coutumes; ils rebroussèrent chemin jusqu'à l'Outammbara.

Par politique, Koutatoua, le roi de ce pays, demanda en mariage la fille du chef des envahisseurs et garda son royaume, qui lui fut restitué.

Les Vouatouta, prenant alors au Sud, s'emparèrent de l'Ougommba, pays voisin, situé entre l'Ouhha et l'Ounyamouési. Ce territoire, bien arrosé et riche en pâturages, convenait parfaitement à leurs habitudes, à leur manière de vivre, et ils s'y établirent.

Les rois Kinyamouésis d'Oubagoué, de Sérommbo, d'Ouréhoueh, de Rennzéhoueh, ainsi que Mirammbo et Pounzé, on contracté des alliances avec les Vouatouta et vivent avec eux en assez bons termes; seul, l'opiniâtre Myonngo se tient à l'écart de ses redoutables voisins.

Les lecteurs de « Comment j'ai retrouvé Livingstone », se rappellent qu'en 1871, Mirammbo apparut tout à coup devant Taborah avec des milliers de Vouatouta; que, dans le combat qui suivit, Khamis ben Abdoullah et cinq autres Arabes perdirent la vie, et que l'établissement fut ravagé[1]. Ce que je viens de dire de ces terribles maraudeurs fera comprendre comment l'espoir du pillage avait fait embrasser aux Vouatouta le parti de Mirammbo, et les lignes suivantes expliqueront de quelle manière me sont parvenus les détails des migrations de ce peuple de proie.

La femme de Vouadi Saféni — l'un de mes chefs, et le patron du *Lady Alice*, pendant notre croisière autour du Victoria — étant sortie de l'estacade d'Oubagoué pour aller chercher de l'eau, entendit par hasard des Vouatouta, qui étaient venus nous voir, causer ensemble. L'accent et le dialecte sonnant familièrement à son oreille, elle écouta. L'instant d'après, elle était au milieu des causeurs, parlant vivement avec eux du territoire qu'habitent les Mafittés, entre le lac Nyassa et le Tanganika. C'est à cette infime circonstance que nous avons dû nos renseignements sur les courses des Vouatouta, renseignements qui nous ont été confirmés par des Arabes, des Voua-ngouana et des Vouanyamouési.

---

1. Voy. pour les détails de cette journée, *Comment j'ai retrouvé Livingstone*, Paris, Hachette, 1874, p. 239. (H. L.)

Le nom de « Mono-Matapa », ce grand nom Africain devenu classique en raison de son ancienneté et de son apparition persistante sur nos cartes, où il occupe des positions diverses, suivant les caprices des cartographes ou les hypothèses des voyageurs, ce nom, dis-je, a des rapports éloignés avec la tribu des Vouatouta.

Salt, voyageur éclairé, a écrit dans son ouvrage sur l'Abyssinie, daté de 1814 :

« Cette contrée — une portion de l'Afrique orientale au Sud de l'Equateur — cette contrée s'appelle communément Monomatapa. Dans les descriptions qui en ont été faites, règne une obscurité désolante, qui tient à ce que leurs différents auteurs ont confondu les noms des districts avec les titres des souverains; ainsi, ils nomment indistinctement ces districts : Quitévé, Mono-Motapa, Béné-Motapa, Béné-Motacha, Chikanga, Manika, Bokaranga et Mokaranga. Mais il paraît que le titre du roi était Quitévé et le nom du pays Motapa, auquel on a joint le préfixe *Mono*, comme dans Monomugi et beaucoup d'autres noms de la Côte; il paraît, en outre, qu'au delà de cette région, se trouvait un district appelé Chikannga, où étaient les mines de Manica; et que les autres noms ne désignaient que de petits districts, soumis à cette époque, à la domination de Quitévé. »

Zimmbaoa, la capitale de ce pays intéressant, se trouvait, dit-on, à quinze jours de marche au couchant de Sofala, et à quarante journées de Séna.

Les patientes explorations de quelques voyageurs intelligents nous mettent à même aujourd'hui de comprendre exactement le sens des différents noms qu'ont employés les anciens géographes et qui, pendant longtemps, furent une source d'erreurs.

L'ancienne contrée du Mono-Matapa occupait la partie sud-orientale de l'Afrique où sont aujourd'hui les Matabélés, et l'empire embrassait presque toutes les tribus et tous les clans actuellement désignés sous les noms populaires de Cafres et de Zoulous.

La réputation que Tchaka s'était acquise, dans toute la région élevée qui s'étend du pays des Hottentots jusqu'au Zambèze, éveilla l'esprit de conquête chez divers ambitieux. Ces grands capitaines, entraînant avec eux des bandes guerrières, répandirent la terreur parmi les tribus du Nord, du Sud et de l'Ouest. Mossélé-Katzé envahit le Transvaal et vainquit les Bétchouanas; plus tard, il fut obligé par les Boers d'émigrer au Nord, où ses gens, connus sous le nom de Matabélés, se sont établis et ont maintenant pour chef Lo-Benngouella, successeur de Mossélé-Katzé.

Sébitouané, autre esprit belliqueux de la trempe de Tchaka, se mit à la tête d'une tribu de Bassoutos, et, après de nombreuses victoires remportées sur un grand nombre de petites peuplades, gagna les rives du Zambèze, où il établit son peuple sous le nom de Makololos. Il fut remplacé par Sékélétou, l'ami de Livingstone; et à Sékélétou succéda Immporo, qui fut le dernier roi de cette nation.

Un des généraux de Tchaka s'appelait Mani-Kous. Nous devons à ce sujet faire observer que Mani, Mana, Mono, Mouini, Mouinyi, sont, tous, synonymes de seigneur, de prince, quelquefois même de fils. Par exemple : Mana-Kous, Mani-Ema[1], signifient seigneur de la mer; Mono-Matapa, Mana-Ndennga, Mana-Boutti, Mana-Kiremmbou, Mana-Mammba, et ainsi de suite. Dans l'Ouregga, le préfixe se change en Vouana ou Vouané, comme dans Vouané-Mbéza, Vouané-Kirommbou, Vouané-Kamannkoua, Vouana-Kipanngou, Vouana-Moukoua et Vouana-Roukoura; tandis que, chez les Batéké et les Babouenndé, il se modifie en Mouana, comme Mouana-Ibaka ou Mouana-Kiloungou, titre que donnent les Babouenndé à la rivière de Livingstone (le Congo) et qui signifie « seigneur de la mer ».

Revenons à Mani-Kouss. Ce général de Tchaka attaqua les Portugais à la baie Delagoa, à Sofala, à Inhammbané, et les obligea de lui payer tribut. Sa bande, ensuite, traversa le Zambèse en amont de Tété; et, après avoir ravagé les bords du Nyassa, elle finit par s'établir au Nord-ouest, entre ce dernier lac et le Tanganika. Les gens de la tribu, formée en cet endroit par la bande de Mani-Kouss, portent aujourd'hui le nom de Mazitous, de Mafîtés ou de Ma-vitis. Il s'en est détaché trois groupes, celui des Vouahéhé, qui tourmentent si cruellement les Vouagogo, et deux groupes de Vouatouta, qui se sont établis l'un, dans le voisinage de Zommbé, à l'extrémité sud-est du Tanganika; l'autre dans l'Ougommba, où nous l'avons rencontré; c'est celui qui est allié à Mirammbo et que les Vouamyamouési appellent Mouanngoni.

Le 4 mai, ayant reçu les vaches, les veaux et les bœufs que m'envoyait Mirammbo, mon nouveau frère, nous nous dirigeâmes vers le Sud-sud-ouest, en longeant le territoire des

---

1. Le Mani-Ema s'appelle maintenant Manyéma ou Mana-Mpoutou.

Vouatouta. La couchée eut lieu à Rouhouinnga, village situé dans un défrichement et gouverné par un petit chef, qui est le tributaire de ses redoutables voisins.

Le lendemain, nous traversâmes en bon ordre un coin du pays des Vouatouta. Aucune des précautions qui pouvaient nous mettre à l'abri d'une surprise ne fut négligée, et il n'y eut pas de halte sur la route. Nous connaissions assez les habitudes de l'ennemi pour savoir que c'était le seul moyen d'éviter une attaque.

Enfin à deux heures, après une marche de vingt-deux milles, nous arrivions à Mséné, dont le roi appelé Moulagoua, nous reçut à bras ouverts.

La population des trois villages gouvernés par Moulagoua est probablement de trois mille cinq cents âmes. Les Vouatouta viennent fréquemment visiter ce district; mais les fortifications des villages, et un grand nombre d'armes à feu, ont suffi jusqu'à présent pour arrêter les maraudeurs, bien que des atrocités soient souvent commises sur les imprudents qui s'écartent des habitations. J'ai vu une pauvre femme qui, rencontrée dans les champs par les Vouatouta, avait eu le pied gauche coupé.

Magannga, le chef retardataire de l'une des caravanes de ma première expédition, se trouvait à Mséné. Connaissant de longue date mes généreux mérites, il poussa Moulagoua à faire tout son possible pour m'être agréable.

Une marche de dix milles, au sud-ouest de Mséné, nous conduisit au Kahouannghira, district d'environ dix milles carrés, gouverné par Nyammbou, rival de Moulagoua. L'étendue qui sépare les deux districts porte les traces nombreuses des attaques impitoyables et dévastatrices des Vouatouta; et cette contrée, jadis populeuse, reprend rapidement son aspect primitif de terre déserte.

Ngannda, le village suivant, à dix milles au sud-ouest de Kahouannghira, fut gagné le 9 mai. De cet endroit jusqu'à l'Oussennda (éloigné de quatorze milles au Sud-sud-ouest), s'étendait une plaine couverte de deux à cinq pieds d'eau par le débordement du Gommbé. Celui-ci prend naissance à quarante milles environ au sud-est de l'Ounyanyemmbé. Où il rencontre le Malagarazi, se trouve une grande plaine qui, pendant chaque saison pluvieuse, est convertie en lac.

Le 12, prenant au Sud-sud-ouest, nous atteignîmes l'important village d'Oussagoussi. De même que Sérammbo, Ouranngoua, Oubagoué et Mséné, Oussagoussi est entouré d'une forte enceinte;

et le chef, comprenant que la sécurité de son principal village dépend du bon entretien des fortifications, impose de lourdes amendes à ceux des habitants qui manifestent de la répugnance à réparer l'estacade; grâce à sa vigilante prudence, il a réussi jusqu'à présent à tenir en échec les loups dévorants de l'Ougommba.

A Ougara, village où nous arrivâmes ensuite, je rencontrai un autre de mes vieux amis, qui, en 1871, était venu me voir à mon camp de Kouzouri, dans l'Oukimmbou. Ougara est à dix-sept milles à l'ouest-sud-ouest d'Oussagoussi. Je trouvai le pays troublé par deux guerres : l'une entre Kazavoula et l'Ouvinnza, l'autre, faite par Ibanngo d'Oussenyé à Mkassihoua de l'Ounyanyemmbé.

Une marche de vingt-cinq milles au Couchant, à travers un pays dépeuplé, nous conduisit à Zéghi, dans l'Ouvinnza. Il s'y trouvait une grande caravane ayant pour chef un Arabe, employé de Saïd-Ben-Habid. L'un des Voua-ngouana de cette bande avait accompagné Caméron et Tippou-Tib. Pareil à d'autres conteurs de sa race, il m'affirma sous serment qu'il avait vu, sur un lac situé à l'ouest de l'Outatéra, un vaisseau[1] monté par des Vouazoungou, — des Européens — ayant la peau noire !

Avant d'atteindre Zéghi, nous avions vu le lac Sivoué, nappe d'eau alimentée par la Sagala : ce lac peut avoir sept milles de large sur quatorze de long. Il se décharge par un grand lit encombré d'herbes, de roseaux, de plantes tropicales, émissaire qui rejoint le Malagarazi près de Kiala.

Le village de Zéghi était rempli des guerriers de Rousscunzou Celui-ci, qui a succédé à son père Nzoghéra, comme roi de l'Ouvinnza, est un homme énergique, disposé à combattre les projets d'annexion de Mirammbo. Je pris soin de ne pas dévoiler les liens fraternels qui m'unissaient au grand chef, de peur d'être soupçonné par les Vouavinnza de soutenir ses prétentions sur leur pays bien-aimé.

Ces guerriers, ayant vu que le mot de Rouga-Rouga, ou bandit, intimidait les esprits faibles, s'appelaient eux-mêmes de ce nom, et s'efforçaient de le justifier en arrêtant les voyageurs indigènes suspects d'être hostiles ou de posséder quelque chose.

Un de ces derniers venait d'être saisi et on allait lui couper

---

1. Nous n'avons pas à discuter le fait du vaisseau ; mais quant aux Vouazoungou à peau noire, nous rappellerons que des métis portugais du Bihé, dont le teint est celui des nègres, ne s'en disent pas moins Européens et se qualifient d'hommes blancs. (H. L.)

la *gorge*, lorsque je fis observer qu'il valait mieux le vendre, son cadavre ne pouvant servir à rien.

— Vous l'achetez alors? me dirent les captureurs. Donnez-en dix dotis.

— Les hommes blancs n'achètent pas d'esclaves, répondis-je. Néanmoins pour vous empêcher de tuer un innocent, je vous offre deux dotis (quatre brasses) d'étoffe.

Après de longs débats la proposition fut acceptée; mais le pauvre vieillard avait subi de si mauvais traitements qu'il mourut au bout de quelques jours.

Rempli qu'il était d'hommes sans foi ni loi, Zéghi n'était pas un séjour agréable. La conduite de ces guerriers prouvait une fois de plus, et d'une façon curieuse, la justesse du proverbe que nous avons déjà cité : « que des petites choses naît l'orgueil des natures viles. » Tous ces jeunes gens étaient affectés de la maladie particulière, en tous lieux, à la vaine jeunesse, et que Mirammbo appelle du nom de « grosse tête ». Leur démarche arrogante, leur air insolent, leurs regards hautains, leur énorme coiffure de plumes, leurs manières, leurs enjambées; tout chez eux était blessant. Ayant adopté par bravade le nom de Rougas-Rougas, ils se faisaient un point d'honneur d'imiter les bandits en fumant du chanvre; et ma mémoire ne me rappelle rien de pareil à la *tempête de cris et d'éternuements*, de hoquets, de toux renaclante, d'extravagances vocales, accompagnés du bourdonnement de la guitare monocorde (autre talent *de rigueur*[1] chez le parfait rouga-rouga,) rien de pareil à ce qu'il nous a fallu subir à Zéghi.

Je payai à Roussounzou un tribu convenable de quinze dotis, au lieu des soixante qu'il avait eu l'impudence de réclamer par l'entremise de son moutouaré (simple chef de village), et celui-ci, qui en demandait vingt pour lui-même, en reçut quatre. L'affaire terminée, nous partîmes le 18 mai, dans la direction du Malagarazi, que nous atteignîmes à Ougaga.

Le jour suivant, le moutouaré de ce dernier village fit une demande de quarante dotis (cent cinquante mètres d'étoffe) avant de nous avoir permis de passer la rivière. J'envoyai Frank, avec une escouade de vingt hommes, monter le *Lady Alice* à trois milles en aval, et je prolongeai les négociations jusqu'à l'arrivée du messager qui vint me dire que le bateau était prêt.

---

1. En français dans l'original.

Alors j'offris deux dotis qui furent repoussés avec une expression de dédain risible ; j'en donnai quatre. Le moutouaré les accepta, et me dit ensuite que Roussounzou, le roi, m'ordonnait d'aller le retrouver pour l'aider à combattre ses ennemis, qu'autrement il retirerait la permission qu'il m'avait donnée de passer la rivière. Je me contentai de sourire de ce trait de despotisme et j'allai camper à l'endroit où était ma barque. Le 20 mai, avant le lever du soleil, j'avais quatre-vingts fusils de l'autre côté de l'eau qui, à cette époque avait un mille de large[1], et, à trois heures du soir, l'Expédition tout entière, avec les Arabes que nous avions rencontrés à Zéghi, se trouvait dans l'Ouvinnza septentrional.

Le lendemain, évitant les plaines brûlées de l'Ouhha, de triste mémoire pour moi, nous gagnâmes Rouhouéra, — onze milles de marche. Une course de neuf milles et demi, droit au Couchant et à travers une jungle peu épaisse, nous conduisit à Mannsoumba. De ce village, j'envoyai dans l'Ouhha quelques-uns de mes Vouanyamouési acheter du grain pour nourrir l'Expédition pendant la traversée de la solitude qui sépare l'Ouvinnza de l'Oudjidji.

Chose étrange, les Vouahha, qui sont les préleveurs de tribut les plus avides de toute l'Afrique, non-seulement n'apportent aucun obstacle à la marche d'une caravane, aussitôt que celle-ci est en dehors de leur frontière, mais encore s'empressent de lui vendre des vivres. Une cinquantaine de Vouahha vinrent même à notre camp de Mannsoumba nous apporter du grain et de la volaille. Bien que la vérité m'oblige à dire que nous aurions été fort maltraités si nous avions traversé l'Ouhha, je dois reconnaître qu'en dehors de leurs limites, les habitants de ce pays ne sont pas rudes pour les étrangers.

Quel dommage que le Malagarazi ne soit pas navigable. Mais il n'y a pas moins de neuf cents pieds de différence entre l'altitude du port d'Oudjidji et celle d'Ougaga. A vingt-cinq milles de ce dernier point, au sud-sud-ouest de Rouhouéra, se trouve une série de cataractes, et l'on en rencontre une autre à une vingtaine de milles du Tanganika.

Le 24, au milieu du jour, nous dressions notre camp sur la rive occidentale du Roussoughi. Un petit village, appelé Kas-

---

1. Pendant la saison sèche, le Malagarizi, à Ougaga, n'a qu'une largeur d'environ soixante yards (cinquante-cinq mètres). (*Note de l'auteur.*)

senngo, est à deux milles en amont du gué. Près de celui-ci, à droite et à gauche de la rivière, s'étendent les salines de l'Ouvinnza, qui produisent au roi un assez beau revenu. Sur un espace d'un mille carré, la terre est couverte de pots brisés, de charbons éteints, de rebuts de sel, de morceaux d'argile cuite et de huttes en ruines. Roussounzou étant maintenant propriétaire de toute la contrée, jusqu'à moins de quinze milles de l'Oudjidji, personne ne lui dispute la possession des salines.

Après une marche de vingt-trois milles, qui nous fit traverser une forêt de broussailles divisée par d'étroites clairières, et franchir six petits affluents du Malagarazi, nous nous arrêtâmes près de la frontière de l'Ougourou, district montagneux de l'Ouhha occidental.

Les pentes septentrionales du massif de l'Ougourou, situées à quinze milles environ au nord des sources du Lioutché, sont drainées par les affluents méridionaux du Nil Alexandra; celles de l'Ouest par la Mchala; les eaux du versant méridional s'écoulent par le Lioutché, et celles de l'Est par les rivières de l'Ouhha qui se jettent dans le Malagarazi. Les frontières de l'Ouroundi, de l'Ouhha et de l'Oudjidji se rencontrent à ces montagnes, dont l'altitude est probablement de six mille cinq cents pieds (1976 mètres) au-dessus du niveau de la mer.

A Niammtaga, je retrouvai avec plaisir le chef que j'y avais laissé en novembre 1871 et qui avait été mon ami. Hélas! pauvre chef! quinze jours plus tard il fut surpris par Roussounzou et massacré avec près des trois quarts de son peuple.

Le 27 mai, à midi, les eaux brillantes du Tanganika m'apparaissaient tout à coup et je m'arrêtais, frappé d'admiration, comme la première fois que je les avais contemplées.

Trois heures après, nous étions dans l'Oudjidji, où Mouini Khéri, Sultan-ben-Kassim, Mohammed-ben-Gharib et Khamis le Béloutche, me souhaitaient la bienvenue; Mohammed-ben-Séli était mort.

La place où j'avais rencontré Livingstone en 1871 était occupée par de grands temmbés. La maison que j'avais habitée avec lui était brûlée depuis longtemps, et, à l'endroit qu'elle avait occupé, il ne restait plus que quelques chevrons noircis et un vide affreux. Quant au lac, il déployait à mes yeux la même splendeur qu'à l'époque où nous le regardions de la plage; sur l'autre rive, les montagnes du Goma étaient toujours du même noir-bleu, car elles sont éternelles; le Lioutché, aussi brun qu'alors, continuait à suivre son cours à l'est et au sud de l'Oudjidji. Le ressac n'était pas moins actif, le soleil moins brillant, le ciel d'un azur moins splendide, les palmiers n'étaient pas moins gracieux, la végétation moins opulente; mais le vieux héros, dont la présence emplissait pour moi l'Oudjidji d'un si profond intérêt, n'existait plus.

FIN DU PREMIER VOLUME.

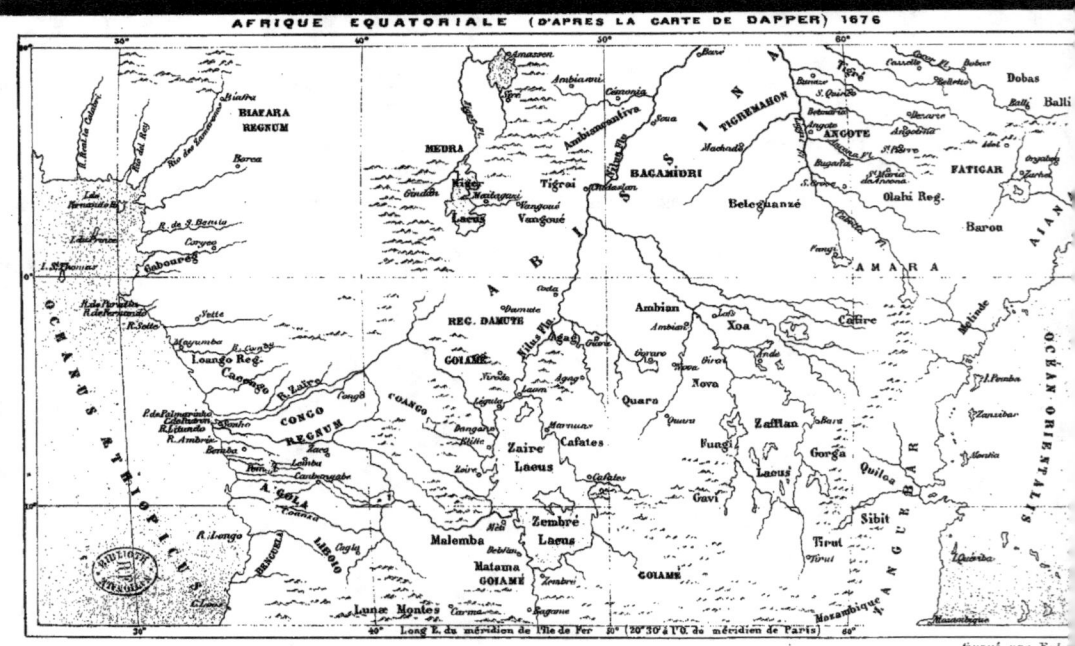

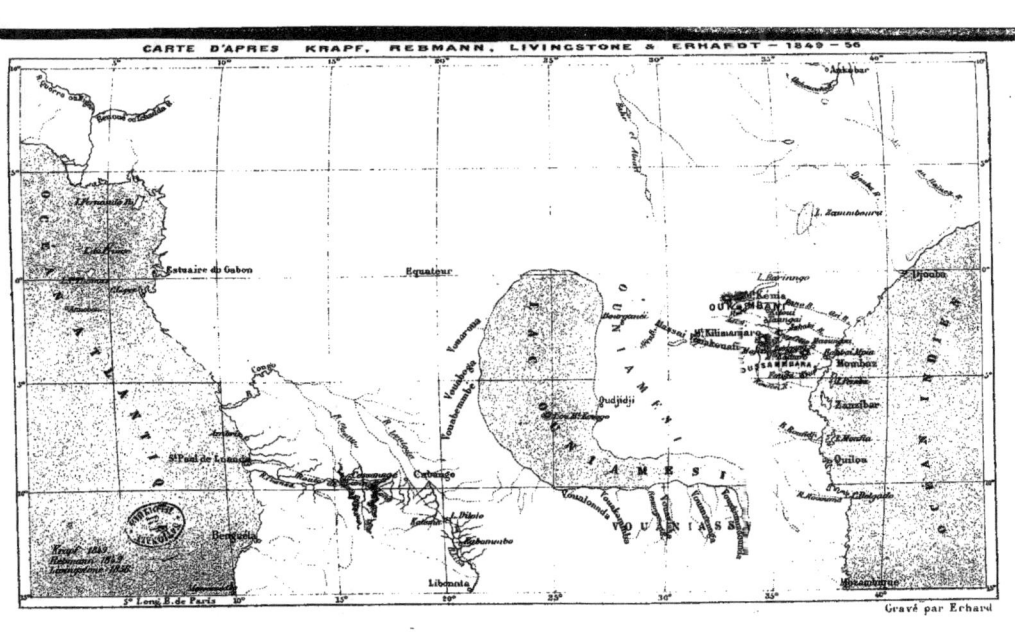

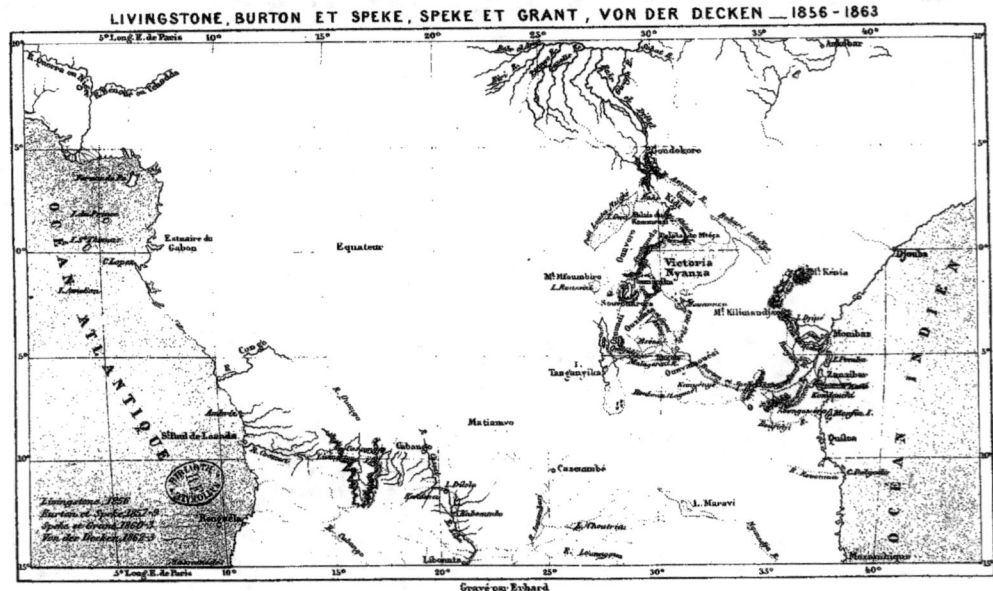

WEINFURTH, BAKER, LIVINGSTONE, STANLEY & CAMERON. 1866-75

TABLE DES MATIÈRES

CONTENUES DANS LE PREMIER VOLUME.

Préface.. i

EXPLICATION

Première partie.. 1
Deuxième partie. Les Sources du Nil.. 7
Découverte du Tanganika... 12
Découverte du lac Victoria.. 13
Encore le Tanganika... 16
La grande rivière de Livingstone.. 19

CHAPITRE I.

Arrivée à Zanzibar. — La ville. — Sa rade, ses édifices. — Mnazi-Moya ou Le Cocotier. — Les rochers rouges. — Choix et achats des articles d'échange. — Occupations du jour. — Activité fiévreuse. — Promenade du soir. — Le palais du Sultan. — Le fort. — La garnison. — Mélinndi. — Nyammbou, quartier des Voua-ngouana. — Sur le toit de la maison. — Coucher du soleil........................ 23

CHAPITRE II.

Saïd Bargash. — Son caractère, ses réformes. — Traité conclu par sir Bartle Frère, au nom du gouvernement britannique. — Nécessité des tramways en Afrique. — Arabes de l'intérieur. — Arabes de Zanzibar. — Mtouma ou Mgouana. — Les Voua-ngouana, leurs vices, leurs vertus. — Ambition la plus haute d'un Mgouana. — Les Vouanyamouési, race qui s'élève............................ 36

CHAPITRE III.

Organisation de l'Expédition. — Le *chaouri*. — Doucement, doucement! — Brebis galeuses. — Remaniement du *Lady Alice*. — Confection d'un drapeau. — Tarya Topan, le millionnaire. — Signature du contrat. — Sur la parole d'un homme blanc. — Adieux. — Chargement des daous. — *Vale*...................... 47

CHAPITRE IV.

Bagamoyo. — Éducation du frère noir. — Bagamoyo en ébullition. — Soulèvement général. — Les troubles apaisés. — La Mission des Universités, son origine, son histoire, son déclin, sa situation actuelle. — Le Rév. Édouard Steere. — Notre-Dame de Bagamoyo. — En route pour l'Ouest. — En marche. — *Sub Jove fervido* — Vétérans et Novices. — Passage du Kinngani. — Les femmes volées.   64

CHAPITRE V.

En marche. — De Conngorido à Roubouti. — Les terrains de chasse de Kitanngheh. — Chasse au zèbre. — Première prise de Djack. — Visités par des lions. — Géologie du Mpouapoua. — Doudoma. — Déluge. — Tristes réflexions. — La Saline. — Découverte d'une conspiration. — Désertions. — Égarés. — Famine. — Troubles imminents. — Pillage des greniers. — Situation déplorable. — Nombreux malades. — Mort et funérailles d'Édouard Pocock 82

CHAPITRE VI.

De Tchivouyou à Vinyata. — Ligne de faîte. — Sources les plus reculées du Nil. — Un magicien. — Actes sanglants. — « Les hommes blancs ne sont que des femmes. » — Trois jours de combat. — Châtiment des Vouanyatourou. — Le Myommbo. — Rochers curieux. — Mgonngo Temmbo. — Danger de céder le cœur d'un bœuf. — Forêt de borassus. — Curieux bassin. — Ubiquité de Mirammbo. — La plaine du Louhouammbéri. — Terre d'abondance. — En pays découvert. — Première vue du Victoria. — Chant de triomphe. — Accueil bienveillant....   110

CHAPITRE VII.

Boursah ou réception. — Départ des recrues. — Importance commerciale de Kaghéhyi. — Un ivrogne. — Le prince Kadouma. — Espoir déçu. — Équipement du bateau. — Pas de volontaires. — Choix de l'équipage. — Sur le lac 133

CHAPITRE VIII.

Sur le lac. — Nous trouvons un guide. — Terreur de Sarammba. — Le Chimiyou. — Cap des Pyramides. — L'Île d'Oukéréhoué. — Repaire de crocodiles. — Île Chizou. — Hippopotames. — L'Ourouri. — Promontoire de Gochi. — L'Île du Pont. — Volcans. — Ougohoueh. — Ivrognes de l'Ougammba. — Trahison. — Homme primitif. — L'art de plaire. — Une nuit à Ouvouma. — Agression d'un parti de Vouavouma. — Un repas de barmécide. — Message de Mtéça. — Au nom du Kabaka. — Campement dans l'île de Sohouéh................................ 145

CHAPITRE IX.

Un monarque extraordinaire. — Je suis examiné. — Plaisanteries africaines. — L'Empereur d'Ougannda. — Portrait de Mtéça. — Revue navale. — Résidence de Mtéça.

— Beauté du pays. — Arrivée d'un homme blanc. — Le colonel Linant de Bellefonds. — Propagande religieuse. — Champ fécond pour les missionnaires. — Agréable journée. — Départ pour Kaghéyi.................................... 171

CHAPITRE X.

Adieux. — Vanité et déloyauté de Magassa. — L'île de Sessé. — L'anse de Djoumba. — L'Ougannga. — Doumo. — La Kaghéra ou *Nil Alexandra*. — Pointe de Loupassi. — En danger. — Seul avec la nature. — Monde des insectes. — Rêve d'un meilleur avenir. — Un sombre secret. — Mourabo et ses pêcheurs. — Ile d'Alice. — Nuit à ne jamais oublier. — Hospitalité de Bammbireh. — Sauvés ! — L'île du Refuge. — Vouirou. — « Allez et mourez dans le Nyannza ! » — Retour au camp. — Tristes nouvelles... 196

CHAPITRE XI.

Maladie et mort de Barker. — Autres décès. — Traîtres dans la bande. — Maladies. — Rouoma nous ferme la route. — Magassa nous fait défaut. — Grave dilemme. — Loukonngheh vient à mon secours. — Histoire de l'Oukéréhoué. — Amphibies apprivoisés. — Départ de Kaghéhyi avec une partie de l'Expédition. — Naufrages. — Tous sauvés. — Ito se réconcilie. — Arrivée à l'île du Refuge. — Je retourne chercher le reste de l'Expédition. — Meurtre dans le camp. — Départ final de Kaghéhyi. — Nous campons tous dans l'île du Refuge. — Alliance avec Komeh. — Grand bal. — L'île de Mahyiga, du groupe de Bammbireh. — Visités par des gens d'Iroba. — Notre amitié repoussée avec mépris. — Le roi de Bammbireh emmené comme otage. — Massacre du chef kytahoua et de son équipage. — Punition des meurtriers. — Son effet salutaire sur leurs voisins. — Arrivée dans l'Ougannda... 224

CHAPITRE XII.

Mtéça en guerre. — Montagne de Djack. — Arrivée. — L'armée de l'Ougannda. — Le harem impérial. — En vue de l'ennemi. — Flotte des Vouagannda. — Escarmouches préliminaires. — La chaussée. — Massacre des parlementaires de Mtéça. — Que sait-on des anges? — Progrès de l'éducation religieuse de Mtéça. — Traduction de la Bible. — Jésus ou Mahomet? — Décision de Mtéça. — Le prosélyte royal... 276

CHAPITRE XIII.

Le tambour de guerre est battu. — Les sorciers jouent leur rôle. — Peintures de guerre. — Balles contre lances. — Retraite des Vouavouma. — Fureur de Mtéça. — La victoire ou le bûcher. — Rude combat. — Le chef captif. — Lutte entre païen et chrétien. — Un mystère flottant. — La guerre est terminée. — Incendie du camp. — Fuite devant les flammes................................... 304

CHAPITRE XIV.

Légende du prêtre sans reproche. — Les héros de l'Ougannda. — Tchoua-Kiméra, le géant. — Nakivinnghi. — Kibaga, le guerrier volant. — Ma'annda. — Youakinngourou, le champion. — Kamanya, le vainqueur des Vouakédi. — Souna le Cruel. — Son massacre des Vouassoga. — Mamoudjouriloua, l'Achille de l'Ougannda. — Sélouba et ses lions. — Kasanndoula le héros, paysan et premier ministre. — Mtéça aux doux yeux 326

CHAPITRE XV.

Mœurs et coutumes de l'Ougannda. — Le paysan, son jardin, sa demeure. — Le chef. — De simple Kopi, devenu premier ministre. — A quand la visite du bourreau? — L'Empereur. — Une audience impériale. — Coup d'œil dans l'intérieur du palais. — Le pays. — Utilisation du bananier. — Intelligence des Vouagannda...... 359

CHAPITRE XVI.

Les dames de la famille de Mtéça. — Sammbouzi reçoit l'ordre de me conduire au Mouta-Nzighé. — Ma dernière soirée avec Mtéça. — En route pour le Mouta-Nzighé. — Sammbouzi, le général. — Nous finissons par nous entendre. — Population blanche de Gammbaragara. — Musique guerrière. — Villages déserts. — Sinistres augures. — Conseil de guerre. — Panique. — Sammbouzi m'abandonne. — Retour. — Le spoliateur dépouillé. — Proposition de Mtéça. — A Kafourro.......... 396

CHAPITRE XVII.

Kafourro et ses magnats. — Le lac Windermere. — Roumanika, le bon roi du Karagoué. — Son pays. — L'Innghézi. — Au milieu des moustiques. — Ile d'Ihéma. — Le triple cône de l'Oufoumbiro. — Un rhinocéros bicorne. — Les sources chaudes de Mtagata. — La société géographique du Karagoué. — Philosophie des nez. — Le trésor de Roumanika. — Détails nouveaux sur l'éléphant et le rhinocéros. — L'Ouhiammba. — Coup d'œil rétrospectif................................ 434

CHAPITRE XVIII.

Les rivières jumelles. — Mannkoronngo est frustré de son butin. — Pauvre Bull! — Fidèle jusqu'à la mort. — Nouveaux méfaits de Msenna. — La terreur de l'Afrique apparaît sur la scène. — Mars fait la paix. — « Arrachez des patates! » — Visite de Mirammbo, le chef de bandits. — Je fais avec lui l'échange du sang. — Petits rois, ayant de « grosses têtes ». — Conversion pratique du chef de l'Oubagoué. — Les Vouatouta, Ismaëls d'Afrique. — Leur histoire. — Nomenclature africaine. — De Mséné à l'Oudjidji. — Passage du Malagarazi. — Tristes souvenirs....... 464

Table des matières.. 491

FIN DE LA TABLE DES MATIÈRES.

TABLE DES GRAVURES

DU PREMIER VOLUME.

FRONTISPICE.

	Page
Le *Lady Alice* non assemblé	3
Vue d'une portion de Zanzibar, depuis la batterie jusqu'à la pointe de Channgani.	25
Église neuve bâtie sur la place de l'ancien marché à esclaves	27
Rochers rouges situés derrière la mission des Universités	29
Consulat britannique à Zanzibar	31
Le toit de la maison de M. Auguste Sparhawk, à Zanzibar	35
Le prince Bargash	37
Manoua Séra, premier capitaine et Oulédi le sauveteur	49
Tarya Topan, riche négociant de Zanzibar	57
Vers le Continent mystérieux	60
La mission des Universités à Zanzibar	69
Portage du *Lady Alice*	75
Trois femmes de l'Expédition	79
L'Expédition à Rossako	85
Village de Mammboya	87
Camp au Mpouapoua	91
Enterrement d'Édouard Pocock	107
Natif de l'Ounyamouesi faisant partie de la caravane en qualité de porteur	128
Village de Kaghéhgi	131
Edouard Pokock, Frank Pokock et Frédéric Barker	135
L'Équipage du *Lady Alice*	141
L'Île du pont	155
Réception par la garde de Mtéça	173
Mtéça et ses principaux dignitaires	179
Trahison des gens de Bammbirèh	213
Départ du *Lady Alice*	217
Rochers de Vouézi	229
Aterrissage près de Msossi	235
Oukéréhoué: Grenier, maison, tabouret. Canots, mamelles des femmes, guerrier, colliers des femmes, nasses	236
Vue du lac, près du détroit de Roughedzi	241
Poisson trouvé dans le lac Victoria	275
Les Chutes Ripon, vue prise de la rive de l'Ougannda	279
Chutes Ripon. Vue prise de la rivière de l'Oussaga	283
Carte	292
Bataille navale entre les Vouagannda et les Vouavouma, livrée dans le canal qui sépare l'île d'Innghira du cap Nakarannga	305
Le vieux prisonnier	315
Triple canot	318
Le canal Napoléon et la flottille Mtéça allant de l'Oussoga à l'Ougannda	319
L'incendie du camp	323

Le Nil Victoria, vue prise de l'Oussoga, au nord des Chutes Ripon...... Page	320
Huttes de l'Afrique centro-orientale..	363
La capitale de Mtéça..	371
Salle d'audience du palais...	373
Maour-Ougonngou, jurant d'avaler Namionndjou et sa terre.............	375
Amazones de Mtéça...	379
Instruments de musique...	393
Ngogo, poisson trouvé dans le golfe Speke (lac Victoria)...............	395
Armes (?)...	399
A travers l'Ounyoro..	409
Le mont Edwin Arnold...	413
Maison et ustensiles de l'Ouzinmba et de l'Annkori.....................	419
Canots et pagaies...	431
Montagnes d'Oufoumbiro..	445
Eaux chaudes de Mtagala..	447
Place de la maison de Roumanika...	455
La maison et le trésor de Roumanika.....................................	457
Portrait de Bull...	467
Demeure du chef et maison de Stanley, à Sérommb......................	469
Homme de Mirammbo. Homme de la tribu des Vouatouta. Homme de l'Ouhha...	473

CARTES TIRÉES HORS TEXTE.

Stanley, 1874-1877... 1

Afrique équatoriale, d'après la carte de Dapper, 1676.
Carte d'après Krapf, Rebmann, Livingstone et Erhardt, 1849-56.
Livingstone, Burton et Speke, Speke et Grant, Van der Decken, 1856-1863.
Schweinfurth, Baker, Livingstone, Stanley et Cameron, 1866-75.
Carte de la moitié orientale de l'Afrique équatoriale.

A la fin du volume.

FIN DE LA TABLE DES GRAVURES.

21778. — Typographie Lahure, rue de Fleurus, 9, à Paris.

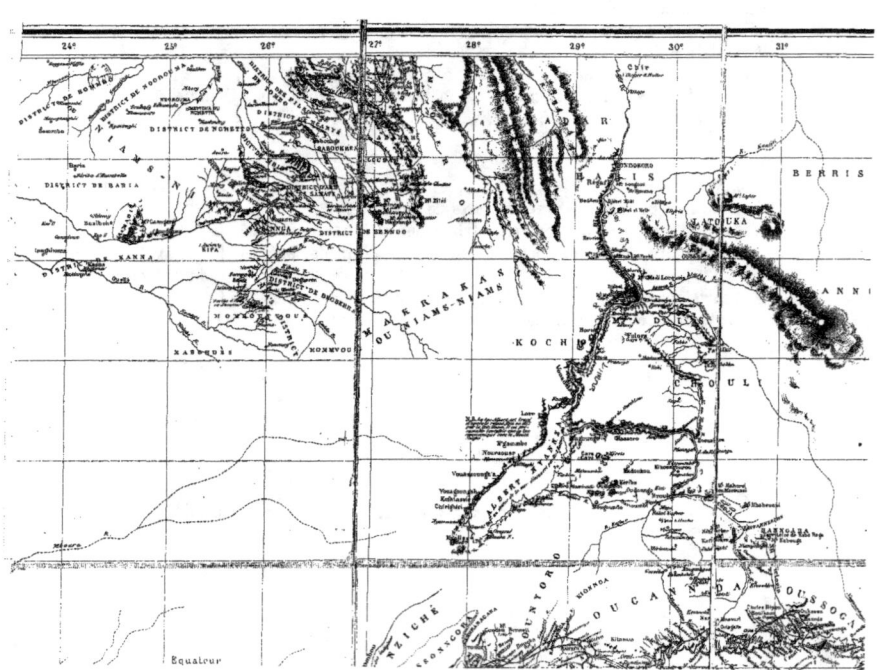

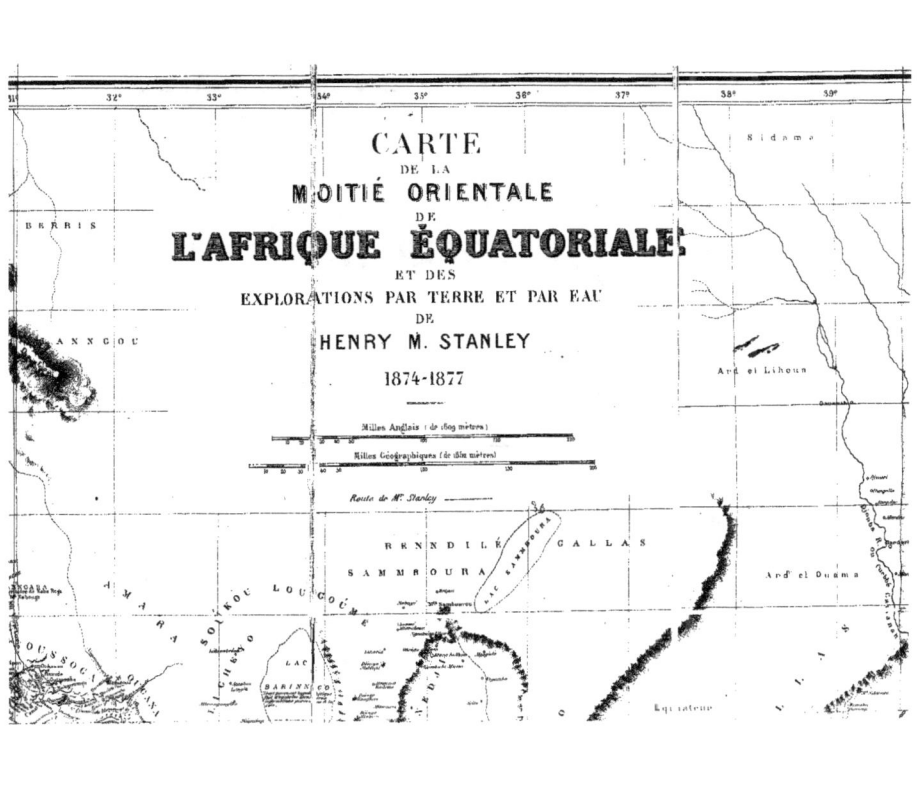

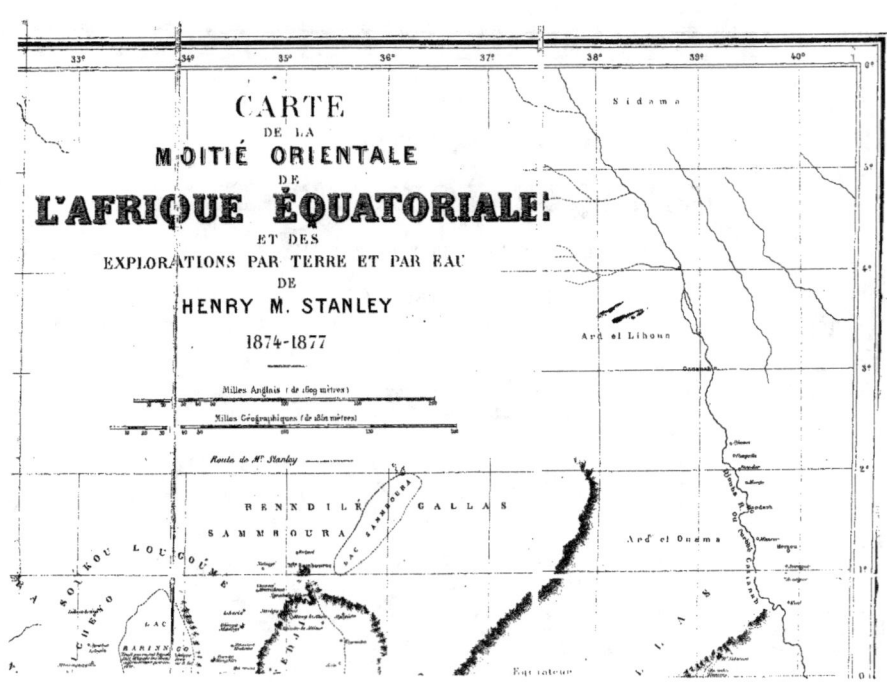

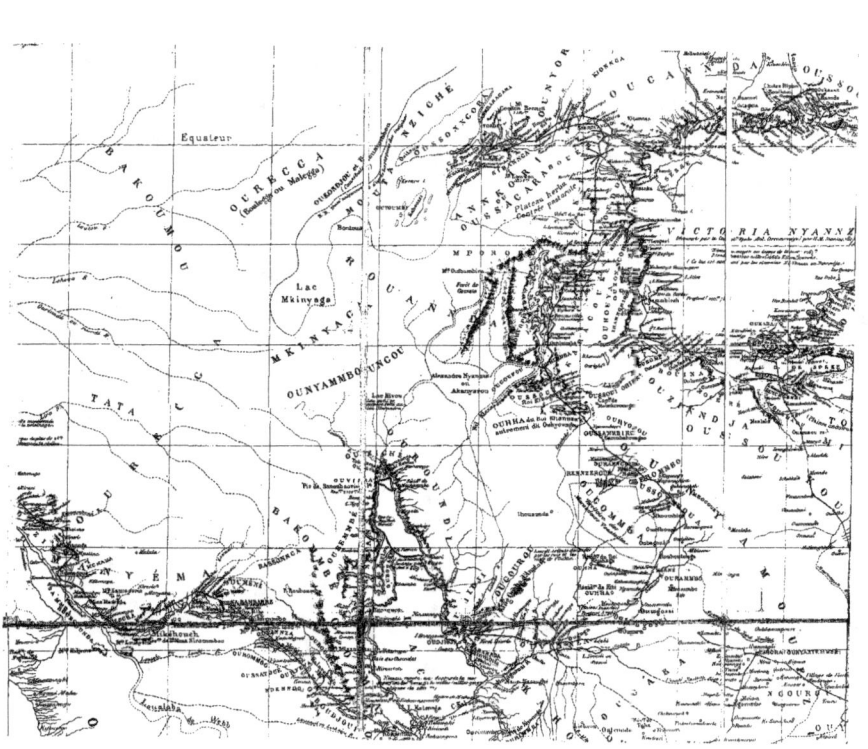

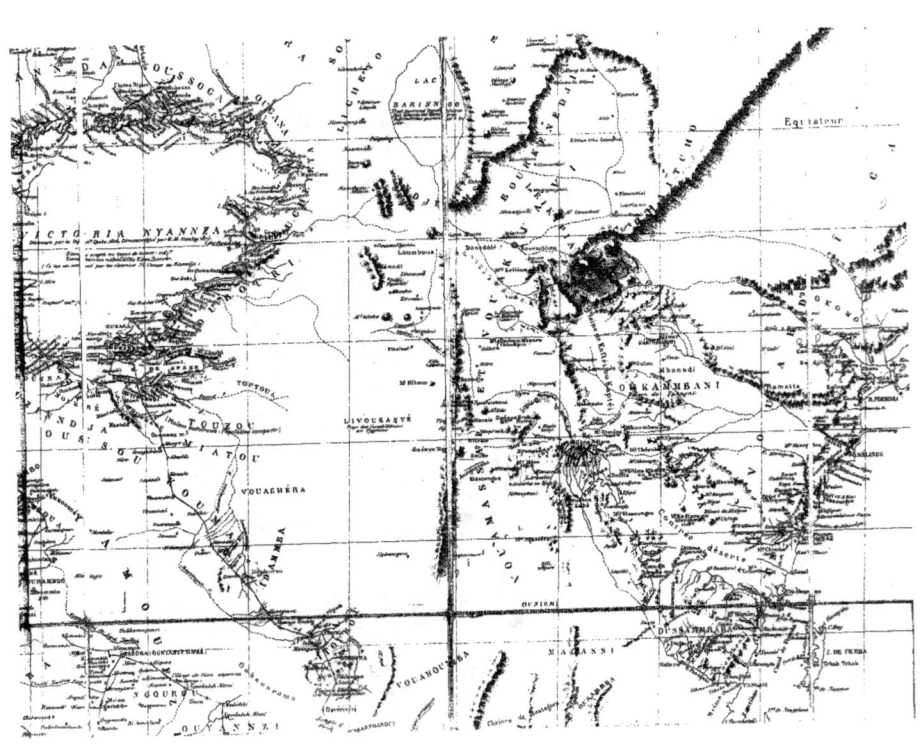

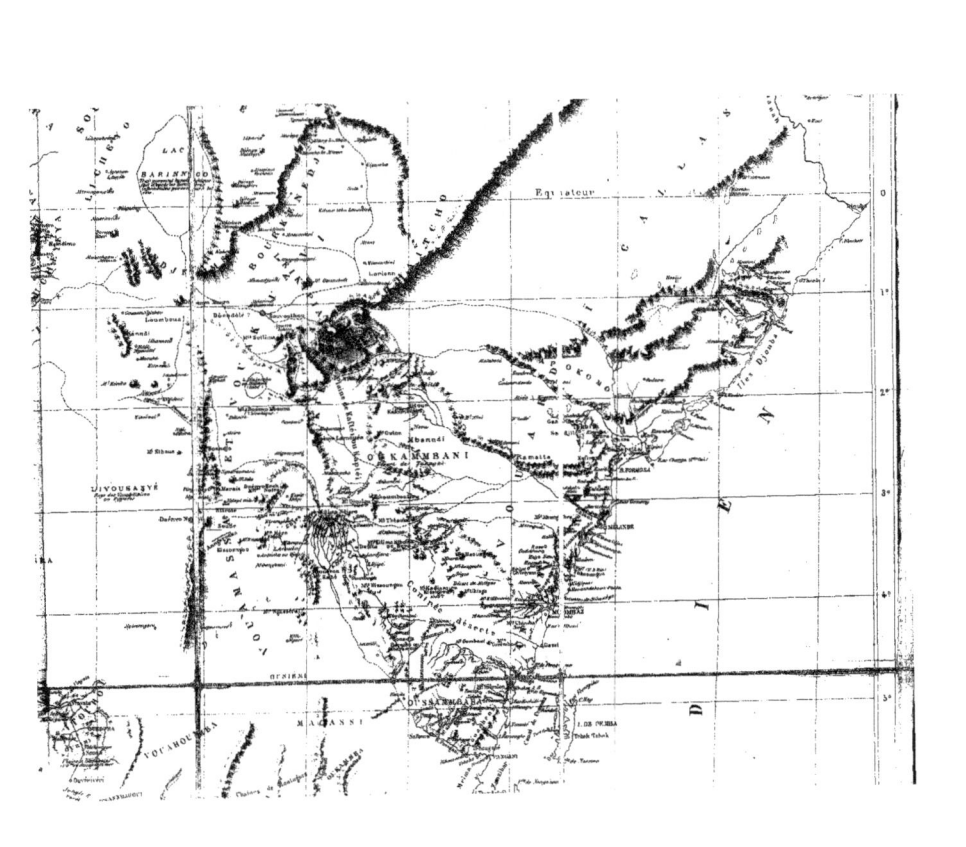

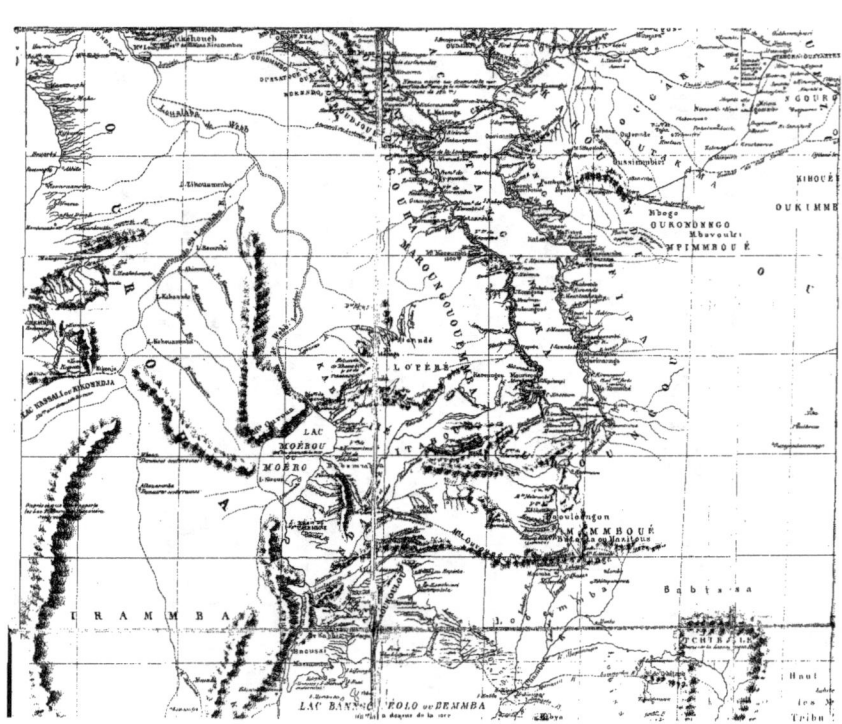

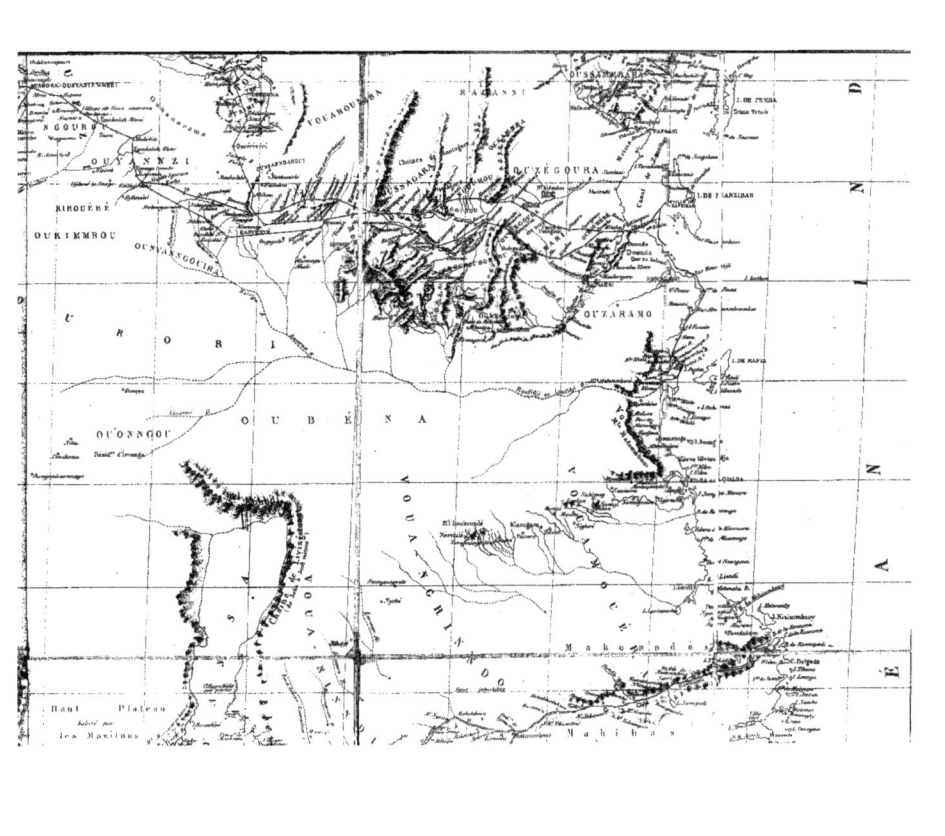

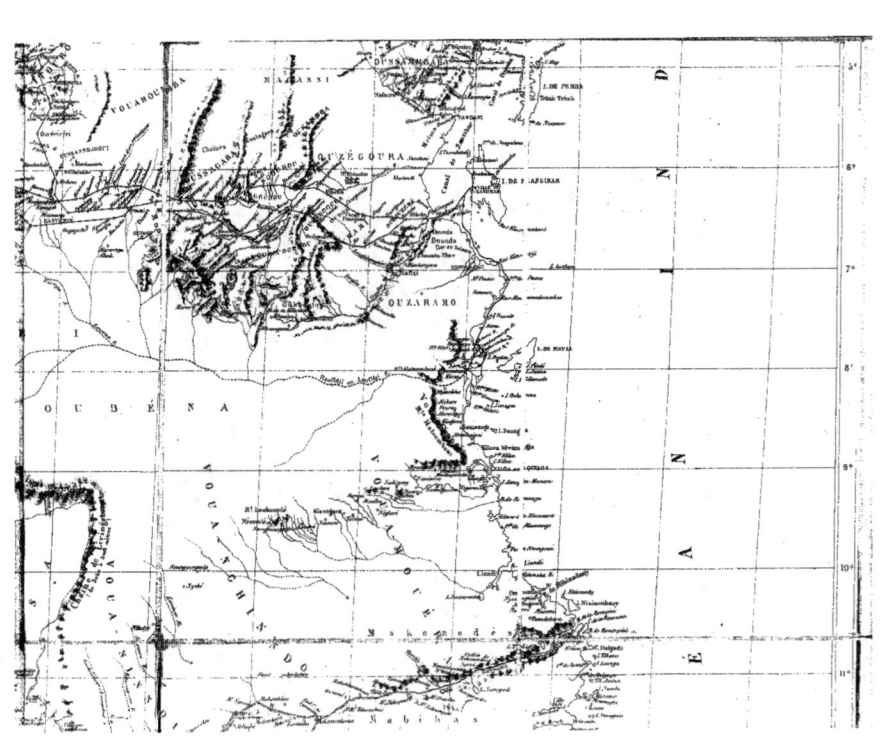

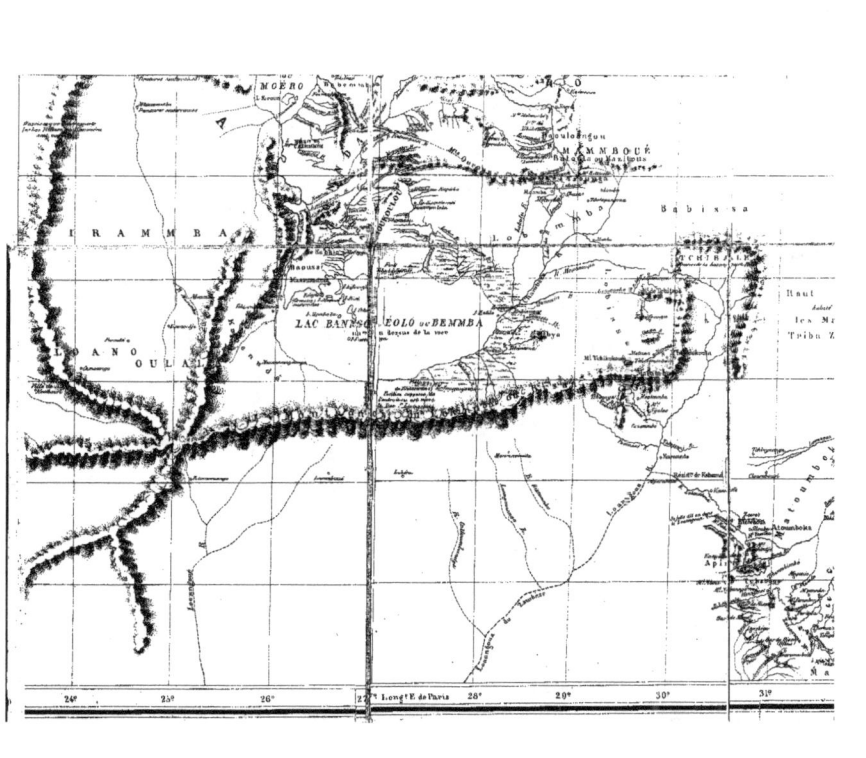

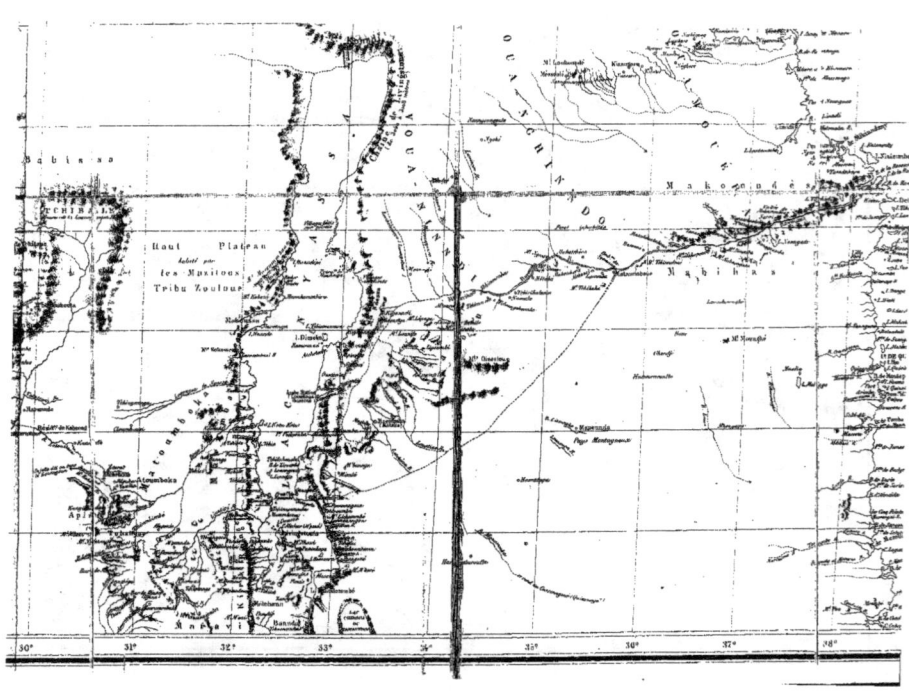

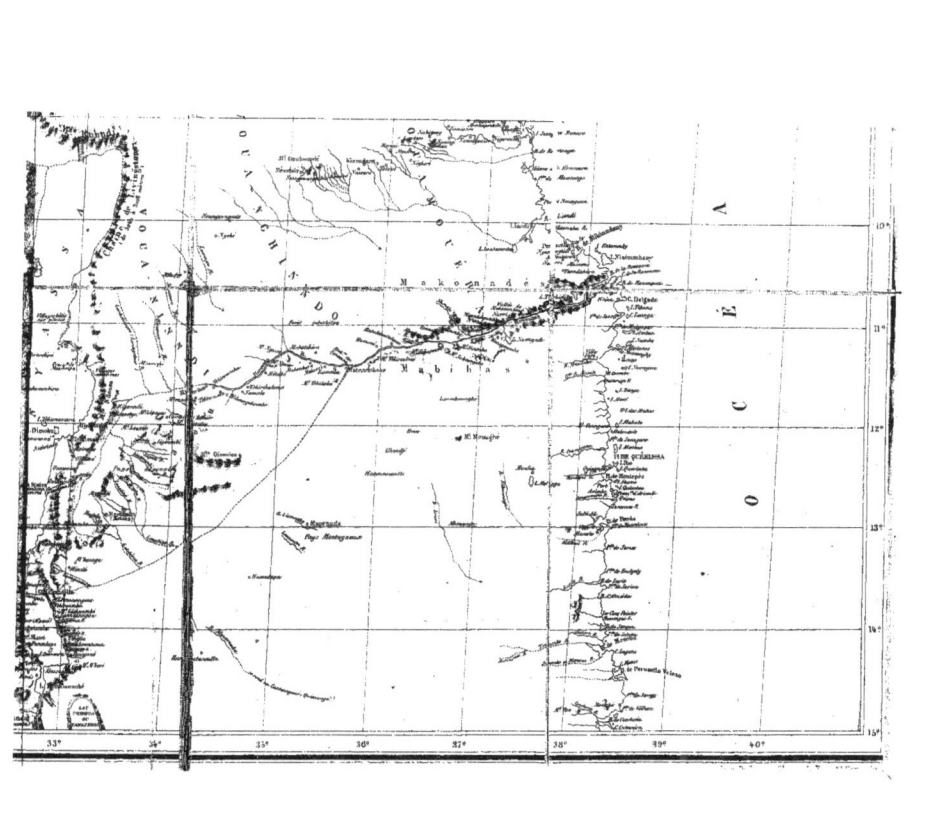

www.ingramcontent.com/pod-product-compliance
Lightning Source LLC
Chambersburg PA
CBHW071613230426
43669CB00012B/1923